高等职业技术院校汽车类专业教材

汽车空调构造与维修

（第二版）

主　编　陈社会

中国劳动社会保障出版社

简介

本书主要内容包括：汽车空调基础、汽车空调制冷系统部件、汽车空调控制系统、汽车空调电路系统、自动空调、供暖与通风、汽车空调系统的检修、汽车空调系统的故障诊断与排除。

本书由陈社会主编，丁书元、葛玉华、李国玉、李贵炎、任惠珠参编，顾重伟主审。

图书在版编目（CIP）数据

汽车空调构造与维修/陈社会主编. --2版. —北京：中国劳动社会保障出版社，2014

高等职业技术院校汽车类专业教材

ISBN 978－7－5167－1444－7

Ⅰ.①汽… Ⅱ.①陈… Ⅲ.①汽车空调－构造－高等职业教育－教材②汽车空调－维修－高等职业教育－教材 Ⅳ. ①U463.850.3②U472.41

中国版本图书馆CIP数据核字(2014)第240349号

中国劳动社会保障出版社出版发行

（北京市惠新东街1号 邮政编码：100029）

*

河北鹏盛贤印刷有限公司印刷装订 新华书店经销

787毫米×1092毫米 16开本 17.75印张 330千字

2014年10月第2版 2019年1月第8次印刷

定价：35.00元

读者服务部电话：(010) 64929211/64921644/84626437

营销部电话：(010) 64961894

出版社网址：http://www.class.com.cn

前言

为了更好地适应全国高等职业技术院校汽车类专业的教学要求，全面提升教学质量，人力资源和社会保障部教材办公室组织有关学校的骨干教师和行业、企业专家，在充分调研企业生产和学校教学情况、广泛听取教师对现有教材反馈意见的基础上，吸收和借鉴各地高等职业技术院校教学改革的成功经验，对现有全国高等职业技术院校汽车类专业教材进行了修订（新编）。

本次教材修订（新编）工作的重点主要体现在以下几个方面：

第一，合理更新教材内容。

根据企业岗位和教学实践的需求变化，确定学生应具备的能力与知识结构，调整部分教材内容，使知识技能点的深度、难度、广度与实际需求相匹配；根据相关专业领域的最新发展，淘汰陈旧过时的内容，补充新知识、新技术、新设备、新材料等方面的内容；根据最新的国家技术标准编写教材内容，保证教材的科学性和规范性。

第二，加强实践技能的培养。

根据就业岗位对技能型人才所需能力的要求，进一步加强实践性教学内容，采用了理论知识与技能训练一体化的编写模式，以体现“做中学”“学中做”的教学理念。

第三，衔接职业技能鉴定要求。

教材编写以国家职业标准为依据，涵盖相关国家职业标准高级的知识和技能要求，并在配套习题册中增加了相关职业技能考试的练习题。

第四，精心设计教材形式。

在教材的呈现形式上，尽可能使用图片、实物照片和表格等将知识点生动地展示出来，力求让学生更直观地理解和掌握所学内容。

第五，提供全方位教学服务。

本套教材配有习题册、教学参考书、电子课件和习题册答案，电子课件和习题册答案可通过中国人力资源和社会保障出版集团网站（http：//www.class.com.cn）或职业教育教学资源和数字学习中心（http：//zyjy.class.com.cn）免费下载。

本次教材的修订（新编）工作得到了辽宁、吉林、江苏、山东、河南、广东等省人力资源和社会保障厅及有关学校的大力支持，在此我们表示诚挚的谢意。

人力资源和社会保障部教材办公室

2014 年 8 月

目 录
Contents

模块一

汽车空调基础

学习目标

◆ 了解汽车空调的功能、组成和工作原理。

◆ 了解汽车空调的分类。

◆ 能够正确认识汽车空调零部件及其安装位置。

想一想

中国的气候类型复杂多样，大部分地区位于北温带和亚热带，属于大陆性季风气候区，四季分明，冬寒夏热，环境温度可在－30～＋40℃范围内变化。在酷热和严寒的环境下行车时（见图1—1），要想使车内温度达到乘客舒适的程度，必须进行制冷和供暖，这些功能都需要汽车空调来完成。

图1—1 在酷热和严寒的外部环境下行车

“汽车空调”与一般家用空调有着近乎相同的作用，夏天制冷，为乘客带来阵阵凉风；冬天供暖，给乘客带来丝丝暖意。其目的是将车内的温度等环境要素调整在人们感觉最舒适的条件范围内。汽车空调系统除了制冷、供暖的功能，还有哪些功能呢？

汽车空调系统由哪些部分组成？它又是如何工作的呢？

一、汽车空调的功能

1. 温度调节

温度调节是汽车空调的主要功能，目前多数汽车的空调也主要具有这一单一功能。夏季由制冷系统产生冷气对车厢内降温；冬季除大型商用车采用独立燃烧式加热器采暖外，其他车辆基本上采用汽车余热进行采暖。

2. 湿度调节

湿度对车内乘员的热舒适感觉有很大影响。车厢内的湿度一般应保持在30%～70%，普通汽车空调不具备调节车内湿度的功能，只有通过使用通风装置或打开车窗靠车外空气来调节。高级豪华汽车采用的冷暖一体化空调，通过制冷和采暖的共同作用才能对车内的湿度进行适当的调节。

3. 气流调节

气流的流速和方向对人的舒适性影响很大。如果直吹，在温度合适时，流速应限制在一定的范围内，根据乘客的生活环境、年龄、健康状况、冷热习惯等可以适当改变流速的大小。

4. 空气净化

车厢内空气的质量是舒适的重要保证。车厢内的空气时刻受到乘客呼出的CO_2、乘员身体的各种异味、烟味、化妆品味、非金属材料味、大气中悬浮物的污染及环境异味的影响，因而有的汽车在空调的进风口装有空气过滤装置和空气净化装置。

教学互动

在实训室带有空调的汽车上起动发动机，运行空调。学生分组合作，观察、调试并体验汽车空调的各项功能。具体包括：(1) 制冷；(2) 采暖；(3) 不同通风模式下车内空气的流向；(4) 风量的调节等。

总结实训用车上空调系统所具备的功能。

1. ________________________________。

2. ________________________________。

3. ________________________________。

4. ________________________________。

二、汽车空调系统的组成

汽车空调系统由制冷装置、暖风装置、通风装置、空气净化装置和加湿装置中的一个或多个部件以及必要的控制部件等构成，用于调节乘员舱内的温度、湿度和洁净度，并使其以一定的速度在车厢内定向流动和分配，从而给驾驶员和乘员提供舒适的环境及新鲜空气。

1．制冷装置

汽车空调制冷装置（系统）主要由制冷剂、压缩机、蒸发器、冷凝器、节流装置和辅助控制元件等组成，如图 1—2 所示。

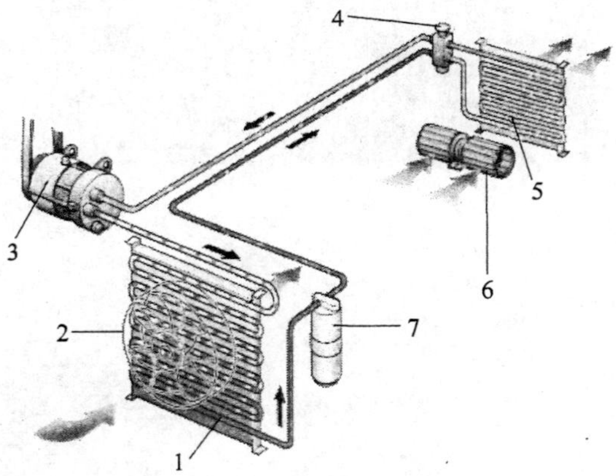

图 1—2　汽车空调制冷装置的组成

1—冷凝器　2—冷凝风扇　3—电磁离合器及压缩机　4—膨胀阀　5—蒸发器　6—鼓风机　7—储液干燥器

（1）制冷剂

制冷剂（俗称冷媒）是制冷系统中的一种工作介质，其通过自身"相态"的变化来实现热交换，从而达到制冷的目的。

（2）压缩机

压缩机（见图 1—3）是汽车空调制冷装置的动力元件，用来压缩和输送制冷剂。

图 1—3　空调压缩机

（3）冷凝器

冷凝器（见图1—4）是一种热交换器，来自压缩机的高温高压气体会通过冷凝器，依靠冷凝器的管壁和翅片将其中的热量散发到周围的空气中。它的作用和原理正好与蒸发器相反。

图1—4　冷凝器

（4）蒸发器

蒸发器（见图1—5）也是一种热交换器，低温低压的液态制冷剂通过节流装置进入蒸发器，在蒸发器中蒸发，吸收大量周围空气中的热量，来达到降低车内温度的目的。

图1—5　蒸发器

（5）节流装置

节流装置有热力膨胀阀（见图1—6）、节流孔管（见图1—7）等类型，是汽车制冷装置中的重要部件，起到节流降压、调节流量、防止“液击”和防止异常过热的控制作用。

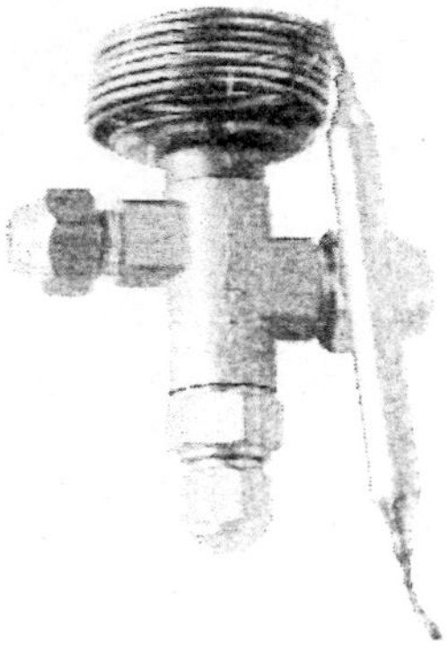

图1—6　热力膨胀阀

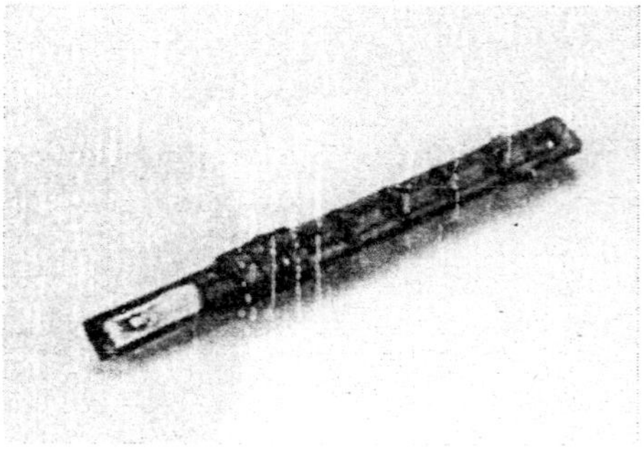

图1—7　节流孔管

(6) 辅助控制元件

空调系统中的辅助及控制元器件有很多，主要包括储液干燥器（或气液分离器）、控制电路板、各种阀、各种开关、管路、视窗以及各种指示器和控制仪表等。它们的作用是提供必要的辅助条件保证系统得以正常的工作。

(7) 冷冻机油

冷冻机油主要用于为空调压缩机运动部件提供润滑，此外还有部分冷冻机油与制冷剂混合在一起在空调系统内循环。

2．暖风装置

暖风装置是由汽车发动机提供的余热或独立燃烧器产生的热量作为热源，用于车厢内采暖及风窗玻璃除霜和除雾的热交换装置。

三、汽车空调的分类

1．按驱动方式分类

汽车空调系统按驱动方式可分为非独立式汽车空调系统和独立式汽车空调系统。

(1) 非独立式汽车空调系统（见图1—8）

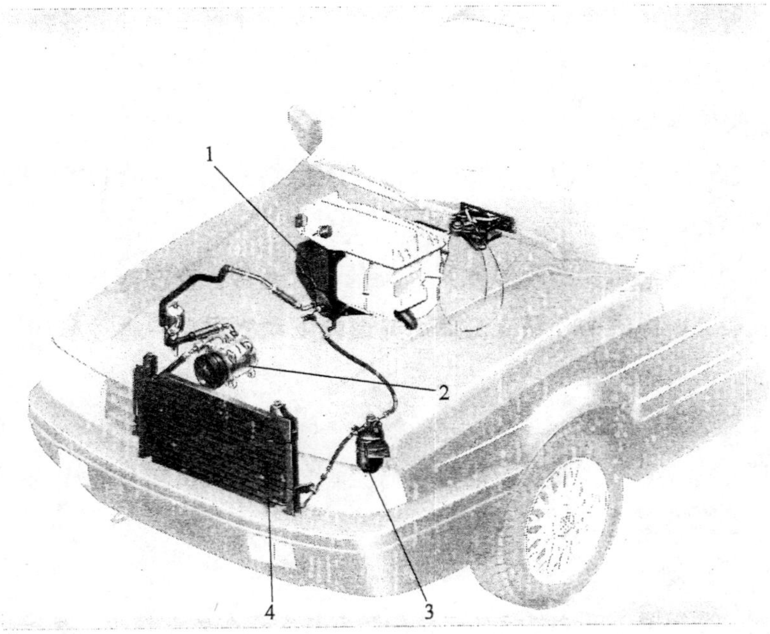

图1—8　非独立式汽车空调系统

1—蒸发器　2—空调压缩机　3—储液干燥器　4—冷凝器

这种空调制冷压缩机由汽车本身的发动机驱动，汽车空调系统的制冷性能受汽车发动机工况的影响较大。空调系统工作稳定性较差，低速时制冷量不足，而在高速时制冷量过剩，并且消耗功率较大，影响发动机动力性能。这种类型的汽车空调系统多用于制冷量要求相对较小的乘用车上。

（2）独立式汽车空调系统（见图 1—9）

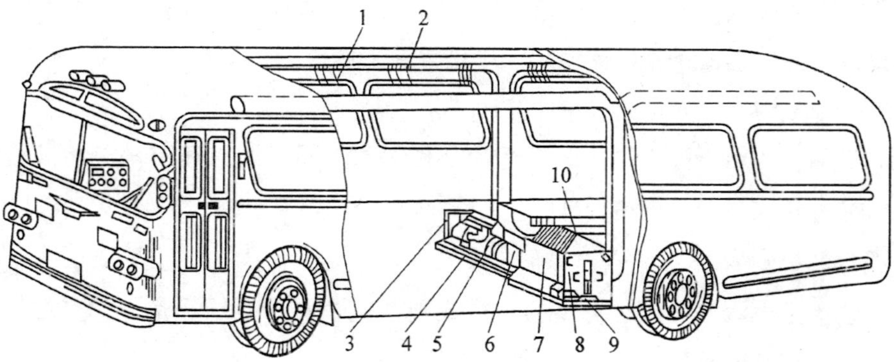

图 1—9　独立式汽车空调系统示意图

1—进气道　2—排气栅　3—散热器　4—空调发动机　5—离合器　6—压缩机

7—蒸发器　8—冷凝器　9—冷凝风扇　10—循环空气入口

这种空调制冷压缩机由专用的空调发动机（也称副发动机）驱动，因此，汽车空调系统的制冷性能不受汽车主发动机工况的影响，工作稳定、制冷量大。但由于空调系统加装了一台发动机，不仅成本增加，而且体积和质量也增加。这种类型的汽车空调系统多用于商用车。

2．按结构型式分类

汽车空调按结构型式可分为整体式空调、分体式空调以及分散式空调。

（1）整体式空调

将副发动机、压缩机、冷凝器和蒸发器通过传动带、管道连接成一个整体，安装在一个专用机架上，构成一个独立总成，并由副发动机驱动，通过车内通风管将冷风送入车厢内。

（2）分体式空调

将压缩机、冷凝器、蒸发器以及独立式空调的副发动机部分或全部分开布置，用管道连接成一个制冷系统。

（3）分散式空调

将蒸发器、冷凝器、压缩机等各部件分散安装在汽车各个部位，并用管道相连接。

四、汽车空调制冷系统工作原理

汽车空调制冷系统可以分为膨胀阀式制冷系统和节流孔管式制冷系统。

汽车空调系统的制冷、制热工作原理基本相似，这里主要讲解制冷原理。

1．膨胀阀式制冷系统的工作原理

汽车空调制冷系统是利用液态制冷剂汽化产生冷效应的原理进行制冷的。一般来说，制冷工作过程可分为压缩过程、冷凝过程、干燥过滤过程、节流过程、吸热过程五个阶段。膨胀阀式制冷系统的工作原理如图 1—10 所示。

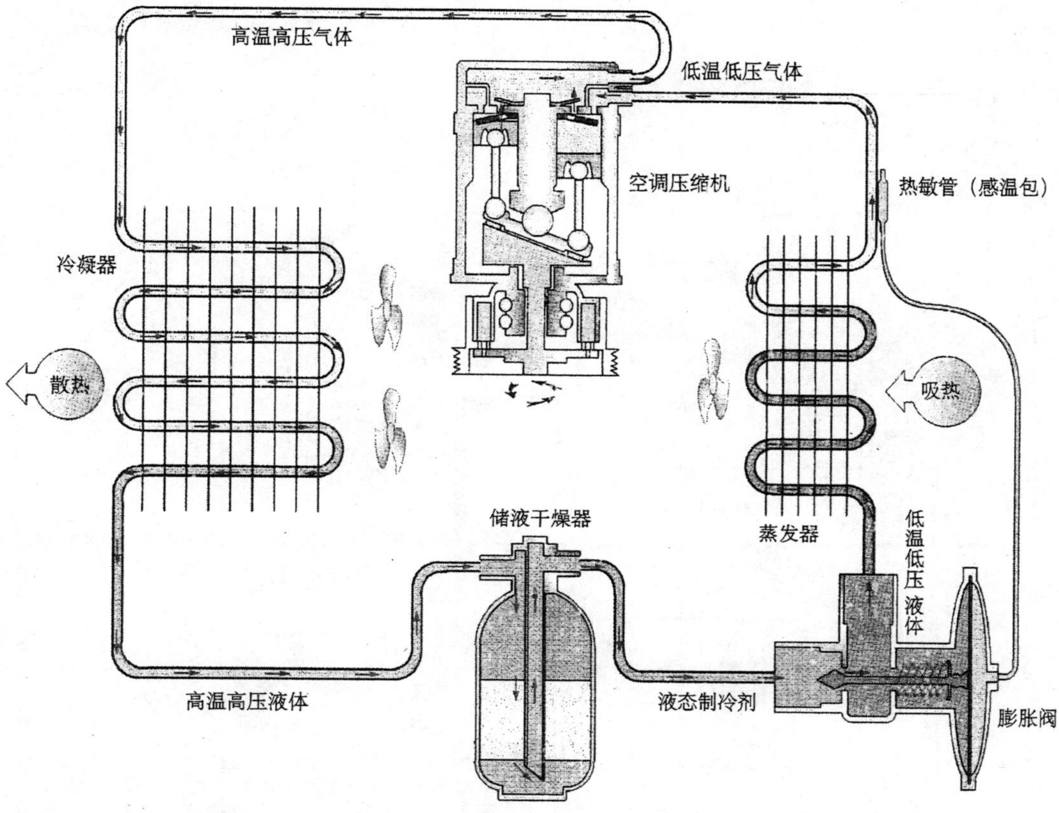

图 1—10　膨胀阀式制冷系统的工作原理

（1）压缩过程

汽车空调制冷系统工作时，空调压缩机将从蒸发器过来的低温低压气态制冷剂，压缩为高温（约 80℃）高压气态制冷剂。

（2）冷凝过程

高温高压的气态制冷剂流经冷凝器时，通过与冷凝风扇吹来的空气进行热交换，把热量散发出去，制冷剂变为高温（约 60℃）高压的液态制冷剂。

（3）干燥过滤过程

热交换后的制冷剂变为高温高压的液体，液态的制冷剂通过储液干燥器吸收水分并过滤杂质。

（4）节流过程

液态的制冷剂流经节流减压装置膨胀阀时，在其节流的作用下，急剧降压降温，汽化膨胀，变为低温低压的气液混合体（雾状）。

（5）吸热过程

低温的制冷剂随后在蒸发器吸收周围空气中的热量，空气的温度降低，并被吹入车厢内，从而产生制冷效果。气态的制冷剂又被吸进压缩机，开始下一个循环的工作。

2. 节流孔管式制冷系统的工作原理

节流孔管式制冷系统的工作原理如图1—11所示。

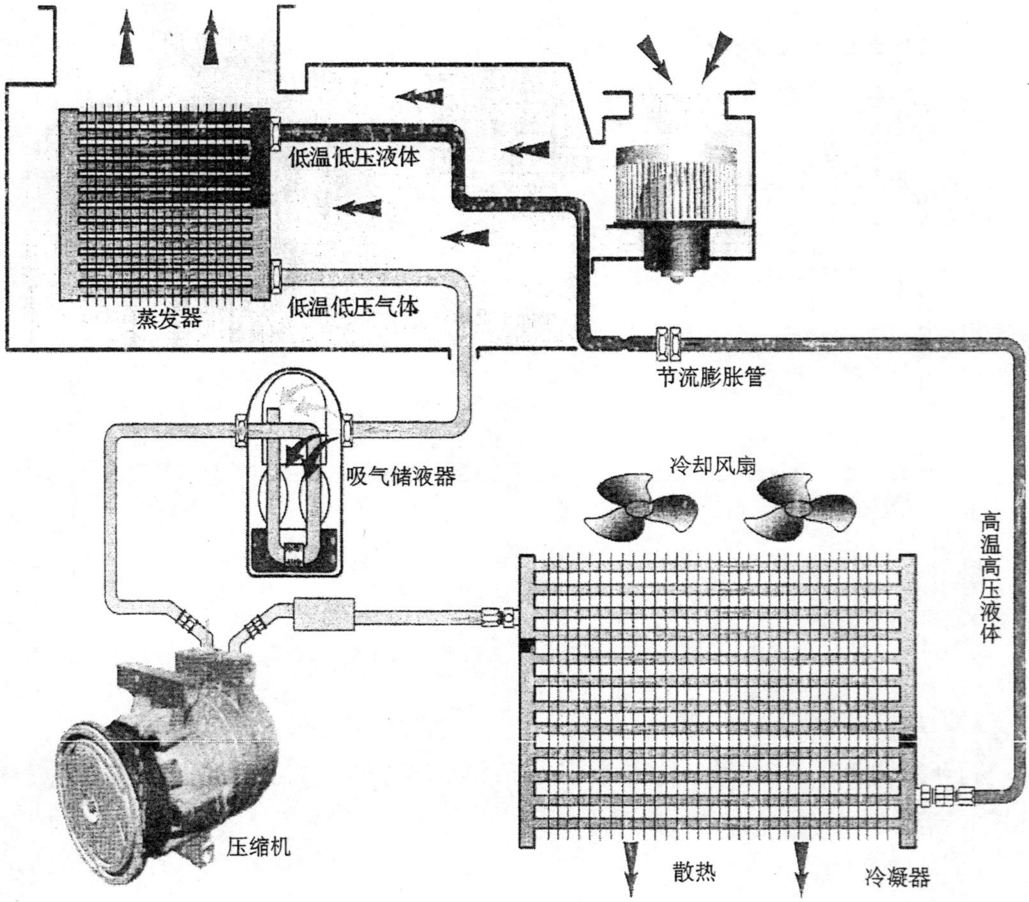

图1—11　节流孔管式制冷系统工作原理

（1）压缩过程

汽车空调制冷系统工作时，空调压缩机将蒸发器送来的低温低压气体压缩为高温（约80℃）高压气态制冷剂。

（2）冷凝过程

高温高压的气态制冷剂流经冷凝器时，通过与冷凝风扇吹来的空气进行热交换，把热量散发出去，制冷剂变为高温（约60℃）高压的液态制冷剂。

(3) 节流过程

液态的制冷剂流经节流管，在其节流的作用下，急剧降压降温，汽化膨胀，变为低温低压的气液混合体（雾状）。

(4) 吸热过程

低温的制冷剂随后在蒸发器吸收周围空气中的热量，空气的温度降低，并被吹入车厢内，从而产生制冷效果。

(5) 干燥过程

由于节流管本身不能调节流量，在某些工况下，进入蒸发器的制冷剂量可能比需要得更多。制冷剂在蒸发器不能全部汽化（还有部分液体），在经过吸气储液器吸收水分、过滤杂质和储存多余的液态制冷剂后，气态制冷剂又被吸进压缩机，开始下一个循环的工作。

从上述内容可以看出，膨胀阀式制冷系统和节流孔管式制冷系统在结构上是明显不同的，主要体现在节流装置的类型、安装位置和作用等方面。

教学互动

桑塔纳汽车空调系统认知：

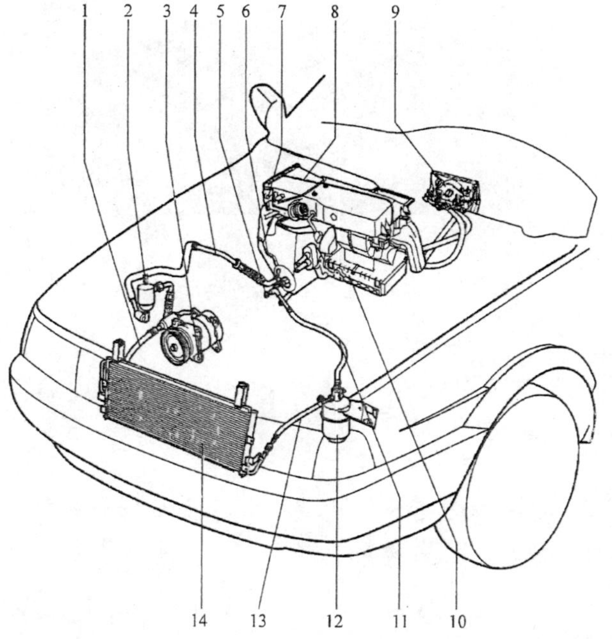

图 1—12　上海大众桑塔纳汽车空调系统结构组成及分布图

1—D 管　2—低压维修接口　3—空调压缩机　4—S 管　5—高压维修接口

6—蒸发器　7—环境温度传感器　8—进风罩　9—暖风和空调调节装置

10—新鲜空气风箱　11—L 管　12—储液干燥器总成　13—C 管　14—冷凝器

图 1--12 所示是上海大众桑塔纳汽车空调系统结构组成及分布图。针对实车逐一认识汽车空调系统部件的结构、安装位置及空调管路走向；并在教师带领下，学习汽车空调的操作方法，阐述汽车空调的各种功能和制冷工作原理。

思考与练习

一、简答题

1. 汽车空调系统主要由哪几部分组成？各自的作用分别是什么？
2. 简述汽车空调制冷系统的工作原理。

二、实训题

操纵空调控制面板、开关、按钮、旋钮等，并总结其作用。

图 1—13　汽车自动空调控制面板

模块小结

本模块重点介绍了汽车空调的基础知识，如汽车空调的功能、组成、分类以及工作原理，使学生在了解这些内容的基础上对汽车空调有一个总体认知，掌握其在汽车上的位置情况、管路走向，为以后的汽车空调拆装与维修打下基础。

模块二 汽车空调制冷系统部件

课题一 汽车空调压缩机及电磁离合器

学习目标

- ◆ 熟悉汽车空调压缩机的作用、分类、结构及工作原理。
- ◆ 熟悉电磁离合器的作用、结构及工作原理。
- ◆ 能够正确拆装与检修汽车空调压缩机和电磁离合器。

想一想

汽车空调压缩机的作用类似于汽车发动机，是空调系统的核心组成部件，为空调系统提供必要的动力。压缩机通常与电磁离合器装配成一体，安装在汽车发动机舱或其他部位。如图 2—1—1 所示为汽车空调系统主要组成部件的安装位置图，由图可以看

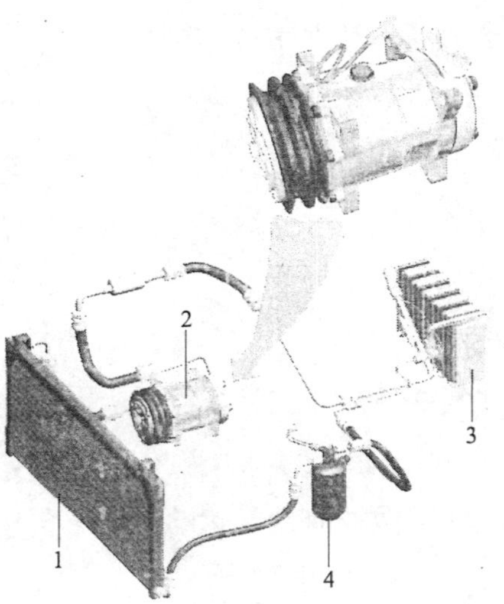

图 2—1—1 空调压缩机及电磁离合器安装位置示意图

1—冷凝器 2—空调压缩机及电磁离合器 3—蒸发器及膨胀阀 4—储液干燥器

出，压缩机与冷凝器和蒸发器连接在一起，为什么要这样连接呢？压缩机和电磁离合器由哪些部分组成？它们的工作原理是什么？出现故障后如何修理呢？

一、汽车空调压缩机

汽车空调压缩机及电磁离合器的基本组成如图 2—1—2 所示。

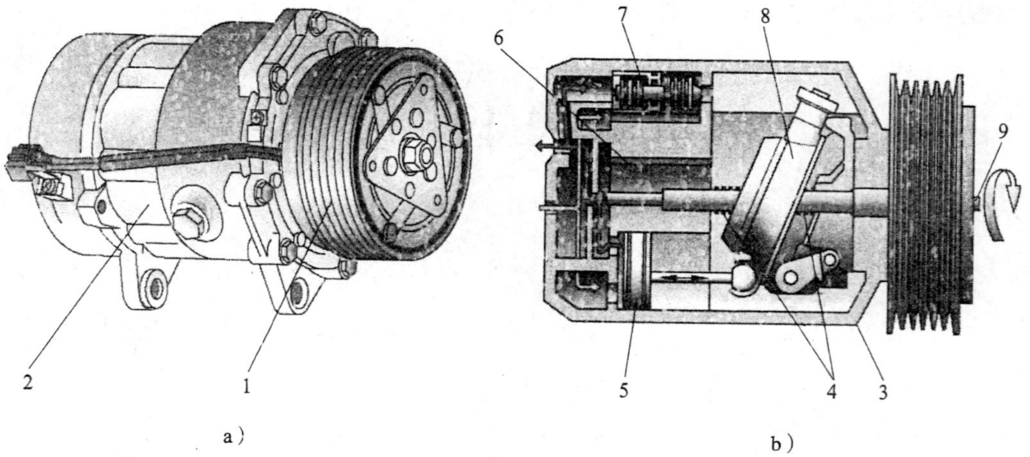

图 2—1—2 汽车空调压缩机的组成

a）压缩机和电磁离合器外形 b）压缩机的结构

1—电磁离合器 2—压缩机 3—驱动毂 4—弹簧 5—活塞

6—定径节流管 7—调节阀 8—斜盘 9—输入轴

1. 压缩机的作用

汽车空调压缩机是汽车制冷系统的主要部件之一，是推动制冷剂在制冷系统中不断循环的动力源，起着输送制冷剂、保证制冷系统正常工作的作用。

2. 常见汽车空调压缩机的结构及工作原理

汽车空调压缩机一般都是开式容积式结构，除部分由辅助发动机直接带动外，大多靠电磁离合器由发动机通过传动带带动。大、中型商用车空调压缩机一般都是传统的曲轴连杆机构式，又称立式；中、小型汽车空调压缩机则以摇摆斜盘式和回转斜盘式为主。

（1）摇摆斜盘式压缩机

摇摆斜盘式压缩机是往复式单向活塞结构，又称单向斜盘式或摇板式，它将 5 个（或 7 个）气缸均匀分布在压缩机缸体内。如图 2—1—3 所示，当主轴旋转时，摇板做轴向往复摇摆，带动压缩机活塞做轴向往复运动，从而完成制冷剂的吸入、压缩和排出过程。

摇摆斜盘式压缩机的最大优点是工作平稳、结构紧凑、体积小，适用于车厢空间狭小的车型。日本三电公司生产的 SD—5 型压缩机，就是摇摆斜盘式压缩机。

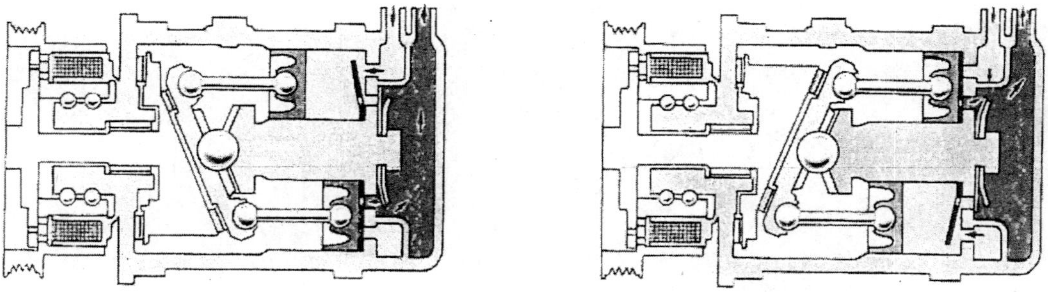

图 2—1—3　摇摆斜盘式压缩机工作过程

（2）回转斜盘式压缩机

回转斜盘式压缩机是往复式双向活塞结构，又称双向斜盘式，和摇摆斜盘式压缩机属同一类型。回转斜盘式压缩机的工作原理是把装在主轴上斜盘的回转运动变为双向活塞沿轴向的往复运动。活塞的两边都是气缸，因而一个活塞起到双缸的作用。

回转斜盘式压缩机的应用比较广泛，例如奥迪 100、捷达轿车、富康轿车等均使用该类型的压缩机。国外生产的回转斜盘式压缩机主要有通用公司的 A－6 型和 DA－6 型，日本电装的 C－171、FS－6 型等。

回转斜盘式压缩机的工作过程如图 2—1—4 所示：当斜盘处于图Ⅰ位置时，活塞向右移动至极限位置，前缸内压力降低，低压腔内的制冷剂从吸气口被吸入到前缸；当斜盘转至图Ⅱ位置时，活塞向左移动，前缸内压力升高，缸内气体被压缩；当斜盘转至图Ⅲ位置时，制冷剂被压缩成高温高压的气体从排气口排出，至此，完成一个压缩循环。由于此活塞为双向活塞，因此，右端活塞（图中“后缸”）的工作原理与左端相同。

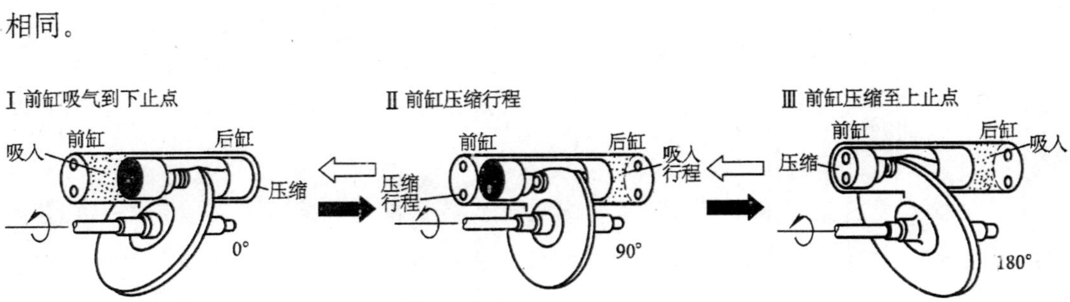

图 2—1—4　回转斜盘式压缩机工作过程

（3）摇摆斜盘式与回转斜盘式压缩机的结构比较

摇摆斜盘式与回转斜盘式压缩机的结构比较如图 2—1—5 所示。摇摆斜盘式压缩机通过输入轴带动传动板，然后传动板再推动摇板带动活塞做往复式单向运动；

回转斜盘式压缩机通过输入轴带动回转斜盘做回转运动，从而带动活塞做往复式双向运动。

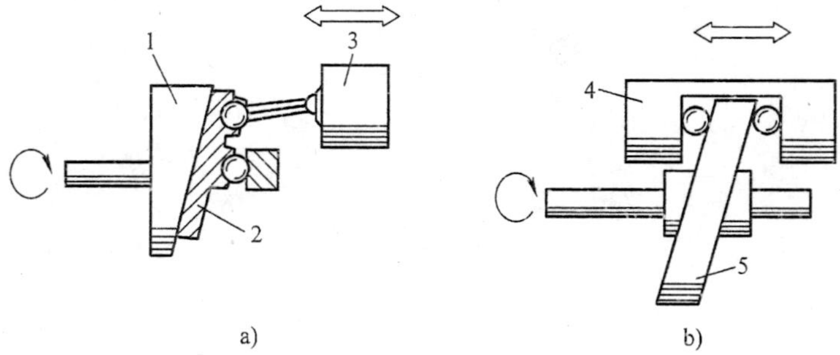

图 2—1—5　回转斜盘式与摇摆斜盘式压缩机的结构比较

a）摇摆斜盘式　b）回转斜盘式

1—传动板　2—摇板　3、4—活塞　5—回转斜盘

知识拓展

变排量压缩机

传统的汽车空调压缩机是定排量的。定排量压缩机为了防止蒸发器内温度过低，会根据制冷负荷变化，不断地吸合、断开电磁离合器。这会造成发动机运行不平稳、功耗损失（在高速和低负荷时）、压缩机进排气压力波动大、出风口温度变化大等不良影响。为了消除以上影响，现在大部分汽车空调系统开始使用变排量压缩机，如桑塔纳 3000 等。在制冷系统工作时，变排量压缩机的电磁离合器一直处于吸合状态，它可根据制冷负荷及发动机转速变化，在一定范围内连续平稳地改变活塞排量，从而实现系统流量的调节。

变排量压缩机的结构如图 2—1—6 所示，由离合器总成、前盖、阀板总成、控制阀、泄压阀、后盖、缸体和驱动机构总成等组成，其工作原理如图 2—1—7 所示。

变排量压缩机可以根据空调的工作需要使其排量在一定范围内无级变化。它是通过改变摇板的角度来调整活塞的行程，当转子凸轮的角度改变时，铰接在空调压缩机主轴上的转子凸轮改变活塞行程。而凸轮的位置取决于曲轴箱内的压力。

高、低压通道的开关取决于装在后盖上的控制阀，控制阀受蒸发器压力影响。当蒸发器压力降到一定值时，控制阀关闭低压通道，并打开高压通道；反之，打开低压通道。

图 2—1—6　变排量压缩机的结构

1—离合器总成　2—前盖　3—阀板总成　4—控制阀

5—泄压阀　6—后盖　7—缸体　8—驱动机构总成

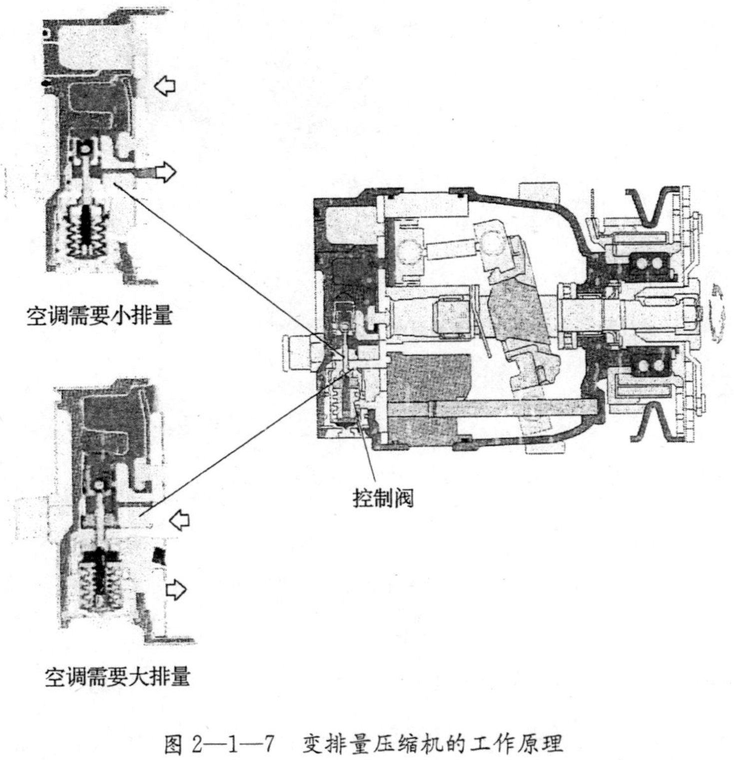

图 2—1—7　变排量压缩机的工作原理

如果低压作用于活塞的曲轴箱端，压力差使转子凸轮转到最长的行程位置，输出排量最高；如果高压作用于曲轴箱，活塞两端的作用力平衡，转子凸轮就转至活塞行程最短的位置，输出排量最小。所以曲轴箱内的压力，决定了活塞行程和压缩机输出。

变排量压缩机的输出排量能保证空调系统的正常工作，与发动机转速无关。

二、电磁离合器

1. 电磁离合器的作用

电磁离合器是用来断开或者接通压缩机动力的装置。除大型独立式空调机组外，一般汽车空调压缩机都是通过其前端的传动带盘与发动机曲轴传动带轮进行连接的，压缩机的停、开是由电磁离合器的释放或吸合决定的。

2. 电磁离合器的结构

电磁离合器主要由压板（有的叫前板）、传动带盘（转子）组件及电磁线圈组成，如图 2—1—8 所示。

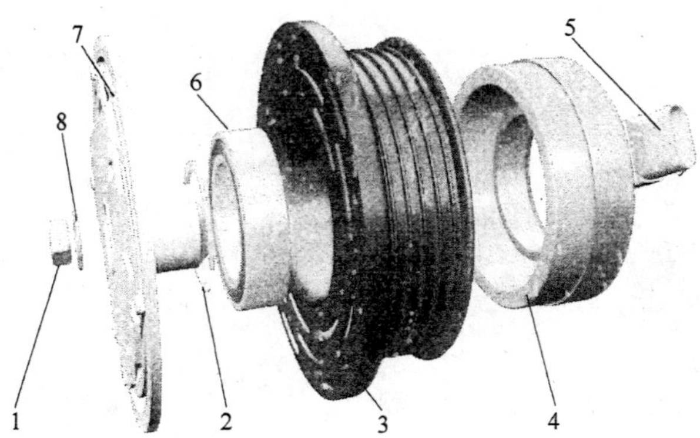

图 2—1—8　电磁离合器的结构

1—紧固螺母　2—卡簧　3—传动带轮的转子　4—电磁线圈　5—导线插头　6—轴承　7—压板

（1）压板

压板主要由吸铁（离合器从动盘）、回位弹性体、轴套（带键槽）、平衡板等元件组成。电磁离合器是通过吸铁与电磁线圈共同来工作的，吸铁根据电磁线圈的通电与否产生吸合、释放两种状态。当电磁线圈有电流通过、产生电磁力时，吸铁与传动带盘吸合，压缩机主轴与传动带盘一起转动，获得发动机的动力；当电磁线圈没有电流通过时，电磁力消失，吸铁与传动带盘断开，压缩机主轴断开了动力。

回位弹性体有两类，一类是橡胶件，另一类是片簧。它们的作用是当电磁线圈不通电、电磁力消失时，让吸铁与传动带盘迅速分开，以免两个贴合平面因分离不及时造成摩擦烧坏。

轴套上通过键槽与压缩机主轴相连，轴套铆合在平衡板上，又与吸铁通过铆钉连成一体。

平衡板用以平衡压缩机内部产生的不平衡力，同时也作为回位弹簧的一个支承点。

（2）传动带盘组件

传动带盘组件由传动带轮和轴承组成。传动带盘上有一侧平面是用来与吸铁相吸合的，冲有许多供磁力线通过的长槽，传动带盘内圈装有平面轴承。传动带盘有冲压件及铸件两种，传动带槽有单槽、双槽及齿形传动带槽三种。

（3）电磁线圈

电磁线圈由线圈外壳、线圈及接线组成。

3．电磁离合器的工作原理

如图 2—1—9 所示，电磁离合器的工作原理是当电流通过电磁线圈时，产生较强的磁场，使压缩机的电磁离合器从动盘和自由转动的传动带轮吸合，从而驱动压缩机输入轴旋转；当电流切断，磁场消失，靠弹簧作用将从动盘和传动带轮分开时，压缩机便停止工作。

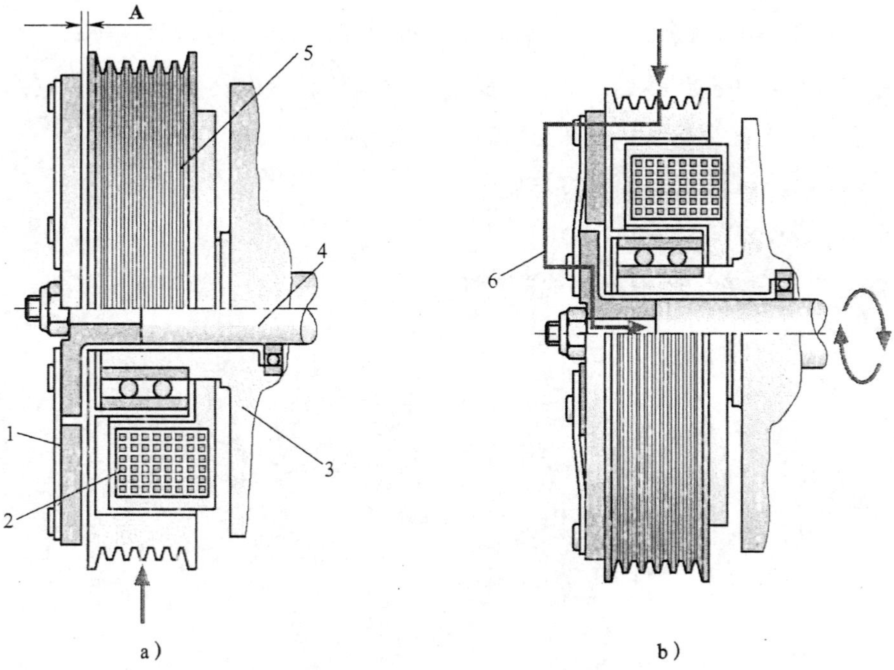

图 2—1—9　电磁离合器工作原理图

a）释放　b）吸合

1—前板（弹簧板与轮毂）　2—电磁线圈　3—压缩机壳体　4—输入轴　5—传动带轮　6—动力流

教学互动

在性能良好的手动空调台架上或带有空调的汽车整车上，将点火开关打到“ON”

位置，然后让一个学生打开和关闭空调“AC”开关，但不要起动发动机，其他同学同时观察电磁离合器的工作情况，并在下列空白处做好记录。

1. 电磁离合器的动作是：________________。

2. 声音是：________________。

三、压缩机和电磁离合器的拆装与检修

汽车空调压缩机和电磁离合器是汽车空调系统的重要组成部件。若空调压缩机和电磁离合器出现电磁离合器从动盘打滑、电磁线圈烧坏、排气阀破裂、压缩机卡死、泄漏、异响等故障，将导致汽车空调不制冷或工作不良。

对于空调压缩机和电磁离合器，一般的汽车修理厂只承担如下常见故障的修理：电磁离合器打滑、线圈烧坏、排气阀破裂、压缩机卡死、泄漏、异响等，如有上述故障可以直接更换电磁离合器或压缩机缸体部分。

现以桑塔纳 3000 为例，介绍该车装备的 SE7PV16A R134a 空调压缩机和电磁离合器的拆装与检修，主要包括四个方面：空调压缩机传动带的拆卸与安装、空调压缩机的拆卸与安装、电磁离合器的拆卸与安装、电磁离合器的检修。

1. 空调压缩机传动带的拆卸与安装

【器材设备准备】

桑塔纳 3000 整车、冷媒回收与充注机（见图 2—1—10）、常用拆装工具等。

图 2—1—10　冷媒回收与充注机（SPX AC350C）

【注意事项】

（1）在拆卸空调压缩机传动带之前，须做好运转记号。

（2）不必打开制冷剂循环，就可拆卸和安装压缩机支架及所属零部件。

（3）安装传动带时，请注意将传动带上的筋条完全卡进带轮的楔槽里。

【操作步骤】

（1）空调压缩机传动带的拆卸（见图 2—1—11）

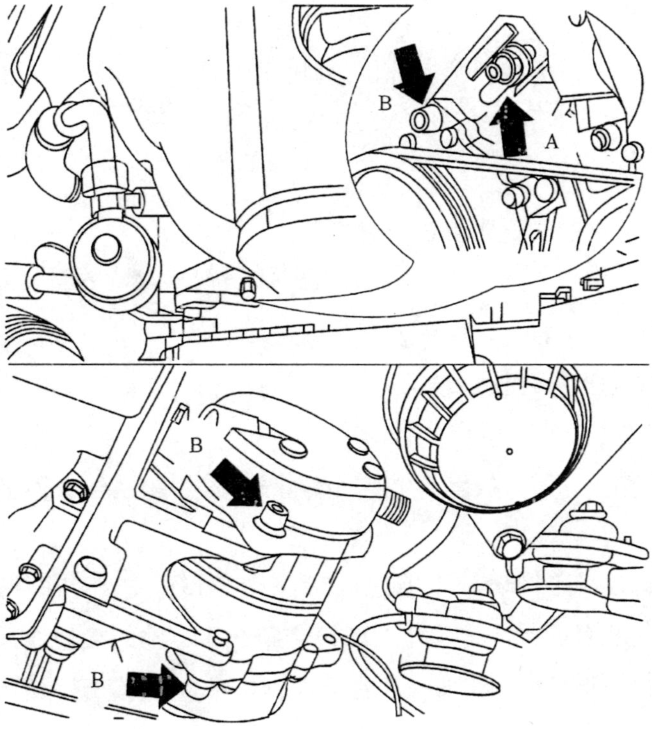

图 2—1—11　拆卸空调压缩机传动带

1）用内六角扳手，旋松空调压缩机下方两个连接螺栓（箭头 B）。

2）沿顺时针方向旋转传动带张紧调节螺栓（箭头 A）直至皮带放松。

3）用套筒扳手将传动带由带轮上向汽车前进方向脱出。

如更换传动带，应拆卸发动机前悬置；如仅拆卸空调压缩机，可不拆发动机前悬装置。

（2）空调压缩机传动带的安装（见图 2—1—12）

1）用套筒扳手，沿顺时针方向旋转调节螺栓（图中箭头所示），直至传动带张紧。

2）用拇指按压传动带中部，变形量为 5～10 mm 即可。

3）用扭力扳手，将空调压缩机下方两个连接螺栓拧紧，力矩为 40 N·m。

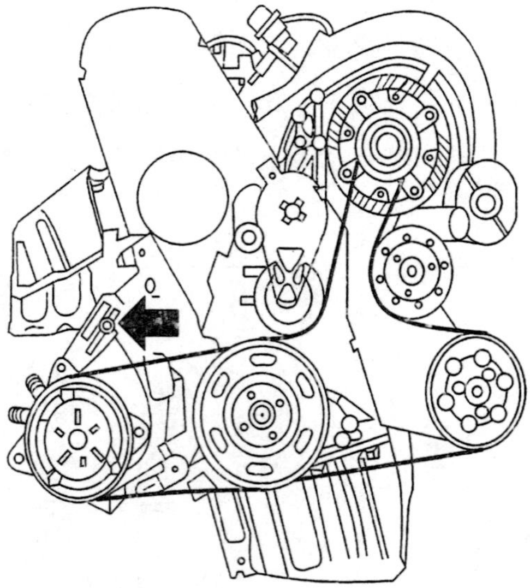

图 2—1—12　安装空调压缩机传动带

4）将传动带套在带轮上，注意运转方向。

2．空调压缩机的拆卸与安装

【器材设备准备】

桑塔纳 3000 整车、扭力扳手、冷媒回收与充注机、桑塔纳专用工具等。

【注意事项】

（1）不必打开制冷剂循环，可直接拆卸和安装压缩机支架及其所属的零部件。

（2）在对电气装置进行修理工作之前，应断开蓄电池的接地线。但在断开蓄电池之前，请按照维修手册和操作说明检查收音机、时钟、电动车窗等部件。

【操作步骤】

（1）空调压缩机的拆卸（见图 2—1—13）

1）拆卸空调压缩机上高、低压管，并封闭管口，防止异物侵入。

2）拔下电磁离合器线束插头。

3）拆下压缩机传动带。

4）将整车举升到适当高度，旋出压缩机紧固螺栓 9，从压缩机支架 3 上取下空调压缩机 1。

（2）空调压缩机的安装

安装时，与拆卸顺序相反。

1）用扭力扳手以规定的力矩拧紧固定螺栓。

2）更换高、低压管的密封圈。

3）根据情况补充制冷剂。

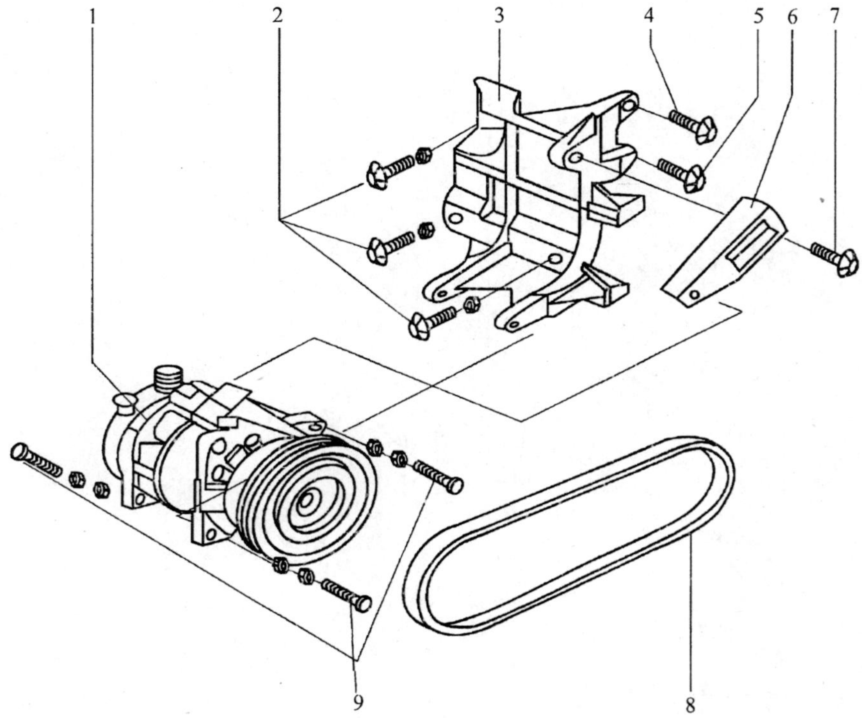

图 2—1—13　拆卸压缩机

1—空调压缩机（型号：SE7PV16A R134a）　2—六角组合螺栓（40 N·m）
3—压缩机支架　4—带肩六角螺栓（40 N·m）　5—内六角螺栓（40 N·m）　6—传动带张紧支架
7—传动带张紧调节螺栓　8—压缩机传动带　9—内六角组合螺栓（40 N·m）

4）必须使离合器多楔带轮、发动机传动带轮的带槽处在同一平面。

3．电磁离合器的拆卸与安装

【器材设备准备】

冷媒回收与充注机、桑塔纳专用工具、空调压缩机维修专用工具（如二爪拉马、卡簧钳等）。

【注意事项】

（1）在对电磁离合器进行修理时，不要将制冷剂循环打开。

（2）在特殊情况下，不拆压缩机也可对电磁离合器进行修理。

（3）在制冷系统拆卸之前，需用冷媒回收加注设备将制冷剂回收。

【操作步骤】

（1）电磁离合器的拆卸

电磁离合器的拆卸如图 2—1—14 和表 2—1—1 所示。

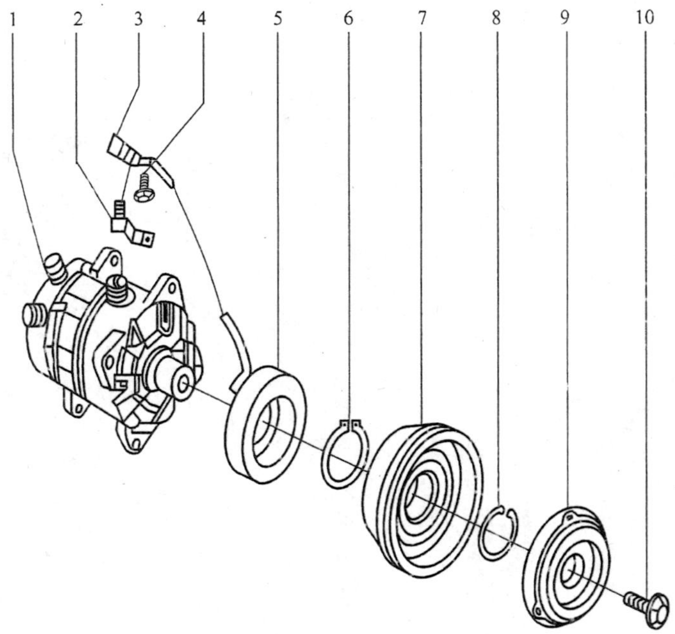

图 2—1—14　拆卸电磁离合器

1—空调压缩机（型号：SE7PV16A R134a）2—插头固定支架　3—螺栓架　4—线束插头　5 电磁线圈　6—挡圈　7—传动带盘　8—卡环　9—离合器从动盘　10—六角组合螺钉

表 2—1—1　　电磁离合器的拆卸

序号	步骤	说明	图示
①	拆卸空调压缩机传动带	用扭力扳手，拆卸六角组合螺母，取出离合器吸盘	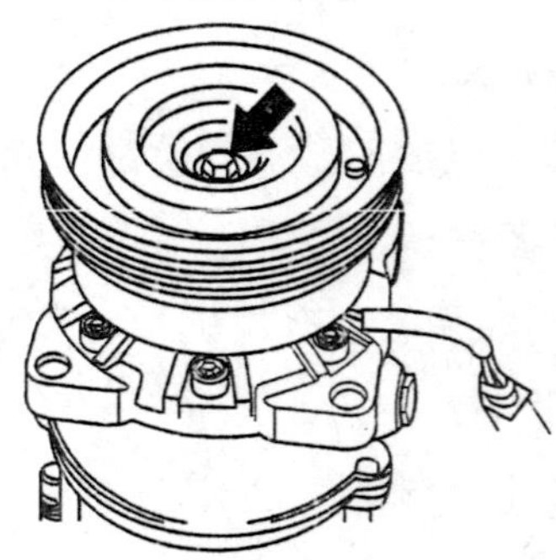
②	拆卸内部轴承卡环	用图示卡簧钳将卡环取出	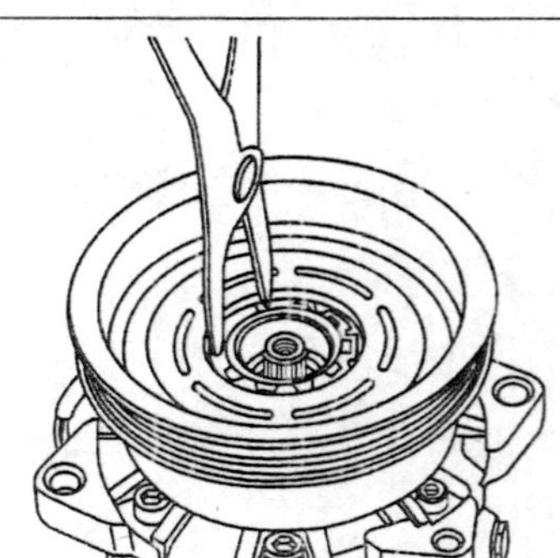

续表

序号	步骤	说明	图示
③	拆卸传动带盘	将专用工具组合成图示二爪拉马形式，轻轻勾住传动带盘的下沿。注意两侧夹持部位应在同一水平面上。顺时针转动，使传动带盘脱出	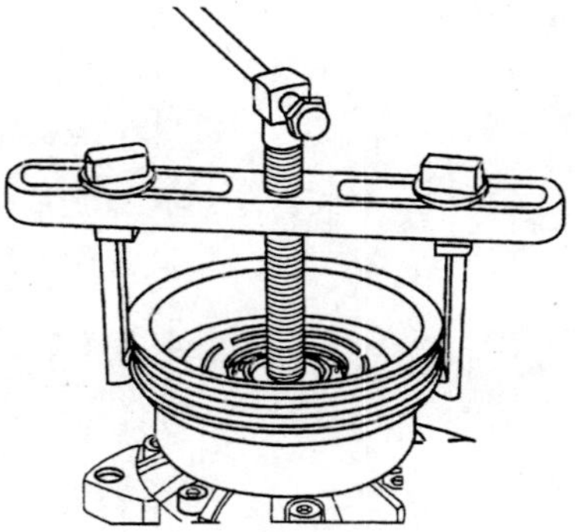
④	拆除前盖挡圈	用图示卡簧钳将挡圈取出，并取出电磁线圈。注意：安装时线圈突缘须与压缩机前盖上凹槽相配，防止线圈移动，并正确放置导线	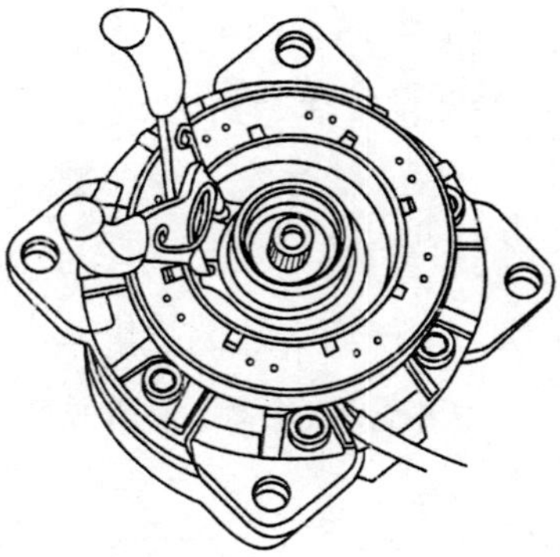

(2) 电磁离合器的安装

电磁离合器的安装顺序与拆卸顺序相反，安装步骤见表 2—1—2。

表 2—1—2　　　　电磁离合器的安装

序号	步骤	说明	图示
①	安装传动带盘	将专用工具组合使用，并置于中心部位，用锤子轻击四周，使传动带盘安装到位	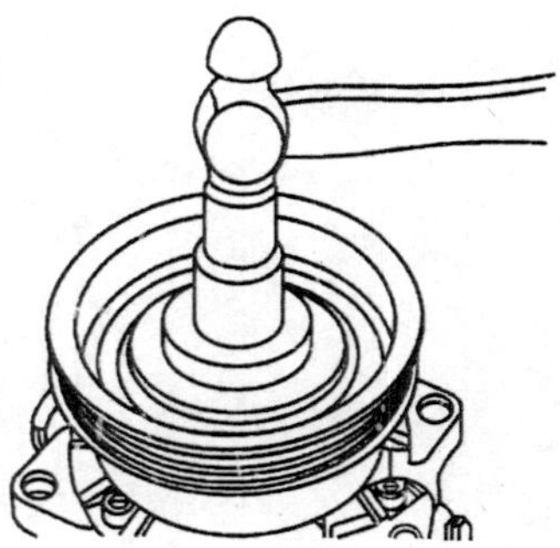

续表

序号	步骤	说明	图示
②	安装离合器吸盘	将图示工具压在离合器吸盘中心孔部位，用锤子轻击，使离合器吸盘安装到位	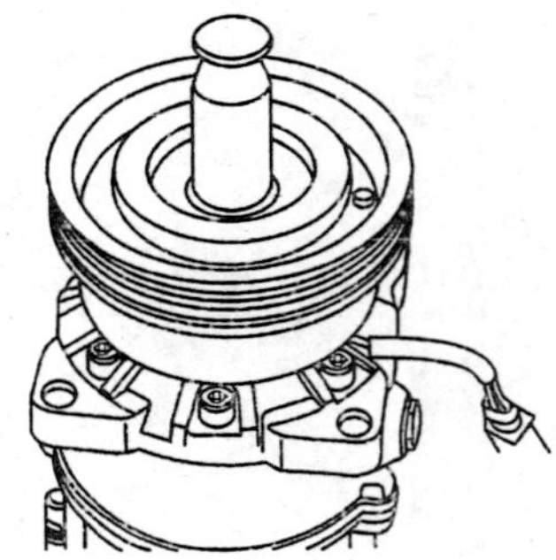

4．电磁离合器的检修

【器材设备准备】

百分表、磁性座、厚薄规、万用表等。

【操作步骤】

（1）电磁离合器的检修

电磁离合器的检修步骤见表2—1—3。

表2—1—3　　电磁离合器的检修

序号	步骤	说明	图示
①	检查外观	检查压盘是否变色、剥落或损伤。如果有损坏，更换离合器装置	
②	用手转动传动带，检查传动带轮轴承的间隙和阻力	如果出现噪声或间隙过大、阻力过大，则更换离合器	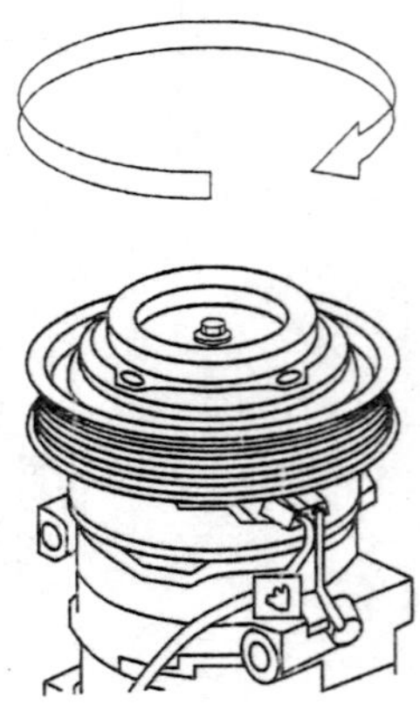

续表

序号	步骤	说明	图示
③	用百分表测量传动带轮（A）与压盘（B）之间的间隙	将百分表归零，然后给压缩机离合器施加蓄电池电压。在施加电压时，测量压盘的位移。如果间隙不在规定的范围内（间隙为0.35～0.6 mm），需要使用调整垫片进行调整。调整垫片有多种厚度可供选择，如0.1 mm、0.3 mm和0.5 mm等	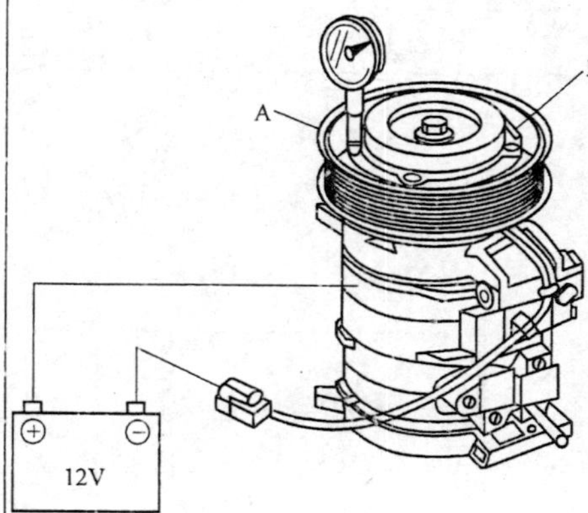
④	测量传动带轮（A）与压盘（B）之间的间隙	标准同步骤③，也可以使用间隙规来测量，之后选择不同的垫片来增大或减小间隙	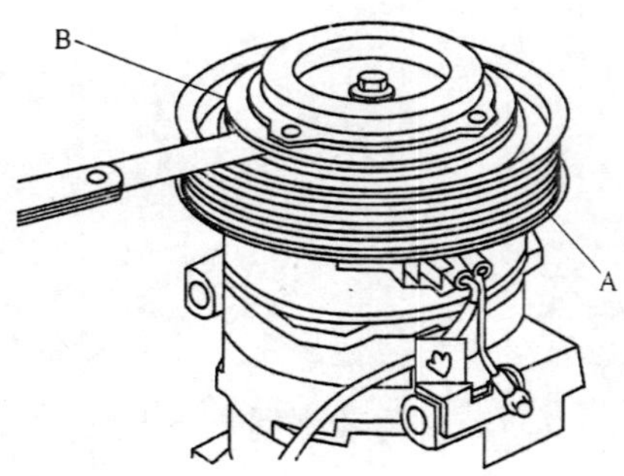
⑤	测量励磁线圈的电阻	如果电阻不符合技术要求（电阻为4～5 Ω，20℃时），则更换励磁线圈	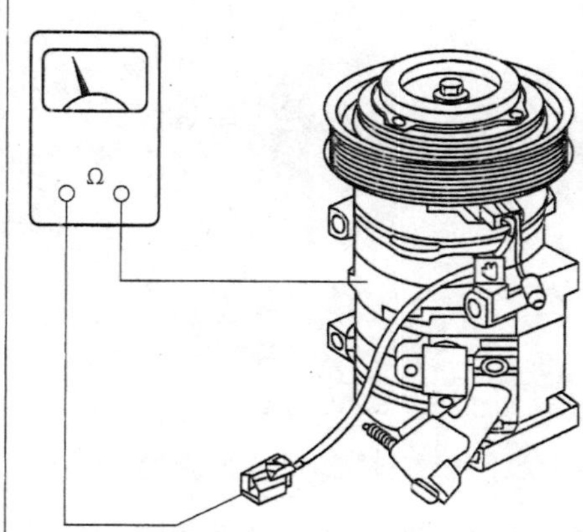

（2）填写检测结果（见表 2—1—4）

表 2—1—4　检测结果

序号	步骤	检测结果
①	检查外观	______________________
②	用手转动传动带，检查传动带轮轴承的间隙和阻力	______________________
③	用百分表测量传动带轮（A）与压盘（B）之间的间隙	检测间隙为______ mm，□符合标准　□不符合标准
④	测量励磁线圈的电阻	温度为__________时，电阻为__________ Ω

思考与练习

一、简答题

1. 当更换空调压缩机传动带时，是否需要将压缩机从制冷系统中拆掉？为什么？
2. 如何调整空调压缩机传动带的张紧力？

二、实训题

与组员一起，练习空调压缩机电磁离合器的检测。

课题二　冷凝器与蒸发器

学习目标

- 掌握冷凝器的构造及原理。
- 掌握蒸发器的构造及原理。
- 能够正确拆装、检修冷凝器与蒸发器。

想一想

图 2—2—1 和图 2—2—2 所示分别是冷凝器与蒸发器的位置分布图。由于冷凝器大多布置在车头前部、侧面或车底，经常会溅上地面的泥浆，受酸性泥浆腐蚀，冷凝器管子易烂穿，而且表面的泥垢会降低冷凝器的散热效率；蒸发器通常置于车内，有时会出现泄漏故障，严重影响汽车空调系统的正常工作。当冷凝器和蒸发器出现故障时应该如何检修呢？

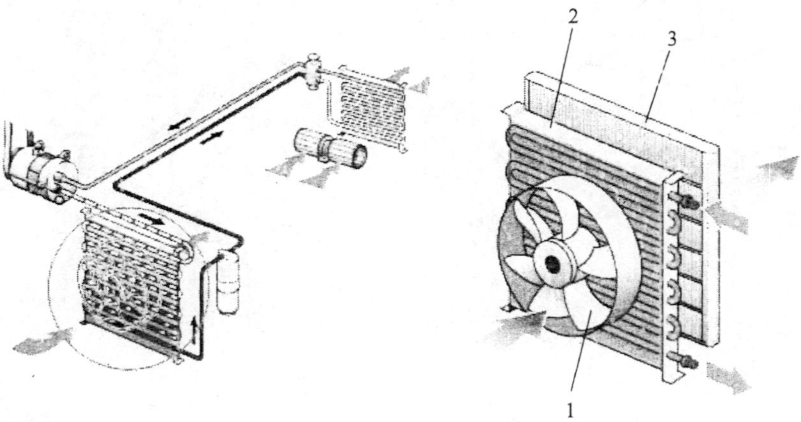

图 2—2—1　冷凝器的位置

1—冷凝风扇　2—冷凝器　3—散热器

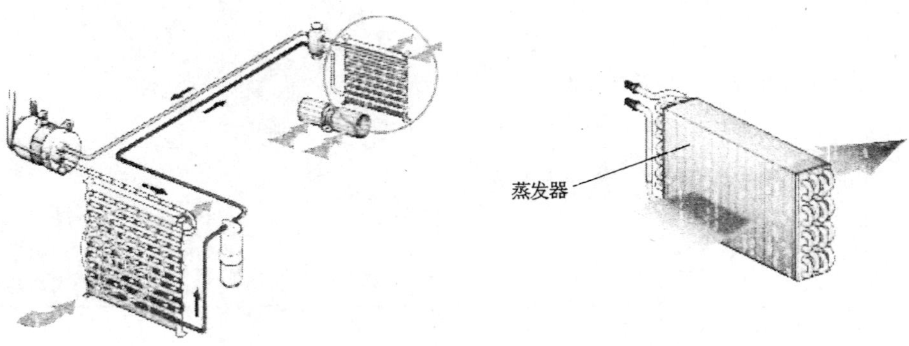

图 2—2—2　蒸发器的位置

一、冷凝器

1. 冷凝器的作用

冷凝器是由换热管、换热片组成的换热装置。它的作用是通过管壁和翅片将来自压缩机的高温高压气态制冷剂中的热量传递给冷凝器周围的空气，从而使高温高压的气态制冷剂冷凝成中温高压的液态。

2．空调冷凝器的结构

冷凝器的结构形式很多，而在汽车空调制冷系统中，经常采用的有管带式、管片式和平流式。

冷凝器的类型及特点见表 2—2—1。

表 2—2—1　　冷凝器的类型及特点

类型	特点	图示
管带式冷凝器	管带式冷凝器是由一整根扁状蛇形扁管（多孔扁管）和波浪形散热片焊接而成，扁管的孔数为 3～4 孔	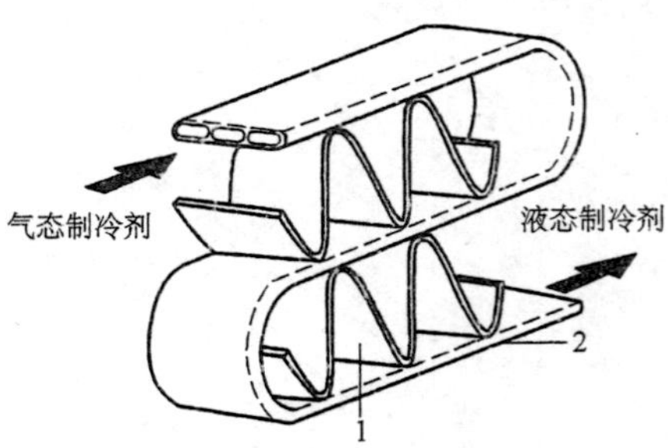 1—散热片　2—扁管
管片式冷凝器	管片式冷凝器是由铜管和铝翅片组合起来的换热设备，是应用最早的一种冷凝器。它虽然体积较大，换热效率较差，但其结构简单，加工成本低，因此，目前仍有应用。一般用在大中型商用车的制冷装置上	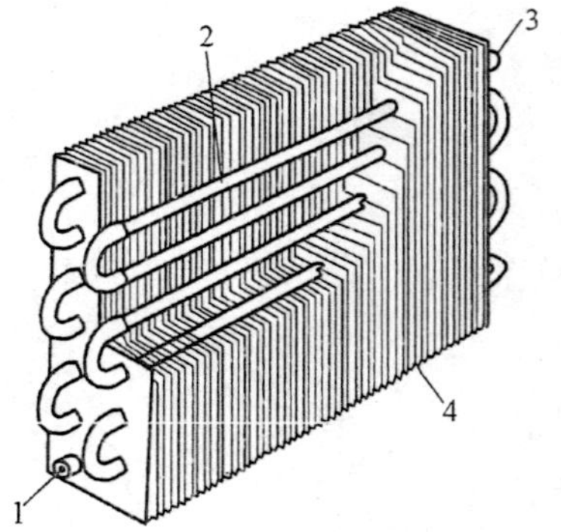 1—出口　2—圆管　3—进口　4—翅片
平流式冷凝器	平流式冷凝器是制冷剂为 R134a 时热换效率最理想的冷凝器。平流式冷凝器由管带式冷凝器演变而来，也由扁管和波浪形散热片组成。散热片上	

续表

类型	特点	图示
平流式冷凝器	同样开着百叶窗式条缝，但扁管不是弯成管带式，而是每根截断的，两端各有一根集流管。平流式冷凝器又分为两种：一种是集流管不分段，制冷剂流动方向一致，取名为单元平流式冷凝器；另一种取名为多元平流式冷凝器，它的集流管是分段的，中间由分隔片隔开，起到分流和汇流的作用	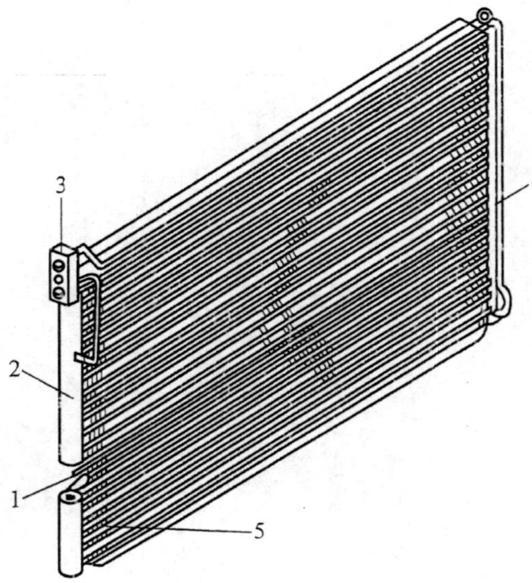 1—制冷剂扁管　2—圆柱形头　3—制冷剂出口集液箱　4—波纹百叶翅片　5—内插管

3．空调冷凝器的工作原理

当制冷系统工作时，由冷却风扇形成的空气流经过冷凝器，带走冷凝器管内制冷剂热量，从而使制冷剂由气态变为液态。

二、蒸发器

在汽车上，把蒸发器、风机、温度控制器甚至还有许多相关的零部件组装在一起，称作蒸发器总成，如图 2—2—3 所示。采用这种结构方式便于整体安装和拆卸，避免零件的散失，对于维修也十分方便。

1．蒸发器的作用

汽车空调蒸发器置于车内，属于直接风冷式结构，它利用低温低压的液态制冷剂蒸发时需吸收大量热量的原理，把通过它周围的空气中的热量带走，使其变成冷空气并送入车厢，从而达到车厢内降温的目的。

2．空调蒸发器的结构

汽车空调制冷系统采用的蒸发器有管片式、管带式和板翅式等几种结构。

（1）管片式和管带式蒸发器

管片式和管带式蒸发器的结构与冷凝器的结构相同，不再赘述。

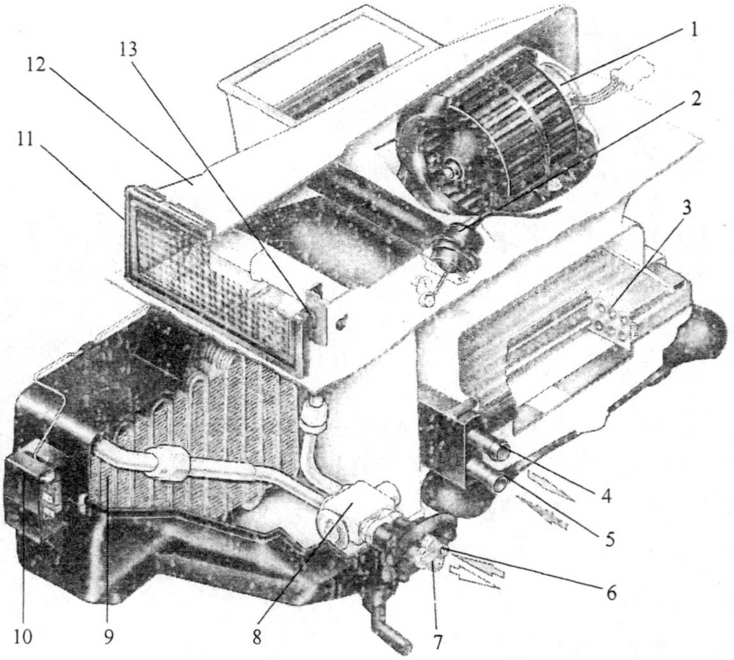

图 2—2—3　蒸发器总成

1—风机　2—真空阀　3—加热器芯　4—出水口　5—进水口　6—制冷剂进口　7—制冷剂出口　8—膨胀阀　9—蒸发器芯　10—温控器　11—进风罩滤网　12—进风罩　13—车厢温度开关

（2）板翅式蒸发器

板翅式（也叫层叠式）蒸发器的单层结构是由铝制的平板中间夹一层波形散热片，两侧再用封条进行密封形成的。如图 2—2—4 所示是一个板翅式蒸发器的单层结构，将一个个单层结构叠置起来进行焊接，就构成板翅式蒸发器体。蒸发器体再与集流箱焊接，即构成完整的板翅式蒸发器，如图 2—2—5 所示。

为了提高换热效果，应在翅片的结构上采取一些强化换热的措施，如图 2—2—6 所示，图 2—2—6a 为光直形翅片，图 2—2—6b 为锯齿形翅片，图 2—2—6c 为多孔形翅片。

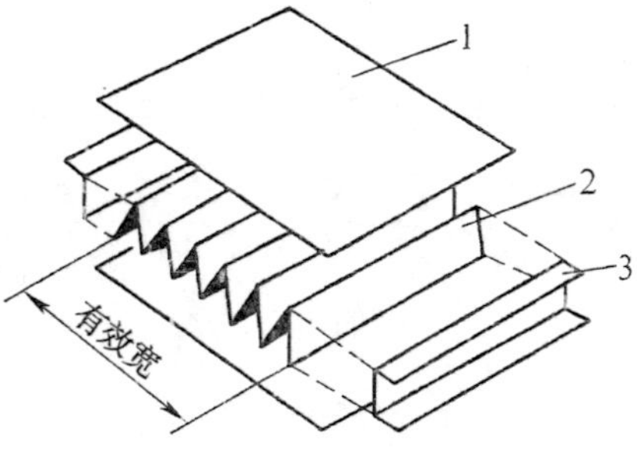

图 2—2—4　板翅式蒸发器的单层结构

1—平板　2—波形散热片　3—封条

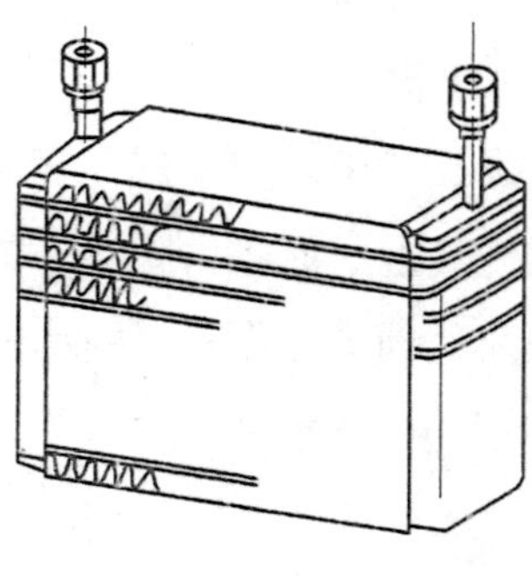

图 2—2—5　板翅式蒸发器的完整结构

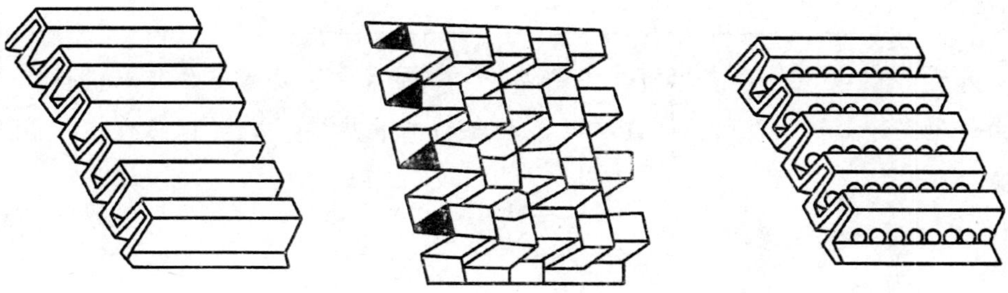

a）　　b）　　c）

图 2—2—6　翅片的结构

a）光直形翅片　b）锯齿形翅片　c）多孔形翅片

板翅式蒸发器的传热面由隔板和翅片组成，热传递主要依靠翅片来完成，隔板只传递一小部分。翅片除承担传热任务以外，还起到两隔板间强度的加强作用。因而，如果翅片不能完全与隔板焊接在一起，不但影响传热效果，同时还影响到隔板的强度。

3．空调蒸发器的工作原理

蒸发器的作用原理与冷凝器正好相反，从膨胀阀或节流孔管流出、直接进入蒸发器的制冷剂由于体积突然膨胀而变成低温低压的雾状物（微粒液体），这种状态的制冷剂很容易汽化，汽化时将吸收周围大量的热量。空调风机强制使进入车厢内的空气从蒸发器表面流过，并通过管片将热量传递给蒸发器内的制冷剂，吸收热量的液态制冷剂得以汽化。

三、空调冷凝器的拆装与检修（以桑塔纳 3000 为例）

空调冷凝器和蒸发器出现的泄漏、内部脏堵、外部折瘪、散热片变形等故障，都将影响汽车空调系统的正常工作。因此，必须定期对冷凝器和蒸发器进行必要拆装、检查、更换、焊补等作业。

冷凝器及蒸发器检修注意事项：

• 在对电气装置进行修理工作之前，要注意断开蓄电池负极的搭铁线，保证作业的安全性。

• 在工作完成后连接蓄电池极柱，注意要按照维修手册或操作说明检查车辆装备。

• 在拆卸空调设备之前，必须使用冷媒回收与充注设备将空调系统中的制冷剂抽空。

• 在制冷回路中所有打开的零部件，均应采取适当的塞堵封闭措施，以防异物和潮气进入。

教学互动

在桑塔纳 3000 轿车或其他轿车上，观察冷凝器的安装位置以及和其他零部件的连接关系。观察冷凝器的表面，区分冷凝器和发动机散热器，观察它们的相对位置，做好记录。

1. 冷凝器的表面情况：________________________________。
2. 如何区分发动机散热器和冷凝器：________________________。
3. 发动机散热器和冷凝器的相对位置关系是：________________。

【器材设备准备】

检漏仪（见图 2—2—7a）、歧管压力表组件（见图 2—2—7b）、桑塔纳 3000 轿车、冷媒回收与充注机、常用拆装工具等。

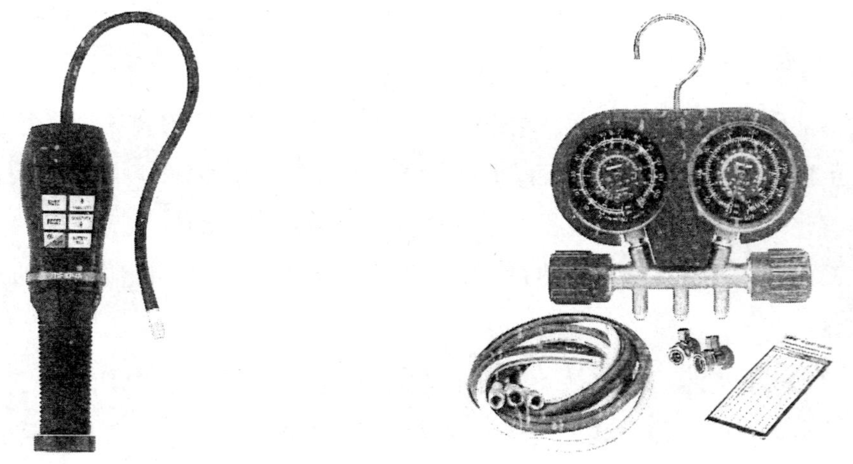

a） b）

图 2—2—7 检修工具

a）电子检漏仪（SPX，斯必克公司） b）歧管压力表组件（SPX，斯必克公司）

【注意事项】

（1）安装前应充分清洗冷凝器，确保管路通畅，充分散热。

（2）安装时注意冷凝器下部的位置，上端与发动机罩的间隙不小于 25 mm。

1．冷凝器的检查

（1）用检漏仪检查冷凝器总成泄漏情况。

（2）检查时如发现压缩机排气压力过高，不能正常制冷，导管外部有结霜、结冰现象，则说明冷凝器导管存在内部脏堵或外部折瘪的故障。

（3）检查时如发现冷凝器散热不良，则说明冷凝器导管及翅片外表有污垢、残渣。

2．冷凝器的拆卸

冷凝器总成拆卸如图 2—2—8 所示。

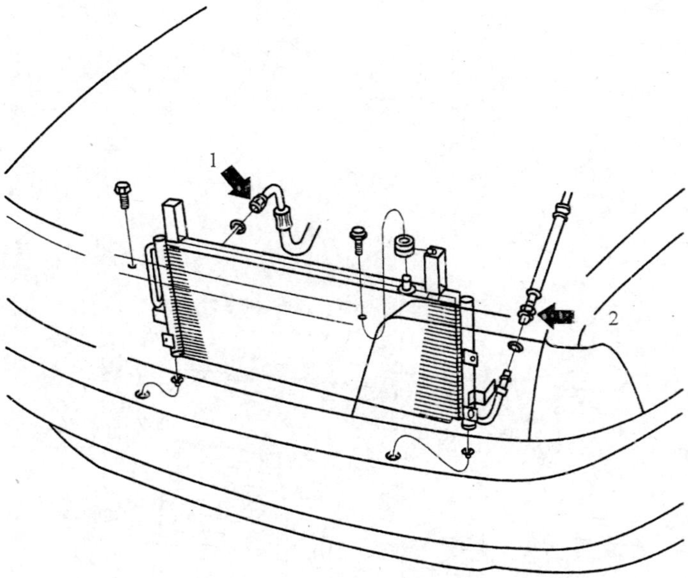

图 2—2—8　冷凝器总成拆卸

1—D 管（压缩机至冷凝器管路）　2—C 管（冷凝器至储液干燥器管路）

（1）使用专用冷媒回收加注设备将制冷剂抽空。

（2）断开蓄电池负极接头。

（3）拔下散热风扇电源插头，然后拆下散热风扇组。

（4）拆下散热器进水管和出水管，将管口用干净的棉纱塞住，以免冷却液流溢；也可以先用容器收集冷却液，等散热器安装完毕后再行倒入补充液箱，重复使用。

（5）拆下散热器，并妥善放置防止磕碰，勿在散热管带上放重物。

（6）拆下 C 管（冷凝器至储液干燥器管路，见图 2—2—9 中箭头所示），并封闭管口，防止异物侵入。

（7）拆下 D 管（压缩机至冷凝器管路），并封闭管口，防止异物侵入。

（8）拆下前保险杠托架。

（9）旋出四个螺栓（见图 2—2—10 中箭头所示），拆下导向件。

（10）旋出固定螺栓，从车身上拆下冷凝器。

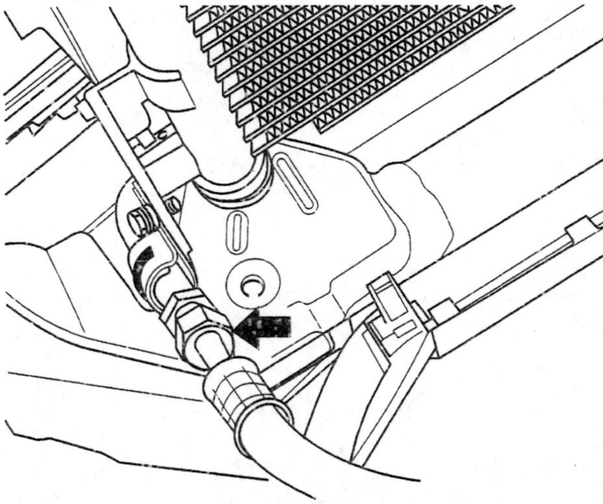

图 2—2—9　冷凝器管路的拆卸

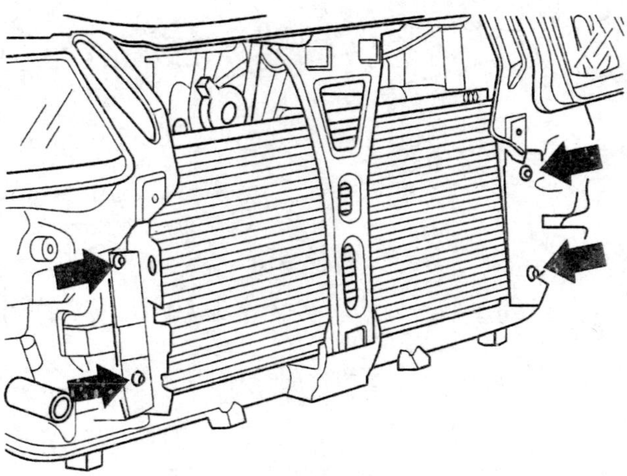

图 2—2—10　冷凝器拆卸

3．冷凝器的检修

（1）如果仅是由于外表脏污造成冷凝器的散热片被堵塞，应用水清洗，或用压缩空气吹除。注意不要损伤冷凝器散热片。如发现散热片弯曲，使用旋具或手钳加以矫正，不必拆卸冷凝器。

（2）如果是冷凝器散热风扇的问题，也不必拆卸冷凝器，可直接修理风扇。

（3）如果是冷凝器漏气或内部脏堵，应拆开冷凝器出口和入口的接头，并封闭管路。

（4）如果是冷凝器泄漏，可在泄漏处焊补。

（5）如果是冷凝器导管脏堵，或导管外部折瘪，可将该处剖开修理，然后进行焊补或更换总成。

（6）修理完毕装配时，要注意出口和入口，切勿接错，并且要加入一定量的冷冻机油。

4．冷凝器的安装

冷凝器的安装顺序与拆卸顺序相反。

四、空调蒸发器的拆装与检修（以桑塔纳车系为例）

图 2—2—11 所示为乘员车厢内的空调与暖风装置位置分布，通过该图可以清楚地了解蒸发器在车上的安装位置和结构组成。在拆卸和安装时一定要注意，不能将感温管扭曲或折叠。在插入感温管的时候，一定要按照技术规范进行。

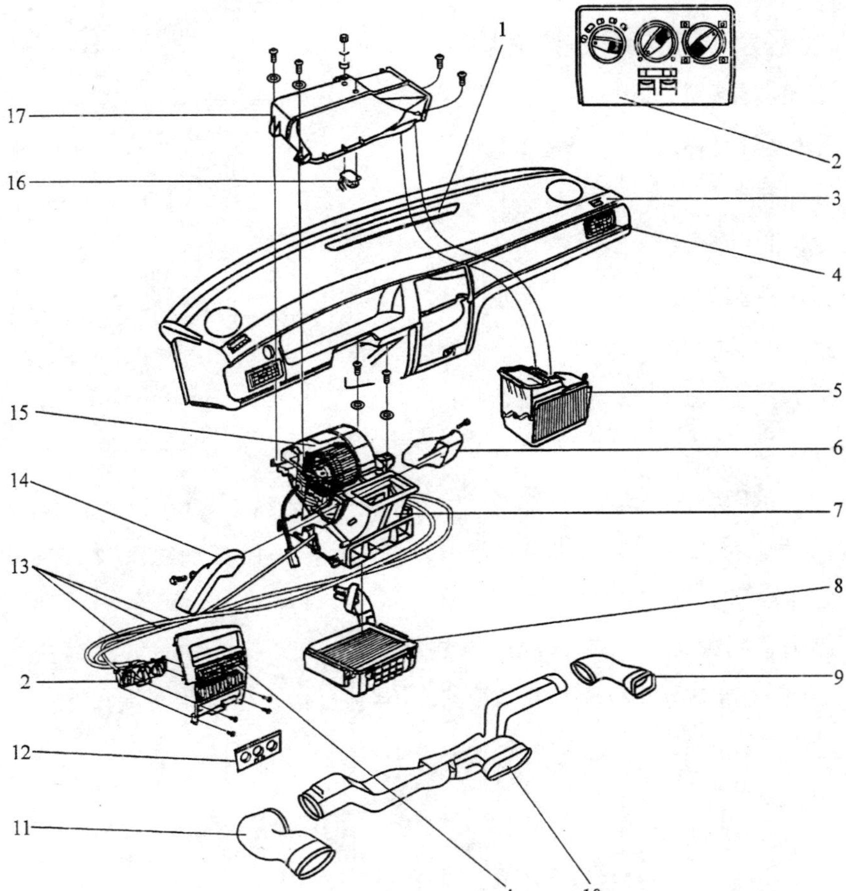

图 2—2—11　蒸发器总成拆装

1—除霜窗口　2—暖风和空调调节总成　3—侧除霜口　4—出风口　5—蒸发器
6—右侧脚向出风口　7—空调和新鲜空气风扇　8—热交换器　9—右侧风道
10—中央风道　11—左侧风道　12—装饰面板　13—通风拉索　14—右侧脚向出风口
15—风机　16—风机调速电阻　17—进风罩

【器材设备准备】

桑塔纳 3000 整车、检漏仪、歧管压力表组件、冷媒回收与充注机、常用拆装工具等。

【注意事项】

修理完毕后进行装配时，注意分清入口和出口，切勿接错，温度控制元件或感温包要牢固地安装在合适的位置，膨胀阀和感温包要包好保温材料，蒸发器内要加注一定数量的冷冻机油。

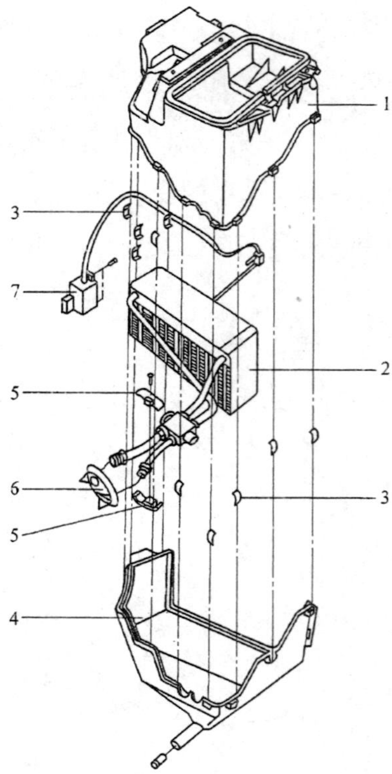

图 2—2—12 蒸发器的拆卸

1—蒸发器壳体 2—蒸发器芯

3—弹簧夹片 4—蒸发器下壳体 5—双孔橡胶圈

6—固定块 7—蒸发器感温管

1. 蒸发器的检查

（1）蒸发器外表是否有积垢、异物。

（2）蒸发器是否损坏。

（3）用检漏仪检查是否泄漏。

（4）观察排气管路是否洁净、畅通。

2. 蒸发器的拆卸

蒸发器的拆卸如图 2—2—12 所示。

（1）拆卸副驾驶侧储物箱。

（2）拆卸仪表板。

（3）拆卸进风罩。

（4）旋出紧固螺母（见图 2—2—13 中箭头 A），拆下 S 管（蒸发器至压缩机管路），封住已经拆下的管子端口。

（5）旋出紧固螺母（见图 2—2—13 中箭头 B），拆下 L 管（储液干燥器至蒸发器管路），封住已经拆下的管子端口。

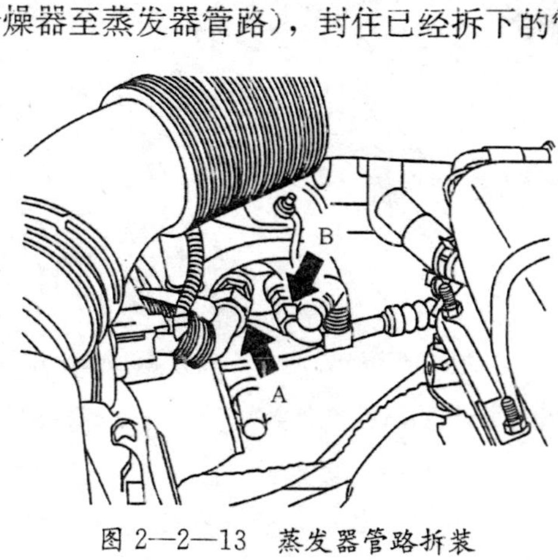

图 2—2—13 蒸发器管路拆装

（6）拆下连接螺栓（见图 2—2—14 中箭头）。

（7）拔下感温管插头，小心取出蒸发器（见图 2—2—15）。

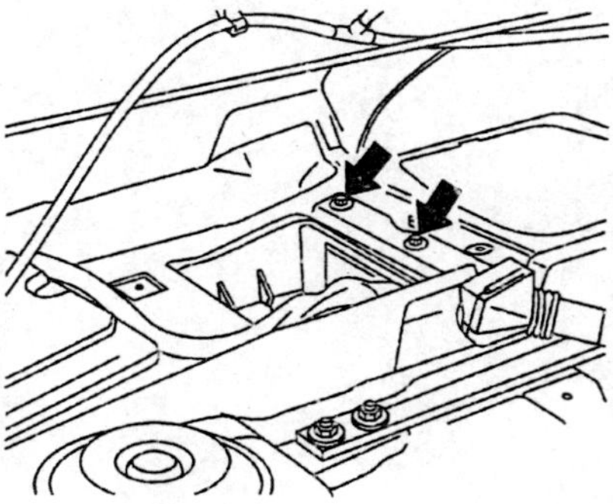

图 2—2—14　蒸发器连接螺栓位置

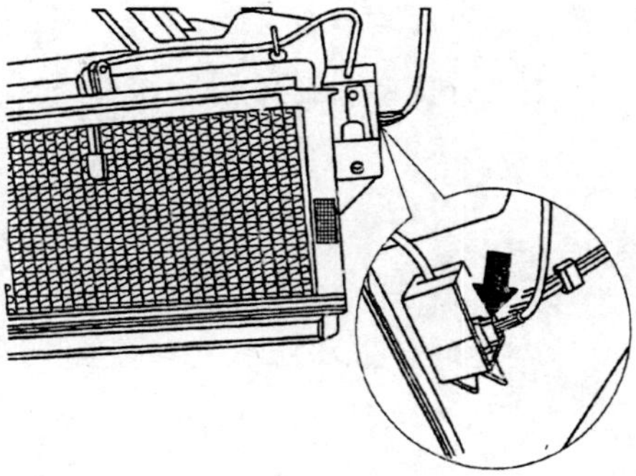

图 2—2—15　蒸发器感温管插头位置

3．蒸发器的检修

（1）清除外表积垢、异物。

（2）清洁排气管路，并清除积聚在底板的水分。

（3）如有泄漏，应对泄漏处进行焊补。

4．蒸发器的安装

蒸发器的安装顺序与拆卸顺序相反。

思考与练习

一、简答题

1. 冷凝器外表的积垢如何清除？

2. 简述冷凝器及蒸发器检修的注意事项。

二、练习题

1. 练习拆装蒸发器总成。

2. 练习拆装冷凝器总成。

课题三　节流膨胀装置

学习目标

◆ 掌握膨胀阀的构造及原理。

◆ 掌握节流管的构造。

◆ 能够正确拆装与检修节流膨胀装置。

想一想

两种典型的节流膨胀装置如图 2—3—1 和图 2—3—2 所示。

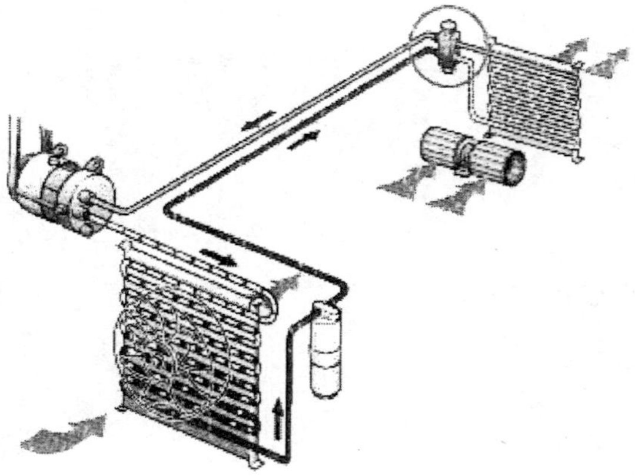

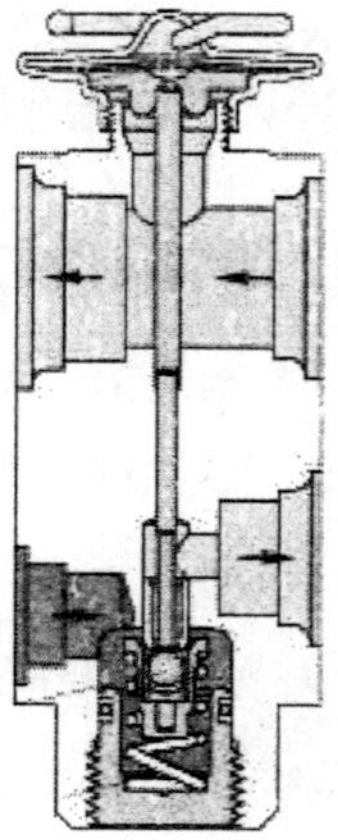

图 2—3—1　带膨胀阀的制冷系统回路

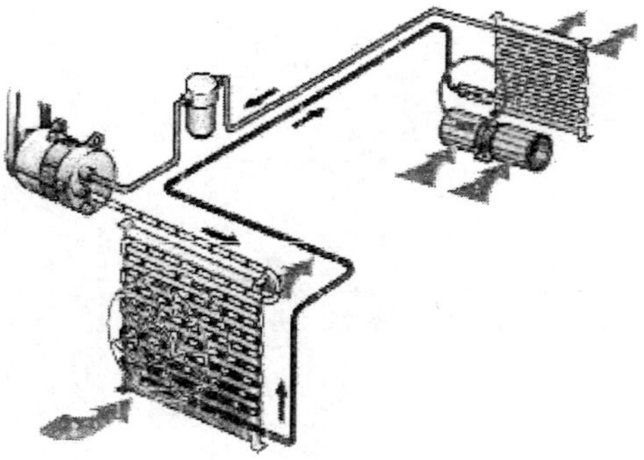

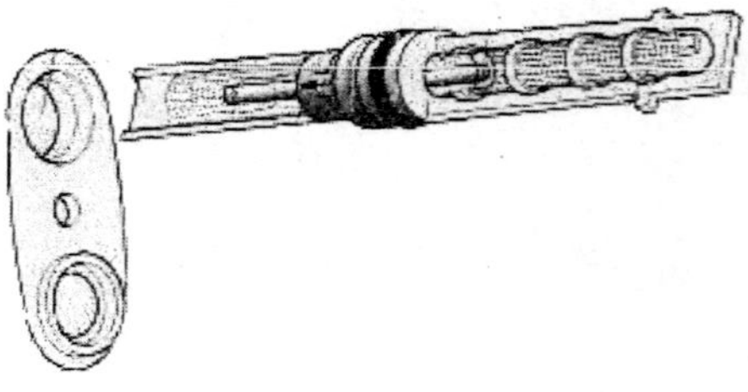

图 2—3—2　带节流管的制冷系统回路

节流膨胀装置的作用是控制制冷剂进入蒸发器的流量，确保蒸发器内的液态制冷剂得到完全蒸发，以取得最佳制冷效果。汽车空调采用的节流膨胀装置主要包括膨胀阀、节流管（固定孔管）等。如果膨胀阀出现阻塞或节流作用失效，会导致系统不制冷或制冷不足。常见的故障有膨胀阀温度敏感元件或膜片失效、毛细管安装部位松动移位、毛细管堵塞等，其可能是由于干燥剂失效脱落、系统有污物所造成。出现这些故障时，该如何进行检修呢？

一、膨胀阀

1．膨胀阀的主要作用

（1）节流降压

膨胀阀使从冷凝器出来的中温高压液态制冷剂节流降压，成为容易蒸发的低温低压雾状物进入蒸发器，即分离了制冷剂的高压侧与低压侧，但制冷剂的液体状态没有改变。

（2）调节流量

由于制冷负荷的改变以及压缩机转速的改变，要求流量做相应调整，以保持车内温度稳定，制冷剂正常工作。膨胀阀自动调节进入蒸发器的制冷剂流量，以满足制冷剂循环要求。

（3）控制流量、防止“液击”和异常过热发生

所谓“液击”就是指过饱和气体在压缩机中因压缩升温，而导致其中所含的液滴迅速蒸发膨胀，使气缸中压力骤增，活塞阻力突然增大，致使活塞像受到重击一样损坏。膨胀阀以感温包作为感温元件控制流量大小，保证蒸发器尾部有一定的过热度，从而确保蒸发器总容积的有效利用，避免因液态制冷剂进入压缩机而造成“液击”现象。同时，又能将过热度控制在一定范围内，从而防止异常过热现象发生。

2．汽车空调膨胀阀的结构及工作原理

目前使用的节流装置有两种：恒温膨胀阀和固定孔管。恒温膨胀阀主要有内平衡式膨胀阀、外平衡式膨胀阀和盒式（即 H 型）膨胀阀。

（1）内、外平衡式膨胀阀的结构及工作原理

如图 2—3—3 所示，内、外平衡式膨胀阀的结构由两大部分组成，即感温受压部分和阀体部分。

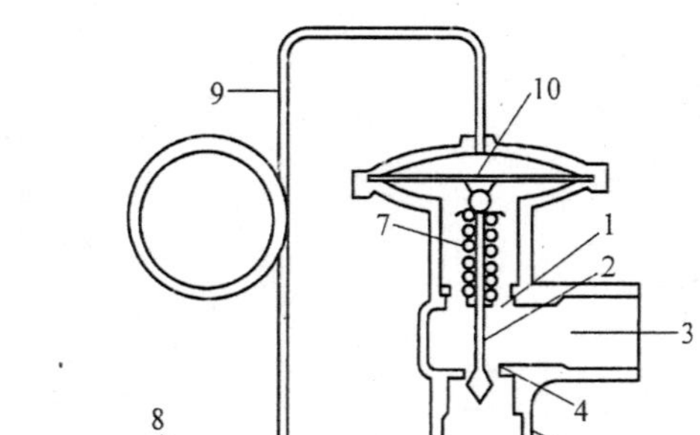

图 2—3—3　膨胀阀的结构示意图

1—内平衡口　2—针阀　3—蒸发器出口　4—阀座　5—阀体
6—连接储液罐进口　7—弹簧　8—感温包　9—毛细管　10—传动膜片

1）感温受压部分。

此部分为自动调节的发信机构，它是由感温包、毛细管和动力室组成的一个密闭系统。动力室下面有一块厚度为0.1～0.2 mm的薄膜片（称为传动膜片），它随着平衡压力的变化而产生上下位移。

2）阀体部分。

此部分是自动调节的执行机构，由阀针、过热度调节弹簧以及阀体、推杆、顶杆、阀座、调节螺钉、过滤网及其他一些零件组成。膜片发生位移时，调节信号传递给顶杆，顶杆推动阀针，从而调整阀通径的大小，即调节了制冷剂的流量。

一般来说，蒸发器尾部温度高，意味着蒸发器内缺少制冷剂，制冷剂的过热度增加，蒸发压力下降。而此时感温包内的压力随感受到的温度升高而升高，作用到膜片上产生了一个向下的推力，把阀门打开，让更多的制冷剂进入蒸发器，这样就完成了一次调节作用。

内平衡式膨胀阀的结构如图2—3—4所示，膜片下的平衡压力是从蒸发器入口处导入，但从蒸发器入口到出口会有压力损失。这会影响调节精度，但其结构简单，适宜于压力损失小的蒸发器采用。

外平衡式膨胀阀的结构如图2—3—5所示，膜片下的平衡压力是从蒸发器出口处导入，这弥补了蒸发器内部压力损失的影响。其工艺要求比内平衡式稍高，适宜于压力损失较大的蒸发器采用。

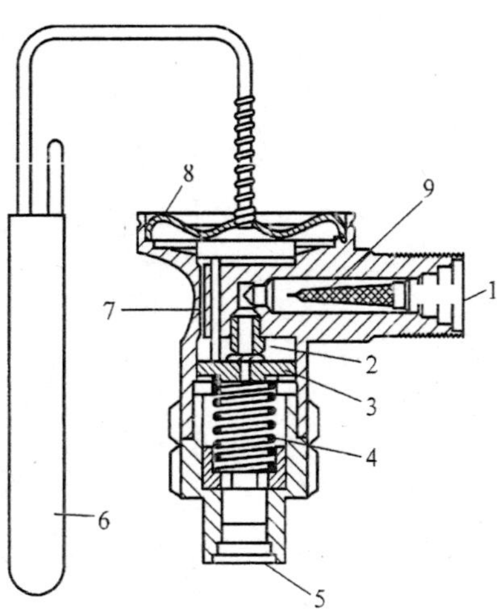

图2—3—4　内平衡式膨胀阀

1—进口　2—孔口　3—阀座　4—弹簧

5—出口　6—感温包　7—内平衡弹簧

8—膜片　9—滤网

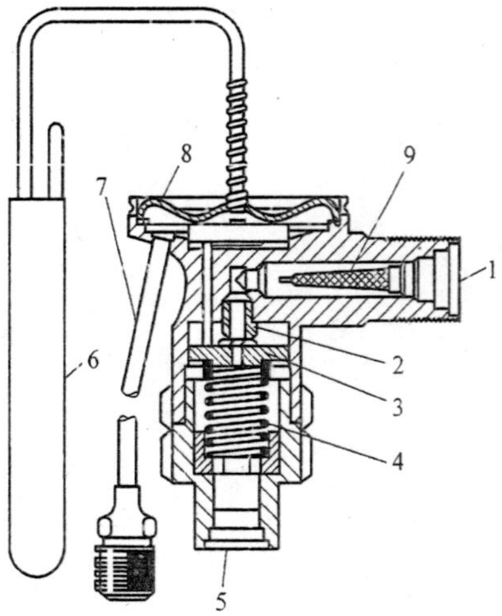

图2—3—5　外平衡式膨胀阀

1—进口　2—孔口　3—阀座　4—弹簧

5—出口　6—感温包　7— 外平衡弹簧

8—膜片　9—滤网

内、外平衡式膨胀阀外形像字母“F”，所以也叫 F 型膨胀阀。

(2) H 型膨胀阀的结构及工作原理

H 形膨胀阀（见图 2—3—6）具有外平衡式膨胀阀的压力和温度检测功能，但是没有外部管（毛细管或压力检测管），其功能是通过两个通路（一个进入蒸发器，一个来自蒸发器）来实现的。

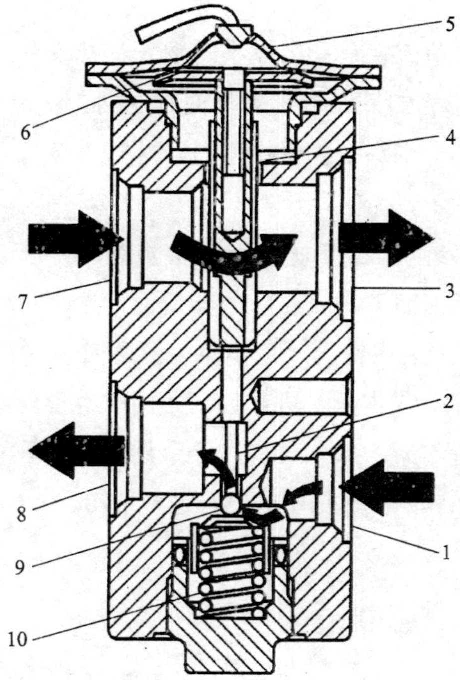

图 2—3—6 H 形膨胀阀

1—来自接收干燥器的入口　2—滑动阀杆　3—到压缩机的出口　4—温度检测元件

5—膜片室（充有液体制冷剂）　6—压力检测膜片　7—来自蒸发器的入口

8—到蒸发器的出口　9—球阀　10—过热弹簧

液态制冷剂经过入口 1 进入膨胀阀。由于节流孔很小，所以在球阀 9 的另一侧压力大幅度下降，带有少量制冷剂蒸气（闪蒸气）的液态制冷剂进入蒸发器。这些带有蒸气的液态制冷剂由于压力的下降而沸腾，制冷剂蒸气也将变为饱和状态。饱和的制冷剂蒸气继续流过蒸发器，变为过热制冷剂。

这些过热制冷剂将经过入口 7 进入 H 形膨胀阀，其温度和压力控制着球阀的位置。如果因为高制冷需求使制冷剂的温度升高，那么，这些额外的热将会传递给检测元件和膜片室。膜片室内的制冷剂将会膨胀并且向下推动球阀和过热弹簧，从而使节流孔增大，进入蒸发器的制冷剂流量增加，同时也增加了制冷能力，因而从入口 7 进入膨胀阀的制冷剂温度将会下降。这样，检测元件将下降的温度传给膜片室，膜片室内的制冷剂收缩，降低加给球阀和过热弹簧的压力。通过内部的钻孔，在膜片下面可直接感受到过热蒸气的压力。如果压力升高，膜片将向上弯曲，从而减小了加给球阀和过热弹簧的压力。导致节流孔减小，也降低了流向蒸发器的制冷剂的流量和压力。如果加在膜片上的压力减小，膜片就会向下弯曲。这将增大节流孔的尺寸，使更多温度较高的制冷剂进入蒸发器。

二、节流管

如图 2—3—7 所示，节流管是一根细小的铜管，安放在一根塑料套管内，塑料套管上套有一个或两个 O 形密封圈，铜管的外面是滤网。由于 O 形密封圈的隔离作用，来自冷凝器的制冷剂只能从细小的铜管中通过，并进入蒸发器，节流管上的滤网能阻挡杂质进入铜管。

采用节流管的制冷系统（CCOT 方式）与常规制冷系统不同，它有一个大的集液器放在其中一个蒸发器后面而不是放在冷凝器后面，这个集液器的功能与常规的储液干燥罐不同，它又可称为气液分离器（见模块二课题四）。在这种方式中，因为节流管没有运动部件，结构简单，成本低，可靠性高，同时节省能耗，所以很多美国高级乘用车都采用这种方式。近年来，部分日本高级乘用车上也采用了这种结构，我国生产的奥迪 100 和部分别克品牌的汽车采用的也是这种结构。

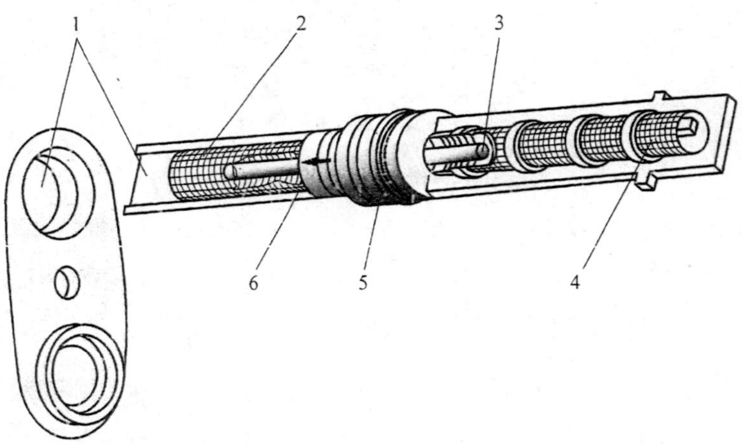

图 2—3—7　节流管

1—通向蒸发器　2—出口滤网　3—毛细管　4—进口滤网　5—O 形密封圈　6—安装标记

教学互动

1. 常用的节流装置有两种：________________和固定孔管。前者主要有____________式膨胀阀、________膨胀阀和__________膨胀阀。

2. 观察桑塔纳 3000 轿车空调系统的节流装置，其类型是______，位置在______

______________。

3. 观察节流管制冷系统（CCOT）的节流管安装位置，并记录其相应安装位置空调管路的外形特征。

______________________________。

三、膨胀阀的拆装与检修

【器材设备准备】

桑塔纳 3 000 整车、冷媒回收与充注机、拆装常用工具、大功率轴流风扇、歧管压力表组件、抹布、抽真空机、冰水、保温水箱、温度计等。

【注意事项】

①膨胀阀需直立安装，不能倒置。感温包的安装很重要，否则会降低传感效果，造成膨胀阀流量波动幅度加大。感温包一般安放在水平出口管的上表面，要包扎牢靠，保证与管路有良好的接触，并用隔热防潮胶包好，必要时膨胀阀本体也用隔热胶包好。

②每一种膨胀阀只能适用于所指定的制冷剂，如 R12、R22、R134a 等，不得随意使用。

如图 2—3—8 所示为桑塔纳 3000 蒸发器膨胀阀的拆装示意图。

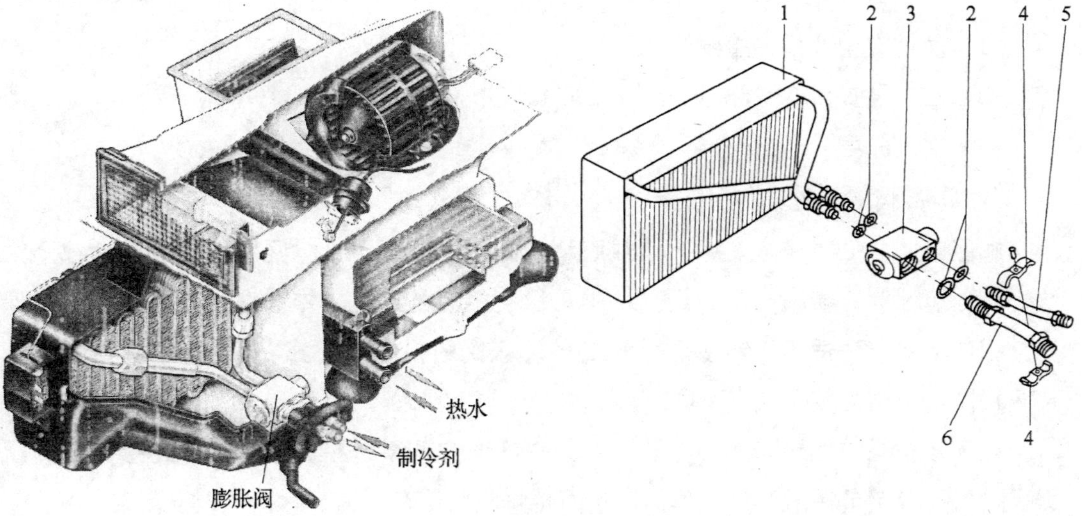

图 2—3—8　蒸发器膨胀阀的拆装

a）膨胀阀位置示意图　b）膨胀阀零件图

1—蒸发器芯　2—O 形圈　3—膨胀阀　4—固定块　5—高压管　6—低压管

1．拆卸步骤（见图 2—3—9）

（1）拆下蒸发器。

（2）旋出螺栓（见图 2—3—9 中箭头 A），拆下固定块。

（3）拆下蒸发器上的高、低压管（见图 2—3—9 中箭头 B）。

（4）从蒸发器上拆下膨胀阀（见图 2—3—9 中箭头 C）。

2．安装步骤

膨胀阀的安装顺序与拆卸顺序相反。

3．蒸发器感温管插入技术规范（见图 2—3—10）

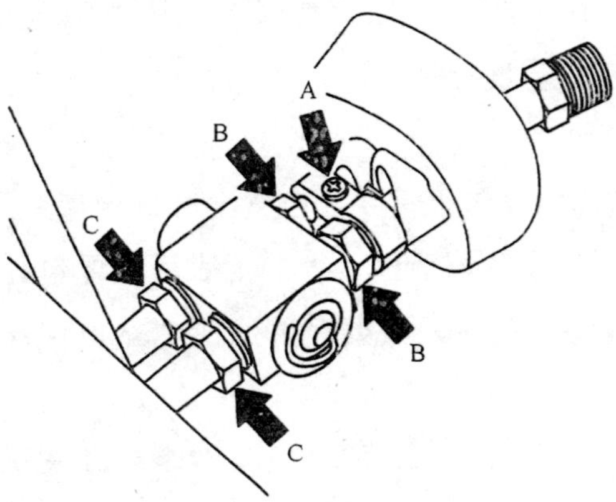

图 2—3—9　膨胀阀的拆卸

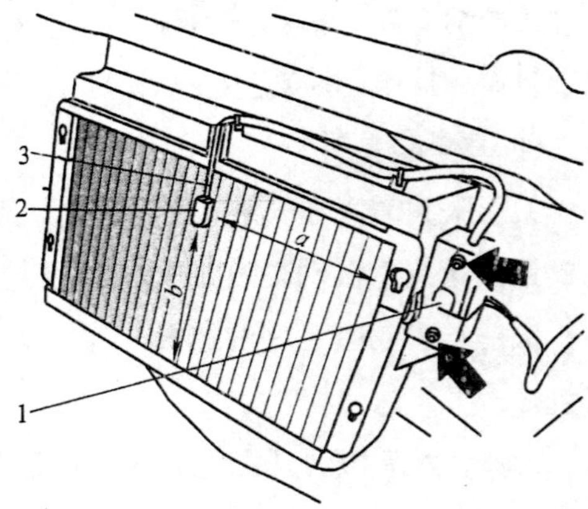

图 2—3—10　蒸发器感温管安装位置

1—膨胀阀　2—支架　3—感温管

（1）通过支架 2 插入感温管 3。

（2）插入位置：a=150 mm，b=130 mm。

（3）插入深度：85 mm。

4．膨胀阀的检修

膨胀阀的常见故障是发生冰堵或脏堵、阀口关闭不严、滤网堵塞及感温包或动力头焊接处泄漏等。膨胀阀是空调系统中灵敏度极高的元件，维修时要特别小心。本课题介绍的检修方法适用于制冷剂为 R12 的膨胀阀的检修和保养，R134a 的检测方法与 R12 相同，仅压力数值略有不同。

测定膨胀阀的性能有两种方法。一是在汽车空调系统中测定。二是为避免各种压力保护开关及调节阀对测量工作的影响而将膨胀阀从车上拆下，在台架上测定。

（1）在汽车上测定膨胀阀的性能

若在汽车上直接测定膨胀阀的性能，确定膨胀阀的故障原因，可在发动机水箱前放一个大的轴流风扇，模拟汽车行驶时的迎面风速，并按下列步骤进行测试：

1）将歧管压力表组件与空调系统相连，起动发动机，转速调至 1 000～1 200 r/min，空调温控器（或拨杆）调至最冷（MAX）位置，空调系统运行 10～15 min。

2）查看低压侧压力表读数，如果偏低，在膨胀阀周围包上温度约 51℃的抹布，继续观察低压表读数。

3）若低压表压力能上升至正常值，或接近正常值，则说明系统内有水汽，应设法消除（更换储液干燥器，并用较长时间抽真空，再充注制冷剂，重新检测系统）。

4）若低压表压力未升高，则从蒸发器出口处小心卸下膨胀阀感温包，并握在手中，观察低压表读数。

5）若压力仍偏低，则说明膨胀阀有问题，应将其卸下，在台架上进行检查。在拆除膨胀阀时，若发现膨胀阀进口有堵塞，则应在清洗和维修膨胀阀后，更换储液干燥器。

6）按上述第 2）条查看低压表读数，若低压读数偏高，则从蒸发器出口处小心卸下膨胀阀感温包，将其放入冰水中（在冰水中加些盐，使其温度降至 0℃）。

7）若低压表压力降至或接近正常值，则可能是感温包隔热包扎不严或安放位置不对，重新定位并包扎后再测定。

8）若低压表压力仍然偏高，则应卸下膨胀阀，移到台架上进行检查。

9）测试结束后，应关闭所有空调控制器，降低发动机转速，直至关机，取下歧管压力表组件。

（2）在台架上校验膨胀阀的性能

1）将膨胀阀从制冷系统中取下来，如果过滤网（若有过滤网）上有污物，要取下清洗干净。

2）按图 2—3—11 将歧管压力表组件与制冷剂瓶、膨胀阀连接好，软管与低压表之间接一个带开关的过渡接头。

3）关闭压力表的手动阀门。

4）在过渡接头上钻一个小孔，小孔直径为 0.23 mm，将其开关拧松，以降低通过进气管的压力。

5）开启高压手动阀门，将高压侧压力调整到 490 kPa 左右。

6）将感温包浸入水中，使水温变化，在读低压表读数的同时，测量水温。

7）对照图 2—3—12，比较测得的温度与压力交点是否落在阴影区内，若交点不在阴影区内，则说明需要更换膨胀阀。若有使用说明书，则按说明书上的曲线进行检查。

上述方法适用于中、小型面包车的内平衡式膨胀阀校验。

（3）检验膨胀阀的流量

1）检验膨胀阀的最大流量

·倒置制冷剂瓶。

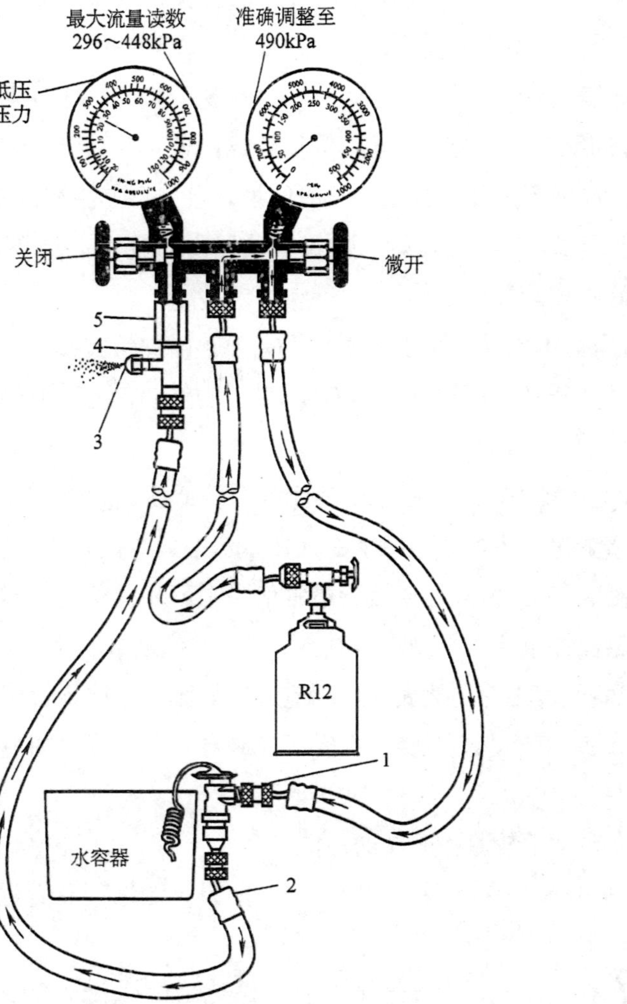

图 2—3—11　检测膨胀阀的性能

1—入口　2—出口　3—过渡接头（上钻 ϕ0.66 mm 孔）　4—三通　5—1/4 in 接头

· 按上述“（2）在台架上校验膨胀阀的性能”步骤1）～4)操作，小孔直径为 0.23 mm。

· 把感温包放入温度为 51℃的保温水箱内。

· 打开高压阀，精确调整压力到 392 kPa。

· 读取低压表读数，最大流量压力应为 245～314 kPa，压力超过 314 kPa，表示开度过大；压力不足 245 kPa，表示开度过小。

2）检验膨胀阀的最小流量

· 把感温包插入 0℃水中。

· 打开高压表开关，精确调整压力到 392 kPa。

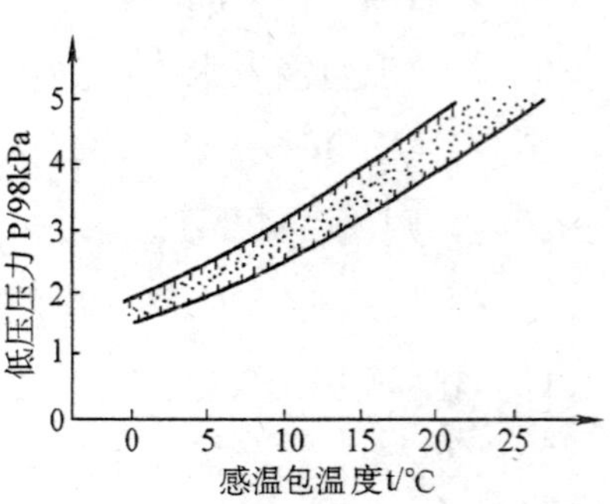

图 2—3—12　膨胀阀的特性

·读取低压表读数，从表 2—3—1 中找到相应的过热度，低压值应在表中标示范围之内。

表 2—3—1　　过热度与表压的关系

过热度（℃）	5	6	7	8	9
表压（×98kPa）	1.62～1.83	1.56～1.78	1.51～1.72	1.48～1.69	1.42～1.63
过热度（℃）	10	11	12	13	14
表压（×98kPa）	1.37～1.58	1.33～1.55	1.27～1.48	1.23～1.44	1.2～1.4

需要说明的是：上述数值与过渡接头上小孔的大小有关。若小孔的直径为测定最大流量时，高压表压力应调整至 483 kPa，最大流量压力（从低压表读得）应为 296～448 kPa；测定最小流量时，高压表压力应调整至 483 kPa，最小流量的低压表读数也与表 2—3—1 不同。

（4）膨胀阀的清洗与调节

如果膨胀阀未能通过上面的一项或两项检测，那么可以尝试清洗阀门。

1）卸下膜盒、毛细管、感温包总成（如果可以卸掉）。

2）卸下过热度调整螺钉，记住拧下的圈数。

3）卸下过热度弹簧及阀座，卸下阀及推杆。

4）用干净的无水酒精清洗全部零件，擦净并吹干。

5）按与卸下相反的顺序重装这些零件，按原拧下的圈数装上过热度调整螺钉。

6）按上述检验膨胀阀流量的方法检查最大流量和最小流量。

7）若不符合要求，则可调节过热度弹簧。

8）若反复调整均无效，则要更换新的膨胀阀。

四、节流管的拆装与检修

塑料节流管可代替膨胀阀用于 CCOT 系统的节流机构。各种汽车的节流管尺寸不完全相同，例如福特与通用的节流管，尽管它们可以使用同样的维修工具来拆换。更换节流管时，要用正确的更换方法。

某些型号的汽车在液管（制冷剂高压侧管路）上装有不能进入制冷剂通道的节流管。节流管在冷凝器入口和蒸发器出口间的具体位置，由液体管路金属部分上的一个圆形的凹陷或三个凹状切口来确定。

节流管的主要故障是堵塞，一旦发生堵塞，一般只能更换，而且还需同时更换集液器（也叫汽液分离器）。拆装节流管需要用专门工具。在拆卸之前，首先应判断故障，并对其进行检测。

【器材设备准备】

CCOT 空调系统、歧管压力表组件、抹布、温度计、冷媒回收与充注机、专用拆卸工具（T 形套筒中加一个开槽的圆管）、取破碎节流管的专用工具、截管器、铆管器、常用工具等。

1．节流管的检测

(1) 将歧管压力表组件与系统连接，发动机转速调至 1 000～1 200 r/min，将空调控制器调至最冷（MAX）位置，让空调系统运行 10～15 min。

(2) 查看低压表读数。若系统无其他问题且制冷剂量合适，而低压表读数偏低，则说明节流管可能堵塞。

(3) 将低压开关断开。

(4) 在节流管周围包上约 52℃的温湿布。

(5) 若低压表读数上升至正常值或接近正常值，则说明系统内有水汽，节流管正常，应更换集液器。

(6) 若低压表读数仍偏低，甚至出现真空，则说明节流管内有脏堵，应更换节流管。

2．有拆卸口的节流管的拆装

(1) 拆卸未损坏的节流管

1) 用冷媒回收与充注机将系统中的制冷剂回收。

2) 把蒸发器进口管路拆下（此时节流管就露出来了），把进液管中的所有碎片、污物清理干净。

3) 倒一点冷冻机油到节流管的密封部分。

4) 把拆卸工具（见图 2—3—13，它是在 T 形套筒中加了一个开槽的圆管）上的槽对准节流管上的柄脚（凸起）并插入。

5) 转动 T 形手柄，使开口圆管夹住节流管。

6) 握住 T 形手柄（千万别转动），顺时针转动外面的细长六角套筒，这样节流管就会被拉出。

(2) 拆卸已破碎的节流管

若节流管已破碎，用一般工具很难将其取出。此时，应用如图 2—3—14 所示的专用工具将其取出，方法如下：

1) 首先将蒸发器进液管中的所有碎片（节流管的）清除出去，在进液管中加几滴冷冻机油。

2) 将专用工具的螺纹锥伸到坏的节流管中的铜质孔中，用手转动 T 形手柄，直到确信已接触到节流管为止。

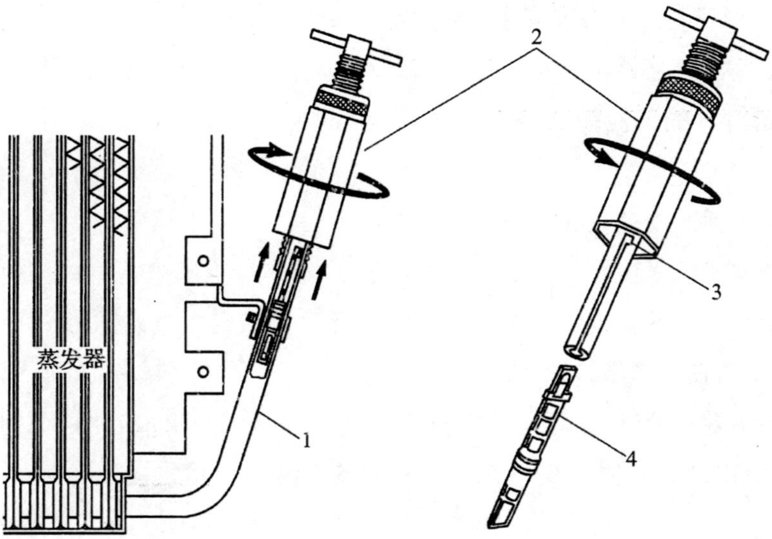

图 2—3—13　节流管的拆卸工具

1—蒸发器进液管　2—节流管拆卸工具　3—切口　4—节流管

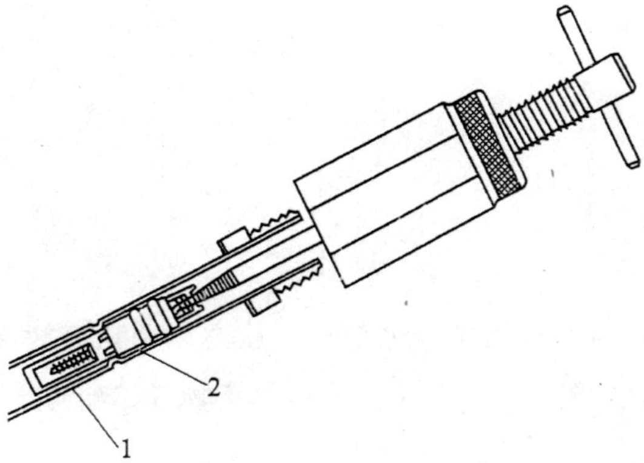

图 2—3—14　取有拆卸口的破碎节流管的专用工具

1—蒸发器进液管　2—取破碎节流管

3）转动工具的外壳，直到坏的节流管被拉出。

4）若拉出的仅是节流管中的铜管，其塑料套管仍留在蒸发器进液管中，则应将拉出的铜管卸掉，再把工具插入塑料管中，将塑料管拉出。

（3）安装节流管

1）将蒸发器进液管清理干净。

2）在节流管外表涂上冷冻机油。

3）将节流管装入拆装工具，然后推入进液管中，直至碰到凸起推不动为止。

4）装 O 形密封圈，将进液管与蒸发器连接好。

5）若已拆下集液器，将新的集液器装上。

3. 无拆卸口的节流管的拆装

（1）拆卸

1）将制冷系统中的制冷剂回收。

2）从汽车上拆下液管。拆卸时注意液管安装方向，以便按同样的方向将其装回。

3）确定节流管的位置，如图 2—3—15 所示。在液管上找到圆形凹陷或三个凹口，这些凹口均为节流管的出口端。

4）用截管器在液管上切除 63.5 mm 长管段，如图 2—3—16 中的 *A* 所示，使其在两端弯头处露出至少 25.4 mm，如图 2—1—16 中的 *B* 所示。

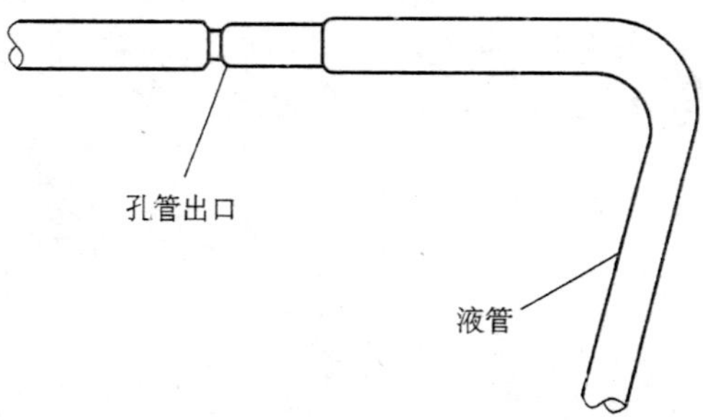

图 2—3—15　确定节流管位置

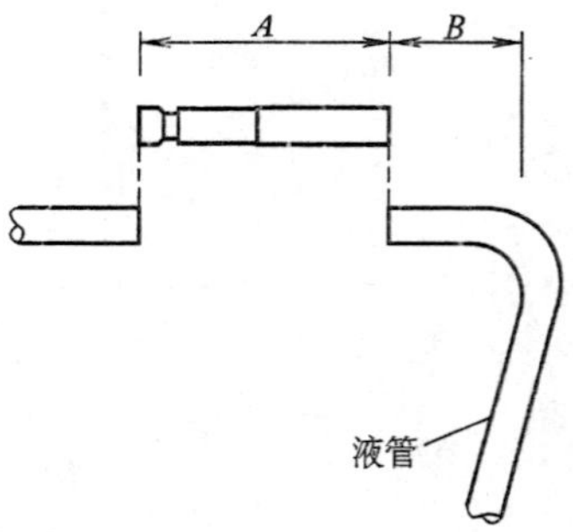

图 2—3—16　切去旧节流管

注意：不要在截管器的进给螺纹上加过大压力以免扭曲液管。不应使用钢锯，如必须使用钢锯，应冲洗液管两端面以去除所有污染物，如金属屑等。

（2）更换固定节流管

1）将液管各端面套上压紧螺母。

2）使压紧环锥形部分朝向压紧螺母，向液管各端面套上压紧环。

3）用洁净的冷冻油润滑两只 O 形密封圈，并将其分别套在液管的每一截面上。

4）把内部装有节流管的节流管套装到液管的两截面，用手拧紧两个压紧螺母。注意图 2—3—17 中箭头所标明的流动方向，应朝着蒸发器方向流动。

5）用台虎钳夹住节流管套以拧紧压紧螺母。确保软管弯头的排列方法与被拆卸时相同，以便于重新放置液管。

6）拧紧各压紧螺母的力矩为 87～94 N·m。

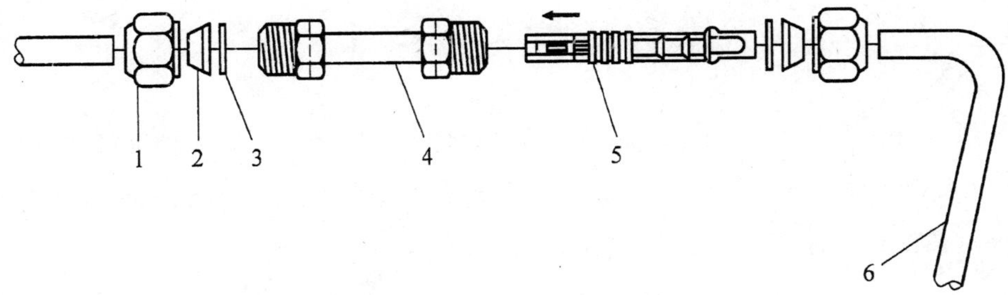

图 2—3—17　取无拆卸口的破碎节流管的专用工具

1—压紧螺母　2—压紧环　3—O 形圈　4—节流管套　5—节流管　6—液管

(3) 系统装复

1) 按照维修程序，对系统进行检漏。

2) 按照维修程序，对系统进行抽真空。

3) 按照维修程序，对系统充注制冷剂。

4) 重复或继续进行检测。

思考与练习

一、简答题

1. 膨胀阀的作用是什么？

2. 液击的含义是什么？

二、练习题

1. 练习节流管的拆装。

2. 练习膨胀阀的拆装。

课题四　储液干燥器及集液器

学习目标

◆ 掌握储液干燥器和集液器的构造及工作原理。

◆ 能够正确拆装与检修储液干燥器和集液器。

想一想

如图 2—4—1 所示，带有膨胀阀的制冷剂回路中，使用的是储液干燥器。如图 2—4—2 所示，带有节流阀的空调低压部分有一个收集容器，称为集液器。对比两张图，如何来识别储液干燥器和集液器呢？

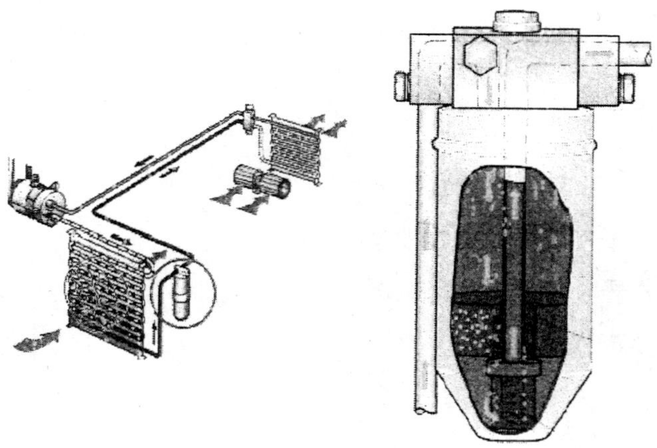

图 2—4—1　储液干燥器

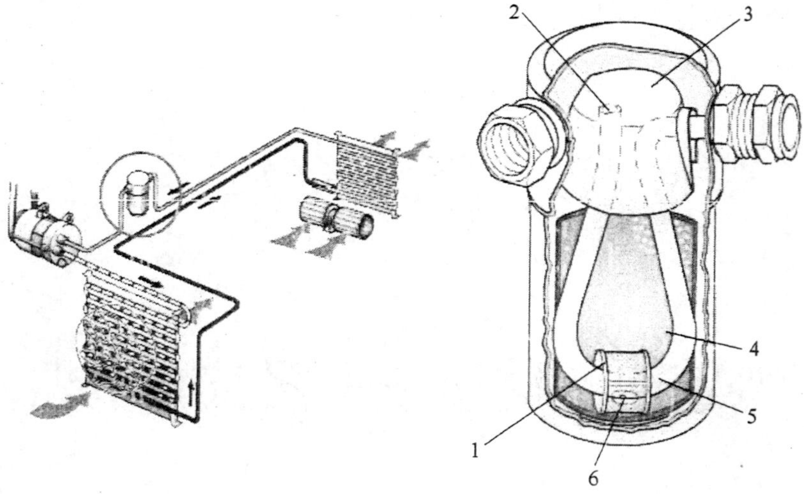

图 2—4—2　集液器

1—过滤器　2—制冷剂进口　3—塑料盖　4—干燥剂　5—U 形管　6—制冷剂孔

在制冷系统中，会由于制造时没有处理干净而带入微量碎屑、尘土，或由于制冷剂不纯净而带入脏物，也可能由于制冷剂对系统部件内壁的侵蚀作用而产生杂质，还可能由于安装、维修过程中不小心进入空气（内含水分）。这些情况将会导致储液干燥器或集液器出现堵塞，造成空调系统制冷效果下降，储液干燥器或集液器进出口两边有明显温差。此时，应更换储液干燥器或集液器，具体应如何更换呢？

一、储液干燥器

1．储液干燥器的作用

在制冷系统中不可避免地存在着水分，这会引发很多问题，例如：

（1）腐蚀。水能促进油与制冷剂的反应，使制冷剂分解产生酸，酸则会引起破坏性腐蚀。

（2）冰堵。水容易在膨胀阀口结冰，从而影响制冷剂流动。

（3）脏堵。水会促进淤渣的形成，并堵塞膨胀阀、节流管。

（4）镀铜现象。在 R134a 系统中，存在的水分有可能造成铜管上的铜分子沉积到钢零件表面，造成镀铜现象，使压缩机运动部件卡死。

在制冷系统中，储液干燥器的作用是临时性地存储冷凝器中液化的制冷剂，根据制冷负荷的需要，随时供给蒸发器，并补充系统中的微量渗漏以及对系统中的水分和杂质进行干燥和过滤。

2．储液干燥器的结构

如图 2—4—3 所示，储液干燥器主要由罐体、干燥器、过滤布、视窗和安全装置构成。

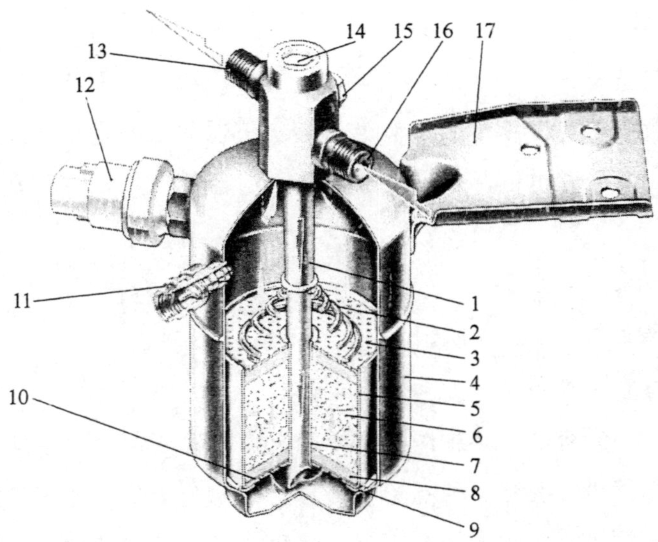

图 2—4—3　储液干燥器

1—引出管　2—弹簧　3—多孔盖板　4—罐体　5—杯壳　6—干燥剂

7—连接管　8—过滤布　9—胶垫　10—滤网　11—制冷剂充注阀　12—高低压开关

13—出口　14—视窗　15—易熔塞　16—进口　17—支架

储液器是个钢质或铝质的压力容器，它能以一定的流量向膨胀阀输送液态制冷剂，容量一般约为系统体积的 1/3。

干燥器实际上就是存放干燥剂，以便吸收潮气的装置。常用的干燥剂有硅胶、活性氧化铝、硫酸钙等。

视窗有两个作用：一是指示系统中是否有足够的制冷剂；二是指示制冷剂中是否有水分。视窗安置在液管通路中或储液罐的出口处。当系统正常运行时，从视窗中可以看到没有气泡稳定流动的液体。假如出现气泡或泡沫，则说明系统工作不正常或制冷剂不足。

易熔塞是一种安全设施，一般装在储液干燥器的头部，用螺塞拧入。螺塞中间是一种易熔的铜铝合金，当制冷剂温度升到 95～100℃时，易熔合金熔化，制冷剂溢出，可避免系统中其他部件损坏。

3．储液干燥器的工作原理

如图 2—4—3 所示，来自冷凝器的液态制冷剂，从进口 16 处进入，经滤网和干燥剂除去水分和杂质后从出口 13 进入膨胀阀。

系统中出现水分可能是由于在安装与保养工作进程中不小心进入了空气，也可能是由于抽真空工序不正确。一旦系统中发现存在水分，就必须换新的干燥器，并尽可能长时间地进行抽真空。

当制冷系统中的主要部件更换时，均应同时更换储液干燥器或集液器。

二、集液器

1．集液器的作用

集液器多应用于 CCOT 系统的空调装置。集液器的目的是防止液态制冷剂进入压缩机，同时也有储存过量的制冷剂及安放干燥过滤器的作用，一般安装在系统的吸气管路上。

2．集液器的结构

集液器的结构如图 2—4—4 所示。

3．集液器的工作原理

制冷剂从顶部进入容器，其中液态制冷剂沉入容器底部，而在顶部的气态制冷剂则被吸出管引向压缩机。在容器底部的吸出管上有一个小孔，允许少量冷冻机油流回压缩机，以满足压缩机工作时的润滑需要。此小孔也允许少量液态制冷剂流入，并随同冷冻机油和气态制冷剂流向通往压缩机的管路。由于在到达压缩机之前，这些液态制冷剂必将在管路中被汽化，所以不会引起“液击”现象的发生。

集液器一般与塑料节流管配套使用，应用在 CCOT 系统中。

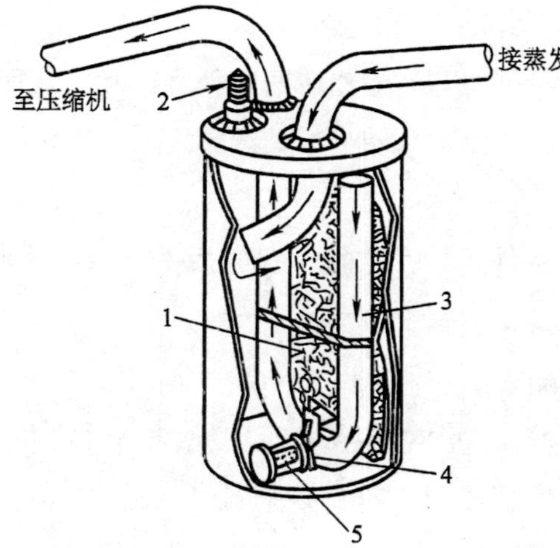

图 2—4—4　集液器

1—干燥剂　2—测试孔口　3—出气管　4—泻油口　5—滤网

4．集液器与一般储液干燥器的区别

（1）集液器安装在制冷系统的低压区，而储液干燥器则安装在制冷系统的高压区。

（2）集液器和储液干燥器存储的都是液态制冷剂，但集液器存储的液态制冷剂会在低压区慢慢地自然蒸发，离开集液器的只是气态制冷剂，因而起到气液分离的作用。而储液干燥器留下的是多余的液态制冷剂，用以调节运行时的需要。

（3）集液器中主要是气体，所以要求容积比较大，其尺寸一般也比较大，而储液干燥器的尺寸一般比较小。

5．集液器的功能特点

（1）能保证压缩机只吸入气态制冷剂，而不会吸入液态制冷剂，避免发生“液击”现象。

（2）能减少压缩机排气脉冲，使系统工作更平衡。

（3）在制冷剂不足的情况下，能维持一定量的润滑油回流，从而降低制冷剂漏失对系统的影响。

教学互动

1. 观察桑塔纳 3000 的空调系统或其他轿车空调系统的储液干燥器的安装位置，储液干燥器的进口连接的是________________，出口连接的是______________；该储液干燥器从外观上看，还有______装置。

3. 观察节流管制冷系统（CCOT）的集液器安装位置，并记录集液器上的安装标识。____________。

三、储液干燥器的拆装与检修

储液干燥器的常见故障是滤芯被脏物堵塞或吸水饱和，从而导致制冷剂流通不畅，制冷系统制冷不足或不制冷。要判断储液干燥器的故障，要学会检测储液干燥器。

【器材设备准备】

检漏仪、歧管压力表组件、抽真空机、扭力扳手、冷媒回收与充注机、常用工具等。

1．储液干燥器的检测

（1）用手触摸储液干燥器进出管路，并观察视窗。如果进口很烫，而且出气管接近大气温度，从视窗中看不到或很少有制冷剂流过，或者制冷剂很浑浊，则可能是储液干燥器中的滤网堵了或干燥剂散了并堵住储液干燥器的出口。

（2）检查易熔塞是否熔化，各接头处是否有油污。

（3）检查视窗是否有裂纹，周围是否有油污。

2．储液干燥器的拆卸与安装

储液干燥器一般安装在冷凝器旁或者其他通风好、散热好、远离热源的地方。安装时要尽量直立安装，倾斜度不要大于15°。如果倾斜度过大，液态与气态制冷剂就不能完全分离。特别需要注意的是，在空调系统的安装与维修过程中，储液干燥器必须最后一个被接到系统中，以防止空气进入干燥器。因为空气中的水分及其他不可冷凝的杂质等可能会腐蚀金属，致使小的金属粒子剥落下来，造成系统堵塞。安装前一定先要确定储液干燥器的进口端和出口端，否则容易装错。一般在其进、出口端作有标记，如进口端用英文“IN”（这端应与冷凝器出口相接）表示，出口端用“OUT”表示，或者直接打上箭头。

下面以桑塔纳3000为例，介绍储液干燥器的拆装方法。

（1）拆卸步骤（见图2—4—5）

1）在拆卸之前，用冷媒回收加注设备将制冷剂抽空。

2）拔下高低压开关连接插头（见图2—4—6中箭头A）。

3）拆下C管（冷凝器至储液干燥器，见图2—4—6中箭头B），并封住管口。

4）拆下L管（储液干燥器至蒸发器，见图2—4—6中箭头C），并封住管口。

5）拆卸连接螺栓（见图2—4—6中箭头D），取出储液干燥器。

（2）安装步骤

1）安装顺序与拆卸顺序相反。

2）储液干燥器应垂直安装。

3）安装后应从视窗处密切注视冷媒的流动情况。

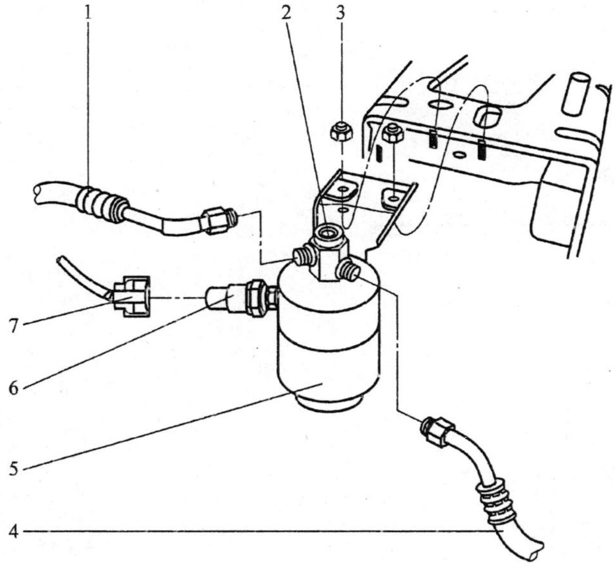

图 2—4—5　储液干燥器的拆卸

1—L 管（储液干燥器至蒸发器）　2—观察窗　3—紧固螺母　4—C 管
5—储液干燥器　6—组合开关 F129　7—连接插头

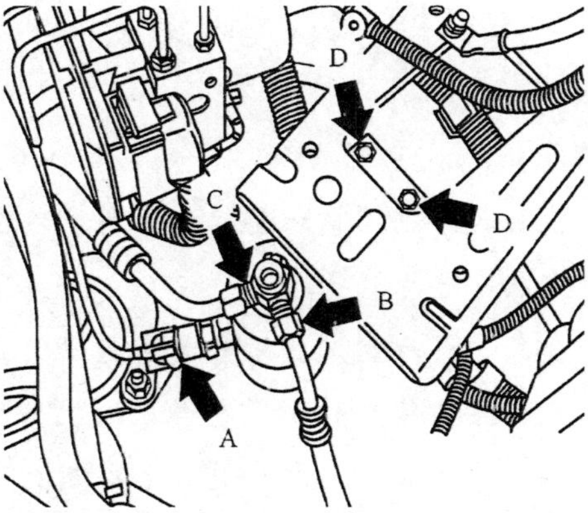

图 2—4—6　储液干燥器管路拆卸

4）更换安装完毕后确认前后接口无泄漏。

四、集液器的拆装

【器材设备准备】

检漏仪、歧管压力表组件、抽真空机、扭力扳手、冷媒回收与充注机、常用工具等。

【注意事项】

安装时，不可将新换装的集液器或储液干燥器的 A、B 管塞（见图 2—4—7）提前取下，否则其内部的干燥剂会很快因吸水饱和而失效。

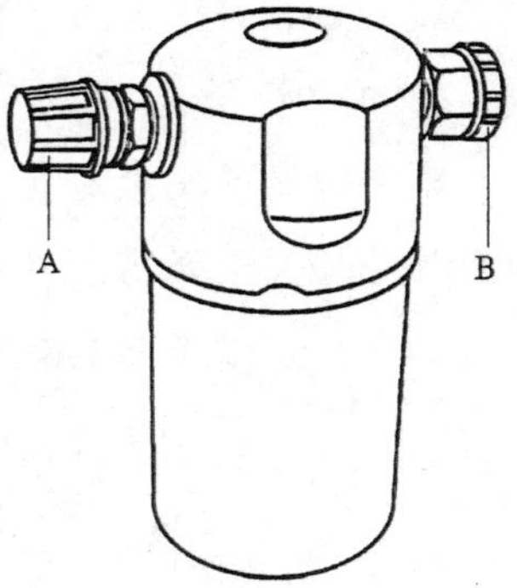

图 2—4—7　集液器

1．拆卸步骤

（1）拆下集液器前后管路接头。

（2）取出集液器。

2．安装步骤

集液器的安装顺序与拆卸顺序相反。

思考与练习

一、简答题

1. 储液干燥器的作用是什么？

2. 集液器的作用是什么？

二、练习题

练习更换储液干燥器或集液器。

模块小结

本模块所介绍的空调压缩机及电磁离合器、冷凝器和蒸发器、膨胀阀和节流管、储液干燥器和集液器等，均为汽车空调系统重要的部件。学生可以根据上述部件的整体性、连贯性及对应性等关系，进行学习。

摇摆斜盘式和回转斜盘式是汽车空调压缩机最常见的形式，电磁离合器承担了压缩机动力结合与分离的工作。在实际工作中，空调压缩机传动带的拆卸与安装、空调压缩机的拆卸与安装、电磁离合器的拆卸与安装、电磁离合器的检查等，都是汽车空调维修的重要内容。

冷凝器和蒸发器都可以看作是热交换器，它们的工作原理相同，作用正好相反。冷凝器和蒸发器的泄漏、内部脏堵、外部折瘪、散热片变形等故障，都将影响汽车空调系统的正常工作。因此，应重点掌握对冷凝器和蒸发器的拆装与检修等知识。

膨胀阀和节流管是汽车空调系统的节流元件。在带有膨胀阀的制冷剂回路中，所使用的是储液干燥器。在带有节流阀的空调低压部分有一个收集容器，称为集液器。通过学习，应掌握上述两种不同空调系统节流膨胀装置的检修方法。

模块三

汽车空调控制系统

课题一　汽车空调系统的压力保护

学习目标

◆ 掌握汽车空调压力开关的构造及工作原理。
◆ 熟悉泄压阀的构造及工作原理。
◆ 能够正确拆装与检修空调压力开关。

想一想

为了使汽车空调系统正常工作，车内能维持所需要的温度和送风条件，空调系统中装配了一系列的控制元件和执行元件。控制执行元件主要包括空调压力保护开关、蒸发器压力调节器、真空控制装置、电气控制装置等。图3—1—1是某空调系统的高压开关位置图。对于空调压力开关，甲说：“汽车空调系统中一般设有一个或几个压力保护开关，分为高压保护和低压保护两种。压力开关有低压开关、高压开关、三位压力开关等类型”。乙说：“空调系统只有高压开关，以防止空调系统压力过高；如果空调系统压力低，不会对空调系统有破坏作用，所以没有低压开关”。他们谁正确呢？压力开关出现故障时该如何进行检测呢？

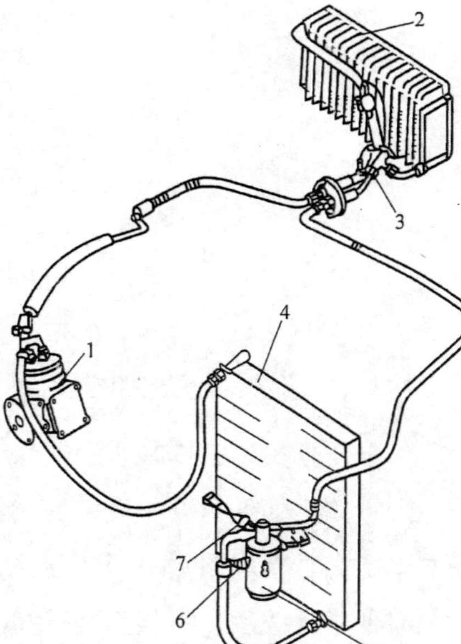

图3—1—1　压力开关位置示意图
1—压缩机　2—蒸发器　3—膨胀阀
4—冷凝器　5—储液干燥器
6—高压开关（F23）　7—低压开关（F73）

一、压力保护开关

1．低压开关

（1）低压开关的作用

低压开关有两种：一种设在高压回路中，主要目的是保护压缩机不会在缺少制冷剂的情况下空转，以避免压缩机因缺乏润滑油而遭受破坏，同时也起到低温环境的保护作用，以避免制冷系统在过低的环境温度下工作时造成蒸发器表面结冰并增加不必要的功耗；另一种低压开关设在低压回路中，感受吸气压力，用来控制高压旁通阀的除霜效果，即当低压压力低到某一规定值时，接通高压旁通阀（电磁阀），让部分高压蒸气直接进入蒸发器，以达到除霜的目的。这种低压开关一般用于大型空调器。

（2）低压开关的结构

低压开关的结构如图 3—1—2 所示，主要由接头、膜片、外壳、接线柱、弹簧、固定触点、活动触点等组成。

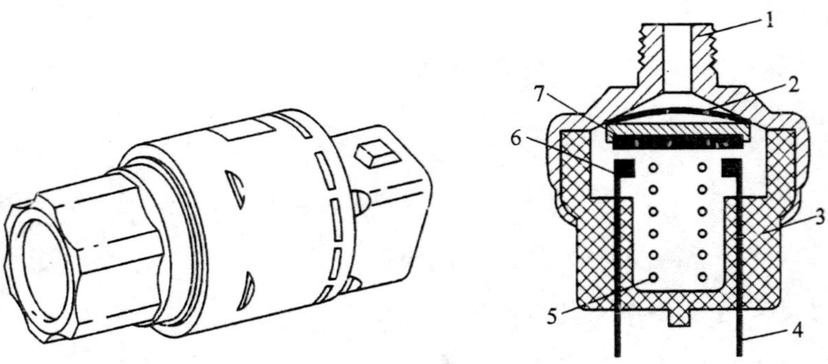

a）　　b）

图 3—1—2　低压开关

a）低压开关外形图　b）低压开关结构图

1—接头　2—膜片　3—外壳　4—接线柱　5—弹簧　6—固定触点　7—活动触点

（3）低压开关的工作原理

高压管路上的低压开关安装在冷凝器与膨胀阀间的高压管路上或储液干燥器上，串联在电磁离合器电路中。当制冷系统内压力高于 0.27 MPa 时，说明系统内有制冷剂，此时低压开关触点闭合；当系统内压力低于 0.2 MPa 时，触点则在弹簧作用下打开，压缩机停止工作。

2．高压开关

（1）高压开关的作用

高压开关的作用是防止系统在异常高压下工作，保护系统不受损坏。

(2) 高压开关的结构

高压开关的结构如图 3—1—3 所示，主要由接头、膜片、外壳、接线柱、弹簧、固定触点和活动触点等组成。

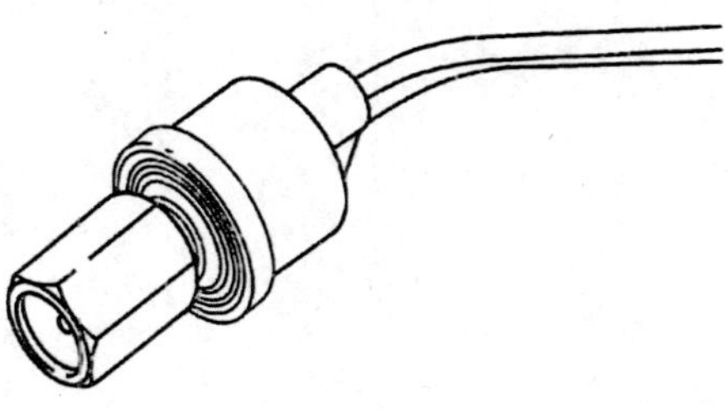

a)

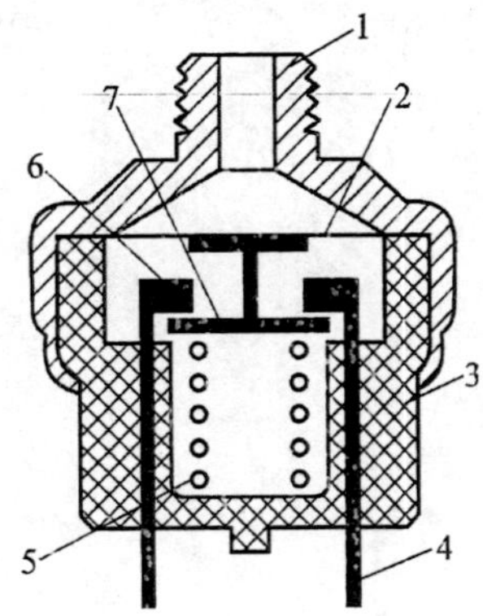

b)

图 3—1—3　高压开关

a) 高压开关外形图　b) 高压开关结构图

1—接头　2—膜片　3—外壳　4—接线柱　5—弹簧　6—固定触点　7—活动触点

(3) 高压开关的工作原理

高压开关安装在冷凝器的出口处或储液干燥器上，为触点常开型开关。当压力超过某一规定值时，自动接通风扇高速挡，使其高速运转以加强冷凝器风扇的冷却能力，降低冷凝器温度和压力；当压力低于规定值时，则自动断开冷却风扇的高速挡电路，保证制冷系统在正常压力范围内工作。

3. 三位压力开关

近年来，不少汽车倾向于采用设在高压回路中的三位压力开关，如上海桑塔纳 3000、南京依维柯等。

(1) 三位压力开关的作用

低压时防止因系统制冷剂泄漏而损坏压缩机，系统内制冷剂异常高压时保护系统不受损坏。正常状况下，在冷凝器风扇低速运转时，可以降低噪声，节省动力；在系统压力升高后（即中压时）风扇高速运转时，改善冷凝器的散热条件，实现风扇二级变速。

(2) 三位压力开关的结构

三位压力开关的结构如图 3—1—4 所示。

三位压力开关内部由隔膜、碟形弹簧、轴和接点组成。接点分低压和高压异常时会动作的接点和用于控制冷凝器风扇或发动机散热器风扇的接点。

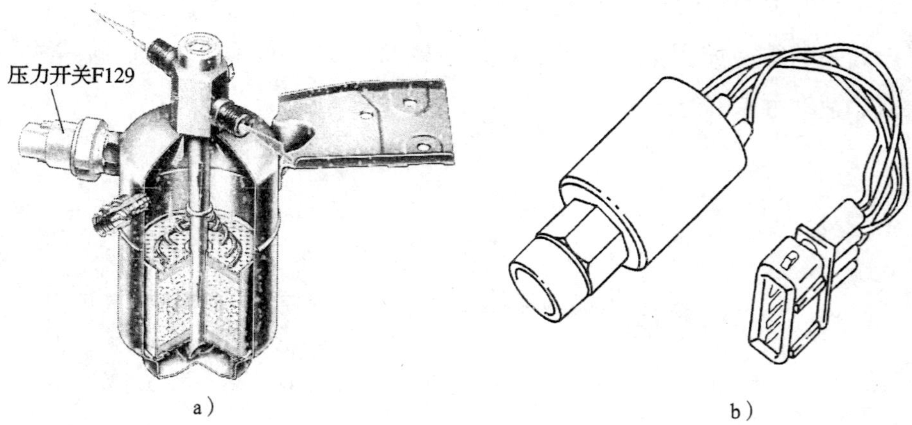

图 3—1—4　三位压力开关

a）桑塔纳 3000 压力开关位置　b）压力开关外形

三位压力开关一般安装在储液干燥器上，感受制冷剂高压回路的压力信号。其压力开关值见表 3—1—1（以 R134a 制冷剂为例）。

表 3—1—1　　三位压力开关参数

压力开关性质	开关值	开关动作	作用
高压	压力大于等于 3.14 MPa	电路断开（关）	压缩机停转
中压	压力大于等于 1.77 MPa	电路接通（开）	冷凝器风扇高速运转
中压	压力小于等于 1.37 MPa	电路又断开（关）	冷凝器风扇回到低速运转
低压	压力小于等于 0.196 MPa	电路断开（关）	压缩机停转

（3）三位压力开关的工作过程

三位压力开关的工作过程如下（以 R134a 制冷剂为例）：

1）如图 3—1—5 所示，当制冷剂压力小于等于 0.196 MPa 时，隔膜、碟形弹簧和弹簧的弹力大于制冷剂压力，高低压触点断开（OFF），压缩机停转，实现低压保护。

2）如图 3—1—6 所示，当制冷剂压力达到 0.196～1.37 MPa 时，制冷剂压力高于开关的弹簧压力，弹簧会挠曲，高低压触点接通（ON），压缩机正常运转。

3）如图 3—1—7 所示，当制冷剂压力大于等于 3.14 MPa 时，制冷剂压力大于隔膜、碟形弹簧的弹力，碟形弹簧反转，以断开高低压触点，压缩机停转，实现高压保护。

4）如图 3—1—8 所示，当制冷剂压力大于等于 1.77 MPa 时，制冷剂压力就大于隔膜弹力，隔膜会反转将轴推上，以接通冷凝器风扇（或散热器风扇）的转速转换接点，风扇以高速运转，实现中压保护。当压力降至 1.37 MPa 时，隔膜恢复原状，轴下落，触点断开，冷凝风扇又以低速运转。

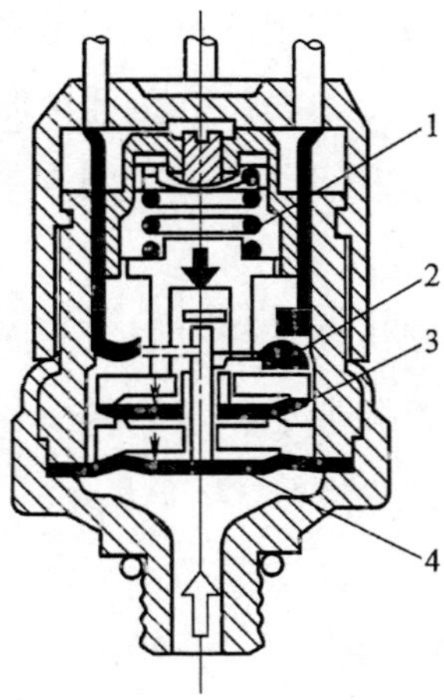

图 3—1—5　三位压力开关（1）—低压保护

1—弹簧　2—触点（断开）3—碟形弹簧　4—隔膜

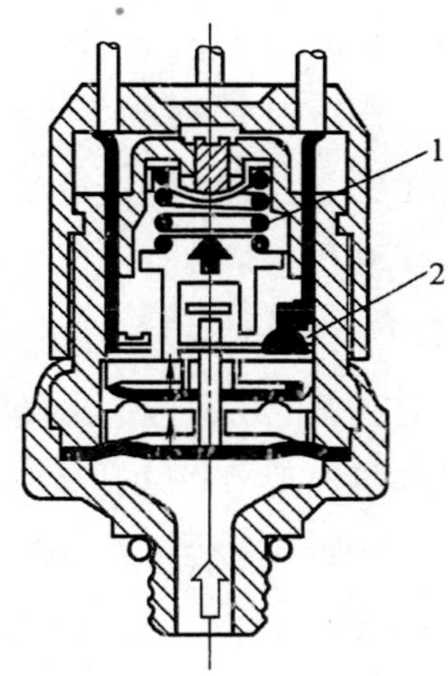

图 3—1—6　三位压力开关（2）—正常运转

1—弹簧　2—触点（接通）

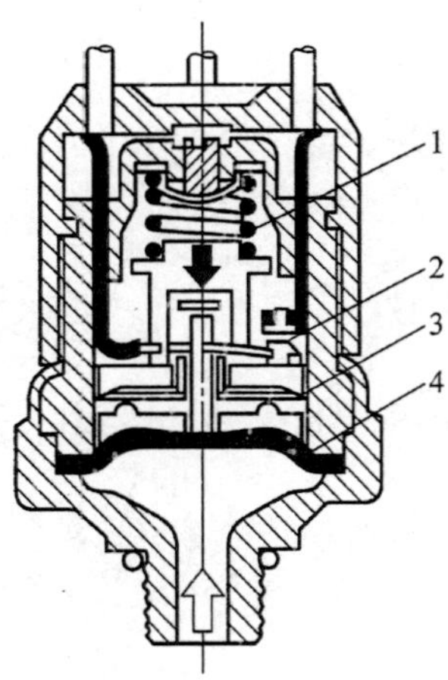

图 3—1—7　三位压力开关（3）—高压保护

1—弹簧 2—触点（断开）3—碟形弹簧 4—隔膜

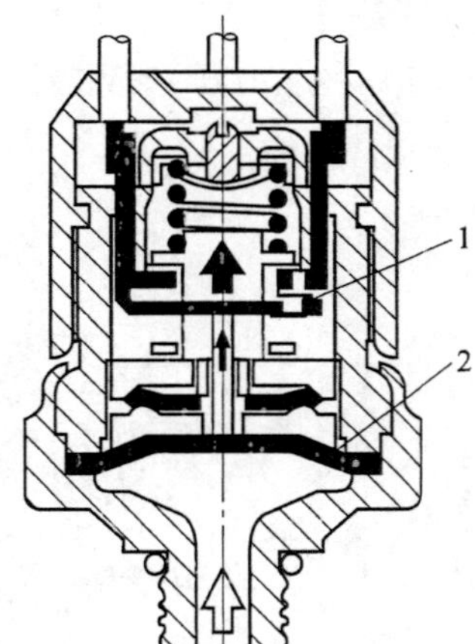

图 3—1—8　三位压力开关（4）—中压保护

1—触点（接通）2—隔膜

教学互动

在桑塔纳 3000 轿车或其他轿车上，观察和查找压力开关的位置。

1. 桑塔纳 3000 空调压力开关的位置：________________。
2. 丰田卡罗拉轿车空调压力开关的位置：________________。
3. 雪弗兰科鲁兹轿车空调压力开关的位置：________________。

二、泄压阀

在一般的汽车空调系统中，当制冷剂管路高压侧温度和压力异常升高时，常通过使易熔塞的易熔合金熔化的方式让制冷剂释放，以此来保护制冷系统不受损坏。但这种办法会导致制冷剂全部释放到大气中，不仅造成经济上的损失，而且对环境造成污染（尤其是R12制冷剂，将造成对大气臭氧层的破坏）。因此，近年来的汽车空调系统多采用泄压阀来代替易熔塞。

泄压阀的结构如图3—1—9所示，通常安装在压缩机高压侧或储液干燥器上。在正常情况下，弹簧的压力将密封塞压向阀体，与A面凸缘紧贴，压缩机内制冷剂不能流出。当压缩机内压力异常升高时（例如以R134a为制冷剂，当压力升至3.65 MPa时），弹簧被压缩，阀被打开，制冷剂得以释放，压缩机压力会立即下降。当压力降至压差为0.21 MPa左右时，弹簧又立即将密封塞推向阀体A面，将阀关闭。

采用泄压阀，制冷剂只会释放出很少的一部分，因此，不存在上述易熔塞的缺点，空气也不会进入系统，而且便于判断故障原因。

图3—1—10所示为泄压阀在压缩机上的安装，这是GM公司的V—5型可变排量压缩机，它将几种压力开关都装在压缩机上。

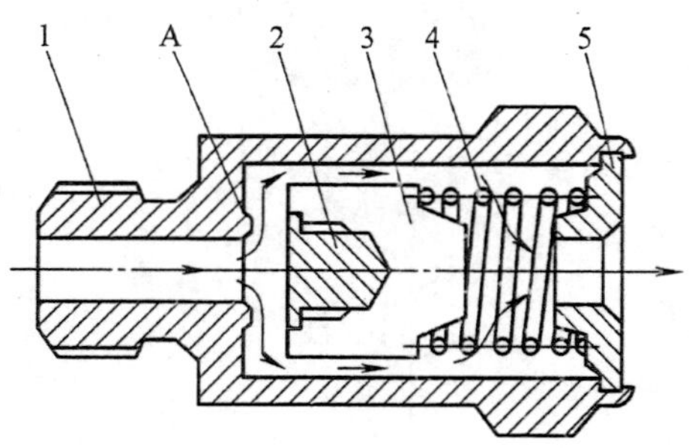

图3—1—9　泄压阀

1—阀体　2—密封塞　3—下弹簧座

4—弹簧　5—上弹簧座

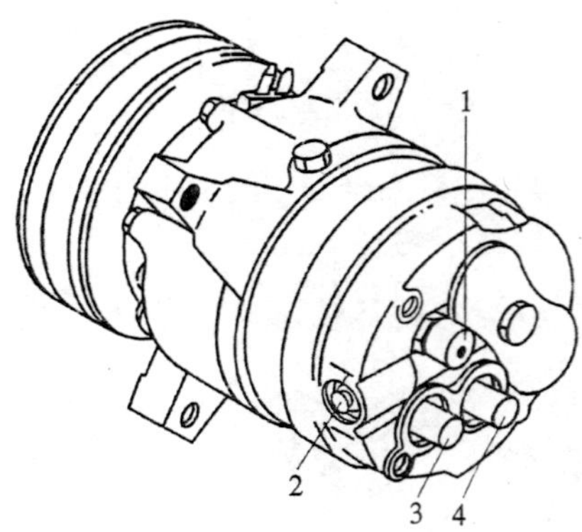

图3—1—10　V—5型压缩机上的泄压阀

1—泄压阀　2—压缩机控制阀

3—高压开关　4—低压开关

三、空调压力开关的检测

【器材设备准备】

歧管压力表组件、温度计、万用表、冷媒回收和充注机、常用工具等。

【操作步骤】

1. 将歧管压力表组件和软管接到高、低压检修阀上。当系统中制冷剂压力高于0.21 MPa时，低压开关就应接通。否则，为性能不良，应予更换。

2. 在制冷系统工作时，用纸板或其他板挡住冷凝器的散热，以恶化其冷却效果。这时冷凝器的温度会逐渐升高，当高压侧压力达到2.1～2.5 MPa时，电磁离合器应立即断电，然后拿开纸板，待高压侧压力降低到1.9 MPa时，电磁离合器应立即通电，使压缩机工作。否则为性能不良。

3. 高压开关的触点是常闭式。用万用表测量其两个接线端，如果是断路，说明已损坏；如果电阻为零，则说明性能良好。

4. 低压开关的触点，在没有压力作用下是常开的。用万用表测量其两个接线端，如果性能正常的话，应该是断路，否则为性能不良。

5. 在有压力的情况下检测压力开关准确度较高。低压开关一般在 0.2 MPa 左右触点闭合，高压开关在 2.65 MPa 左右触点断开。

四、桑塔纳 3000 空调压力开关的检查

【器材设备准备】

桑塔纳 3000 整车、歧管压力表组件、万用表等。

【操作步骤】

1. 装上歧管压力表组件。
2. 使发动机在约 2 000 r/min 的转速下运转。
3. 用万用表检查压力开关的工作情况。压力开关连接器如图 3—1—11 所示。

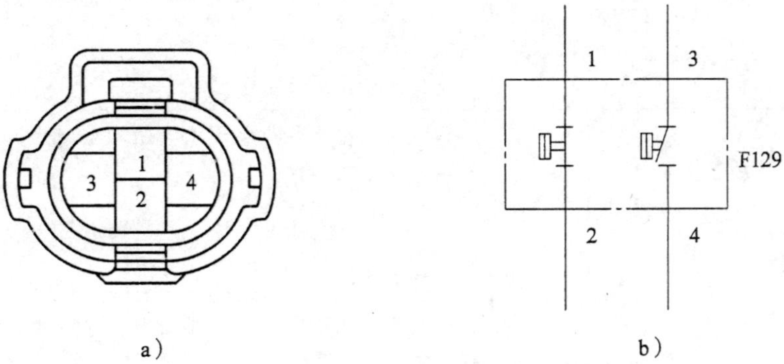

图 3—1—11　空调压力开关连接器

a）空调压力开关连接器外形　b）空调压力开关内部线路

（1）控制电磁离合器

1）制冷剂压力变化时，检查压力开关端子 1 与端子 2 之间的导通性。

2）低压侧：压力降至 0.196 MPa 时应不导通，压力升至 0.225 MPa 时应导通。

3）高压侧：压力升至 3.14 MPa 时应不导通，压力降至 2.25 MPa 时应导通。

（2）控制冷却风扇

1）制冷剂压力变化时，检查压力开关端子 3 与端子 4 之间的导通性。

2）压力升至 1.77 MPa 时应导通，风扇高速运转；压力降至 1.37 MPa 时应不导通，风扇又恢复低速运转。

如果导通情况不符合要求，说明压力开关性能不良，应更换。

4. 填写检测结果（见表 3—1—2）。

表 3—1—2 检测结果

<table>
<tr><th>序号</th><th colspan="2">步骤</th><th>检测结果</th></tr>
<tr><td>①</td><td colspan="2">准备工作</td><td>□安装车内三件套　□安装车外三件套</td></tr>
<tr><td>②</td><td colspan="2">安装歧管压力表组件</td><td>□安装正确　□安装不正确</td></tr>
<tr><td>③</td><td colspan="2">起动发动机</td><td>保持发动机的转速约为______</td></tr>
<tr><td rowspan="4">④</td><td rowspan="4">压力开关端子 1 与端子 2 之间的导通性检查</td><td>低压侧压力降至 0.196 MPa 时</td><td>压力开关端子 1 与端子 2 之间的导通性：□导通 □不导通
此时低压侧压力为______</td></tr>
<tr><td>低压侧压力升至 0.225 MPa 时</td><td>压力开关端子 1 与端子 2 之间的导通性：□导通 □不导通
此时低压侧压力为______</td></tr>
<tr><td>高压侧压力升至 3.14 MPa 时</td><td>压力开关端子 1 与端子 2 之间的导通性：□导通 □不导通
此时高压侧压力为______</td></tr>
<tr><td>高压侧压力降至 2.25 MPa 时</td><td>压力开关端子 1 与端子 2 之间的导通性：□导通 □不导通
此时高压侧压力为______</td></tr>
<tr><td rowspan="2">⑤</td><td rowspan="2">压力开关端子 3 与端子 4 之间的导通性的检查</td><td>压力升至 1.77 MPa</td><td>压力开关端子 3 与端子 4 之间的导通性：□导通 □不导通
冷却风扇：□高速运转　□低速运转　□不转
此时高压侧压力为______</td></tr>
<tr><td>压力降至 1.37 MPa 时</td><td>压力开关端子 3 与端子 4 之间的导通性：□导通 □不导通
冷却风扇：□高速运转　□低速运转　□不转
此时高压侧压力为______</td></tr>
</table>

思考与练习

一、简答题

1. 汽车空调高、低压力开关的作用分别是什么？

2. 简述汽车空调三位压力开关的工作过程。

二、练习题

练习桑塔纳 3000 空调压力开关的检测。

课题二　汽车空调蒸发器的压力控制

学习目标

◆ 熟悉蒸发器压力调节器的构造及工作过程。

◆ 熟悉导阀控制压力调节器的构造及工作过程。

◆ 熟悉吸气节流阀的构造及工作过程。

◆ 熟悉导阀控制吸气节流阀的构造及工作过程。

◆ 熟悉组合阀的构造及工作过程。

◆ 能够正确检修汽车空调蒸发器压力控制装置。

想一想

高、低压力开关是一种自动保护装置，也属于压力控制部件，但本身并不能调节压力大小。如果空调系统中没有压力或温度的控制调节元件，在正常空调制冷状态下，车内温度会如何变化呢？如果蒸发器的表面温度越来越低，直到0℃，当含有水汽的空气吹过蒸发器时，会发生什么情况呢？冷气还能进入车内吗？为避免蒸发器出现以上情况，在制冷系统中必须有辅助控制机构——蒸发器压力控制装置。蒸发器压力控制装置有哪些？它们的结构是怎样的？又是如何工作的？

一、空调蒸发器的压力控制装置

1．压力控制装置的作用

制冷剂在饱和状态时，温度和压力有着一一对应的关系。因此，为了防止蒸发器压力低于规定值（一般蒸发压力下限为152～207 kPa），避免蒸发器结冰，可采用温度控制的办法，也可用压力控制的办法。实现这种控制的机构称为吸气压力调节器，它装在蒸发器与压缩机之间。

制冷剂经过任何形式的吸气压力调节器都不会完全停止流动，装设一个旁通管路，可保证少量制冷剂及冷冻机油得到循环。

2．压力控制装置的类型

用在汽车空调系统中的吸气压力调节器种类很多，如蒸发压力调节器（EPR）、导阀控制蒸发压力调节器（POEPR）、吸气节流阀（STV）、导阀控制吸气节流阀

（POASTV）和组合阀（VIR）等。这些机构有的自成一个独立总成，有的则与压缩机组成一体。

二、蒸发压力调节器

蒸发压力调节器（EPR）如图 3—2—1 所示，它是一种全自动吸气压力控制装置。美国克莱斯勒公司的部分汽车上采用了 EPR。EPR 有两种，一种装在蒸发器与压缩机之间的管路上，另一种装在压缩机内紧挨着吸气阀后面。其作用是将压缩机吸气压力保持在设定范围，防止蒸发器结霜。一般设定的蒸发压力为 152～180 kPa，压缩机的进口压力为 104 kPa 左右（R12 系统），这个压力会随着蒸发器热负荷的大小而改变。

装于压缩机内的 EPR 是圆柱形结构，有一片膜片能防止制冷剂泄漏。当蒸发压力增加时，此压力作用在膜片上方克服了控制弹簧的压力，使阀离开阀座，导致从蒸发器到压缩机的制冷剂流量增加。当蒸发压力下降时，控制弹簧便把阀压向阀座，限制了来自蒸发器的制冷剂流量。同时，蒸发压力将增加，直到把阀重新打开。

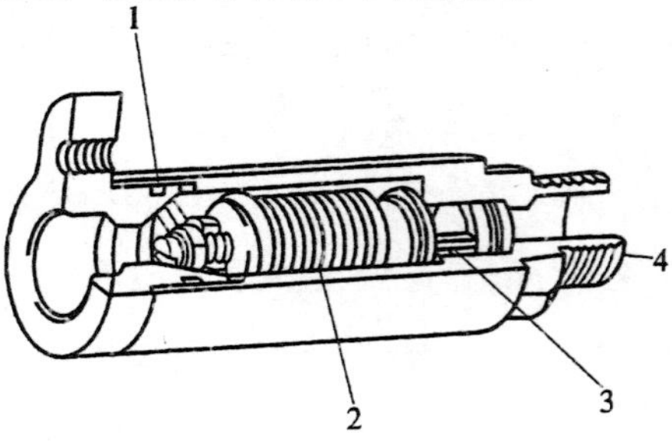

图 3—2—1　蒸发压力调节器（EPR）

1—密封圈　2—波纹管　3—主阀　4—接口

EPR 装在压缩机吸气阀后面，更换时可以很方便地取出。阀内有一条油道接通吸气管与压缩机曲轴箱，使润滑油可以循环流过压缩机。另外，这条油道连接压缩机曲轴箱，能防止曲轴箱压力低于正常的大气压力，避免空气通过曲轴密封件进入系统。

三、导阀控制蒸发压力调节器

导阀控制蒸发压力调节器（POEPR）是标准 EPR 的改进型。它的性能与 EPR 相同，不同点仅在于 POEPR 阀内有个导阀用于控制主阀。这种导阀能提供更精确的控制，使蒸发器能在更低的平均温度下工作而不出现结冰现象。

导阀控制蒸发压力调节器与 EPR 一样，也被安装在压缩机吸气阀后面。

四、吸气节流阀

吸气节流阀（STV）的安装位置如图 3—2—2 所示，它也是用来防止蒸发器因温度过低而结冰的一种装置，它能将蒸发压力保持在规定值内（一般为 200～207 kPa）。

在 STV 里，大气压力和弹簧压力在膜片一方，另一方是蒸发压力，两方面保持平衡。弹簧压力用绳索或真空控制，后者用得较多。

STV 工作的最小压力用调整螺钉来调定，而最大工作压力靠驾驶员调节安装在仪表板上的控制旋钮来确定。这个由人工确定的最小工作压力值是为了防止在未到达应该动作的压力时阀就动作。

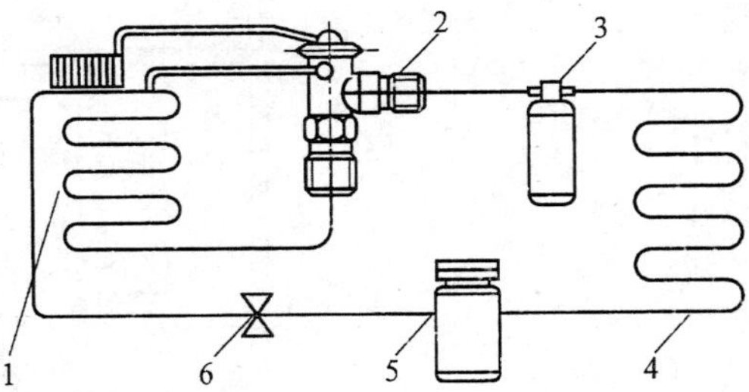

图 3—2—2　吸气节流阀的安装位置

1—蒸发器　2—F 型膨胀阀　3—储液干燥器　4—冷凝器　5—压缩机　6—吸气节流阀（STV）

近年来，导阀控制吸气节流阀（POASTV）正逐步替代 STV 。这两者的工作原理类似，但前者能更有效地进行控制，并消除了制冷剂在膜片处泄漏的可能，这也是导致 STV 损坏的主要原因。

为了解决因 STV 膜片处的泄漏使系统制冷剂减少的问题，除用 POASTV 代替以外，还有一个办法是将 POASTV 与热力膨胀阀（TXV）、储液干燥器组成一体，称为组合阀（VIR）。

五、导阀控制吸气节流阀

导阀控制吸气节流阀（POASTV）能将蒸发压力保持在预定的水平，它比其他类型的吸气压力调节器控制精度高，可以达到±3.4 kPa 左右。

POASTV 取消了 STV 中的膜片。阀中有一个导阀，能使阀的压力达到绝对零压，这个压力是与蒸发压力相对抗的。POASTV 的工作不依靠弹簧压力或大气压力。

阀的进口端有一个试验口，测量时通过它连接歧管压力表组件的低压端。阀上还有两个孔，用以连接油路和膨胀阀的外平衡管。若导阀调整不合适或者损坏，整个阀就需要更换。

六、组合阀

组合阀（VIR）的安装位置如图 3—2—3 所示，它由导阀控制吸气节流阀（POASTV）、热力膨胀阀（TXV）和储液干燥器组合而成（见图 3—2—4）。

VIR 总成装在靠近蒸发器的地方，蒸发器的进出管都与 VIR 相连，取消了 TXV 的外平衡管及感温包，TXV 的膜片端直接暴露在从蒸发器出来并进入 VIR 的制冷剂蒸气中。在 POASTV 与 TXV 之间有一个小孔，可以起到相当于外平衡管的作用。干燥器安装在储液罐壳体内，是可以更换的。一根带有小滤网的液体吸出管伸到罐底，滤网用来防止脏物进入系统，在 TXV 的进口管处有一块可更换的视窗。

VIR 的工作过程：液态制冷剂从冷凝器通过 VIR 系统流向蒸发器，进入 VIR 的液态制冷剂降落到储液干燥罐底部，而制冷剂蒸气则留在顶部。制冷剂碰到干燥剂，将被吸收掉所有的水分。

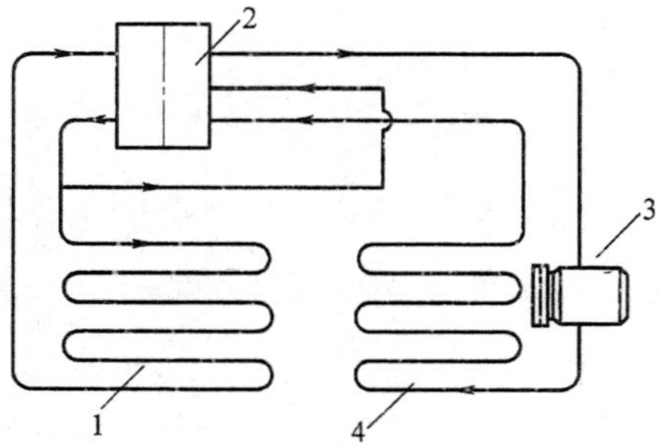

图 3—2—3　组合阀（VIR）的安装位置

1—蒸发器　2—VIR 阀　3—压缩机　4—冷凝器

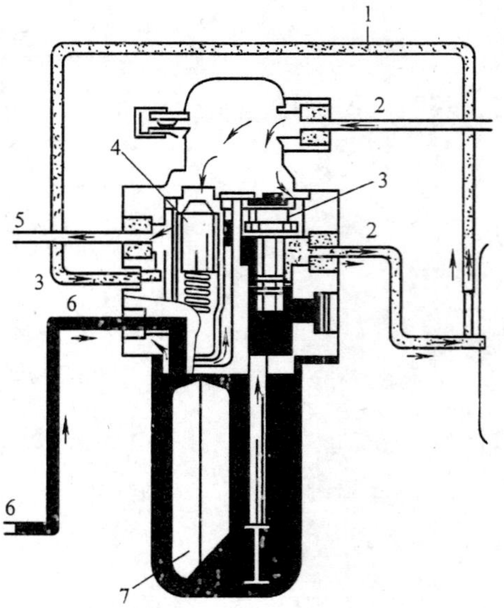

图 3—2—4　组合阀（VIR）

1—溢流管　2—至蒸发器　3—膨胀阀

4—导阀控制吸气节流阀　5—至压缩机

6—至冷凝器　7—储液干燥器

在 VIR 组件顶部有一个类似气门芯的接头，放在蒸发器的出口和 POASTV 的入口处。检查蒸发器压力时，只需将歧管压力表组件的低压管接到这个接头上即可。

VIR 组件应将蒸发器的压力保持在 207 kPa，这个压力足以将蒸发器的温度保持在 0℃左右，压力过低会引起蒸发器表面结满冰霜而使气流不能通过。压力过高（高于 207 kPa）会使制冷量不足，导致制冷效率降低。

教学互动

请思考不同类型的蒸发器压力控制装置的安装位置：

1. 蒸发压力调节器（EPR）安装位置是________________。
2. 导阀控制蒸发压力调节器安装位置是________________。
3. 吸气节流阀安装位置是________________。
4. 导阀控制吸气节流阀安装位置是________________。
5. 组合阀安装位置是________________。

七、POASTV 阀的检测

蒸发器压力调节装置是一种精密控制元件，如果损坏，一般不能修理，必须更换。这类阀都有一个专用检测阀门，以检测其是否失效。

【器材设备准备】

歧管压力表组件、温度计、万用表、常用工具、冷媒回收和充注机等。

【操作步骤】

1. 如图 3—2—5 所示，先把歧管压力表组件接入空调系统中，其低压表接口应接 POASTV 的检测阀门，歧管压力表组件中间接口关闭。

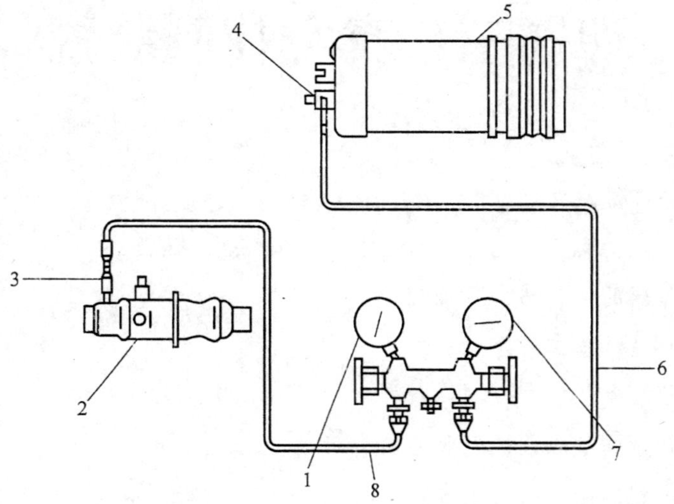

图 3—2—5 POASTV 阀的检测

1—低压表 2—POASTV 阀 3—POASTV 阀的检测阀门 4—压缩机排气检修阀 5—压缩机 6—高压管 7—高压表 8—歧管压力表组件

2. 起动发动机，将转速调整到 1 000～1 200 r/min，并将空调置于 A/C 键，风扇置于最高挡位置。

3. 运行 10～15 min 后，方可进行检测。

4. 关闭歧管压力表组件的高、低压手动阀，然后读出低压表的读数，符合 190～203 kPa 范围（以在海平面上的压力为准）即为完好的 POASTV 阀。否则，需更换 POASTV 阀。

5. POASTV 阀的拆除程序是先排除系统内的制冷剂，然后再拆除平衡管，最后拆两头的软管，这样即可从车上将 POASTV 阀拆除下来。拆除后重新换上新的密封圈和 POASTV 阀。

思考与练习

一、简答题

1. 如果蒸发器的压力不能调节，会发生什么情况？

2. 简述组合阀的工作过程。

二、练习题

练习 POASTV 阀的检测。

课题三　真空控制装置

学习目标

◆ 掌握真空动作器的结构与工作原理。

◆ 熟悉热水阀的结构与工作原理。

◆ 熟悉模式门的控制原理。

◆ 熟悉止回阀和止回继动器的结构与工作原理。

◆ 能进行真空控制器的密封性检查。

想一想

汽车空调的温度和压力控制系统中有不少部件（如吸气节流阀、热水阀、各种风门等）是靠真空或绳索等控制的。如果真空控制系统中的单向阀、真空罐、真空动作器、电-真空转换器等零部件损坏，将会使空调系统的某些功能无法执行，影响汽车空调的正常使用。真空控制装置的结构和工作原理是怎样的？应如何对其进行检修？

一、真空源

真空控制系统由单向阀、真空罐、真空动作器、电-真空转换器（真空电磁阀）等组成。

汽车上的真空源来自发动机进气歧管，随着发动机工作状态的改变（进气压力改变），真空源也在不断变化。为保证在发动机的各种工况下系统都有稳定的最大真空度，真空系统中必须配备真空罐、止回阀或止回继动器。

二、真空动作器

所谓真空动作器，实际上是一种带膜片的真空盒，由于它能传递位移，所以称为真空动作器。有的真空膜盒自带弹簧，如图 3—3—1 所示。

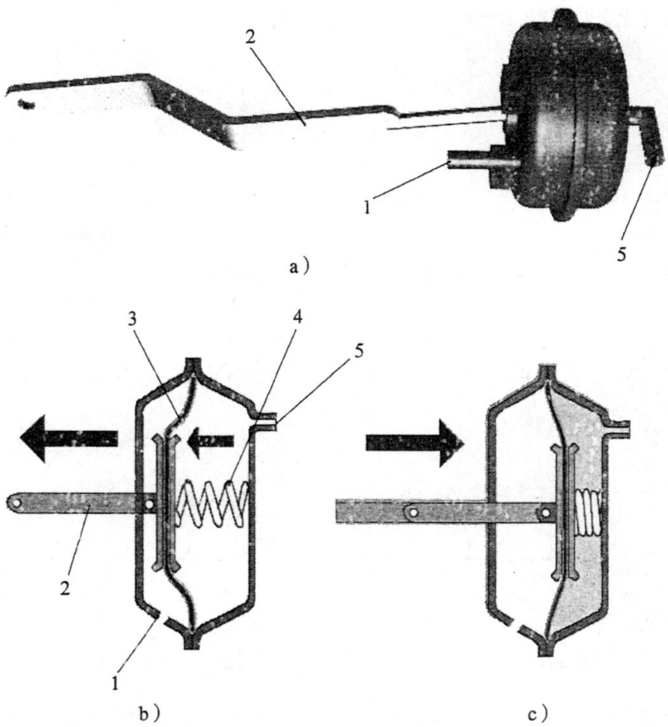

图 3—3—1　单腔式真空动作器

a）外观　b）无真空作用状态　c）真空作用状态

1—通气孔　2—拉杆　3—膜片　4—复位弹簧　5—真空接口

真空动作器分单腔式和双腔式。单腔式是膜盒一侧与大气相通，受到大气压力的作用，该侧是高压侧，另一侧是低压侧。当低压侧与真空源相通时，膜片被压向低压侧，带动拉杆向低压侧方向移动。当真空源关闭时，低压侧与大气相通，膜片两边压力相同，膜片回到原位，带动拉杆移回到原位，即拉杆的动作是受有无真空支配的。

双腔式真空驱动器的结构如图 3—3—2 所示，它由两个膜片、两组复位弹簧、与一个膜片固定的连杆组成。当 B 室有真空时，连杆提升一半；两室（A、B）都有真空

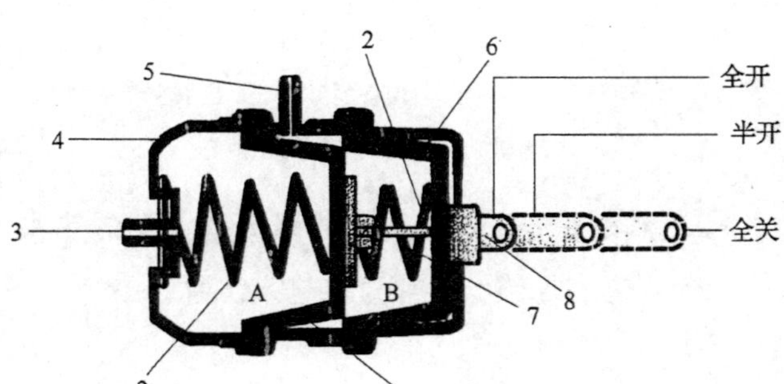

图 3—3—2　双腔式真空动作器

1—膜片 1　2—弹簧　3—真空口 2　4—壳体　5—真空口 1　6—膜片 2　7—促动杆　8—连杆

时，连杆移到最上端；若无真空时，连杆则位于最下端。连杆的三个位置分别可使风门处于全开、半开或全关的位置。

教学互动

1. 在桑塔纳轿车上观察和查找汽车空调系统所用的真空控制装置。

2. 该真空控制装置控制的是________________。

3. 将该真空控制装置的真空源连接管路分别与真空源和大气相通，观察真空促动器的动作，并记录其工作情况：

________________。

三、热水阀

汽车空调供暖系统中热水阀的控制有真空控制和绳索控制两种。

如图 3—3—3 所示为真空控制结构，图 3—3—3a 表示没有真空作用时，在弹簧作用下水阀关闭；图 3—3—3b 表示有部分真空作用时，阀开一点；图 3—3—3c 则表示全真空作用时，水流量最大。

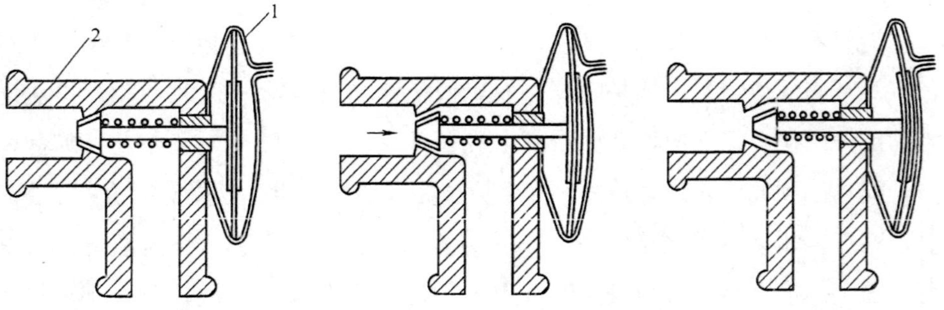

图 3—3—3 热水阀控制（真空）

a）无真空作用 b）有部分真空作用 c）全真空作用时

1—真空动作器 2—水道管

用真空控制热水阀的开闭还有一种结构，如切诺基汽车的热水阀。它靠真空膜泵转动阀片控制发动机冷却水进入加热器，或直接进入水泵。

四、模式门控制

模式门控制是指通过空调仪表板上的模式开关（按钮）人为控制各种模式风门的开闭。空调模式门有除霜门、内外进风门（指内、外风循环）、暖风/冷风出风门、中央风门、足部风门等，可用绳索操纵，也可用真空操纵（近年来发展到用电动机操纵）。在真空操纵形式中，真空来自发动机（通过制动加力泵）或真空罐，在真空传递的管路中设有止回阀以防止真空罐中的真空倒流向发动机，还设有真空通向选择按钮开关和真空开关。当按下所要选择的模式门按钮后，开关处的真空就按需要分别流向除霜门、足部风门、外进风门等处的真空动作器。由真空动作器的拉杆拨动这些风门动作，它只有开和关两种动作。当空调手柄拨到取暖位置时，与手柄相接触的真空开关被推开，真空通过真空开关被输送至外循环模式按钮开关处，接着通向进风罩真空动作器，进而将外进风门打开，新鲜空气进入车内。不论外循环模式按钮是否按下，只要将冷暖拨杆拨至取暖模式，即自动转入外循环模式。桑塔纳、切诺基等汽车的空调风门均属于这种控制形式。

如图 3—3—4 所示为桑塔纳 2000GSi—AT 型轿车空调装置控制系统中的真空线路

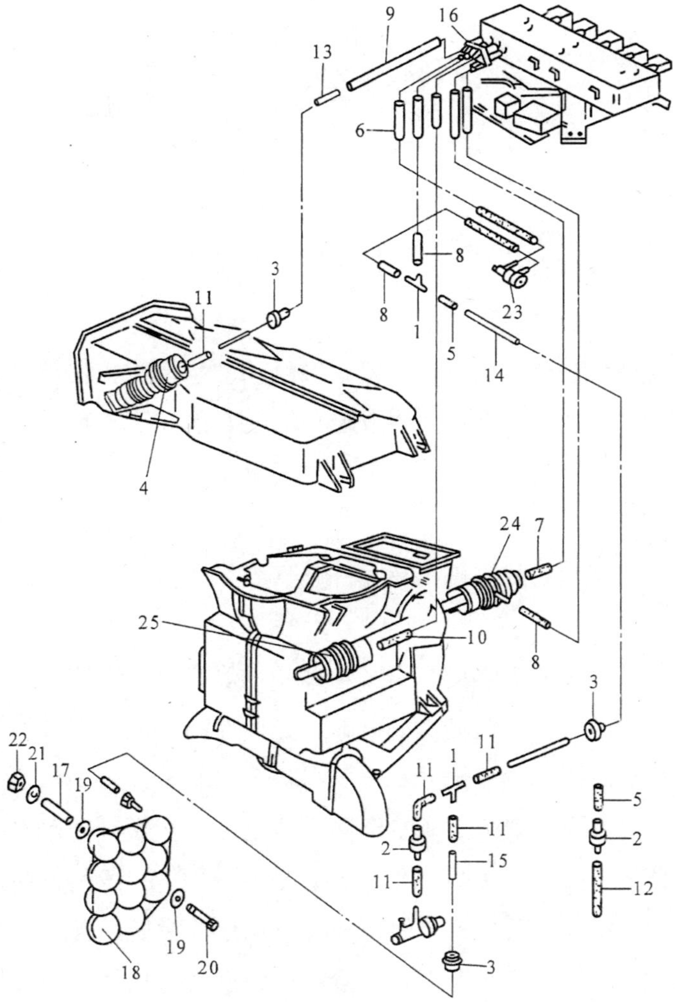

图 3—3—4　空调系统真空线路图（桑塔纳 2000Gsi—AT 型轿车）

1—三通管　2—单向阀　3—橡胶圈　4—进风罩真空阀　5～12—真空软管

13～15—真空钢管　16—真空管接座　17—套管　18—真空罐　19—垫圈　20—螺栓

21—垫圈　22—螺母　23—四通管　24—除霜及中央风门真空阀　25—脚向风门真空罐

图，从图中可以直观地看到空调系统真空线路的组成与结构。控制系统真空源来自发动机进气歧管。发动机工作时，进气歧管处是真空源。为保证空调控制系统能可靠工作，在真空管路中设有真空罐，以使真空波动变小。

有些温度自动控制系统中，在内、外进风口处各设有一组双金属片式的恒温真空调节器（见图 3—3—5），这种调节器能根据感应到的内外空气温度差，打开真空调节器内的泄流孔，以改变真空度的大小，从而改变真空动作器推杆的伸出程度，实现新风阀门开度大小的调节。

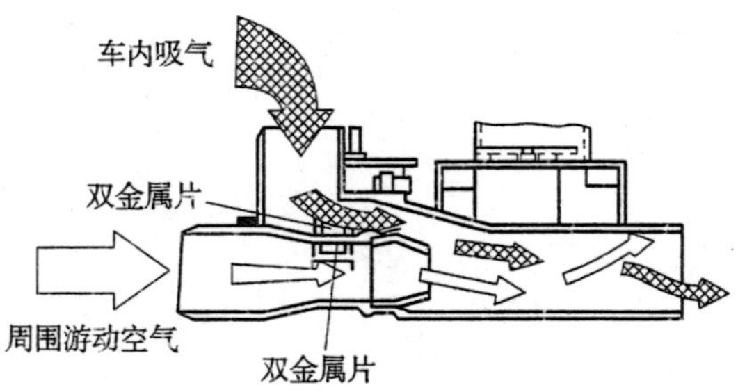

图 3--3—5 恒温真空调节器

五、止回阀和止回继动器

通常真空系统会设一个真空止回阀或止回继动器，以防止发动机进气歧管的真空度低于动作时所要求的值。真空止回阀或继动器通常放在真空罐和真空源之间的管路上。

1. 止回阀

止回阀又称单向阀，它的作用是只允许空气朝一个方向流动，以保证真空罐只能抽真空，不会倒灌空气。

当发动机进气歧管中的真空度高于真空罐中的真空度时，止回阀打开，即止回阀是靠发动机进气歧管的真空度打开的。此时，止回阀将真空源与真空罐连通起来。正常的发动机真空度能打开真空膜盒（见图 3—3—6），让控制器中的真空到达真空动作器。若发动机的进气真空度降低到真空罐的压力之下，止回阀和膜盒关闭，控制器到真空动作器的回路也会关断，这样可以保证真空罐中的真空度不会下降。

图 3—3—6 中的图 a 表示当单向阀打开时，来自转换器的真空信号到达真空动作器。图 b 表示当发动机真空度下降时，弹簧使膜片上升，以使真空动作器保持一定的真空度。

在加速或发动机停转时，发动机进气歧管中的真空度要下降，此时由真空罐中的真空来驱动空调系统及汽车上其他附属设备中的真空动作器动作。

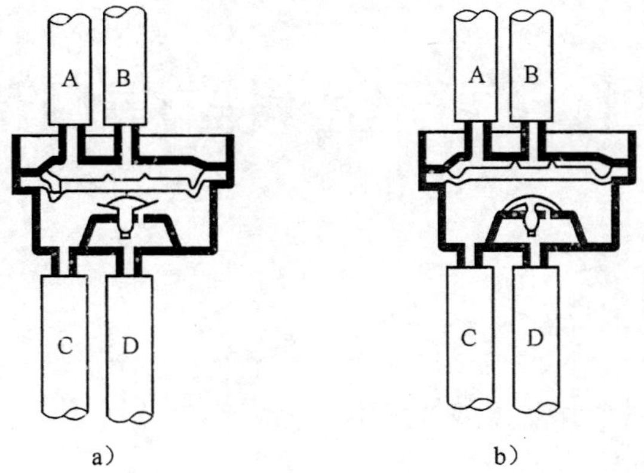

图 3—3—6　真空止回阀

a）发动机正常真空度止回阀打开　b）发动机真空度下降止回阀关闭

A—至真空动作器　B—来自转换器的真空　C—发动机真空　D—止回阀真空

2．止回继动器

止回继动器有两个作用：一是防止进气歧管真空度下降时真空系统的真空度减小；二是在真空度下降时避免系统按正常状态运转。止回阀及止回继动器可能出现的主要问题是膜片不密封或阀座不合适，假如发现上述故障（首先确认系统没有渗漏）应更换止回阀或止回继动器。

六、真空动作器的密封性检查

【器材设备准备】

真空泵、真空表、万用表、常用工具等。

【操作步骤】

1．使用真空泵和真空表检查漏气量，当真空度为 33.2 kPa 时，在 1 min 内真空度下降不得大于 3.32 kPa，否则需进行更换。

2．在无仪器时，可采用嘴吸吮的方法进行检查。若漏气，应进行更换。

思考与练习

一、简答题

1．简述单腔式真空动作器的结构与工作原理。

2．简述双腔式真空动作器的结构与工作原理。

二、练习题

练习检查真空动作器的密封性。

课题四　汽车空调温度自控系统

学习目标

◆ 熟悉电-气动式温度控制装置的结构与工作原理。

◆ 熟悉恒温器的结构与工作原理。

◆ 能够正确检测恒温器。

想一想

温度自动控制装置（简称 ATC）能为车厢提供并保持舒适的温度，并且很少需要甚至不需要人为地进行控制操作。温度自动控制装置有哪些类型？当温度自动控制系统出现故障时，会对汽车空调系统产生哪些影响？

一、电-气动式温度控制装置

1. 电-气动式温度控制装置的作用

电-气动式温度控制装置控制、调节的是压缩机的开、停，加热器水流量的大、小，鼓风机的转速，各风门的开度以及内外空气转换风门的开、闭等。

对于采用 ECU 控制的温控系统，存储器内存储着很多固有程序及运算所必需的数据。空调 ECU 将接收到的车外温度、车内温度、风道温度、发动机冷却水温度、蒸发器表面温度、太阳辐射强度等信号按照存储器的固有程序进行信息处理。处理的对象包括：鼓风机的转速、热水阀的开度、空气车内循环与车外循环的选择、空调压缩机的开与停、各送风口的选择等，并依靠热敏开关等特殊设备处理异常情况及特殊情况（如室内空气不干净时会自动转入外循环模式等）。

2. 电-气动式温度控制装置的结构及工作原理

电一气动式温度控制装置由传感器电路、放大器与转换器、晶体管（现在已发展成集成电路板）和动力伺服机构等组成。

（1）温度传感器

常见的温度传感器有三种：车内传感器、风道传感器和大气传感器。近年来，有的系统中还加入了太阳辐射强度传感器。车内传感器通常被安放在车内能感受到车内平均温度的地方，风道传感器要放在能感受到从蒸发器或加热器出风的地方，大气传感器一般放在新风进口等能感受到大气温度的地方，太阳辐射强度传感器则应放在仪表板前能感受到太阳辐射的地方。

奥迪 100 轿车的车内温度传感器安放在仪表板中，有微型抽风机将少量车内空气吸入，使其通过温度传感器，如图 3—4—1 所示。

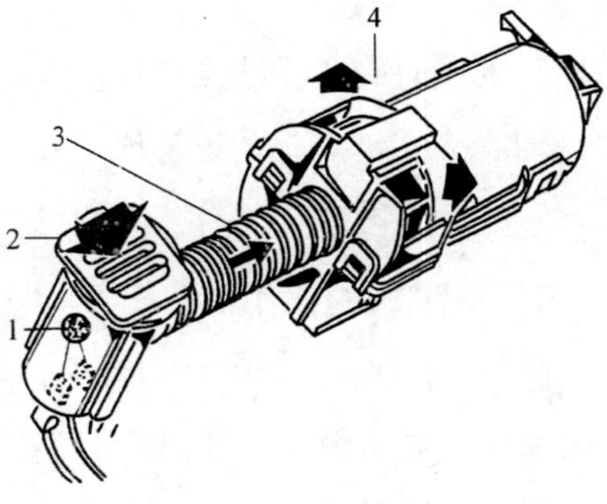

图 3—4—1　温度传感器（奥迪 100）

1—温度传感器　2—空气进口
3—连接软管　4—微型抽风机

这些传感器的相同之处在于对微小的温度变化都很敏感。温度传感器主要采用负温度特性热敏电阻，即温度升高时，电阻的阻值减小；温度降低时，电阻的阻值增大。放大器由三极管、电容器及电阻器组成。

（2）放大器与转换器

放大器的作用是把来自放大器的电信号转变成真空信号，真空信号用来调节动力伺服机构。

转换器（也叫真空电磁阀）的作用是把来自放大器的电信号转变成真空信号，真空信号用来调节动力伺服机构。

转换器的结构如图 3—4—2 所示。它是根据来自放大器的电压高低，来改变铁柱的上下位置，从而调节通向伺服机构的真空信号的大小。

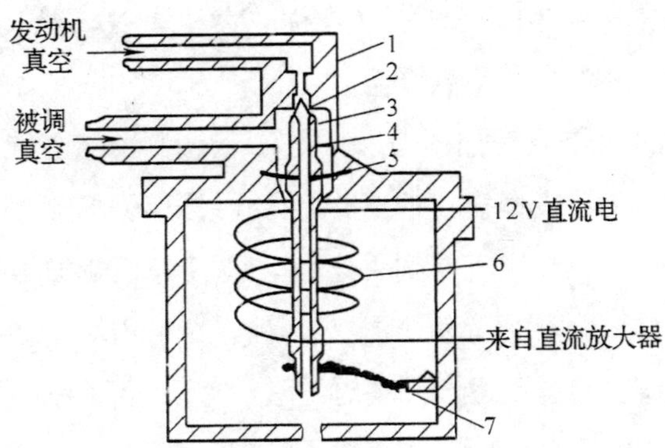

图 3—4—2　转换器

1—转换器架　2—二通针阀　3—标准气压　4—铁柱　5—橡胶隔膜　6—线圈　7—弹簧

（3）动力伺服机构

动力伺服机构的作用是把各种调温门（如热水阀）拨到所要求的位置。它由真空动力装置、旋转真空阀、补偿门的连接机构（与温度门相连）等构成。

真空动力装置可看成是一种与转臂相连的定位装置，它把来自转换器的真空信号传递给各专用的功能门（温度门）及旋转真空阀，从而确定它们的位置。旋转真空阀在转动的同时确定了鼓风机的触点位置（从而确定了鼓风机转速），即当温度门开得越大（即制冷量越大或采暖量越大），鼓风机转速越高。

二、恒温器

1．恒温器的作用

除电-气动式温度控制装置外，一种最基本的也是最简单的温度控制装置就是温度开关系统，它由恒温器和离合器回路组成。恒温器是汽车空调系统中控制温度的一种开关元件，通过感受蒸发器表面温度、车内温度、大气温度等（一般所指的恒温器感受的是蒸发器的表面温度）来控制压缩机的开与停，起到调节车内温度及防止蒸发器结霜的作用。

恒温器一般放在蒸发箱中或靠近蒸发箱的冷气控制板上。恒温器出厂时已调好最低开关的温度，调节车上的调温器，实际上是调节恒温器中的控制点。当车内温度上升到某一调定值时，温度开关触点闭合，离合器电流接通，压缩机开始工作；当车内温度下降到某一调定值时，温度开关触点断开，离合器电流中断，压缩机停止工作。大多数恒温器有一个绝对断开位置，当恒温器在这个位置上时，即使离合器电流中断（即压缩机不工作），空调系统中的鼓风机也仍然可以运转。

2．恒温器的结构及工作原理

控制离合器工作的恒温器有三种形式：波纹管式、双金属片式和热敏电阻式。

（1）波纹管式恒温器

波纹管式恒温器是一种热力杠杆式（或称热力机械式）结构，它通过一根由毛细管连接的温度传感器（感温包）来感受温度。

波纹管式恒温器的工作原理如图 3—4—3 所示。制冷系统工作一段时间后，车内温度开始逐渐降低，蒸发器表面温度也逐渐降低，传感器将低温传到恒温器中的波纹管，波纹管开始逐渐收缩。当温度降到一定值，波纹管收缩到一定程度时，波纹管对摆动框架的压力不足以克服拉力弹簧的拉力，触点 2 分开，电路中断，电磁离合器脱开，压缩机停转。当蒸发器温度逐渐升高时，波纹管开始膨胀，推动框架使触点接合，压缩机又开始转动。如此反复，确保蒸发器不结霜，并保持车内温度稳定。

恒温器中有一设定温度的调节旋钮与凸轮 8 相连，顺时针转动旋钮，弹簧 13 被拉紧，需要比较高的温度才能使触点闭合，即车内温度需调得比较高。

改变恒温器中弹簧 14 的拉力可调节触点断开的温度范围，即延长可断开时间。

注意：安放毛细管时必须十分小心，不能弯成尖角或有划痕。如果毛细管中的充注物泄漏了，必须将整个恒温器进行更换掉。

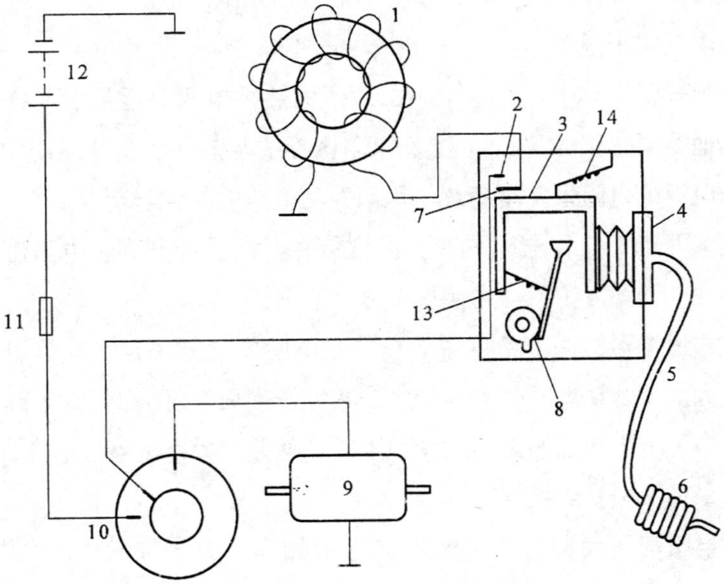

图 3—4—3　波纹管式恒温器的工作原理

1—电磁离合器　2—触点　3—摆动框架　4—波纹管　5—毛细管　6—感温包　7—绝缘块　8—凸轮　9—电动机　10—开关　11—熔断器　12—蓄电池　13、14—弹簧

(2) 双金属片式恒温器

这种恒温器没有毛细管，直接靠感受通过其表面的空气温度进行工作。它的人工温度调节方法与波纹管式恒温器相同。

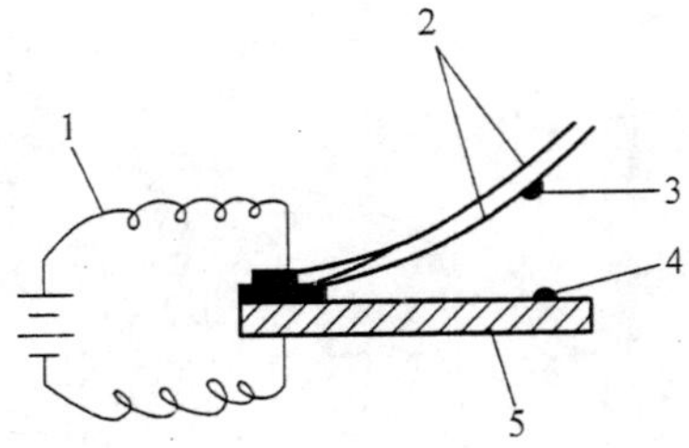

图 3—4—4　双金属片式恒温器工作原理

1—导线　2—双金属片　3—动触点　4—定触点　5—壳体

双金属片式恒温器的工作原理如图 3—4—4 所示。这种恒温器内有两片随温度变化而胀缩程度不同的由金属组成的双金属片，上面有一个动触点，壳体上有一个定触点。在设定温度范围内，双金属片平伸，触点闭合，电流接通，压缩机电磁离合器吸合。由于温度变化，这两个金属片会产生不同程度的变形，使触点分开，中断电磁离合器的电流，压缩机停止转动。

双金属片式恒温器的工作过程如下：当冷空气通过恒温器时，引起恒温器双金属片中的一片收缩变成弓形。随着空气温度的不断降低，这个金属片不断收缩，直到触点分开。当温度升高时，另一个金属片受热伸长，又把触点拉回到一起。

与波纹管式恒温器相比，双金属片式恒温器结构简单，价格便宜。但由于双金属片式恒温器必须放在蒸发箱中，因此布置起来有一定的困难。而波纹管式恒温器通过一根长的毛细管感应温度，所以恒温器本体可布置在稍远的合适部位，较为方便。目前，波纹管式恒温器要比双金属片式恒温器的应用范围广泛。

（3）热敏电阻式恒温器

在热敏电阻式恒温器中，有一个小圆片形的热敏电阻与毛细管一样插在蒸发器芯的中间（或其他需要感温的部位），热敏电阻由导线与晶体管电路系统相连。由于温度变化会使热敏电阻的电阻值发生变化，从而控制电路的接通与断开。

热敏电阻有两种，一种电阻具有负温度特性，即温度升高，电阻值下降。另一种具有正温度特性，即温度上升，电阻值上升。

热敏电阻式恒温器的调节精度主要由热敏电阻的性能决定，若热敏电阻的性能不好，将造成较大的调节误差。例如，规定当蒸发器表面温度为 4℃时，热敏电阻式恒温器将使电流中断。但由于热敏电阻的特性不良，偏差较大，则可能温度到 0℃时还不能中断电流，结果造成蒸发器结霜。

检查热敏电阻时可将热敏电阻从空调器上卸下，放入冷水中，如图 3—4—5a 所示。改变水温的同时，测量接头的电阻。然后根据该车型空调说明书提供的热敏电阻与温度变化特性曲线，检查温度和电阻的交点是否落在阴影范围内。若没有，则需要更换热敏电阻。如图 3—4—5b 所示是海狮 YH 及 LH 系列小面包车的热敏电阻特性曲线。

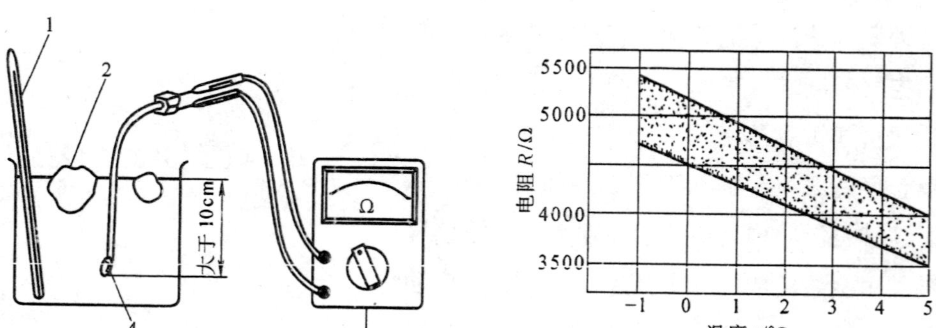

图 3—4—5 热敏电阻检查方法及特性曲线

a）热敏电阻检查方法 b）热敏电阻特性曲线

1—温度计 2—冰块 3—欧姆表 4—热敏电阻

三、蒸发温度调节器

有些汽车（如克莱斯勒汽车）采用蒸发温度调节器（以下简称 ETR）代替蒸发压力调节器，在自动温控系统中起作用。蒸发温度调节器的动作类似电磁截流阀，由一个安装在蒸发箱后面的 ETR 电子开关控制其工作，这个开关含有一个插在蒸发器芯子中间的感温包。ETR 也安装在压缩机吸气阀里面，但只能更换，不能维修。

当系统正常工作时，蒸发温度调节器及其开关通常是打开的。但如果蒸发温度降至1.67℃以下，蒸发温度调节器开关就会闭合，调节器电流被接通，阀关闭，从蒸发器到压缩机的制冷剂就中断流动。

蒸发温度调节器与蒸发压力调节器的不同点在于蒸发温度调节器只有开与关两个位置动作，而蒸发压力调节器还有开与关之间的动作。

教学互动

1. 奥迪100空调系统的电-气动式温度控制装置安装在＿＿＿＿＿＿＿＿。
2. 恒温器一般安装在＿＿＿＿＿＿＿＿＿＿＿＿＿＿＿＿＿＿＿＿＿＿＿＿。
3. 蒸发温度调节器一般安装在＿＿＿＿＿＿＿＿＿＿＿＿＿＿＿＿＿＿＿。

四、恒温器的检测

各种恒温器触头的动作温度范围都是可调的，当需要对恒温器进行调整时，必须先做外观检查，以确定该恒温器是否有调整螺钉。有些型号的恒温器有一个可拆卸的纤维盖板，盖板下都有一个调整螺钉。如果没有调整螺钉，应按下述方式进行调整。

不管各种型号的恒温器是否有调整螺钉，其弹簧张力和触头间距都是可变的。可以通过转动凸轮来增加或减少弹簧张力，以进行蒸发器温度的调整。转动凸轮有两种方法：一种是转动装有旋钮的凸轮轴；另一种是利用拉线机构转动。

【器材设备准备】

歧管压力表组件、温度计、万用表、常用工具、冷媒回收和充注机等。

1. 将歧管压力表组件和制冷系统相连接，先调整空调至最大制冷量位置，然后起动发动机，运行10～15 min，将转速稳定在1 500～1 750 r/min。

2. 按规定（在制冷系统内制冷剂达到额定量的条件下）读取高压侧压力表的读数，这时读出的数值应和表3—4—1所列的值接近。

表3—4—1　　蒸发器温度、压力关系

蒸发器压力（MPa）	蒸发器温度（℃）	高压表读数（MPa）	环境温度（℃）
0	−29.4	0.309	−6.6
0.003 9	−28.8	0.377	−1.1
0.015 7	−26.1	0.497	4.4
0.030 9	−23.3	0.59	10
0.042	−20.5	0.72	15.5

续表

蒸发器压力（MPa）	蒸发器温度（℃）	高压表读数（MPa）	环境温度（℃）
0.063	−17.7	0.864	21.1
0.08	−15	0.96	23.9
0.1	−12.2	1.098	26.6
0.117	−9.4	1.269	32.2
0.144	−6.6	1.338	35
0.154	−5.5	1.509	37.7
0.164	−4.4	1.646	40.5
0.173	−3.3	1.784	43.3
0.184	−2.2	1.887	46.1
0.195	−1.1	1.989	48.8
0.254	4.4	2.092	51.6
0.319	10	2.23	54.5
0.395	15.5		
0.48	21.1		
0.576	26.6		
0.683	32.2		
0.802	37.7		
0.933	43.3		
1.077	48.8		
1.228	54.4		

注：读数时车速应为 48 km/h，发动机转速应为 1 750 r/min。

3. 检查视窗中有无气泡，并读取低压侧压力表的读数，以观察恒温器的运行状况。在制冷系统稳定运行 10～15 min 后，此读数应为 0.184～1 MPa。应注意的是，当压力在高、低压表读数之间时，蒸发器会结霜，此时恒温器应能将压缩机电磁离合器断开。如果恒温器不能使电磁离合器再次吸合，则应把恒温器移向暖的位置，以检查其触点的断开距离是否适当，若不适当，应进行调整。

4. 在触点闭合前的瞬间，应记录压力表读数。在触点从断开到再闭合的过程中，压力值应从 0.18 MPa 升高到 0.22 MPa。恒温器的检查不能少于三次，以此确定运行状况是否前后一致。恒温器一般是和蒸发器装在同一壳体内的。

5. 拆除恒温器通道上的零件，打开至调整螺钉的通道。逆时针方向转动调整螺钉，可减少触点间距离，减小触点断开压力；顺时针方向旋转调整螺钉，可增加触点间距离，增加触点的断开压力。在高湿度地区，要求触点断开压力要高于平均压力。例如，在沿海地区，触点断开压力不能低于 0.17～0.18 MPa，否则蒸发器上就要结冰。在干燥地区，湿度很低，允许把恒温器调整到断开压力为 0.01～0.11 MPa 时触点断开。此时，蒸发器不会结冰。

思考与练习

一、简答题

1. 恒温器的作用是什么？

2. 简述电-气动式温度控制装置的作用。

二、练习题

练习恒温器的检测。

课题五　电气控制装置

学习目标

- 掌握鼓风机转速的电气控制原理。
- 熟悉环境温度开关的工作原理。
- 熟悉过热开关及热力熔断器的工作原理。
- 熟悉水温开关的工作原理。
- 熟悉空调继电器的工作原理。
- 能够正确检测和调校空调制冷系统的过热保护装置。

想一想

高、低压力开关、恒温器、电磁离合器等都是通过“电流的通断”对压缩机的开、停进行控制。还有其他什么电气装置可以对汽车空调系统进行保护呢？这些电气装置又是如何工作的呢？

一、鼓风机转速的电气控制

鼓风机转速的改变（指由电动机驱动的）有两种办法：对于单绕组电动机，通过改变接入电动机的电阻或电压来改变转速；对于多绕组电动机，则靠电动机自身来改变转速。鼓风机的变速方法如图 3—5—1 所示。

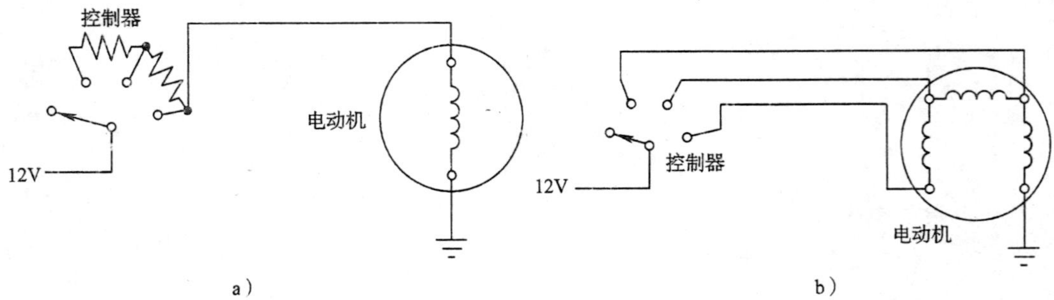

图 3—5—1　两种电动机的变速方法

a）单绕组电动机　b）多绕组电动机

很多鼓风机调速电阻器中都设有限温器（热保护器），当电阻器温度过高时，它能切断鼓风机电路，保护电动机。限温器由熔断器或双金属片组成，它将在下列情况下动作，起到保护作用：

1. 当鼓风机运转受阻，风量大幅度减少甚至没有时，如果电流仍然流过，电阻器会因没有得到冷风而升温，使限温器中的熔丝熔断或双金属片的触点分开，电路中断。

2. 当风叶与轴脱开时，如果电阻器上仍有电流通过而没有风冷却，限温器会切断电路。

3. 当电流过载时，电阻器发热，使限温器切断线路。

蒸发鼓风机的转速可以人工调节，也可自动调节（由 ECU 控制），但最低挡一定是与空调开关联动的。冷凝鼓风机的转速一般为一挡，若有几挡，则是自动调节的（根据制冷剂压力）。在设计上要保证冷凝鼓风机与压缩机同步运转，即只要压缩机转动，冷凝鼓风机就一定要转动。

二、环境温度开关

在较低的环境温度下，空调压缩机或鼓风机的运转能降低空气中的潮气，因为空气中的水分被冷凝析出了。用这种方法可以消除在下雨天、雾天或较冷气候下车窗玻璃的结雾现象。但在过低的环境温度下，开启空调压缩机显然是浪费功率。因此，为防止误动作，有的空调车上设有环境温度开关。

环境温度开关是一种电气开关，因环境温度的改变而工作。当大气温度低于某一值（例如－4℃）时，环境温度开关能使压缩机处于“OFF”位置；当大气温度高于某一值（例如 2℃）时，它又能使压缩机处于“ON”位置。环境温度开关结构类似于模块三课题四中所述的恒温器。

三、过热开关及热力熔断器

过热开关有两种：一种装在压缩机缸盖上，作用结果是使电磁离合器电源中断，压缩机停转；另一种装在蒸发器出口管路上，作用结果是泄漏报警灯亮。这两种结构的目的都是防止由于缺少制冷剂而造成压缩机损坏。

1. 安装在压缩机缸盖上的过热开关

安装在压缩机缸盖上的过热开关是一种温度-压力感应开关。在正常情况下，此开关处于断开位置。当系统处在高温高压状态下，或者低温低压条件下，此开关保持常开；当系统处于高温低压状态时，此开关闭合。系统的高温低压状态通常是在缺少制冷剂时出现的，此时若压缩机继续保持运转，将会因缺少润滑及过热而损坏。过热开关能使压缩机停止转动，直到故障排除，恢复运转，起到了故障自动保护的作用。

热力熔断器是与过热开关配套工作的，它由温度感应熔丝、线绕电阻器（加热器）组成。

当过热开关闭路时，通向电磁离合器的电流通过了热力熔断器中的加热器，使加热器温度升高，直到把熔丝熔断。这样电磁离合器电路中断，压缩机停止转动。

因为熔化熔丝需要一定的时间，对于短时间（例如 3 min）内的高温低压现象是不起作用的。因此，熔丝不会因为压缩机起动时的电流过大而误烧断。

2. 安装在蒸发器出口的过热开关

以日产汽车为例，它的空调器过热开关放置于蒸发器出口管路上，其结构如图 3—5—2 所示。当制冷剂温度升高到一定值时，膜片下的蒸发压力使膜片上升，推动螺钉，带动动触点与定触点接触，过热开关接通，在过热开关后面串接一个过热时间继电器。在过热状况是持续的而不是瞬时的情况下，泄漏报警灯点亮。泄漏报警灯的检查步骤：先拨动点火开关至“ON”位置，不起动发动机，设法使泄漏报警灯亮。然后起动发动机，假如制冷剂是足够的，此灯应该不亮。

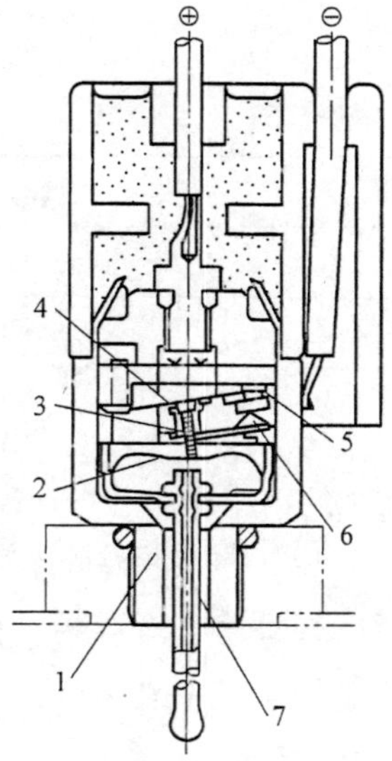

图 3—5—2　过热开关示意图

1—制冷剂　2—膜片　3—调整螺钉　4—调整螺母　5—定触点　6—动触点　7—温度传感器

过热开关的检查方法：按照热敏电阻的检查方法，将温度传感器浸到放满冷水的容器中，然后改变水温，按表 3—5—1 进行检查。注意开关不要浸到水中。如果不符合要求，则开关有故障。

表 3—5—1　　过热开关的检查

水温	开关状态
增大到（24.5～30.5℃）	开
降低到 11.5℃	关

过热时间继电器的检查：如图 3—5—3 所示，在回路中接入试验灯泡，按表 3—5—2 进行检查。

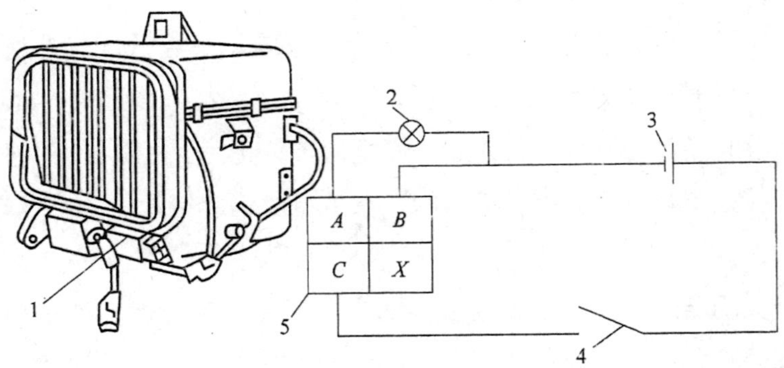

图 3—5—3　过热时间继电器检查接线示意图

1—过热时间继电器　2—试灯　3—蓄电池　4—开关　5—过热继电器

表 3—5—2　　过热时间继电器的检查

开关状态	灯泡状态
关	不亮
开	开关接上约 60 s 后灯泡应亮

四、水温开关

水温开关安装在发动机水箱或管路中，感应发动机水温以防止发动机水温过热。当水温超过某一规定值（例如奥迪 100 为 120℃）时，开关断路，使空调压缩机停转。当水温降至某一规定值（例如奥迪 100 为 106℃）时，开关又自动接通。

五、除霜开关

为了消除蒸发器外壁的积霜，有的空调系统在膨胀阀与蒸发器之间的管路外壁上安放有除霜开关的传感器。当温度到达 0℃时，波纹管收缩，接通继电器的电磁线圈回路，线圈产生电磁力，使继电器开关断开，压缩机停转，直到蒸发器温度上升，它又重新工作。除霜开关工作系统如图 3—5—4 所示。

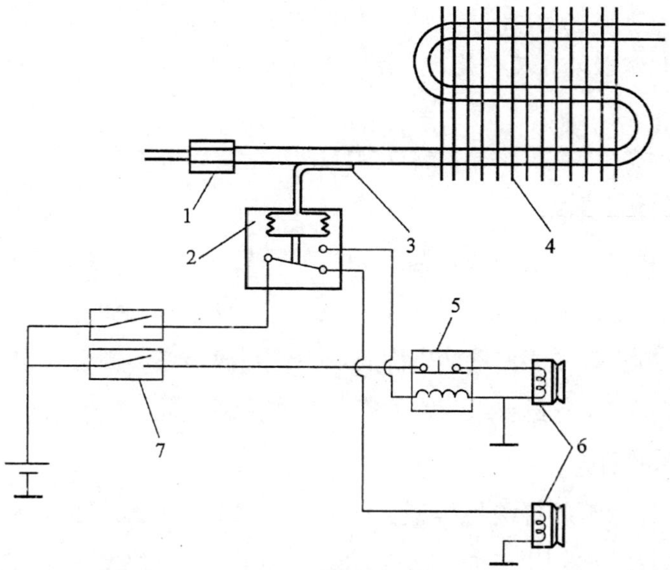

图 3—5—4　除霜开关工作系统

1—膨胀阀　2—除霜开关　3—感温管　4—蒸发器　5—继电器　6—电磁离合器　7—空调开关（控制板上）

六、继电器

汽车空调控制电路中有各种类型的继电器，其作用是控制各种部件执行不同的功能，并能减少流入控制开关的电流，延长开关的使用寿命。一般继电器分常开型和常闭型两种。

常开型继电器一般用于电磁离合器控制、冷凝器风扇控制、怠速提升装置控制等。只要有控制电流流过，继电器线圈上产生的电磁力就会将活动芯棒吸入，使触点接通。反之，则断开。常闭型继电器用在只要有控制电流流过，触点就断开的电路上。例如将空调电源继电器串接在起动电路中，只要汽车开关处于起动位置，此继电器的触点就断开，保证在汽车起动时，空调不能工作。它的结构与常开型继电器相似，仅铁芯动作相反。怠速继电器也属于此类型。

教学互动

1. 查找桑塔纳 3000 鼓风机的电动机与调速电阻的线路图，并画出调速电阻与鼓风机开关的连接线路图。

2. 当大气温度低于某一值时，环境温度开关会使______停止运转。

3. 当发动机水温超过某一值时，水温开关断开，会使______停止运转。

七、车速控制装置

对于非独立式空调系统来说，当发动机处于怠速状态或汽车低速行驶时，由于发动机的功率一定，空调系统对发动机功率输出的分配有一定的影响。反过来，发动机转速的变化也影响空调的工作性能。因此，为达到汽车在不同运行情况下既保证车速，又保证空调系统正常工作的要求，需要安装车速控制装置。

1. 怠速控制装置

发动机怠速控制装置有两种类型：一种是自动切断压缩机的电磁离合器电路，发动机怠速时使制冷系统停止工作，减轻发动机负荷，稳定发动机的怠速性能；另一种是当发动机怠速还需要使用制冷系统时，发动机能自动加大节气门开度，使发动机在怠速时转速提高，这样既能保证有足够的动力维持制冷系统的工作，又能保证自身的正常运转。

（1）怠速继电器

怠速继电器是为了防止发动机处于怠速时，由于压缩机负荷造成发动机工作不稳定。其主要功能是当发动机处于怠速运转时自动切断压缩机的电磁离合器。其方法是利用点火线圈的脉冲数作为控制信号，汽车制冷系统的怠速控制线一般接在点火线圈低压侧的负极上。

（2）怠速提高装置

怠速继电器的作用是在发动机转速低到某一最低转速时控制制冷压缩机停止运转，以保证发动机正常运转。但是，这种使制冷系统停止工作的措施并不理想，特别是在堵车或者是炎热的夏季，这种情况就更为突出。采用怠速提高装置就能解决这一矛盾，即空调开关闭合后，在接通电磁离合器电源的同时，自动地提高发动机的怠速转速，使发动机在怠速时带动制冷压缩机正常运转。

常见的怠速提高装置有节气门直接驱动式、旁通空气道式、发动机怠速马达控式三种形式。

2. 加速控制装置

汽车加速时，需要尽可能大的发动机功率来提高车速，此时应暂时切断电磁离合器线圈电路，使压缩机暂时停止工作。为此，大多数汽车上都设置了加速控制装置。目前，汽车上使用较多的加速控制装置如图 3—5—5 所示，加速开关实物如图 3—5—6 所示。

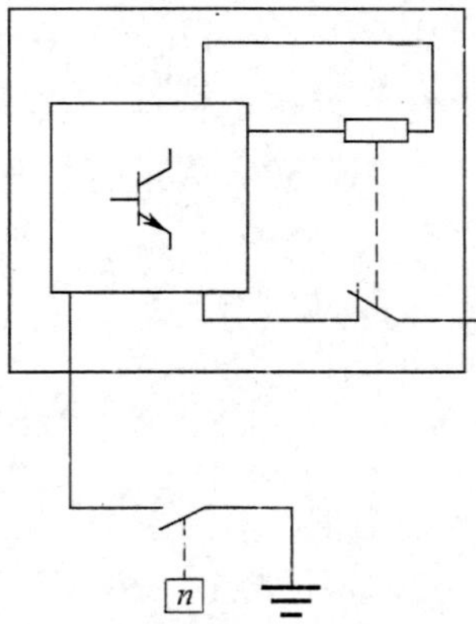

图 3—5—5　加速控制装置

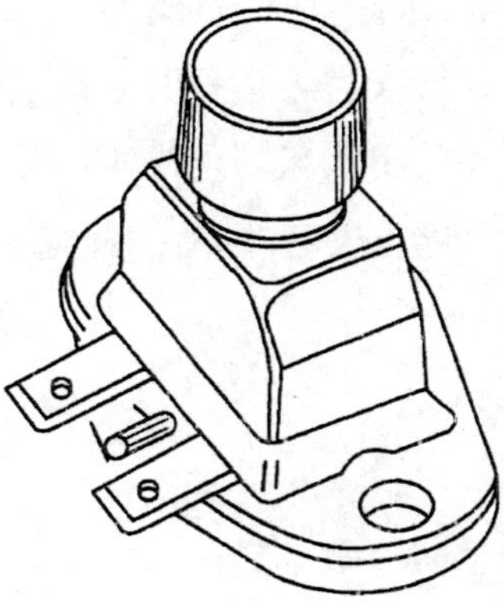

图 3—5—6　加速开关外形

加速控制装置由加速开关和延迟继电器组成。加速开关一般装在加速踏板下，或装在其他位置，并通过连杆或钢索来操纵。当加速踏板踏下行程达到最大行程的 90％时，加速开关及延迟继电器会切断电磁离合器线圈电路，使压缩机停止工作，从而解除压缩机的动力负荷，使发动机的全部输出功率用来克服加速时的阻力，提高了车速。当踏板行程小于最大行程的 90％时或加速开关打开延迟十几秒后，则自动接通电磁离合器线圈电路，使压缩机又恢复工作。

八、空调继电器和空调制冷过热保护装置的检修

1．空调继电器的检查方法（见图 3—5—7）

（1）检查接线端①②之间是否导通，是否有焊点脱落。

（2）检查接线端③④之间是否导通，接线是否牢固。

（3）在接线端①②之间加电压，检查③④之间是否导通。若不通，则更换。空调制冷系统过热保护装置的检测和调校。

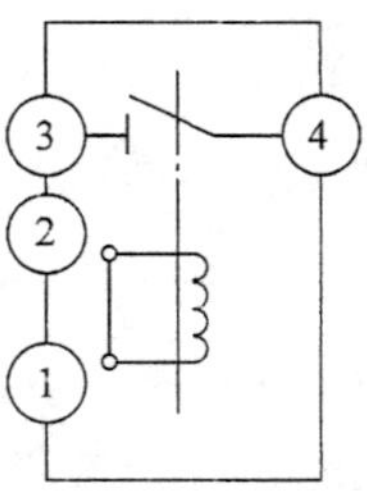

图 3—5—7　继电器的检查

2．空调制冷过热保护装置的检修

【器材设备准备】

具有制冷过热保护装置的汽车整车或空调系统、检漏仪、制冷剂、水容器、温度计、歧管压力表组件、试灯、秒表、万用表、常用拆装工具等。

【操作步骤】

（1）检查泄漏报警灯：将点火开关置于“ON”位置，不起动发动机。用喷洒制冷剂等方法使泄漏报警灯亮，然后再起动发动机，如果制冷剂无泄漏，泄漏报警灯应该不亮。

（2）检查过热开关：先将温度传感器浸到放满水的容器里，改变水温，当水温升高到 24.5～30.5℃时，开关应处于开启状态；当水温降到 11.5℃时，开关应处于关闭状态。检查时一定要注意，不要将过热开关浸到水中。若不符合要求，则说明过热保

护装置有故障，应调整或更换。

（3）检查过热时间继电器：按图 3—5—3 所示在回路中接入一试灯，当过热保护装置处于关闭状态时，试灯应不亮；当处于开启状态时，接通 60 s 后试灯应亮，否则过热时间继电器有故障，需调整或更换。

思考与练习

一、简答题

1. 除霜开关的作用是什么？

2. 过热开关有哪几种？

二、练习题

练习检测空调继电器。

模 块 小 结

空调系统中通常设有一个或几个压力保护开关，多为高压保护开关和低压保护开关两种。但近年来，不少汽车倾向于采用设在高压回路中的三位压力保护开关。通常高压开关主要是用来保护压缩机本身，使其不在超过允许压差的情况下工作；低压开关则是防止系统的低压侧在负压下运行，以免外界的空气从可能的泄漏处进入系统中。通过学习，应熟悉压力开关的结构及工作原理，重点掌握压力开关的检测方法。

为防止蒸发器冻结，可采用蒸发器压力调节装置。蒸发器压力调节装置是一种精密控制元件，如果损坏，一般不能修理，必须进行更换。因此，掌握蒸发器压力调节装置的检测方法非常重要。

汽车空调的温度和压力控制系统中的不少部件，如吸气节流阀、热水阀、各种温度门、鼓风机、节气门等都是靠真空或绳索控制的。通过学习，应掌握空调系统真空转换阀的检测和调校方法。

汽车空调温度自动控制系统主要介绍了电-气动式温度控制装置，通过学习，应了解其工作原理。恒温器-电磁离合器控制装置，是一种简单的温度开关系统，通过学习，应掌握恒温器的检测方法。

空调系统中的环境温度开关、过热开关及热力熔断器、水温开关等，都是针对空调系统出现异常情况时对空调压缩机提供保护的装置。通过学习，应掌握上述装置的检测方法。

模块四 汽车空调电路系统

课题一 丰田汽车空调电路系统

学习目标

- 能认知汽车空调制冷系统的控制电路。
- 能认知丰田汽车的空调电路。
- 能对丰田卡罗拉空调电路进行检修。

想一想

汽车修理厂的技工甲说："由于各制造厂家的设计不同，汽车空调制冷系统存在一定的差异，其空调电路也不尽相同，但其基本原理是相同的。例如，丰田卡罗拉空调制冷系统的电路主要包括：电源控制部分、压缩机电磁离合器控制电路、安全控制电路。"甲的说法正确吗？以一汽-丰田卡罗拉轿车的空调电路系统为例，当其出现故障时，该如何检修呢？

一、汽车空调制冷系统的控制电路

如图 4—1—1 所示是汽车空调制冷系统的控制电路，一般由下列部分组成。

1．电源控制部分

电源控制部分包括蓄电池、点火开关、熔断器、继电器、鼓风机开关、电磁离合器等。电源控制部分的功能是：当点火开关处在接通位置时，只要鼓风机开关闭合(即开关在高、中、低三挡任一位置上)，空调就投入正常工作。也就是说，电磁离合器吸合，压缩机工作，制冷剂开始循环制冷，同时，鼓风机开始旋转，空气通过蒸发器被吸收一部分热量后变成冷气吹入车厢。

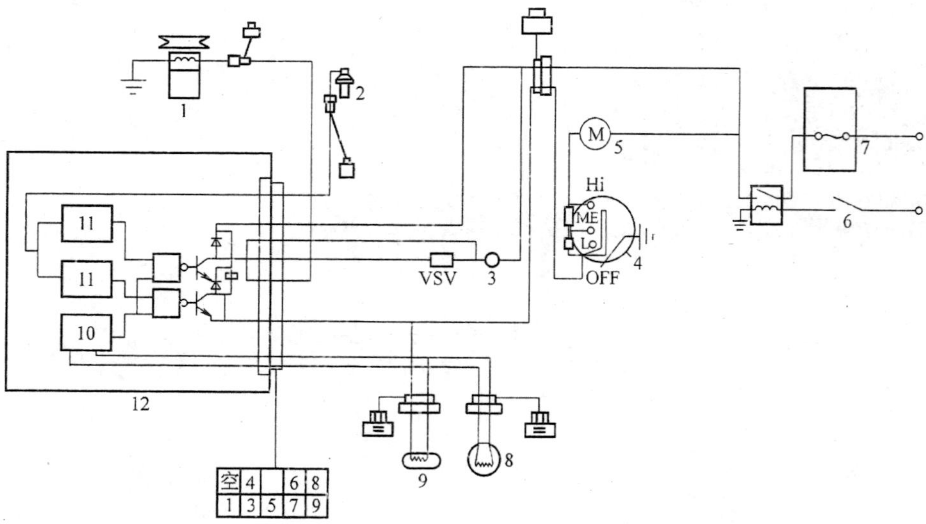

图 4—1—1 汽车空调电路

1—压缩机—电磁离合器 2—点火线圈 3—压力开关 4—鼓风机开关 5—鼓风机电动机
6—点火开关 7—熔断器 8—温度调节旋钮 9—热敏电阻
10—温度检测电路 11—发动机检测电路 12—放大器

2．压缩机—电磁离合器控制电路

（1）控制过程

非独立式汽车空调的压缩机是由发动机直接驱动的，当电磁离合器吸合后压缩机主轴才能运转。

当点火开关在接通位置，且鼓风机开关闭合时，鼓风机电路才会接通，同时供给放大电路电流，放大电路再使压缩机—电磁离合器电路接通。

电磁离合器通电与否受温度检测电路、发动机转速检测电路和安全控制电路的控制。热敏电阻的电阻值随蒸发器出风口温度的变化而变化，即温度上升时电阻值下降，温度下降时电阻值上升，具有电阻负感温特性。这种电阻值变化信号经温度检测电路转换为电信号，传到怠速稳定放大器。

怠速稳定放大器如图 4—1—2 所示，它实际上就是控制速度和温度的电路，相当于很多开关串联在一起，只要有一个开关断开，继电器就断电，压缩机就停止运转。

（2）怠速稳定放大电路

怠速稳定放大电路由发动机转速检测电路、温度检测电路和继电器三部分组成。

发动机转速检测电路的作用是测定怠速时发动机的转速是否达到规定值。测定的对象是发动机点火信号。它的原理是当发动机的怠速转速低于规定值时，点火线圈因单位时间点火次数减少而使信号传感器获得的脉冲数也相应减少，固脉冲电压不足导致输出低电平，反之则获取高电平。当发动机转速低时，因速度检测电路输出低电平

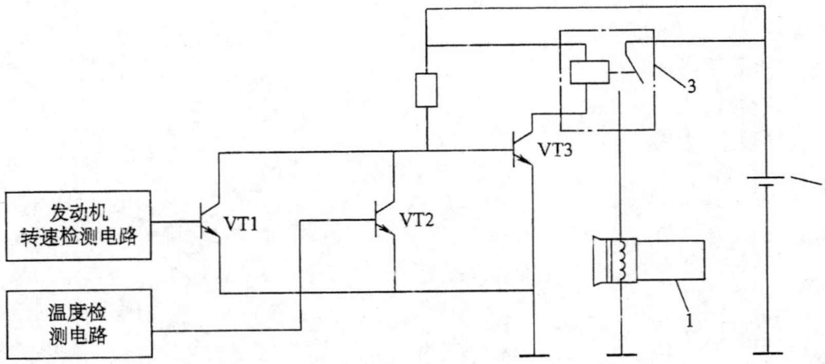

图 4--1—2　怠速稳定放大器电路图

1—压缩机　2—蓄电池　3—继电器

而使图 4—1—2 中的 VT1 导通，VT3 截止，继电器线圈电路断开，常开触点打开，同时电磁离合器线圈电路断路，磁力消失，动力压盘与带轮脱离开，压缩机主轴动力消失，并停止工作；当发动机转速上升后，转速检测电路输出高电平，使 VT1 截止，VT3 导通，继电器线圈有电流通过，产生的电磁力使常开触点闭合，压缩机因其离合器有电流通过产生吸合动作而开始工作。

（3）温度检测电路

温度检测电路是利用热敏电阻把空气温度的变化信号变换成电信号，并传到怠速稳定放大器。

当蒸发器表面结霜或结冰时，热敏电阻值就会发生变化。当电阻值达到一定值时，VT2 导通，VT3 截止，继电器线圈电路断路，常开触点打开，同时电磁离合器线圈电路断路，磁力消失，压板与主轴脱离，失去动力源，压缩机停止工作。当蒸发器表面温度上升时，温度检测电路使 VT2 截止，VT3 导通，压缩机恢复正常工作。

（4）继电器

继电器是一种电磁开关。当来自点火开关和热敏电阻的两个信号同时满足各自设定的条件时，放大器就会向线圈提供电流。继电器就是根据来自放大器的电流情况来接通或断开压缩机—电磁离合器线圈电路的，并由此来控制发动机与压缩机的接通或分离。

3．安全控制电路

当制冷系统由于某种原因出现压力、温度异常时，如果没有安全措施，就会发生运行故障。因此，在汽车空调系统中都设有安全控制电路。安全控制电路很简单，就是在系统出现压力异常、温度异常时，通过压力开关、温度开关等切断压缩机—电磁离合器电路，使制冷压缩机停止运转，对制冷系统起到保护和自动控制的作用。

二、一汽-丰田卡罗拉汽车手动空调电路

一汽-丰田卡罗拉汽车手动空调电路如图 4—1—3 所示。

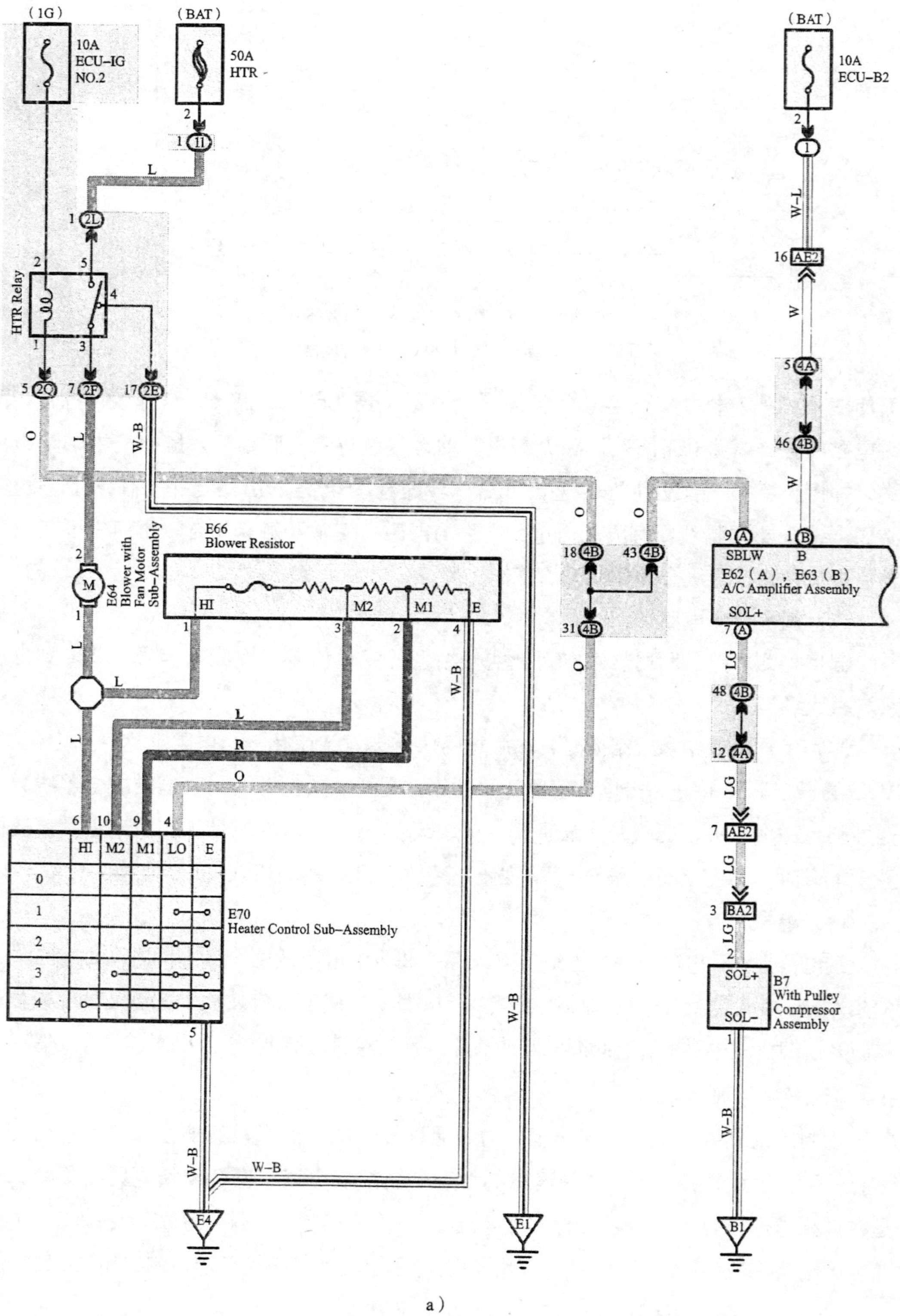
(IG)
10A
ECU-IG
NO.2
(BAT)
50A
HTR
(BAT)
10A
ECU-B2
HTR Relay
E64
Blower with
Fan Motor
Sub-Assembly
E66
Blower Resistor
HI
M2
M1
E
SBLW
B
E62（A），E63（B）
A/C Amplifier Assembly
SOL+
E70
Heater Control Sub-Assembly
HI M2 M1 LO E
SOL+
SOL-
B7
With Pulley
Compressor
Assembly
E4
E1
B1

a）

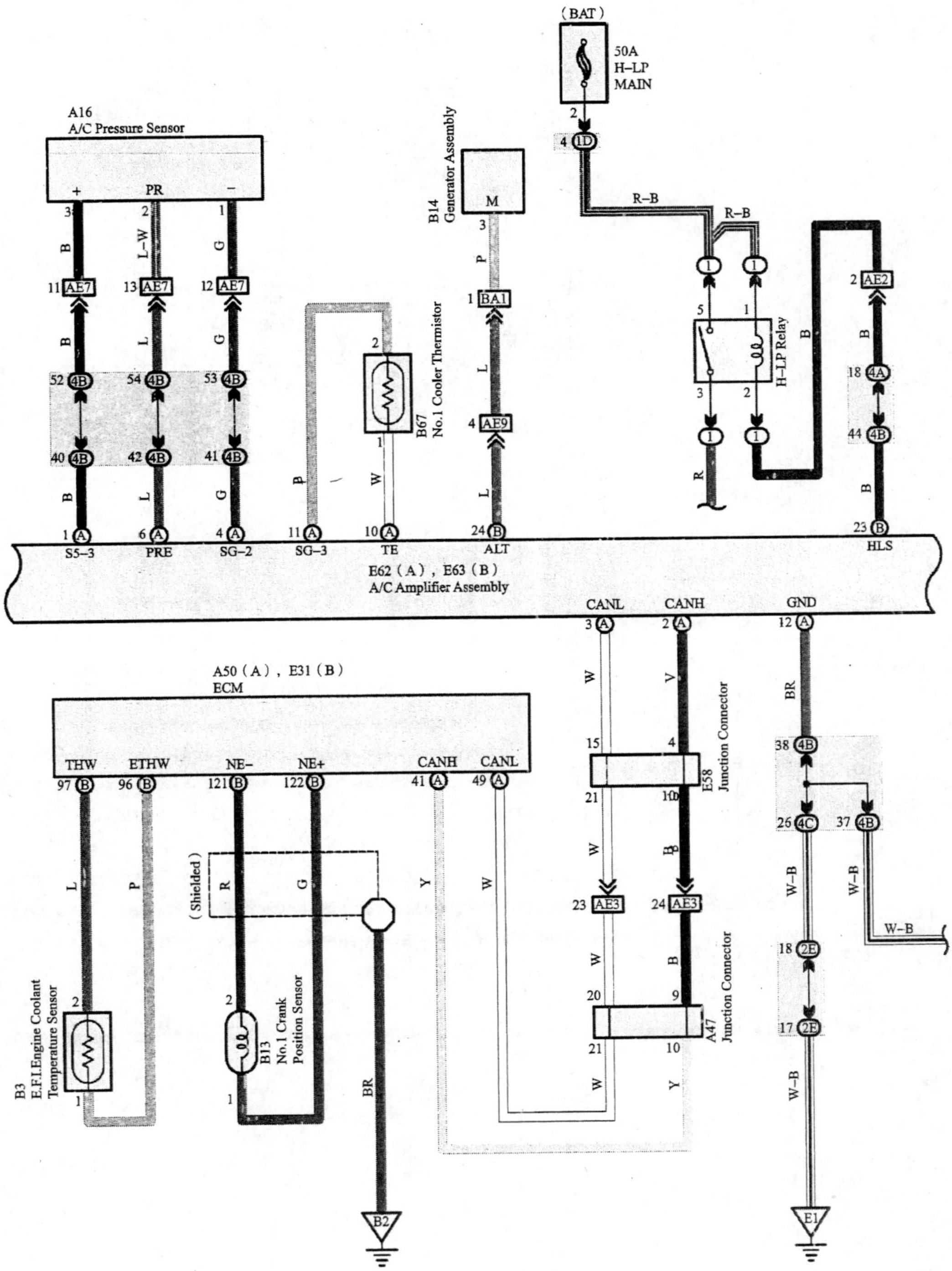
(BAT)
50A
H–LP
MAIN
A16
A/C Pressure Sensor
B14
Generator Assembly
B67
No.1 Cooler Thermistor
H–LP Relay
S5–3
PRE
SG–2
SG–3
TE
ALT
HLS
E62（A），E63（B）
A/C Amplifier Assembly
CANL
CANH
GND
A50（A），E31（B）
ECM
THW
ETHW
NE–
NE+
CANH
CANL
E58
Junction Connector
A47
Junction Connector
(Shielded)
B3
E.F.I.Engine Coolant
Temperature Sensor
B13
No.1 Crank
Position Sensor
B2
E1

b）

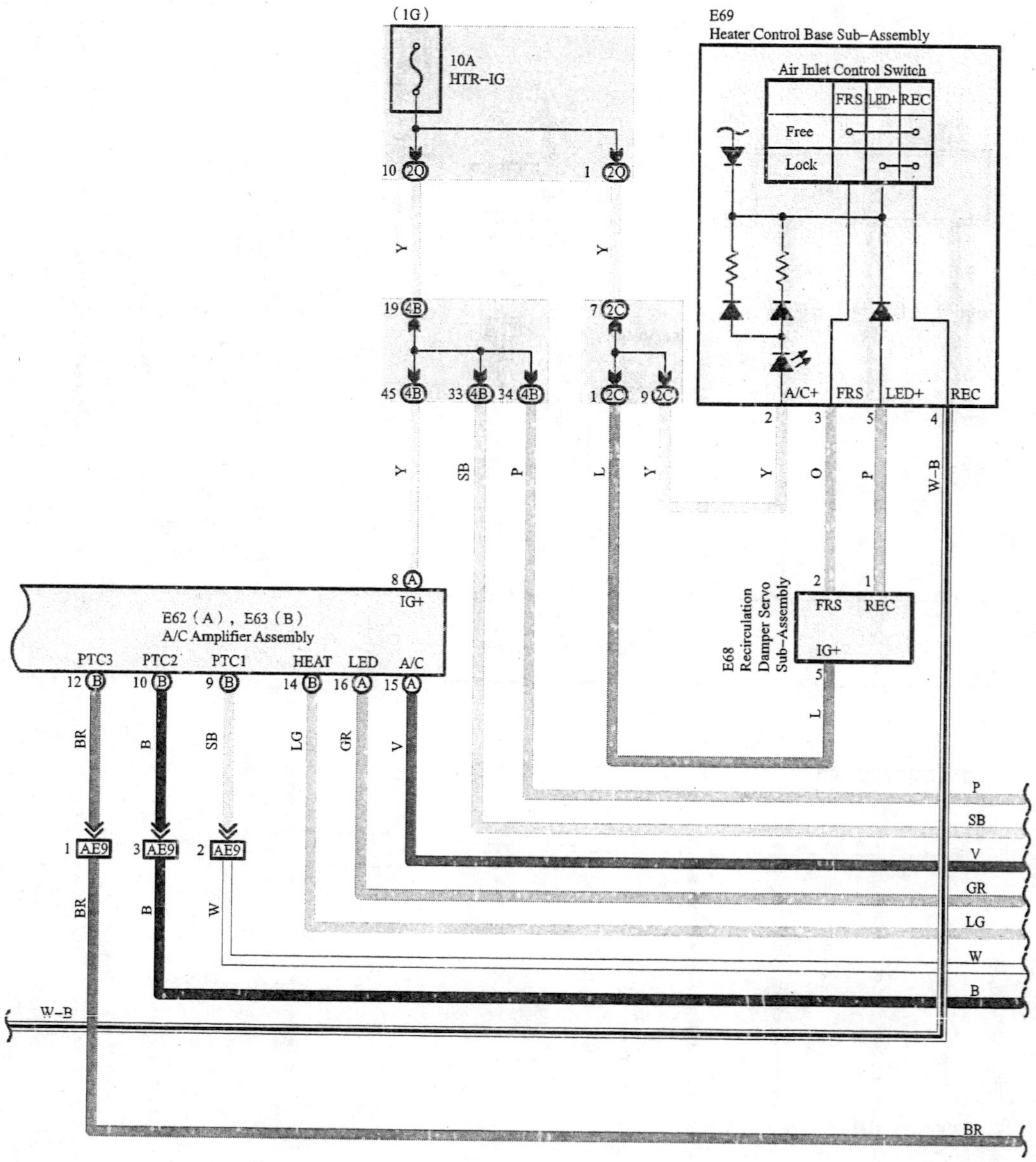
(1G)
10A
HTR-IG
E69
Heater Control Base Sub-Assembly
Air Inlet Control Switch
FRS
LED+
REC
Free
Lock
A/C+
FRS
LED+
REC
E68
Recirculation Damper Servo Sub-Assembly
FRS
REC
IG+
E62（A），E63（B）
A/C Amplifier Assembly
IG+
PTC3
PTC2
PTC1
HEAT
LED
A/C
AE9
W-B
P
SB
V
GR
LG
W
B
BR

c）

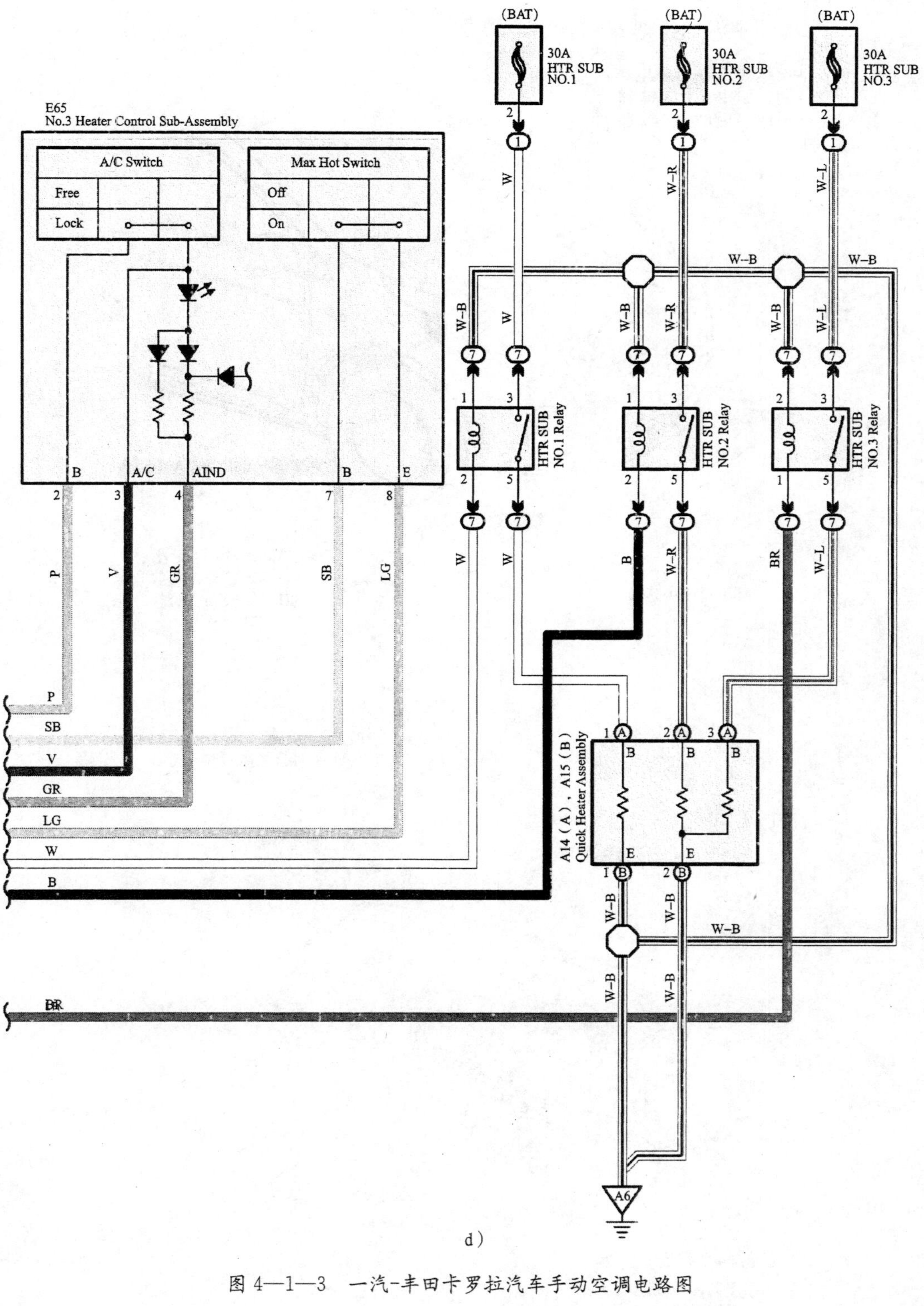

d)

图 4—1—3　一汽-丰田卡罗拉汽车手动空调电路图

1. 一汽-丰田卡罗拉汽车手动空调零件位置（见图4—1—4）

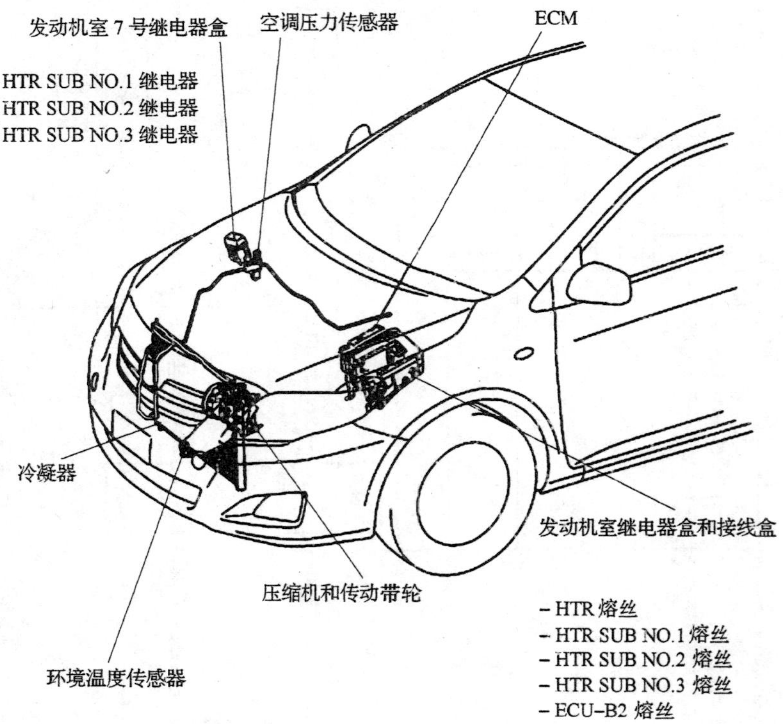

a）

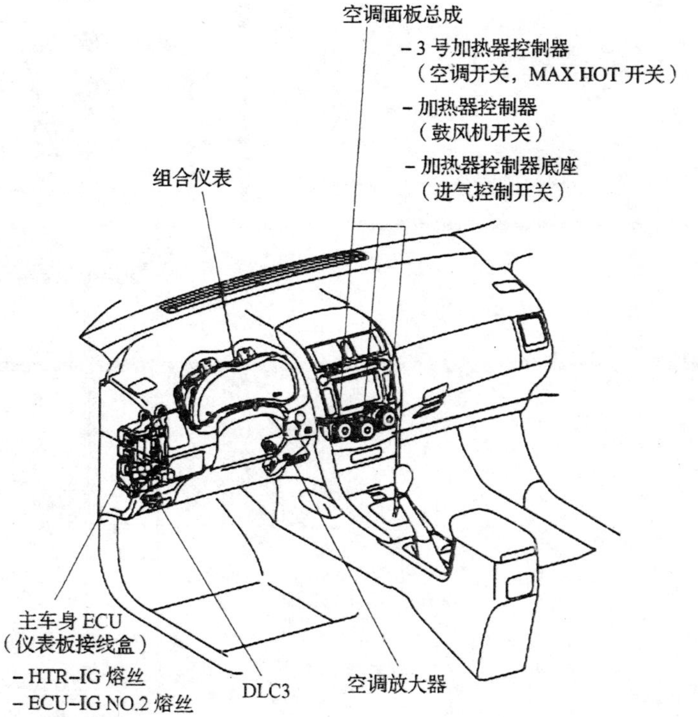

b）

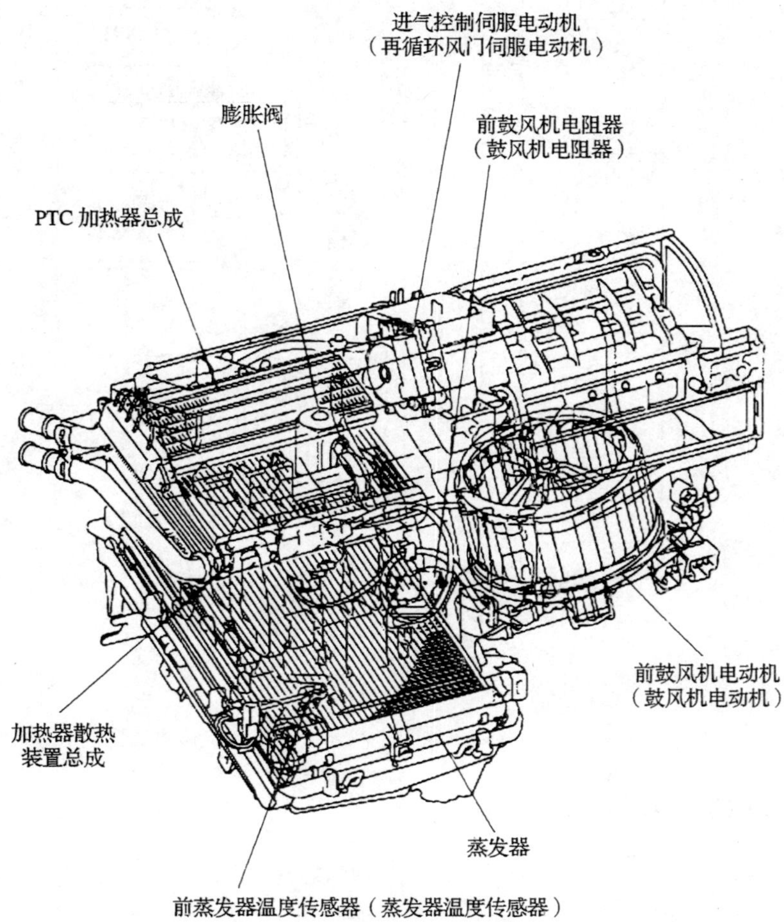

c）

图 4—1—4　一汽-丰田卡罗拉汽车手动空调零件位置图

2．一汽-丰田卡罗拉汽车手动空调系统图（见图 4—1—5）

a）

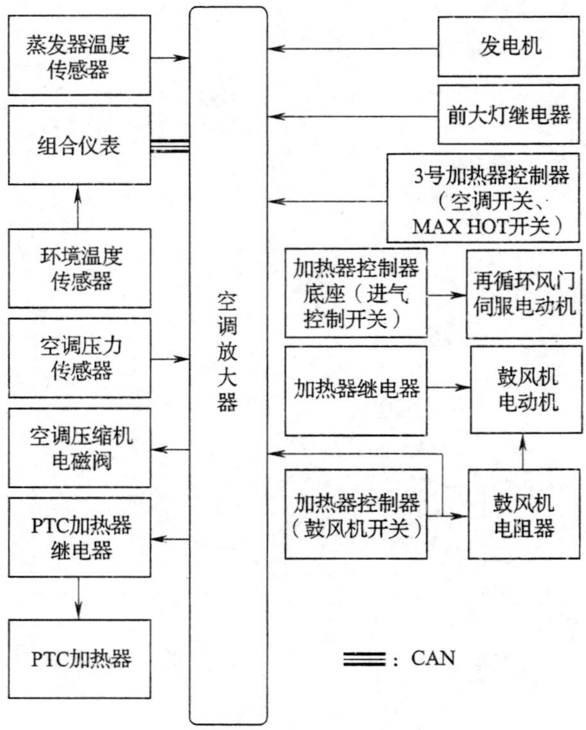

b）

图 4—1—5　一汽-丰田卡罗拉汽车手动空调系统图

系统图中的信号发射和接收见表 4—1—1。

表 4—1—1　　信号的发射和接收

发射器	接收器	线路	信号
空调放大器	ECM（电子控制模组）	CAN	电磁离合器请求信号
			加热器怠速提升请求信号
			车外温度数据
			外部可变控制电磁阀电流信号
			先前空调控制请求信号
			空调（制冷剂）压力传感器信号
组合仪表	空调放大器	CAN	车外温度信号
空调放大器	DLC3	CAN	诊断工具响应
主车身 ECU	空调放大器	CAN	目的地标记（转向盘）
组合仪表	空调放大器	CAN	车速信号

续表

发射器	接收器	线路	信号
ECM	空调放大器	CAN	发动机冷却液温度信号
			发动机转速数据
			空调控制切断信号
			空调—发动机协同控制信号

3．一汽-丰田卡罗拉汽车手动空调简介

一汽-丰田卡罗拉汽车手动空调的压缩机是连续可变排型的，压缩机的排量可以根据空调的制冷负荷进行调节。压缩机电磁控制阀调整吸气压力以使其可以根据需要进行调节，根据空调放大器的信号，电磁控制阀以控制占空比的方式进行工作。

PTC 加热器位于空调装置的加热器芯上方。其由一个 PTC（正温度系数热敏电阻）元件、一个铝散热片和铜片组成，如图 4—1—6 所示。当电流施加在 PTC 元件上时，它会产生热量来加热通过装置的空气。PTC 加热器的 ON/OFF 功能由空调放大器根据水温、环境温度、发动机转速、空气混合设置和电气负载（发电机电源比）来控制。

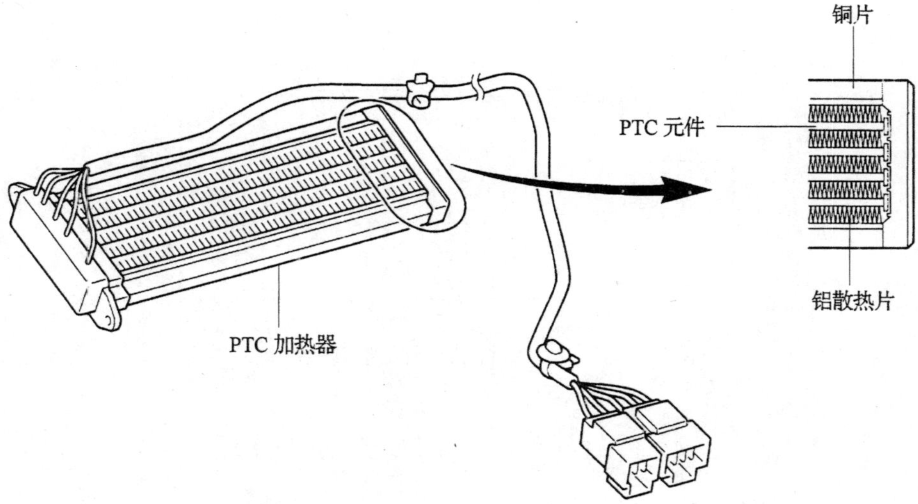

图 4—1—6　PTC 加热器

环境温度传感器根据内置热敏电阻阻值的变化检测车外温度，并发送信号至空调放大器。蒸发器温度传感器的作用是检测通过蒸发器的空气温度，并将其送到空调放大器，用来防止蒸发器结冰。空调压力传感器检测制冷剂压力，并将其以电压变化的形式输送到空调放大器，以控制压缩机。当高压侧制冷剂压力过低（0.19 MPa 或更

低）或过高（3.14 MPa或更高）时，将输出故障码。

教学互动

在一汽-丰田卡罗拉轿车上，观察和查找下列空调电路元件的位置。

1. 环境温度传感器的位置：________________。
2. 蒸发器温度传感器的位置：________________。
3. 压缩机电磁阀的位置：________________。
4. 鼓风机开关的位置：________________。
5. 空调压力传感器的位置：________________。

三、一汽-丰田卡罗拉汽车手动空调电路的检修

【器材设备准备】

一汽-丰田卡罗拉汽车手动空调系统、数字式万用表、跨接线、大头针、常用工具。

1. 空调环境温度传感器的检测

空调环境温度传感器的连接电路如图4—1—7所示。

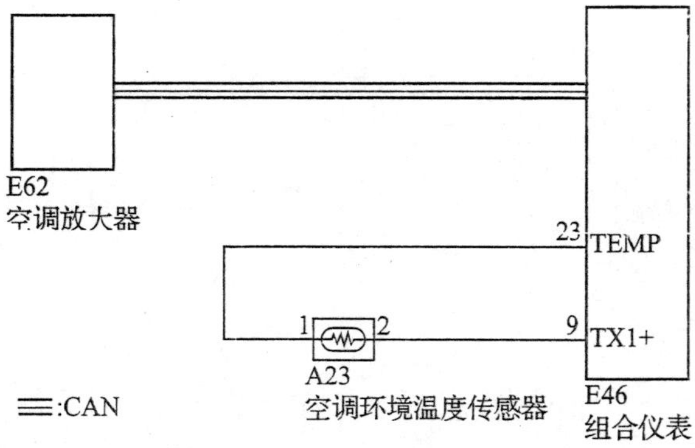

图4—1—7　空调环境温度传感器的连接电路

（1）将连接器从组合仪表上断开。

（2）用跨接线分别连接端子E46—9（TX1＋）、E46—23（TEMP），端子如图4—1—8所示。然后用万用表检测E46—9（TX1＋）－E46—23（TEMP）间的电阻值。其电阻值在25℃时应为1.60～1.80 kΩ；在40℃时应为0.80～1.00 kΩ。

（3）如果异常，拆下环境温度传感器，根据表4—1—2的值测量电阻。环境温度传感器端子如图4—1—9所示。如果异常，则需更换环境温度传感器。

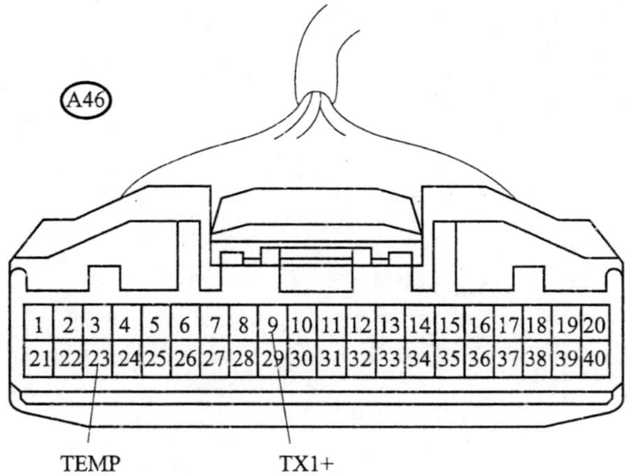

图 4—1—8 组合仪表线束连接器

注意：即使轻微接触传感器也可能会改变其电阻值；测量时，传感器温度必须与环境温度相同。

表 4—1—2　　不同温度下环境温度传感器的电阻值

检测端子	条件	规定状态
A23—1—A23—2	10℃	3.00～3.73 kΩ
A23—1—A23—2	15℃	2.45～2.88 kΩ
A23—1—A23—2	20℃	1.95～3.30 kΩ
A23—1—A23—2	25℃	1.60～2.80 kΩ
A23—1—A23—2	30℃	1.28～2.47 kΩ
A23—1—A23—2	35℃	1.00～1.22 kΩ
A23—1—A23—2	40℃	0.80～1.00 kΩ
A23—1—A23—2	45℃	0.65～0.85 kΩ
A23—1—A23—2	50℃	0.50～0.70 kΩ
A23—1—A23—2	55℃	0.44～0.60 kΩ
A23—1—A23—2	60℃	0.36～0.50 kΩ

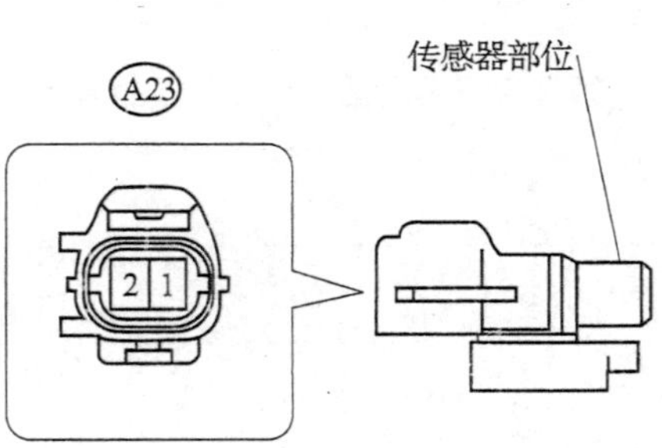

图 4—1—9 环境温度传感器端子

2．蒸发器温度传感器的检测

蒸发器温度传感器的连接电路如图 4—1—10 所示。

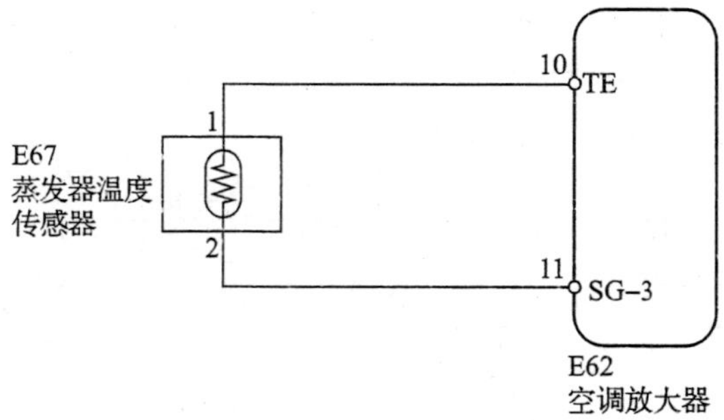

图 4—1—10　蒸发器温度传感器的连接电路

（1）将连接器从蒸发器温度传感器上断开。

（2）用跨接线分别连接端子 E67－1、E67－2，端子如图 4—1—11 所示。根据表 4—1—3 的值测量电阻。如果异常，则需更换蒸发器温度传感器。

注意：即使轻微接触传感器也可能会改变电阻值；测量时，传感器温度必须与环境温度相同。

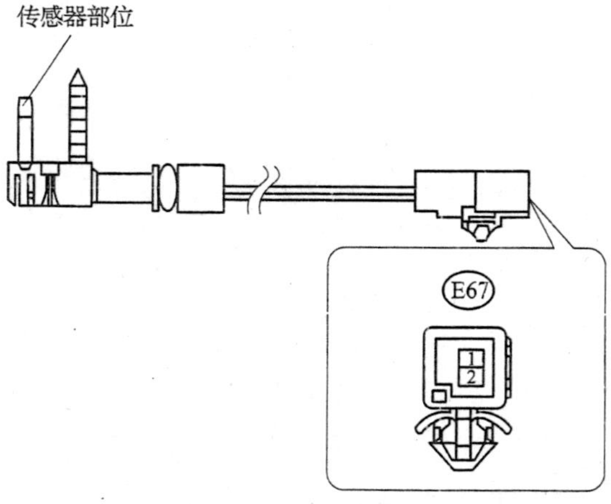

图 4—1—11　蒸发器温度传感器端子

表 4—1—3　　不同温度下蒸发器温度传感器的电阻值

检测端子	条件	规定状态
E67－1－E67－2	－10℃	7.30～9.10 kΩ
E67－1－E67－2	－5℃	5.65～5.95 kΩ
E67－1－E67－2	0℃	4.40～5.35 kΩ

续表

检测端子	条件	规定状态
E67—1—E67—2	5℃	3.40～4.15 kΩ
E67—1—E67—2	10℃	2.70～3.25 kΩ
E67—1—E67—2	15℃	2.14～2.58 kΩ
E67—1—E67—2	20℃	1.71～2.05 kΩ
E67—1—E67—2	25℃	1.38～1.64 kΩ
E67—1—E67—2	30℃	1.11～1.32 kΩ

(3) 检查线束和连接器（空调放大器一蒸发器温度传感器）

1) 将连接器从空调放大器上断开。

2) 用跨接线分别连接表 4—1—4 中的相应端子，端子如图 4—1—12 所示，测量结果应满足表 4—1—4，否则，应维修或更换线束和连接器。

表 4—1—4　　线束标准电阻值

检测端子	条件	规定状态
E62—10（TE）—E67—1	始终	小于 1 Ω
E62—11（SG—3）—E67—2	始终	小于 1 Ω
E62—10（TE）—车身搭铁	始终	10 kΩ 或更大
E62—11（SG—3）—车身搭铁	始终	10 kΩ 或更大

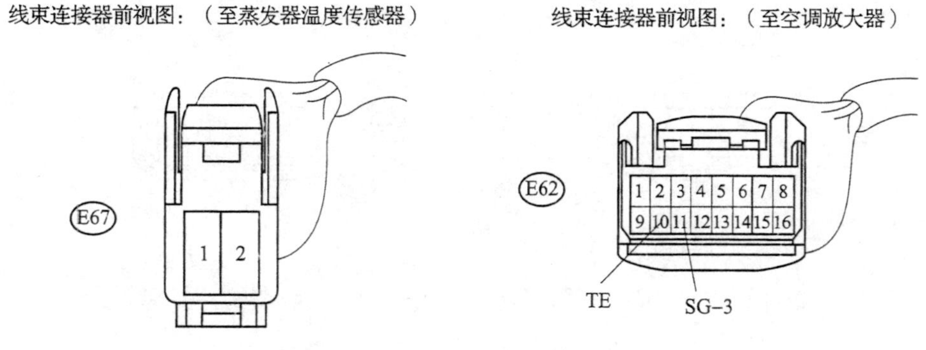

图 4—1—12　空调放大器一蒸发器温度传感器端子

3．空调压力传感器的检测

压力传感器的连接电路如图 4—1—13 所示。

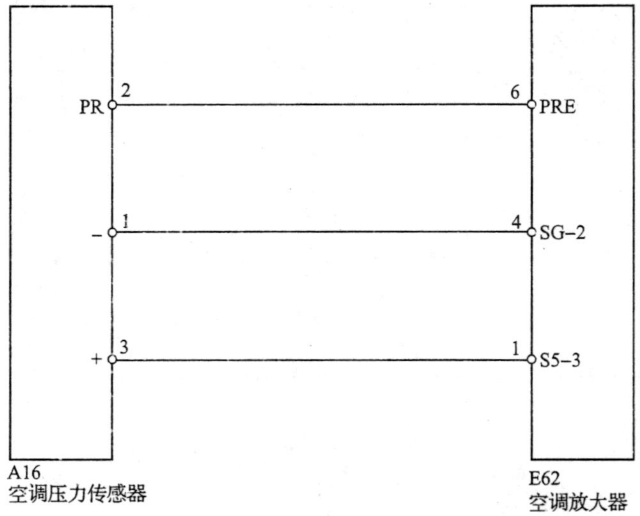

图 4—1—13　压力传感器的连接电路

（1）检查线束和连接器（电源电路）

1）将连接器从空调压力传感器上断开。

2）用跨接线连接端子 A16－3（＋），端子如图 4—1—14 所示。将点火开关置于 ON 位置，然后用万用表检测 A16－3（＋）一车身搭铁间的电压，正常情况下电压约 5 V，如果异常，转至步骤（5）。

（2）检查线束和连接器（搭铁电路）

用跨接线连接端子 A16－1（－），端子如图 4—1—15 所示。然后用万用表检测 A16－1（－）一车身搭铁间的电阻值，电阻值应小于 1 Ω，如果异常，转至步骤（6）。

线束连接器前视图：（至空调压力传感器）

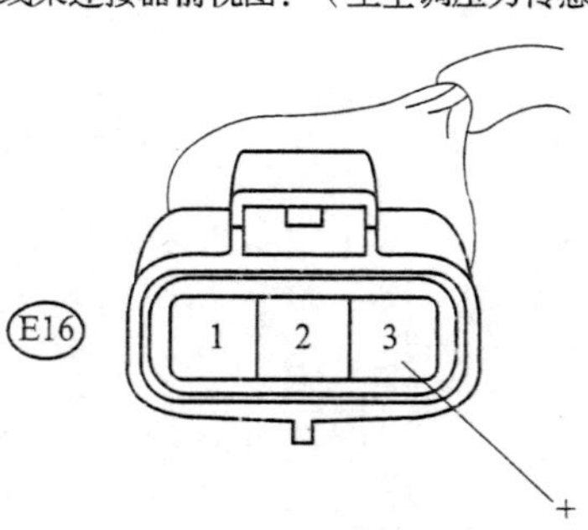

图 4—1—14　压力传感器的端子（1）

线束连接器前视图：（至空调压力传感器）

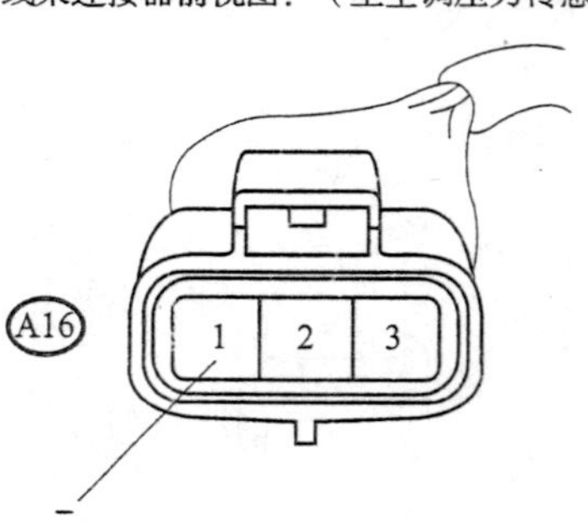

图 4—1—15　压力传感器的端子（2）

（3）检查空调压力传感器（传感器信号电路，空调关闭）

1）将连接器重新连接到空调压力传感器上。

2）在连接器仍然连接的情况下，拆下空调放大器。

3）用跨接线或大头针连接端子 E62－6（PRE），端子如图 4—1—16 所示。将点火开关置于 ON 位置，空调关闭，然后用万用表检测 E62－6（PRE）－车身搭铁间的电压，电压应为 0.7～4.8 V。如果测量的电压不在正常范围内，则空调放大器、空调压力传感器或线束可能有故障，也可能是制冷剂量不合适应转至步骤（7）。

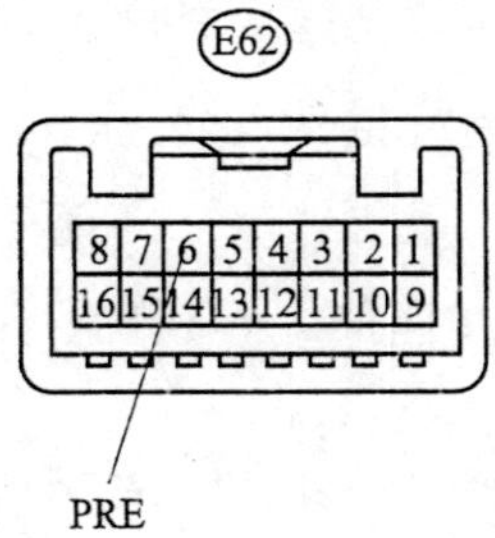

图 4—1—16　空调放大器的端子（PRE）

（4）检查空调压力传感器（传感器信号电路，空调运转）

满足表 4—1—5 中的条件后测量信号电压。

表 4—1—5　　信号电压测量条件

项目	条件
车门	全开
温度设置	MAX COLD
鼓风机转速	HI
空调开关	ON
R/F 开关	RECIRCULATION
车内温度	25～35℃（77～95℉）
发动机转速	2 000 r/min

用跨接线或大头针连接端子 E62－6（PRE），端子如图 4—1—16 所示。将点火开关置于 ON 位置，空调打开，然后用万用表检测 E62－6（PRE）－车身搭铁间的电压，电压应为 0.7～4.8 V。

如果在检查过程中高压侧制冷剂压力变得过高（如果电压超过 4.8 V），则失效保护功能将停止压缩机的操作。因此，应在失效保护操作前测量电压。由于一段时间后故障症状可能再次出现，必须每隔一定的时间（约 10 min）测量一下电压。当外界温度很低（低于－1.5℃）时，压缩机会因环境温度传感器和蒸发器温度传感器的操作而停止工作，以防止蒸发器冻结。在这种情况下，应在温暖的室内环境下进行检查。

（5）检查线束和连接器（电源线）

1）将连接器从空调放大器上断开。

2）用跨接线分别连接端子 A16－3（＋）、E62－1（S5－3），端子分别如图

4—1—14、图 4—1—17 所示。然后用万用表检测 A16－3（＋）－E62－1（S5－3）间的电阻值，电阻值应小于 1 Ω；E62－1（S5－3）－车身搭铁间的电阻值应大于 10 kΩ。

（6）检查线束和连接器（搭铁线）

1）将连接器从空调放大器上断开。

2）用跨接线分别连接端子 A16－1（－）、E62－4（SG－2），端子分别如图 4—1—15、图 4—1—18 所示。然后用万用表检测 A16－1（－）－E62－4（SG－2）间的电阻值，电阻值应小于 1 Ω；E62－4（SG－2）－车身搭铁间的电阻值应大于 10 kΩ。

线束连接器前视图:（至空调放大器）

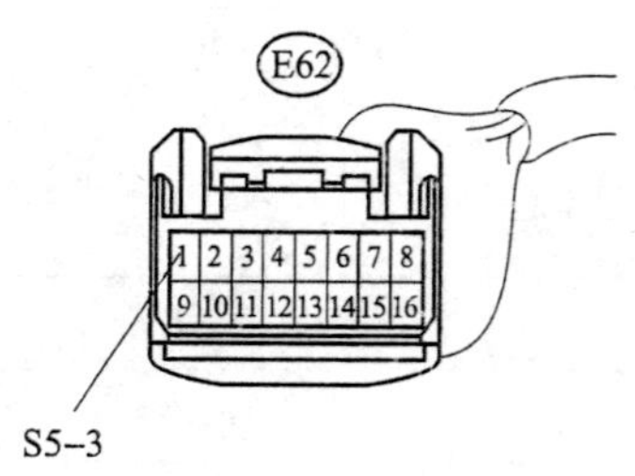

图 4—1—17　空调放大器连接器端子（S5－3）

线束连接器前视图:（至空调放大器）

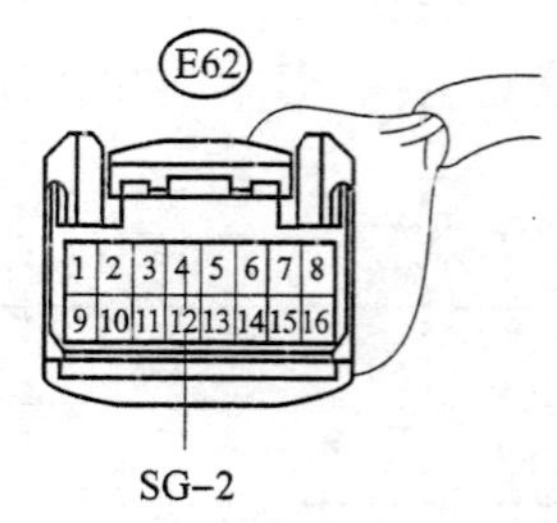

图 4—1—18　空调放大器连接器端子（SG－2）

（7）检查线束和连接器（信号线）

1）将连接器从空调放大器上断开。

2）用跨接线分别连接端子 A16－2（PR）、E62－6（PRE），端子分别如图 4—1—19、图 4—1—20 所示。然后用万用表检测 A16－2（PR）－E62－6（PRE）间的电阻值，电阻值应小于 1 Ω；E62－6（PRE）－车身搭铁间的电阻值应大于 10 kΩ。

线束连接器前视图：（至空调压力传感器）

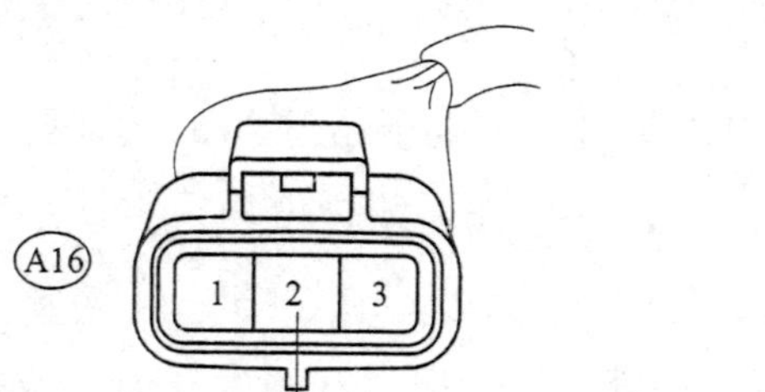

图 4—1—19　压力传感器端子（PR）

线束连接器前视图:（至空调放大器）

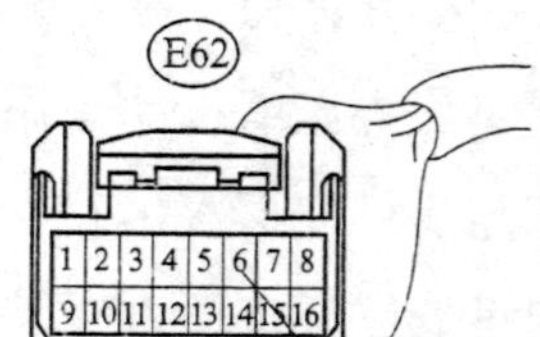

图 4—1—20　空调放大器连接器端子（PRE）

4．压缩机电磁阀电路的检测

压缩机电磁阀电路如图 4—1—21 所示。

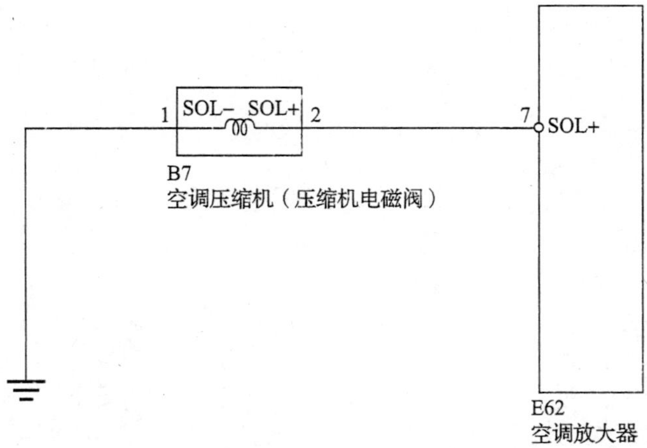

图 4—1—21　压缩机电磁阀电路

（1）检查压缩机电磁阀

1）断开压缩机电磁阀连接器。

2）用跨接线分别连接端子 B7－2（SOL＋）、B7－1（SOL－），端子如图 4—1—22 所示。然后用万用表检测 B7—2（SOL＋）－B7－1（SOL－）间的电阻值，在 20℃时电阻值为 10～11 Ω。

（2）检查线束和连接器（压缩机电磁阀－车身搭铁）

1）断开压缩机电磁阀连接器。

2）用跨接线连接端子 B7－1（SOL－），端子如图 4—1—23 所示。然后用万用表检测 B7－1（SOL－）－车身搭铁间的电阻值，电阻值应小于 1 Ω。

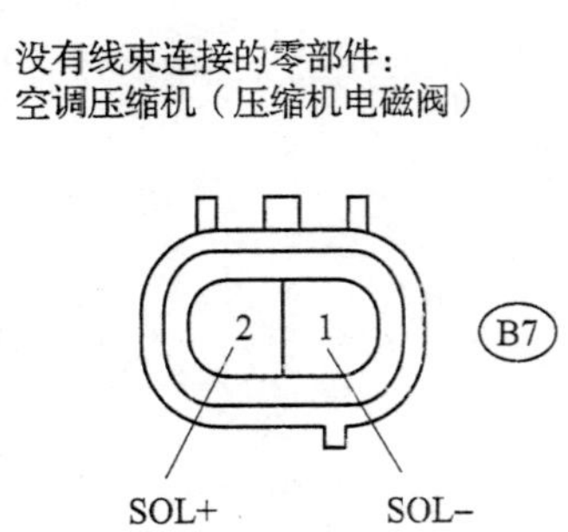

图 4—1—22　压缩机电磁阀端子

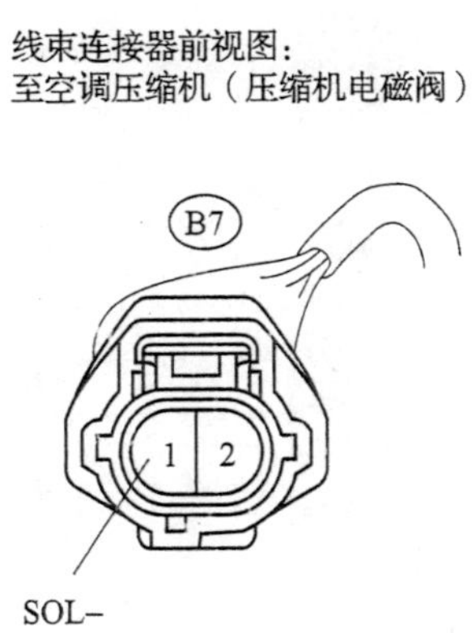

图 4—1—23　压缩机电磁阀线束端子（SOL－）

（3）检查线束和连接器（压缩机电磁阀－空调放大器）

1）断开压缩机电磁阀连接器。

2）用跨接线连接端子 B7－2（SOL＋）、E62－7（SOL＋），端子分别如图 4—1—24、

图 4—1—25 所示。然后用万用表检测 E62－7（SOL＋）－B7－2（SOL＋）间的电阻值，电阻值应小于 1 Ω；E62－7（SOL＋）－车身搭铁间的电阻值应大于 10 kΩ。

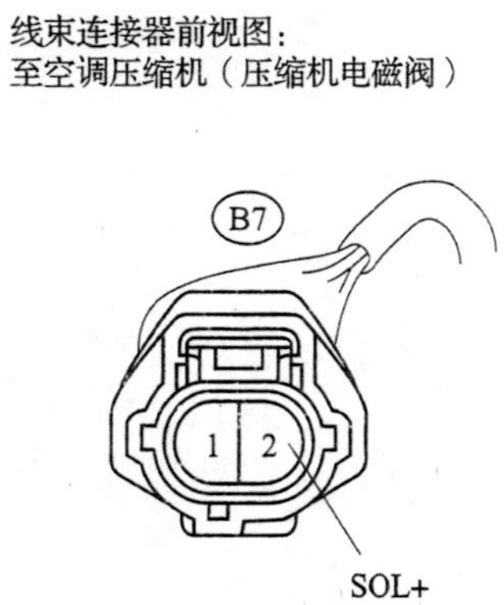

图 4—1—24　压缩机电磁阀线束端子（SOL＋）

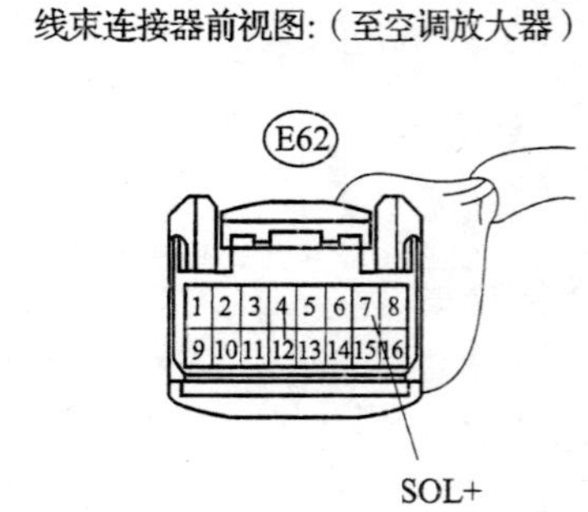

图 4—1—25　空调放大器线束端子（SOL＋）

5．鼓风机电动机电路的检测

鼓风机电动机电路如图 4—1—26 所示。

操作加热器控制器（鼓风机开关）时，HTR 继电器将起动以允许电流流向鼓风机电动机，电动机将开始转动。操作加热器控制器（鼓风机开关）切换鼓风机电阻器和车身搭铁之间的电流，以此来改变鼓风机电动机的转速。

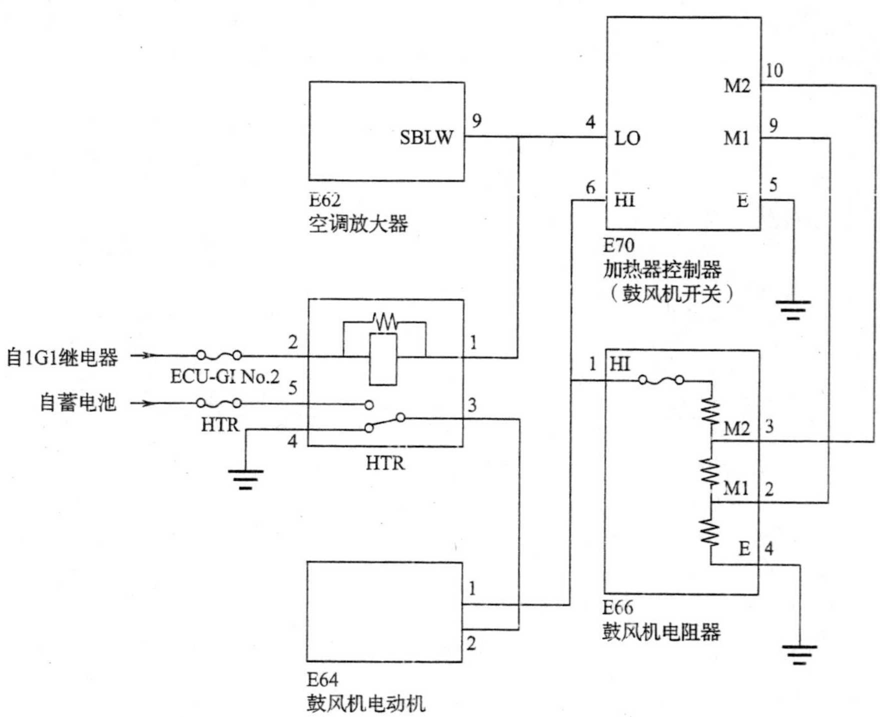

图 4—1—26　鼓风机电动机电路

(1) 检查熔丝（HTR，ECU－IG NO. 2）

1）将 HTR 熔丝从发动机室继电器盒和接线盒上拆下。

2）将 ECU－IG NO. 2 熔丝从仪表板接线盒上拆下。

3）分别测量 HTR 熔丝和 ECU－IG NO. 2 熔丝，电阻值均应小于 1 Ω。

(2) 检查继电器（HTR）（见图 4—1—27）

1）将 HTR 继电器从仪表板接线盒上拆下。

2）根据表 4—1—6 中的值测量电阻，如果异常，则需更换继电器（HTR）。

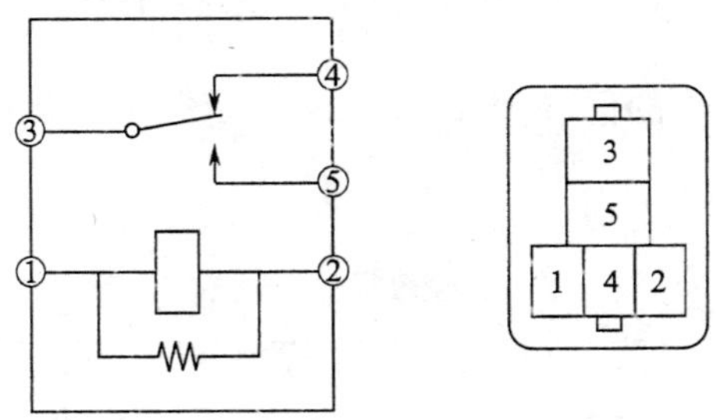

图 4—1—27　继电器（HTR）

表 4—1—6　　**检查继电器（HTR）**

连接端子	规定状态
3—4	小于 1 Ω
3—4	10 kΩ 或更大 （在端子 1 和 2 间施加蓄电池电压时）
3—5	10 kΩ 或更大
3—5	小于 1 Ω （在端子 1 和 2 间施加蓄电池电压时）

(3) 检查鼓风机电动机

1）拆下鼓风机电动机。

2）将连接器从鼓风机电动机上断开。

3）将蓄电池的正极（＋）引线与端子 2 相连，负极（－）引线与端子 1 相连，如图 4—1—28 所示，检查并确认电动机工作情况。

正常：鼓风机电动机运转平稳；异常：应更换鼓风机电动机。

(4) 检查鼓风机电阻器

1）拆下鼓风机电阻器。

2）将连接器从鼓风机电阻器上断开。

没有线束连接的零部件：（鼓风机电动机）

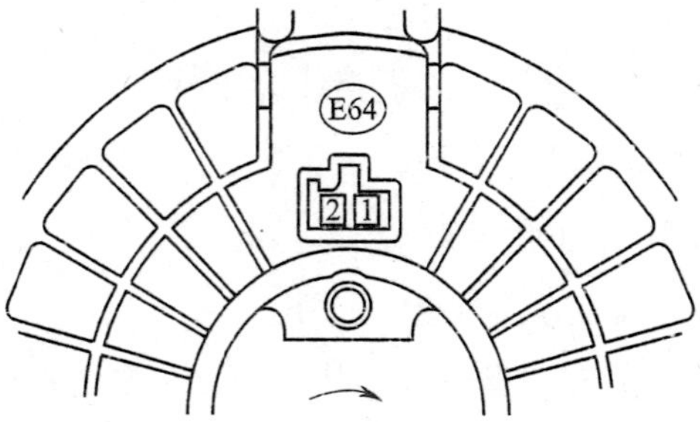

图 4—1—28　检查鼓风机电动机

3）根据表 4—1—7 中的值和图 4—1—29 测量电阻，如果异常，则需更换鼓风机电阻器。

表 4—1—7　　检查鼓风机电阻器

连接端子	条件	规定状态
E66－1（HI）－E66－4（E）	始终	3.12～3.60 Ω
E66－3（M2）－E66－4（E）	始终	2.60～3.00 Ω
E66－2（M1）－E66－4（E）	始终	1.67～1.93 Ω

（5）检查加热器控制器（鼓风机开关）

1）拆下加热器控制器（鼓风机开关）。

2）将连接器从加热器控制器上断开（鼓风机开关）。

3）根据表 4—1—8 中的值和图 4—1—30 测量电阻，如果异常，则需更换加热器控制器（鼓风机开关）。

没有线束连接的零部件：（鼓风机电阻器）

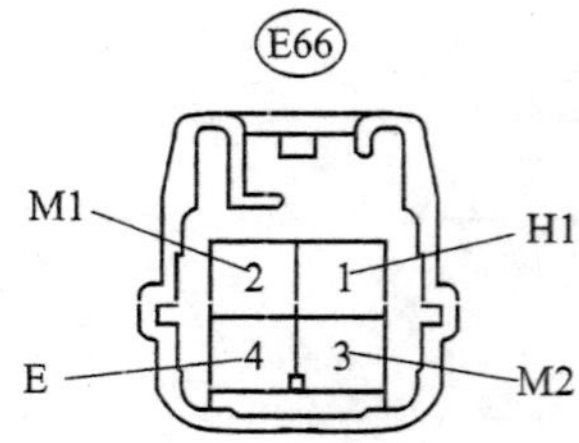

图 4—1—29　测量鼓风机电阻器

表 4—1—8　　检查鼓风机开关

连接端子	条件	规定状态
E70－4（LO），E70－6（HI），E70－9（M1），E70－10（M2）－E70－5（E）	鼓风机开关：OFF	10 kΩ 或更大
E70－4（LO）－E70－5（E）	鼓风机开关：LO	小于 1 Ω
E70－4（LO），E70－9（M1）－E70－5（E）	鼓风机开关：M1	小于 1 Ω
E70－4（LO），E70－10（M2）－E70－5（E）	鼓风机开关：M2	小于 1 Ω
E70－4（LO），E70－6（HI）－E70－5（E）	鼓风机开关：HI	小于 1 Ω

（6）检查线束和连接器（空调放大器一蓄电池）

用跨接线连接端子 E62－9（SBLW），端子如图 4—1—31 所示。将点火开关置于 ON（IG）位置，用万用表检测 E62－9（SBLW）一车身搭铁间的电压，电压应为 11～14 V；将点火开关置于 OFF 位置，电压应低于 1 V，如果电压异常，则需维修或更换线束或连接器。

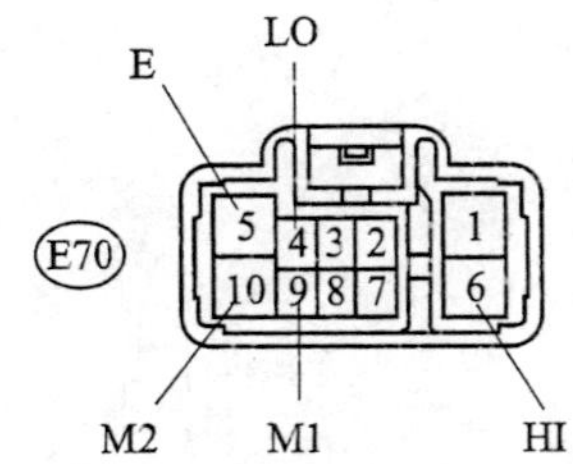

图 4—1—30　检查鼓风机开关

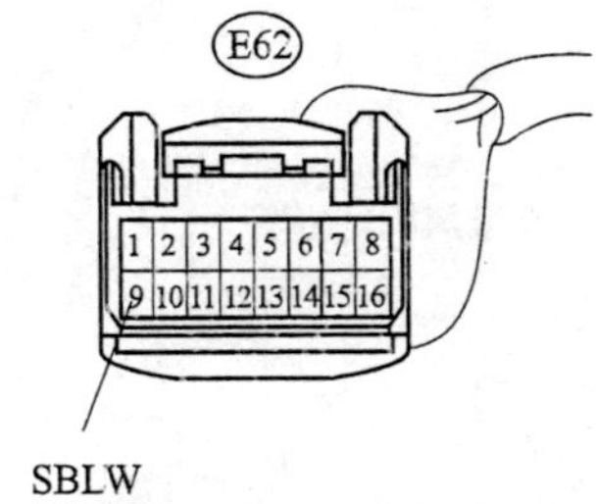

图 4—1—31　空调放大器线束连接器端子（SBLW）

（7）检查线束与连接器（鼓风机开关一蓄电池）

用跨接线连接端子 E70－4（LO），端子如图 4—1—32所示。将点火开关置于 ON（IG）位置，用万用表检测 E70－4（LO）一车身搭铁间的电压，电压应为 11～14 V；将点火开关置于 OFF 位置，电压应低于 1 V，如果电压异常，则需维修或更换线束或连接器。

（8）检查线束与连接器（鼓风机电阻器一鼓风机开关）

根据表 4—1—9 中的值和图 4—1—33 测量电阻。如果异常，则需维修或更换线束与连接器。

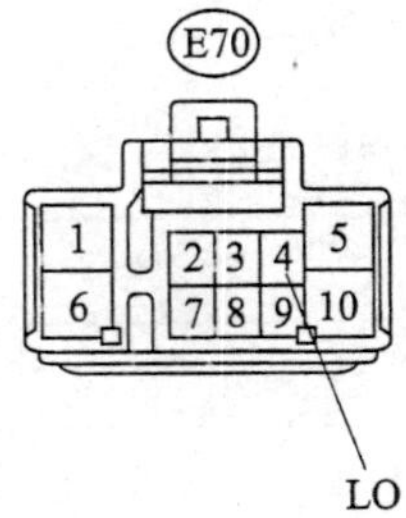

图 4—1—32　鼓风机开关线束连接器端子（LO）

表 4—1—9　　检查鼓风机电阻器一鼓风机开关电阻

连接端子	条件	规定状态
E66－1（HI）－E70－6－（HI）	始终	小于 1 Ω
E66－3（M2）－E70－10（M2）	始终	小于 1 Ω
E66－2（M1）－E70－9（M1）	始终	小于 1 Ω
E66－4（E）一车身搭铁	始终	小于 1 Ω

续表

连接端子	条件	规定状态
E70—5（E）—车身搭铁	始终	小于 1 Ω
E66—1（HI）—车身搭铁	始终	10 kΩ 或更大
E66—3（M2）—车身搭铁	始终	10 kΩ 或更大
E66—2（M1）—车身搭铁	始终	10 kΩ 或更大

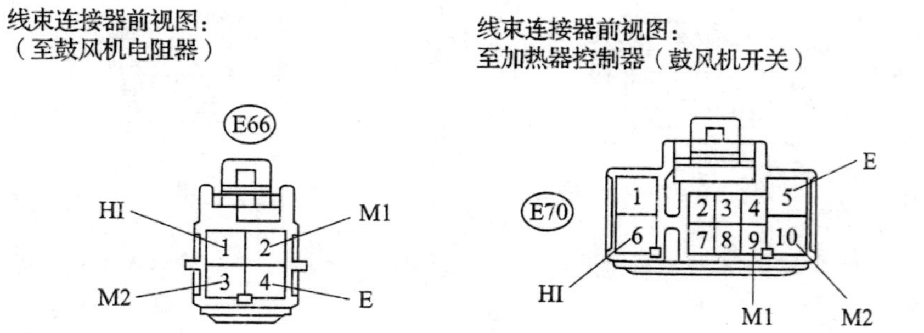

图 4—1—33　鼓风机电阻器—鼓风机开关端子

（9）检查线束与连接器（鼓风机电动机—鼓风机电阻器、加热器控制器）

根据表 4—1—10 中的值和图 4—1—34 测量电阻。如果异常，则需维修或更换线束与连接器。

表 4—1—10　　检查鼓风机电动机—鼓风机电阻器、加热器控制器电阻

连接端子	条件	规定状态
E64—1—E66—1（HI）	始终	小于 1 Ω
E64—1—E70—6（HI）	始终	小于 1 Ω
E64—1—车身搭铁	始终	10 kΩ 或更大

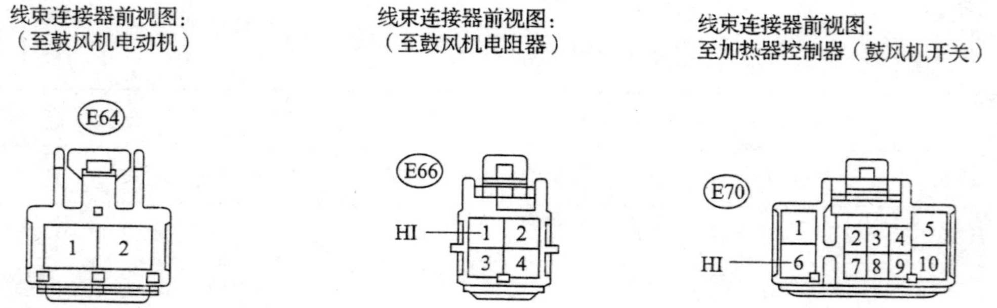

图 4—1—34　鼓风机电动机—鼓风机电阻器、加热器控制器端子

(10) 检查线束和连接器（鼓风机电动机一蓄电池、车身搭铁）

1) 将连接器重新连接到空调放大器上。

2) 将连接器重新连接至鼓风机电阻器。

3) 将连接器重新连接至加热器控制器（鼓风机开关）。

4) 根据表 4—1—11 中的值和图 4—1—35 测量电压。

表 4—1—11　　标准电压

连接端子	条件	规定状态
E64—2—车身搭铁	点火开关置于 ON（IG）位置 鼓风机开关：OFF	低于 1 V
E64—2—车身搭铁	点火开关置于 ON（IG）位置 鼓风机开关：ON	11～14 V

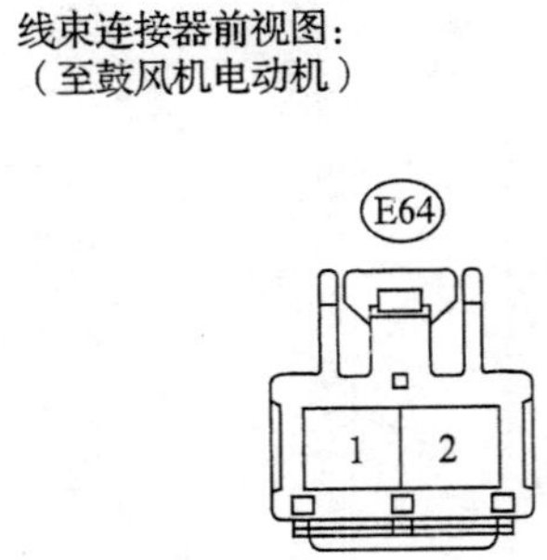

图 4—1—35　鼓风机线束连接器端子

5) 根据表 4—1—12 中的值测量电阻。如果异常，则需维修或更换线束与连接器。

表 4—1—12　　标准电阻

连接端子	条件	规定状态
E64—2—车身搭铁	点火开关置于 OFF 位置 鼓风机开关：OFF	小于 1 Ω

知识拓展

一汽-丰田卡罗拉汽车手动空调系统的空调放大器端子描述和规定状态见表 4—1—13。

表 4—1—13　　一汽-丰田卡罗拉汽车手动空调放大器端子

端子	配线颜色	描述	检测条件	规定状态
E62−1（S5−3）−E62−4（SG−2）	B−G	空调压力传感器电源	点火开关置于 ON（IG）位置	4.5～5.5 V
E62−2（CANH）−E62−3（CANL）	V−W	CAN 通信系统	CAN通信电路	产生脉冲
E62−4（SG−2）−车身搭铁	G−车身搭铁	空调压力传感器搭铁	始终	低于 1 V
E62−6（PRE）−E62−4（SG−2）	L−G	空调压力传感器信号	起动发动机 操作空调系统 制冷剂压力：压力异常［高于 3 140 kPa（32.0 kgf/cm², 455 psi）］	4.74 V 或更高
E62−6（PRE）−E62−4（SG−2）	L−G	空调压力传感器信号	起动发动机 操作空调系统 制冷剂压力：压力异常［低于 196 kPa（2.0 kgf/cm², 28 psi）］	低于 0.76 V
E62−6（PRE）−E62−4（SG−2）	L−G	空调压力传感器信号	起动发动机 操作空调系统 制冷剂压力：压力异常［低于 3 140 kPa（32.0 kgf/cm², 455 psi）和高于 196 kPa（2.0 kgf/cm², 28 psi）］	0.76～4.74 V
E62−7（SOL+）−E62−12（GND）	LG−BR	空调压缩机工作信号	发动机运转 空调开关：ON 鼓风机开关：ON	产生脉冲
E62−8（IG+）−E62−12（GND）	Y−BR	电源（IG）	点火开关置于 OFF 位置	低于 1 V

续表

端子	配线颜色	描述	检测条件	规定状态
E62—8（IG+）—E62—12（GND）	Y—BR	电源（IG）	点火开关置于ON（IG）位置	11～14 V
E62—9（SBLW）—E62—12（GND）	O—BR	鼓风机电动机转速控制信号	点火开关置于ON（IG）位置 鼓风机开关：OFF	11～14 V
E62—9（SBLW）—E62—12（GND）	O—BR	鼓风机电动机转速控制信号	点火开关置于ON（IG）位置 鼓风机开关：ON	低于1 V
E62—10（TE）—E62—11（SG—3）	W—P	空调蒸发器温度传感器信号	点火开关置于ON（IG）位置 蒸发器温度为0℃（32℉）	1.7～2.0 V
E62—10（TE）—E62—11（SG—3）	W—P	空调蒸发器温度传感器信号	点火开关置于ON（IG）位置 蒸发器温度为15℃（59℉）	1.0～1.3 V
E62—11（SG—3）—车身搭铁	P—车身搭铁	空调蒸发器温度传感器搭铁	始终	低于1 V
E62—12（GND）—车身搭铁	BR—车身搭铁	主电源搭铁	始终	低于1 V
E62—15（A/C）—E62—12（GND）	V—BR	空调开关信号	点火开关置于ON（IG）位置 空调开关：OFF	低于1 V
E62—15（A/C）—E62—12（GND）	V—BR	空调开关信号	点火开关置于ON（IG）位置 空调开关：ON	11～14 V

续表

端子	配线颜色	描述	检测条件	规定状态
E62－16（LED）－E62－12（GND）	GR－BR	空调开关指示灯信号	点火开关置于 ON（IG）位置 空调开关：OFF 鼓风机开关：ON	11～14 V
E62－16（LED）－E62－12（GND）	GR－BR	空调开关指示灯信号	点火开关置于 ON（IG）位置 空调开关：ON 鼓风机开关：ON	低于 4 V
E63－1（B）－E62－12（GND）	W－BR	电源（蓄电池）	始终	11～14 V
E63－9（PTC1）－E62－12（GND）	SB－BR	PTC 加热器工作信号	点火开关置于 ON（IG）位置 温度设置：MAX HOT 环境温度：10℃（50℉）或更低发动机冷却液温度：65℃（149℉）或更低 灯控开关：OFF 鼓风机开关：OFF	低于 1 V
E63－9（PTC1）－E62－12（GND）	SB－BR	PTC 加热器工作信号	发动机转速（1 250 r/min 或更高） 温度设置：MAX HOT 环境温度：10℃（50℉）或更低 发动机冷却液温度：65℃（149℉）或更低 灯控开关：OFF 鼓风机开关：LO	11～14 V

续表

端子	配线颜色	描述	检测条件	规定状态
E63—10（PTC2）—E62—12（GND）	B—BR	PTC 加热器工作信号	点火开关置于 ON（IG）位置 温度设置：MAX HOT 环境温度：10℃（50℉）或更低 发动机冷却液温度：65℃（149℉）或更低 灯控开关：OFF 鼓风机开关：OFF	低于 1 V
E63—10（PTC2）—E62—12（GND）	B—BR	PTC 加热器工作信号	发动机转速（1 250 r/min 或更高） 温度设置：MAX HOT 环境温度：10℃（50℉）或更低 发动机冷却液温度：65℃（149℉）或更低 灯控开关：OFF 鼓风机开关：LO	11～14 V
E63—12（PTC3）—E62—12（GND）	BR—BR	PTC 加热器工作信号	点火开关置于 ON（IG）位置 温度设置：MAX HOT 环境温度：10℃（50℉）或更低 发动机冷却液温度：65℃（149℉）或更低 灯控开关：OFF 鼓风机开关：OFF	低于 1 V

续表

端子	配线颜色	描述	检测条件	规定状态
E63－12（PTC3）－E62－12（GND）	BR－BR	PTC 加热器工作信号	发动机转速（1 250 r/min 或更高） 温度设置：MAX HOT 环境温度：10℃（50℉）或更低 发动机冷却液温度：65℃（149℉）或更低 灯控开关：OFF 鼓风机开关：ON	11～14 V
E63－14（HEAT）－E62－12（GND）	LG－BR	MAX HOT 开关信号	点火开关置于 ON（IG）位置 MAX HOT 开关：OFF	低于 1 V
E63－14（HEAT）－E62－12（GND）	LG－BR	MAX HOT 开关信号	点火开关置于 ON（IG）位置 MAX HOT 开关：ON	11～14 V
E63－23（HLS）－E62－12（GND）	B－BR	前大灯变光信号（PTC 加热器功能）	灯控开关：OFF	11～14 V
E63－23（HLS）－E62－12（GND）	B－BR	前大灯变光信号（PTC 加热器功能）	灯控开关：ON	低于 1 V
E63－24（ALT）－E62－12（GND）	L－BR	发电机信号（PTC 加热器功能）	发动机运转	产生脉冲

思考与练习

一、简答题

1. 汽车空调制冷系统控制电路由哪几部分组成？

2. 汽车空调制冷系统控制电路的电源控制部分包括哪些部件？

二、实训题

1. 练习空调压力传感器的检测。

2. 练习压缩机电磁阀电路的检测。

课题二　桑塔纳汽车空调电路系统

学习目标

◆ 能认知桑塔纳汽车的空调电路。

◆ 能进行桑塔纳汽车空调电路的故障诊断与排除。

想一想

汽车空调系统的故障是多种多样的，汽车空调电路的故障是其中之一。汽车空调电路的故障可分为线路故障和控制元器件故障两类。一旦汽车空调电路发生故障，将导致电磁离合器、冷凝风扇电动机、鼓风机电动机等工作不良或不工作。此时应根据故障现象对可疑元器件和线路做进一步检查，在确定故障元器件或故障线路之后，再进行拆装、修复或更换。所以可以根据上述三个部件的故障现象，进行相对应的故障诊断与排除。桑塔纳汽车的空调电路出现故障，也可根据以上思路进行诊断与排除。那么，桑塔纳汽车空调电路的组成是什么呢？线路走向是怎样的？出现具体故障应如何进行诊断与排除呢？

注意：有时故障是由制冷系统引起的，因此，在诊断时应结合制冷循环系统来综合分析，不可以单纯地仅在电路上查找故障。

一、桑塔纳3000“超越者”的空调电路

桑塔纳3000“超越者”的空调电路如图4—2—1所示。

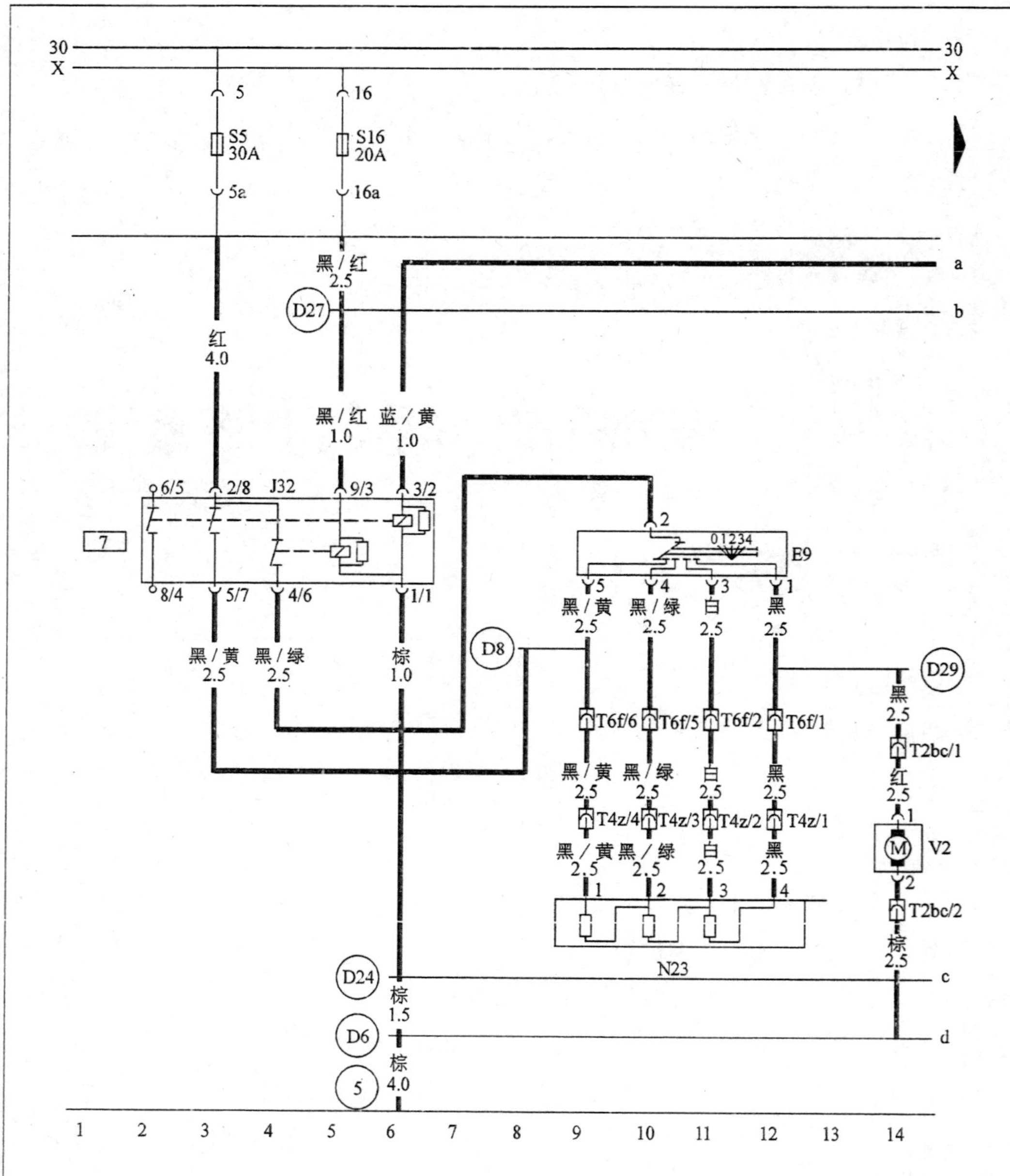
30
X
5
S5
30A
5a
16
S16
20A
16a
黑 / 红
2.5
a
D27
b
红
4.0
黑 / 红
1.0
蓝 / 黄
1.0
6/5
2/8
J32
9/3
3/2
7
8/4
5/7
4/6
1/1
2
0 1 2 3 4
E9
5
4
3
1
黑 / 黄
2.5
黑 / 绿
2.5
白
2.5
黑
2.5
D8
黑 / 黄
2.5
黑 / 绿
2.5
棕
1.0
D29
T6f/6
T6f/5
T6f/2
T6f/1
黑
2.5
T2bc/1
红
2.5
T4z/4
T4z/3
T4z/2
T4z/1
1
V2
2
T2bc/2
棕
2.5
N23
D24
棕
1.5
c
D6
d
棕
4.0
5
1 2 3 4 5 6 7 8 9 10 11 12 13 14

a）

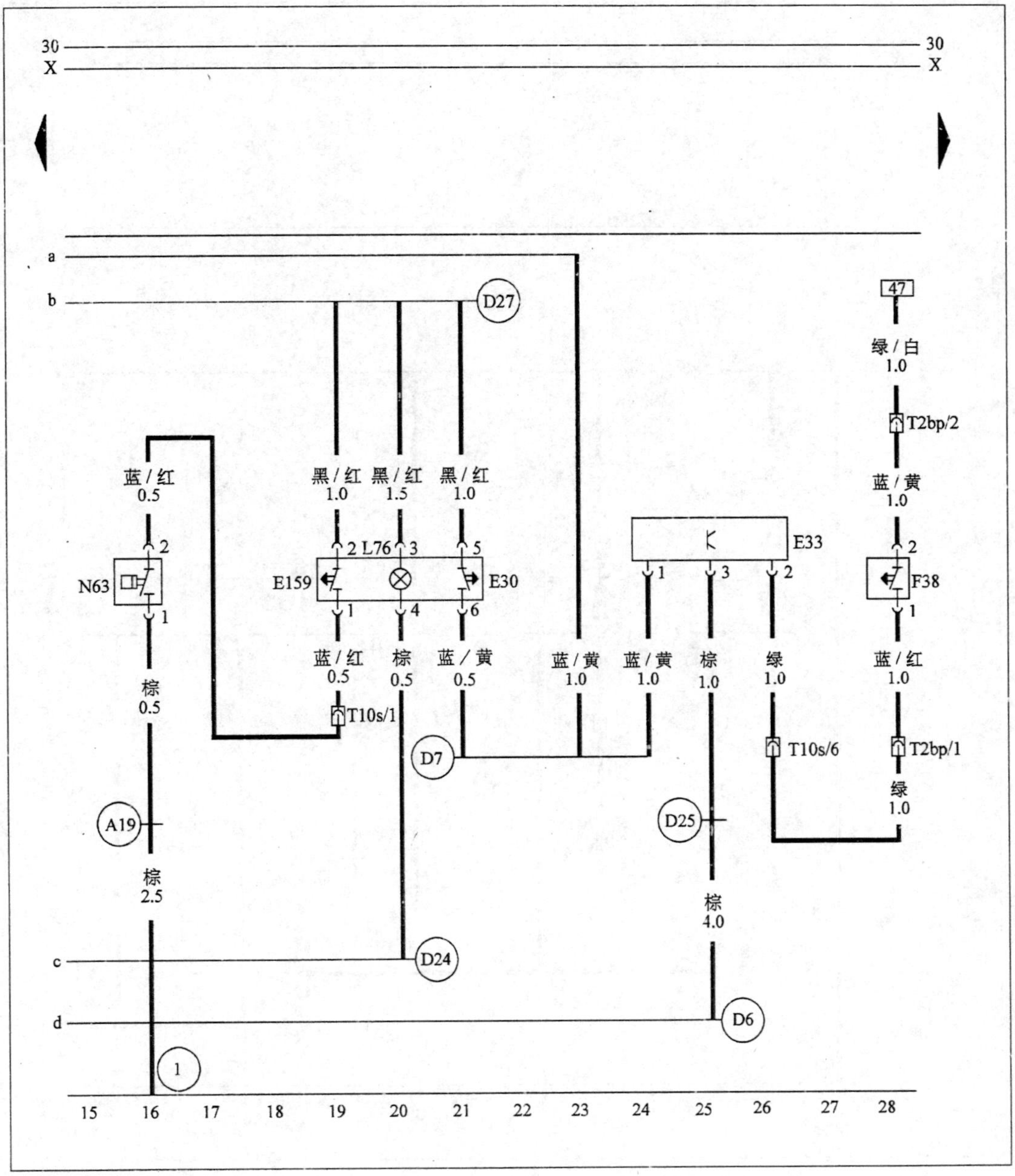
30
X
30
X
a
b
c
d
D27
47
绿/白
1.0
T2bp/2
蓝/红
0.5
黑/红
1.0
黑/红
1.5
黑/红
1.0
蓝/黄
1.0
2 L76 3
5
N63
E159
E30
E33
F38
蓝/红
0.5
棕
0.5
蓝/黄
0.5
蓝/黄
1.0
蓝/黄
1.0
棕
1.0
绿
1.0
蓝/红
1.0
棕
0.5
T10s/1
D7
T10s/6
T2bp/1
绿
1.0
A19
D25
棕
2.5
棕
4.0
D24
D6
1
15 16 17 18 19 20 21 22 23 24 25 26 27 28

b）

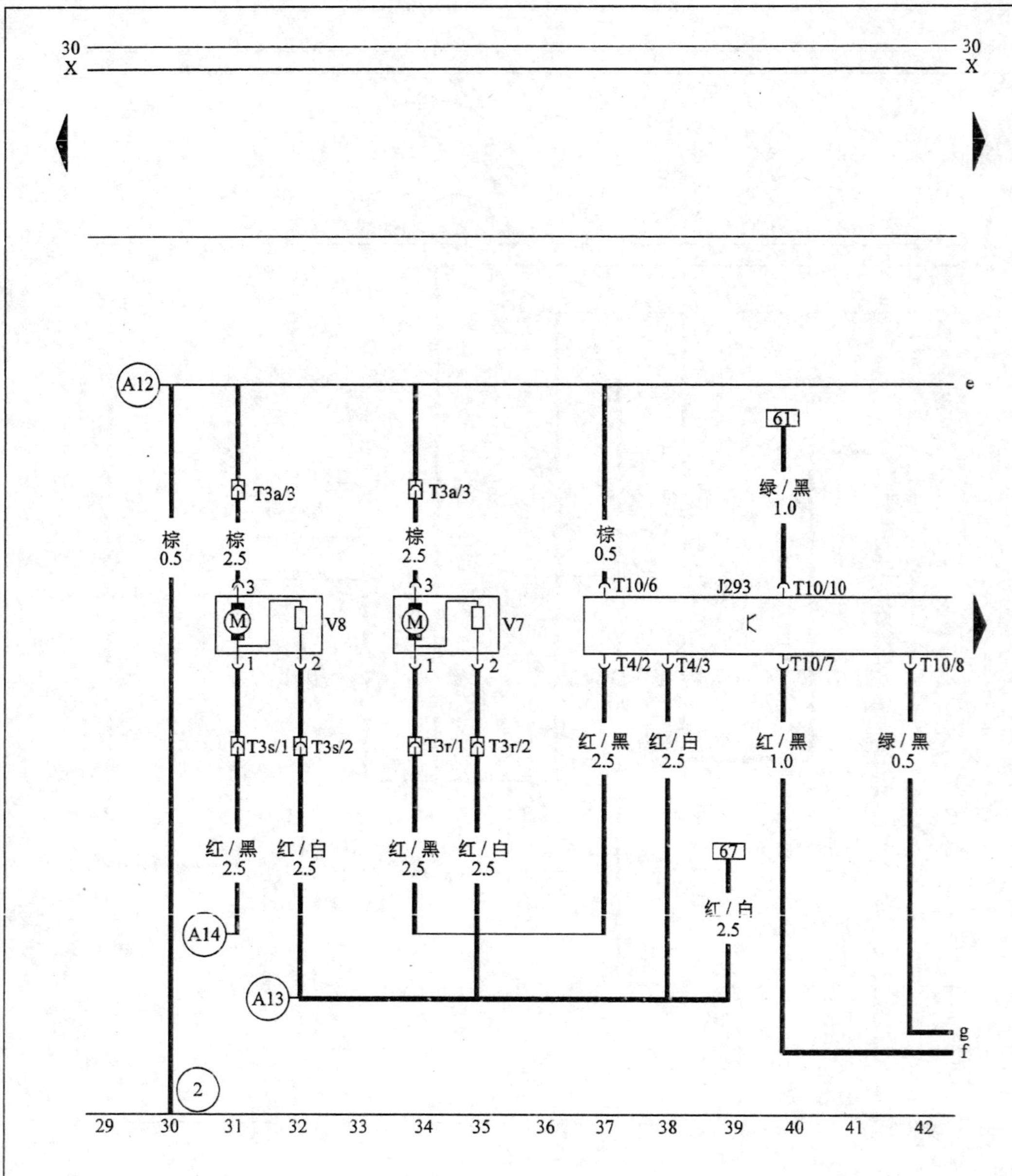
30
X
A12
e
61
绿 / 黑
1.0
T3a/3
T3a/3
棕
0.5
棕
2.5
棕
2.5
棕
0.5
T10/6
J293
T10/10
V8
V7
T4/2
T4/3
T10/7
T10/8
T3s/1
T3s/2
T3r/1
T3r/2
红 / 黑
2.5
红 / 白
2.5
红 / 黑
1.0
绿 / 黑
0.5
67
A14
A13
g
f
2
29 30 31 32 33 34 35 36 37 38 39 40 41 42

c）

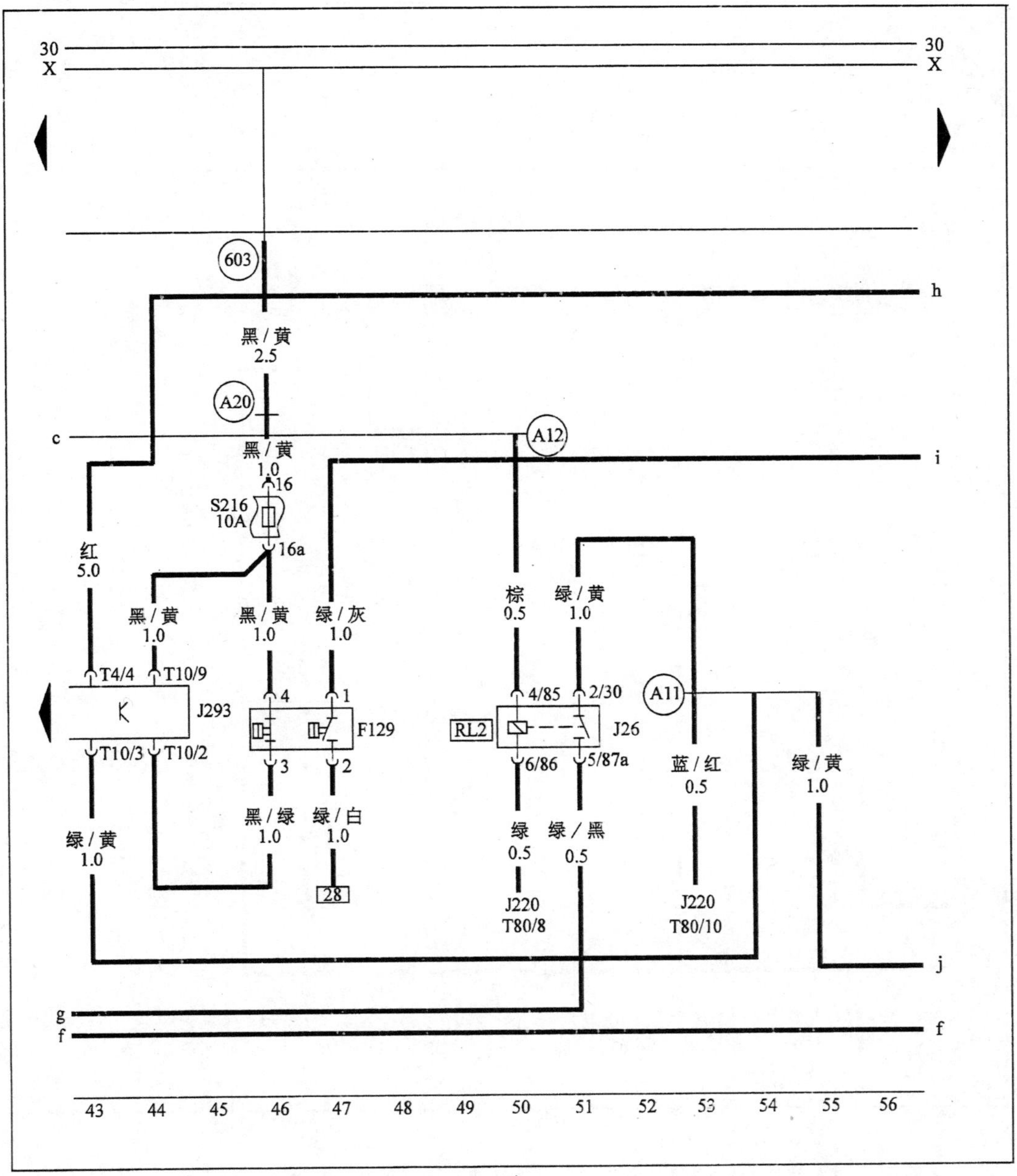
30
X
603
h
黑 / 黄
2.5
A20
c
A12
i
黑 / 黄
1.0
16
S216
10A
16a
红
5.0
黑 / 黄
1.0
黑 / 黄
1.0
绿 / 灰
1.0
棕
0.5
绿 / 黄
1.0
T4/4
T10/9
J293
4
1
F129
RL2
4/85
2/30
J26
A11
T10/3
T10/2
3
2
6/86
5/87a
蓝 / 红
0.5
绿 / 黄
1.0
绿 / 黄
1.0
黑 / 绿
1.0
绿 / 白
1.0
28
绿
0.5
绿 / 黑
0.5
J220
T80/8
J220
T80/10
j
g
f
43 44 45 46 47 48 49 50 51 52 53 54 55 56

d）

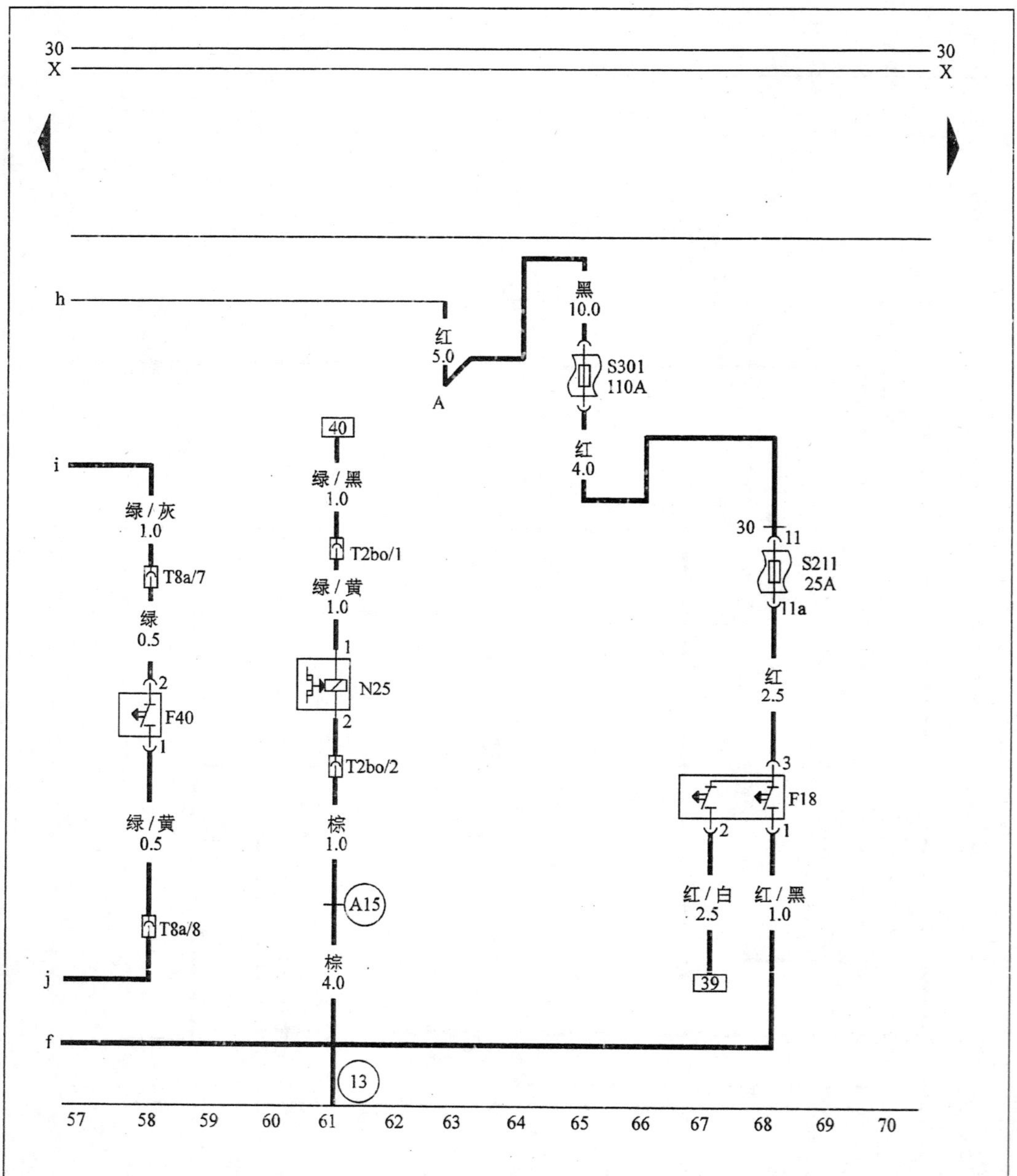

e）

图 4—2—1　桑塔纳 3000“超越者”空调电路图（产品原图）

如图 4—2—1a 所示，E9 为风速开关。J32 为空调继电器，位于继电器一熔丝支架上 7 号位（13 继电器）。N23 为风机电动机减速电阻。S5 为熔丝 5，规格为 30 A，位于继电器一熔丝支架上。S216 为熔丝 216，规格为 10 A，位于发动机舱继电器一熔丝盒内。T2bc 为 2 针插头，白色，位于鼓风电动机旁。T4z 为 4 针插头，黑色，位于空调进风罩前方。T6f 为 6 针插头，黑色，位于继电器一熔丝支架顶面上（O 号位）。V2

为鼓风电动机。Ⓓ6 为接地连接线，位于仪表板线束内。Ⓓ8 为连接线，位于仪表板线束内。Ⓓ24 为接地连接线，位于仪表板线束内。Ⓓ27 为正极连接线（X），位于仪表板线束内。Ⓓ29 为连接线，位于仪表板线束内。⑤为接地点，位于左 A 柱上。

如图 4—2—1b 所示，E30 为空调 A/C 开关。E33 为冷量开关。E159 为内循环开关。F38 为环境温度传感器。L76 为按钮显示灯。N63 为进风门电磁阀。T2bp 为 2 针插头，黑色，位于空调进风口左侧。T10s 为 10 针插头，棕色，位于继电器一熔丝支架顶面上（J 号位）。Ⓐ19 为接地连接线，位于发动机线束内。Ⓓ6 为接地连接线，位于仪表线束内。Ⓓ7 为连接线，位于仪表板线束内。Ⓓ24 为接地连接线，位于仪表线束内。Ⓓ25 为接地连接线，位于仪表线束内。Ⓓ27 为正极连接线（X），位于仪表板线束内。①为接地点，位于发动机控制单元旁车身上。

如图 4—2—1c 所示，J293 为散热风扇控制器，位于发动机舱左侧。T3r 为 3 针插头，黑色，位于右散热风扇上。T3r 为 3 针插头，黑色，位于左散热风扇上。T4 为针插头，黑色，位于散热风扇上。T10 为 10 针插头，黑色，位于散热风扇上。V7 为左散热风扇电动机。V8 为右散热风扇电动机。Ⓐ12 为接地连接线，位于发动机线束内。Ⓐ13 为连接线，位于发动机线束内。Ⓐ14 为连接线，位于发动机线束内。②为接地点，位于发动机舱的左面，车身左纵梁上。

如图 4—2—1d 所示，F129 为空调组合开关。J26 为压缩机切断继电器，位于发动机舱继电器一熔丝盒内 RL2 号位（147 B 继电器）。J220 为 Motronic 发动机控制单元，位于空调进风罩右侧。J293 为散热风扇控制器，位于发动机舱左侧。S216 为熔丝 16，规格为 10 A，位于继电器一熔丝支架上。T4 为 4 针插头，黑色，位于散热风扇控制器上。T10 为 10 针插头，黑色，位于散热风扇控制器上。T80 为 80 针插头，黑色，位于发动机控制单元上。Ⓐ11 为连接线，位于发动机线束内。Ⓐ12 为接地连接线，位于发动机线束内。Ⓐ20 为正极连接线 X，位于发动机线束内。603 为正极螺栓连接点（X），位于继电器一熔丝支架上。

如图 4—2—1e 所示，A 为蓄电池。F18 为冷却液风扇的热保护开关，在水箱左侧。F40 为空调水温控制开关。N25 为电磁离合器。S301 为熔丝 301，规格为 110 A，位于发动机舱继电器一熔丝盒内。S211 为熔丝 211，规格为 25 A，位于发动机舱继电器一熔丝盒内。T8a 为 8 针插头，黑色，位于发动机舱中间支架上。T2bo 为 2 针插头，黑色，位于空调压缩机左侧。Ⓐ15 为接地连接线，位于发动机线束内。⑬为接地点，位于右大灯后方，右侧纵梁上面。

二、桑塔纳 3000“超越者”空调电路的特点

桑塔纳 3000“超越者”空调电路是在桑塔纳 2000“时代俊杰”空调电路的基础上

变化而来的，系统设有环境温度传感器、冷却液温度开关，并结合制冷系统高、低压压力开关控制电磁离合器。电路的表示方法采用德国大众汽车公司独具特色的纵向排版方式，整个电路上部约 1/4 的部分用来表示中央继电器板总成，最下面一横线表示接地线，接地线至上部中央继电器板之间从左至右依次是各种电路元件、开关、连接导线。在接地线下面则把各种电路元件、开关、连接导线在图纸上的唯一位置以数字序号方式表示出来，在某一序号的位置上通常只对应画一个元件或一根导线。桑塔纳 3000“超越者”的空调电路从左至右按主要部件的工作情况可分成三大部分。第一部分即图中 1～22 位置是鼓风机电动机 V2 的控制电路；第二部分即图中 16～58 位置是压缩机电磁离合器线圈 N25 及内循环真空电磁阀 N63 的控制电路；第三部分即图中 31～45及 64～68 位置为冷凝风扇电动机 V7、V8 的控制电路。三部分电路互相联系、互相渗透构成了整个汽车空调系统的控制电路。

教学互动

在桑塔纳 3000 轿车上，观察和查找下列空调电气部件位置。

1. 桑塔纳 3000 空调鼓风机的位置：________________。
2. 桑塔纳 3000 空调冷凝风扇继电器的位置：________________。
3. 桑塔纳 3000 空调环境温度传感器的位置：________________。
4. 桑塔纳 3000 空调水温控制开关的位置：________________。

三、鼓风机及其控制电路的故障诊断与排除（见图 4—2—1）

【器材设备准备】

桑塔纳 3000“超越者”整车、数字式万用表、桑塔纳专用工具等。

1．故障现象

鼓风机及其控制电路的常见故障现象是鼓风机工作不良或不工作，出风口出风量较小或无风吹出。

2．鼓风机及其控制电路分析

鼓风机除了用于在制冷系统工作时将冷风吹向车厢内各个角落外，还要用于车厢内的通风、暖气以及前风窗玻璃的除霜去雾等功能的吹风。所以，它应该在点火开关接通后即可进行控制操作。根据鼓风机工作情况，鼓风机电动机电路可按两种工况进行分析。

（1）点火开关接通后满足通风或除霜去雾功能的电路分析

根据车辆通风或除霜去雾功能的要求，无论发动机处于熄火状态还是工作状态，都应进行车辆通风或除霜去雾功能的基本操作。为此，只要点火开关接通，中央继电器板内X线就应有电，这将导致空调继电器的一组触点，即图中J32的3—1脚之间的线圈与对应所控制的触点，进入工作状态其工作状况如下：

合上点火开关使X线有电，电流通路为X$^+$线—S16→J32$^+$/（3—1）→J32/（8—6）$^+$。X线为中央继电器板中大容量用电设备电源线。除点火开关在起动状态和熄火状态外，X线都是有电的，用X线右上角加+表示，即X$^+$线。“—”表示某个元件总成内部的连接线，“→”表示各元件之间的连接导线。S16表示第16号熔断器，J32$^+$/（3—1）中J32表示元件名称，其（3—1）中3与1分别表示J32元件上的3号与1号脚，J32右上角的+号表示J32的3—1脚之间的线圈有电。而J32/（8—6）$^+$表示J32的8—6脚之间接通，而如果是J32/（8—6）则表示J32的8脚至6脚。以上表示方法在下面的叙述中还会用到。

式中由于J32$^+$/（3—1）电磁线圈有电又导致J32/（8—6）$^+$，于是产生工作电流，其电流通路为：30号线—S5→J32/（8—6）$^+$→E9/2$^+$。当鼓风机处于任意挡速度运转时，通过操作空调面板上的出风方向控制旋钮，即可改变出风的流动方向，以实现通风取暖和除霜去雾等不同功能。

（2）空调开关E30接通后鼓风机运转的电路分析

发动机起动后，如果直接接通空调开关E30，即使并没有接通鼓风机开关E9电路，鼓风机仍将以最低转速自动运转，以保证汽车空调在制冷系统工作后，有循环风吹经蒸发器的散热片及蛇形管的表面，不至于因蒸发器表面温度太低而结霜，同时也不会使蒸发器内制冷剂由于吸收不到热量而以液态形式进入压缩机。空调开关E30接通后，鼓风机电动机运转的电路路径为：X线—S16→E30/（5—6）→J32$^+$/（2—1），J32的2—1脚线圈有电，将导致J32/（9—7）$^+$电路接通，于是有电流通路：30号线—S5→J32/（8—7）→N23/（1—4）→V2/（11—2）→接地，鼓风机电动机以最低转速挡自动运转。此时如果操作鼓风机开关E9，仍可改变V2的转速。对于桑塔纳3000“超越者”的空调操作开关，由于在E30不工作时可单独操作E159，即图中16—19位置上，所以在进行取暖或除霜去雾工作时，可进行内外循环工作方式的切换。

3．故障诊断与排除

通过上述分析可知，该故障可能是下列部件造成的：熔断器S5、熔断器S16、继电器J32、鼓风机开关、调速电阻、鼓风机电动机、配线连接器等。可通过万用表检测可疑部件的导通性，或者检查电阻、电压等，并检修或更换故障部件。

四、冷凝风扇及其控制电路的故障诊断与排除（见图4—2—1）

1．故障现象

冷凝风扇及其控制电路的常见故障现象是冷凝风扇不工作或工作不良。

2．冷凝风扇及其控制电路分析

冷凝风扇的运转及对应转速受到发动机冷却水温度以及空调运转工况的双重控制。

（1）当发动机水温达到 95℃时

安装在发动机散热器上的热敏开关 F18 的低温挡触点闭合，电路中 68 号位置上的 F18/（1—2）$^+$电路接通。V7、V8 低速挡的电流路径为：A/$^+$→S301→S211→F18/（1—2）$^+$→V7/（2—3）→A/$^-$→V8/（2—3）→接地。其中 A/$^+$中的 A 表示蓄电池，＋表示蓄电池正极，相应 A/$^-$表示蓄电池负极，冷凝风扇 V7、V8 以低速挡运转。

（2）当发动机冷却温度达到 105℃时

电路图中 67 号位置上的 F18/（1—3）$^+$，即高速挡触点闭合，于是高速挡电流路径为：A/$^+$→S301→S211→F18/（1—3）$^+$→J293/T10/7。图中 37—44 位置上的 J293 是空调的散热风扇控制器，主要起到功率的放大与控制作用，用于控制冷凝风扇电动机 V7、V8 及压缩机电磁离合器 N25。当 J293 的 T10/7 脚接到 F28/3 脚的高速挡运转信号后，在 37 号位置上 J293 的 T4/2$^+$，即 J293/T4/2 输出高电压信号并送至 31 号位置 V8/1 脚与 34 号位置 V7/1 脚，于是 V7、V8 高速运转。

（3）当空调开关 E30/（5—6）$^+$时冷凝风扇会低速旋转

在电路图 19—21 号位置上，当空调开关 E30/（5—6）$^+$后，电流路径为：X 线—S16→E30/（5—6）→E33/（1—2）→F38/（1—2）→F129/（2—1）→F40/（2—1）→J293/T10/3$^+$。当 J293/T10/3 脚接到信号后，J293 相对应的 J293/T4/3 输出端输出高电压信号至 V7、V8 的 2 脚，使 V7、V8 以低速挡运转。可见，只要空调开关 E30 合上，冷凝风扇就会低速运转，以满足空调工作时对冷凝器的散热要求。

（4）运行中的空调系统在高压压力达到 1.77 MPa 时冷凝风扇会高速旋转

如果运行中的空调系统在高压压力达到 1.77 MPa 时，则安装在储液干燥器上的复合压力开关 F129/（4—3）$^+$（图中 46 号位置上）电路接通，电流路径：X 线→S216→F129/（4—3）→J293/T10/2$^+$。当 J293/T10/2 接收到信号后，就会控制其相应输出端 T4/2 输出高电压。该高电压通至 V7、V8 的 1 号脚，使 V7、V8 以高速挡转速旋转，以加大冷凝器的散热速度，直至系统压力下降到 1.37 MPa。此时，F129 的 4—3 脚断开，冷凝风扇又恢复低速挡运转。

3．故障诊断与排除

通过上述分析可知，该故障可能是由下列部件造成的：熔断器 S301、S211、S216、S16，水温开关 F18，风扇电动机 V7、V8，冷量开关 E33，环境温度开关 F38，组合压力开关 F129，高温开关 F40，散热风扇控制器 J293，配线连接器等。用万用表检测可疑部件的导通性，或者检查电阻、电压等，并检修或更换故障部件。

五、电磁离合器及其控制电路的故障诊断与排除（见图 4—2—1）

1. 故障现象

电磁离合器及其控制电路的常见故障现象是压缩机不运转，或压缩机工作状况不良。

2. 电磁离合器及其控制电路分析

压缩机电磁离合器的控制部分，是指空调 E30 开关合上后所控制的所有电路，这些电路可分成四个部分，具体情况如下，其中有些部分在前述电路中已做过介绍。

（1）空调继电器 J32 的控制电路

在发动机工作以后，中央继电器板内 30 号线、15 号线与 X 号线都已经有电。此时合上空调开关 E30/（5—6）$^+$，继电器控制电路工作，其电流路径为：X 线$^+$—S16→E30/（5—6）→J32$^+$/（2—1）。J32 的（2—1）线圈有电，将导致鼓风机以最低转速运转。此时如果操作鼓风机开关 E9，则可改变 V2 的转速。

（2）内循环真空继电器线圈 N63 控制电路

当空调开关 E30/（5—6）$^+$ 合上后，E30/（2—1）$^+$ 的触点也将同步合上，即有 E30/（2—1）$^+$，所以 N63 控制电路为：X 线—S16→E30/（2—1）→N63（2—1）接地。于是 N63$^+$ 接通了控制进气门真空电动机的真空气源，真空电动机通过拉杆驱动进气风门，使进风门从外循环位置转向内循环位置。

（3）散热风扇控制器 J293 的空调开关 E30 信号电路

当空调开关 E30/（5—6）$^+$合上后，就有 E30 空调开关的信号电流通到散热风扇控制器 J293，其电路路径为：X 线—S16→E30/（5—6）→E33/（1—2）→F38/（1—2)→F129/（2—1）→F40/（2—1）→J293/T10/3$^+$。其中，F38 为环境温度开关，约在 2℃以上为接通状态，2℃以下为断开状态。E33 为蒸发器表面防霜开关。F40 为发动机高温开关，当发动机水温在 120℃以上时切断，120℃以下则接通。F129 是安装在储液干燥器上的复合压力开关，其中 1 号与 2 号脚是在空调系统制冷剂压力大于 0.196 MPa 及小于 3.14 MPa 时接通，而 3 号与 4 号脚则在系统制冷剂压力大于 1.77 MPa 时接通，小于 1.37 MPa 时又切断。此时尽管散热风扇控制器 J293 的 T10/3 脚已经收到 E30 开关的工作信号，然而 J293 对于压缩机电磁离合器 N25 的控制信号并不马上在 J293/T10/1 脚输出，它还受到另外一个信号的控制，所以有下面第（4）方面的电路。

（4）与发动机控制单元 J220 相联系的控制电路

发动机控制单元 J220 不仅与空调开关 E30 相连，还通过安装在发动机舱继电器—熔断器盒内 RL2 位置上的空调压缩机切断继电器 J26 与散热风扇控制器 J293/T10/8 的脚相连接，对空调实现如下的控制功能：

在发动机正常工况条件下，如果接通空调开关 E30，发动机控制单元会在接到空调 E30 信号 140 ms 内接通压缩机电磁离合器线圈电路，并使空调开始工作。由于空调工作要引起发动机输出功率和转速的变化，为此发动机控制单元通过节气门控制部件 J338 来维持发动机的怠速稳定。

另外在下列工况下，发动机控制单元将切断空调压缩机的工作：

1）当驾驶员急加速把油门突然踩到底时。

2）当发动机节气门控制器 J338 处于紧急运行模式时。

3）当发动机冷却水温度超过 120℃时。

与发动机控制单元 J220 相连接的控制电路如下：

当发动机工作后，按下空调开关 E30，E30 给发动机 ECU 的信号电流的路径为：X 线－S16→E30/（5－6）→E33/（1－2）→F38/（1－2）→F129/（2－1）→F40/（2－1）→J220/T80/10$^+$。如果发动机控制单元不允许空调电路工作，则 J220/T80/8 脚就会输出低电压信号至 J26/86，否则 J220/T80/8 脚将会输出高电压信号至 J26/86，控制 J26 的触点保持闭合，见图中 50 位置。在电路图的 50 位置上有：J220/T80/8$^+$→J26/（86－85）$^+$接地。如果 J26/（86－85）$^+$，则先前到达 J293/T10/3 端的空调开关 E30 工作信号将进一步经过 J26/（30－87a）送到 J293/T10/8，电流路径为：J293/T10/3$^+$→J26/（30－87a）→J293/T10/8$^+$。J293/T10/8 收到 E30/（5－6）$^+$信号后，立刻在相应输出端 J293/T10/10 输出高电压至压缩机电磁离合器线圈 N25，使 N25$^+$，压缩机电磁离合器吸合，制冷系统进行循环工作。

空调冷凝散热风扇控制器 J293 的顶面一端有两个熔断器，都是 30 A 的规格。其中一个是冷凝风扇 V7、V8 的短路保护控制，另一个是压缩机电磁离合器线圈 N25 的短路保护控制。

3. 故障诊断与排除

通过上述分析可知，这些故障可能是由下列部件造成的：电磁离合器、熔断器 S16、空调开关 E30、冷量开关 E33、环境温度开关 F38、组合压力开关 F129、高温开关 F40、散热风扇控制器 J293、电磁离合器继电器 J26、发动机控制单元 J220、配线连接器等。用万用表检测可疑部件的导通性，或者检查电阻、电压等，并检修或更换故障部件。

思考与练习

一、简答题

1. 桑塔纳 3000“超越者”空调电路的特点是什么？

2. 发动机在什么工况下，其控制单元将切断空调压缩机的工作？

二、实训题

练习电磁离合器及其控制电路的故障诊断与排除。

模块小结

本模块重点介绍了汽车空调电路系统的组成。以一汽-丰田卡罗拉汽车手动空调为例，介绍了其空调电路的布置及组成，学习了一汽-丰田卡罗拉汽车手动空调电路系统的检修。介绍了桑塔纳 3000 空调电路的布置及组成，重点分析了其电路走向及工作过程，并学习了桑塔纳 3000 空调电路的故障诊断与排除方法。通过对以上两种具有代表性的汽车空调电路的学习，重点培养学生分析汽车空调电路的能力，并启发学生对其他常见的汽车空调电路故障进行诊断与排除。

模块五 自动空调

课题一 自动空调的构造及原理

学习目标

- 掌握自动空调的结构及工作原理。
- 熟悉自动空调的控制功能。
- 能认知一汽-丰田卡罗拉汽车的自动空调系统。
- 能认知自动空调控制器端子。

想一想

图 5—1—1 是自动空调的结构组成及控制示意图。观察该图，请思考：自动空调

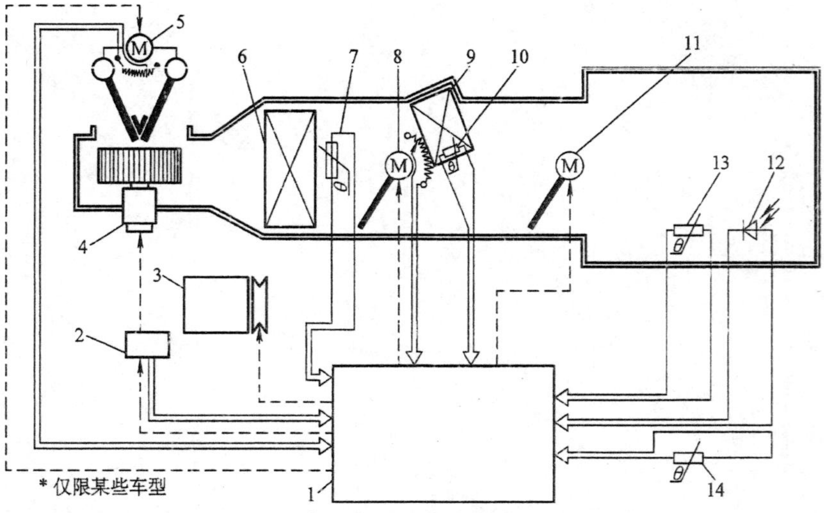

图 5—1—1 自动空调的结构组成及控制示意图

1—空调控制器 2—功率晶体管 3—压缩机 4—鼓风机电动机 5—进气控制伺服电动机 6—蒸发器 7—蒸发器传感器 8—空气混合控制伺服电动机 9—热交换器 10—水温传感器 11—出风模式伺服电动机 12—阳光传感器 13—车内温度传感器 14—车外温度传感器

和手动空调的机械部分是否基本一致？自动空调和手动空调的区别是什么？自动空调系统的组成是怎样的？具体又是如何工作的？

一、自动空调的结构组成

自动空调系统由制冷、暖风、送风、操纵控制等分系统组成。其中，制冷系统中包括压缩机、冷凝器、蒸发器等，和手动空调相似。暖风系统有热交换器、水阀等，送风系统有鼓风机、风道、吸入与吹出风门等。自动空调与手动空调结构组成最大的差别是控制系统，自动空调电子控制系统主要由传感器、执行元件和空调电控单元（ECU）三部分构成。

1. 传感器

（1）车内及车外温度传感器

它们都是负温度系数的热敏电阻传感器，分别用来感受车内及车外温度。当温度发生变化时，热敏电阻的阻值发生改变，从而向空调电控单元（ECU）输送温度信号。

（2）蒸发器温度传感器

这种传感器用来检测通过蒸发器的空气温度或者蒸发器表面的温度变化，并依此来控制压缩机电磁离合器的接合或断开。

（3）水温传感器

水温传感器直接安装在热交换器底部的水道上，用来检测冷却水温度，产生的水温信号输送给空调电控单元（ECU），以此控制低温时鼓风机的转速。

（4）阳光传感器

阳光传感器是一个光敏二极管，利用光电效应，把阳光照射量变化转换为电流值变化的信号并输送给空调电控单元，用来调整空调吹出的风量与温度。

2. 执行元件

自动空调的执行元件一般包括伺服电动机、鼓风机及压缩机电磁离合器等。有的汽车电控自动空调的执行机构由真空变换电磁阀、动力执行机构（又称真空膜盒）以及风量控制机构等组成。

（1）进气伺服电动机

进气伺服电动机用来控制进气方式，电动机的转子经连杆与进气风挡相连。当驾驶员使用进气方式控制键选择“车外新鲜空气导入”或“车内空气循环”模式时，空调电控单元（ECU）即控制进气伺服电动机带动连杆顺时针或逆时针旋转，从而带动进气风挡闭合或开启，达到改变进气方式的目的。

（2）空气混合伺服电动机

当驾驶员进行温度控制时，空调电控单元首先根据设置的温度及各传感器输送的信号计算出所需的出风温度，并控制空气混合伺服电动机带动连杆顺时针或逆时针转动，改变空气混合风挡的开启角度，从而改变冷、暖空气的混合比例，调节风温与计算值相符。电动机内电位计的作用是向空调电控单元（ECU）输送空气混合风挡的位置信号。

（3）出风模式伺服电动机

出风模式伺服电动机也叫气流方式伺服电动机。当驾驶员操纵面板上的某个出风模式键时，空调电控单元电动机上的相应端子接地，而电动机内的驱动电路据此使电动机连杆转动，将送风控制风挡转到相应的位置，并打开某个送风通道。当按下“自动控制”键时，空调电控单元根据计算结果（送风温度），在吹脸、吹脸脚和吹脚三者之间自动改变送风方式。

（4）最冷控制伺服电动机

最冷控制伺服电动机的风挡有全开、中开和全闭三个位置。当空调电控单元使某个位置的端子接地时，电动机驱动电路使电动机旋转带动最冷控制风挡位于相应的位置上。

3．空调电控单元（ECU）

空调电控单元又称空调控制器，控制器总成上的键是控制器的输入装置。控制器首先接收来自车内温度和外界温度传感器的输入信号，然后根据来自传感器和控制器总成上各键的输入，输出用于控制压缩机、电磁离合器、暖风加热器、热水阀等工作状况，以及模式门位置的信号。

二、自动空调的工作原理

自动空调利用传感器随时检测车内温度及车外环境温度的变化，并把检测到的信号输送给空调的电控单元（ECU），ECU 则按预先编制的程序对信号进行处理，并通过伺服电动机等执行元件，不断地对鼓风机转速、出风温度、送风模式及压缩机工作情况等进行调节，从而使车内空气温度及流动状况，始终保持在驾驶员设定的水平上。电控自动空调系统还具备自诊断功能，以利于对电控元件及线路故障进行检测。

三、自动空调的控制功能

1．温度控制

TAO 是车内温度保持在设定值所必需的鼓风机出风口空气温度，是空调控制器根据输入信号（车内温度传感器、车外温度传感器、阳光传感器）和温度设定计算出来的。空调控制器参照这个 TAO 值对执行器进行控制。TAO 值可由下面公式计算出：

$$TAO=A\times TSET-B\times TR-C\times TAM-D\times TS+E$$

式中　$TSET$——设定温度；

TR——车内温度；

TAM——车外温度；

TS——太阳辐射强度；

A、*B*、*C*、*D*、*E*——常数。

然后空调控制器根据 *TAO* 值和蒸发器温度传感器信号（*TE*），计算空气混合控制风挡的开度（*SW*）。

$$SW=\frac{TAO+A-(TE+B)}{C-(TE+B)}\times 100\%$$

式中　*A*、*B*、*C*——常数；

TE——蒸发器温度传感器信号。

控制器根据 *SW* 值控制三极管 VT1 和 VT2 的通断，进而控制空气混合伺服电动机带动风挡按所需方向运动，以改变进气温度。同时空调控制器根据空气混合伺服电动机内的电位计（位置传感器）监测风挡的移动距离，直至所测得的反馈值与 *SW* 值相等时，停止风挡的移动，如图 5—1—2 所示。

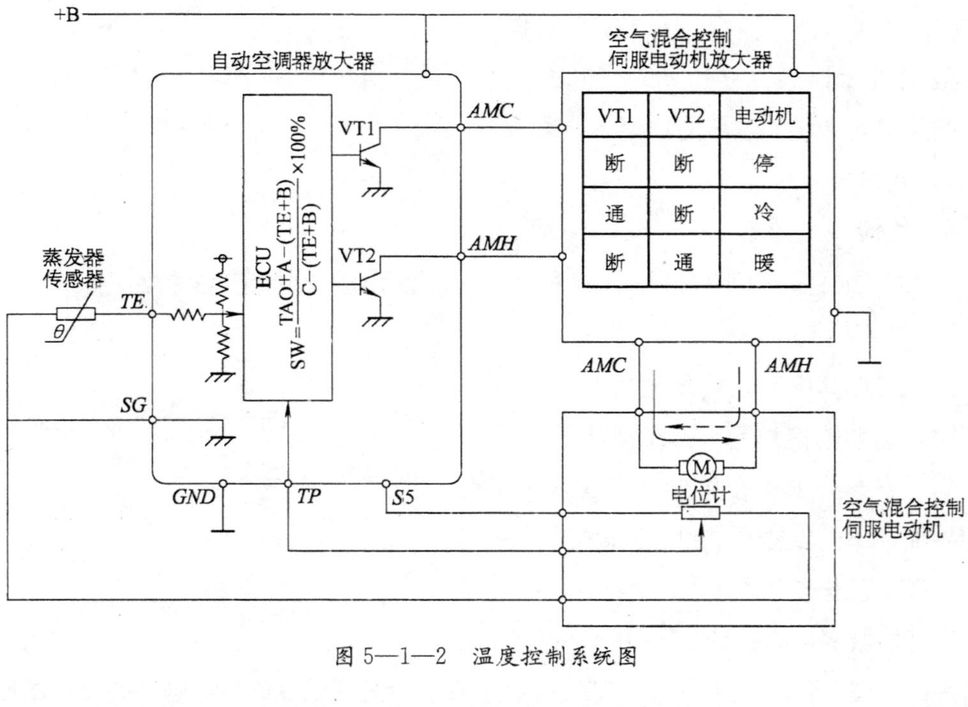

图 5—1—2　温度控制系统图

（1）当 *TAO* 和 *TE* 几乎相等时，*SW* 接近 0，空调控制器使 VT1 和 VT2 处于截止状态，使伺服电动机停转，风挡停在当前位置。

（2）当 *SW* 为负值时，*TAO* 小于 *TE*，空调控制器使 VT1 导通，VT2 截止，电动机向冷风侧运转，并使风挡移动，提高出风口温度。空调控制器通过伺服电动机的电位计（位置传感器），检测混合控制风挡的实际移动距离，所测值与 *SW* 相等后，控制器使伺服电动机停转。

（3）当 SW 为正值时，TAO 大于 TE，控制器使 VT1 截止，VT2 导通。伺服电动机向热风侧运转，并使风挡移动，提高出风口温度。同时控制器通过电位计测量其移动量，所测距离与 SW 相等后，控制器使伺服电动机停转。

2．鼓风机转速控制

鼓风机转速控制的重要装置之一是功率晶体管，其工作原理与三极管类似，控制器通过控制功率晶体管基极的电压来控制其输出电流的大小，从而改变鼓风机的转速。基极电压与电流的输出成正比，当基极电压为 12V 时，鼓风机的转速为自动控制状态下的最高转速。相邻两级的鼓风机转速，其基极电压相差大约为 0.1 V。功率晶体管中串联着一个熔点为 114℃的温控熔丝，防止晶体管因过热烧毁。

当风量控制钮置于“AUTO”时，控制器根据 TAO 值自动控制鼓风机的转速，如图 5—1—3 所示。只有将温度设置到最低时，鼓风机才以最高转速运转。其余状态下，鼓风机转速在控制器的控制下在高和低之间自动改变。

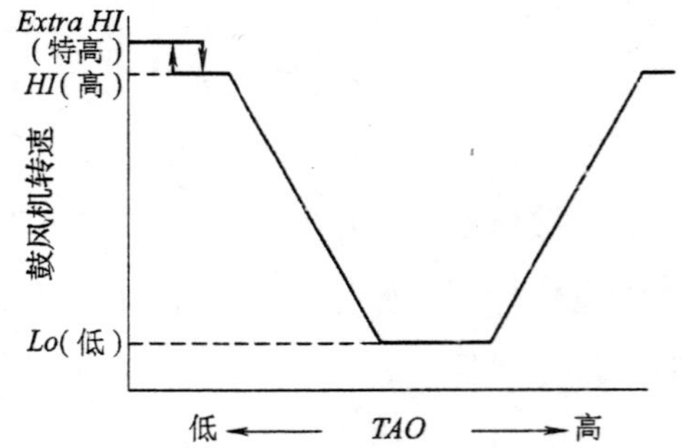

图 5—1—3　鼓风机转速与 TAO 信号值的关系图

3．气流方式控制

空调控制器根据 TAO 值按照如图 5—1—4 所示的方式进行气流控制。

4．进气控制

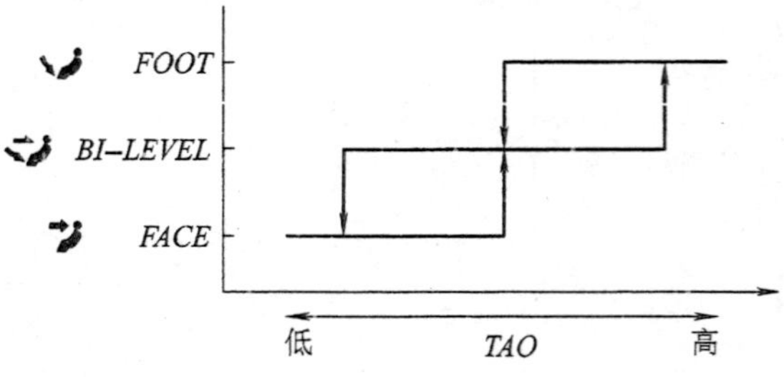

图 5—1—4　气流控制方式

当用“TEMP”开关设定想要的温度时，空调电控单元（ECU）根据输入信号（车内温度传感器、环境温度传感器、阳光传感器）和温度设定，决定进气和至进气伺服电动机的输出信号；进气伺服电动机接到从 ECU 来的信号时，通过开启或关闭风门，来改变进气温度。当进气温度改变到想要的设定温度时，由进气门位置传感器将信号传给 ECU，然后再由 ECU 停止该伺服电动机的工作。

注意：如进气方式开关设定在 DEF（除霜）时，则 ECU 将强制将进气方式改变到 FRS（引入新鲜空气）。

当“AUTO”开关断开时，ECU 会根据手动开关的位置，调整进气方式。

教学互动

对于下面出口切换的各个模式（1～5），选择正确的说法（a～e）。

1. FACE　　　2. Bl－LEVEL

3. FOOT　　　4. DEF

5. FOOT－DEF

a）吹到脚上；b）除去前窗上的雾气；c）吹上半身；d）吹到脚上并除去前窗上的雾气；e）吹上半身和脚。

四、一汽-丰田卡罗拉汽车自动空调的认知

【器材设备准备】

一汽-丰田卡罗拉汽车自动空调系统（或其他自动空调系统）、常用工具。

【注意事项】

有些元件需要拆下才能看清楚。

1. 一汽-丰田卡罗拉汽车自动空调电控元件的位置

一汽-丰田卡罗拉汽车自动空调电控元件的位置如图 5—1—5、图 5—1—6、图 5—1—7 所示。

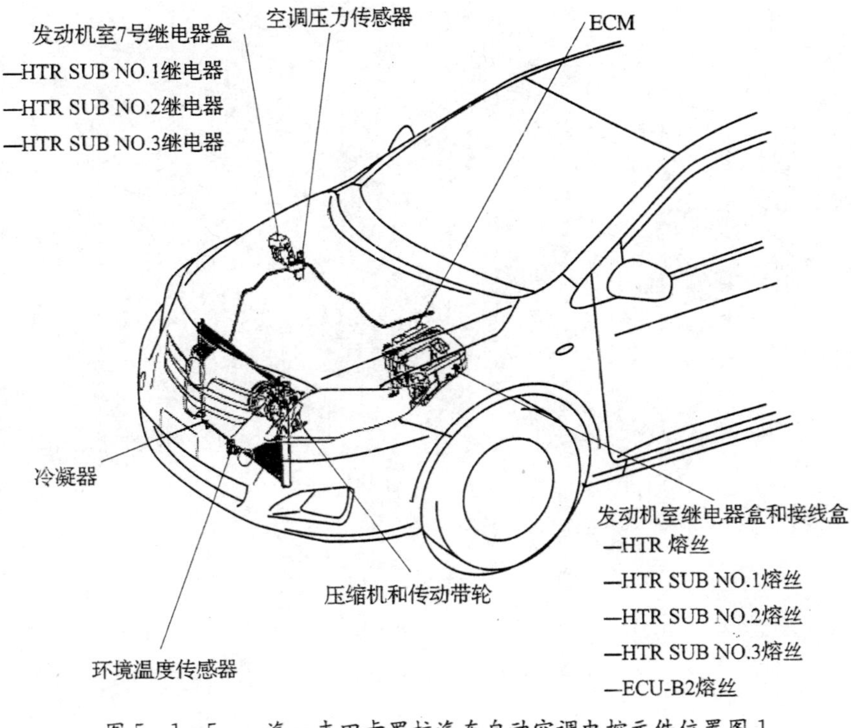

图 5—1—5　一汽－丰田卡罗拉汽车自动空调电控元件位置图 1

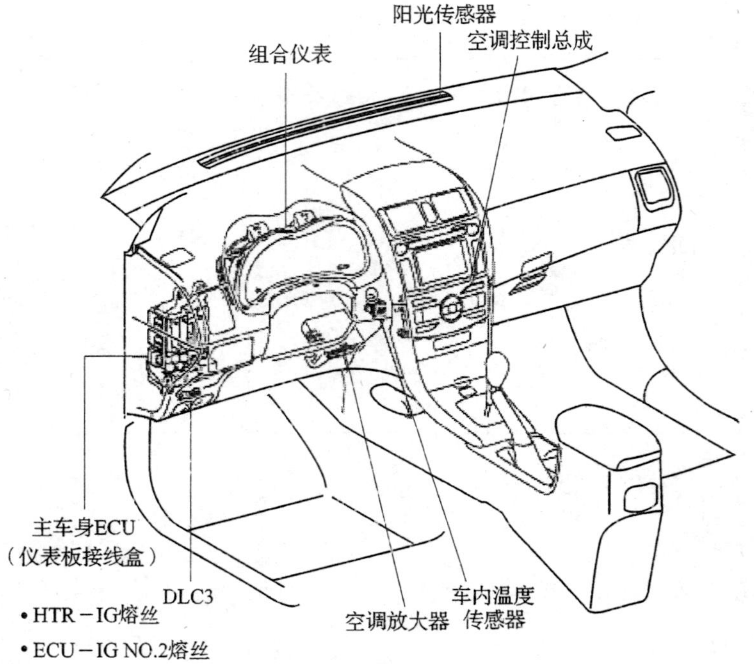

图 5—1—6　一汽一丰田卡罗拉汽车自动空调电控元件位置图 2

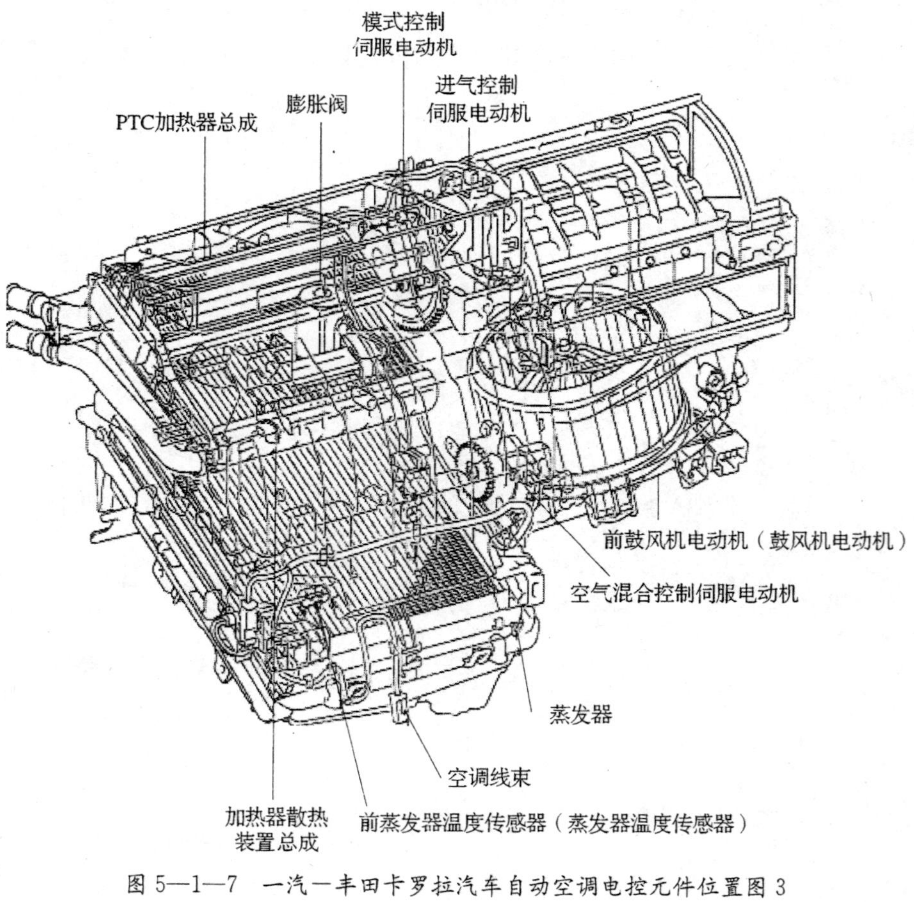

图 5—1—7　一汽一丰田卡罗拉汽车自动空调电控元件位置图 3

2. 一汽-丰田卡罗拉汽车自动空调的系统图（见图 5—1—8）

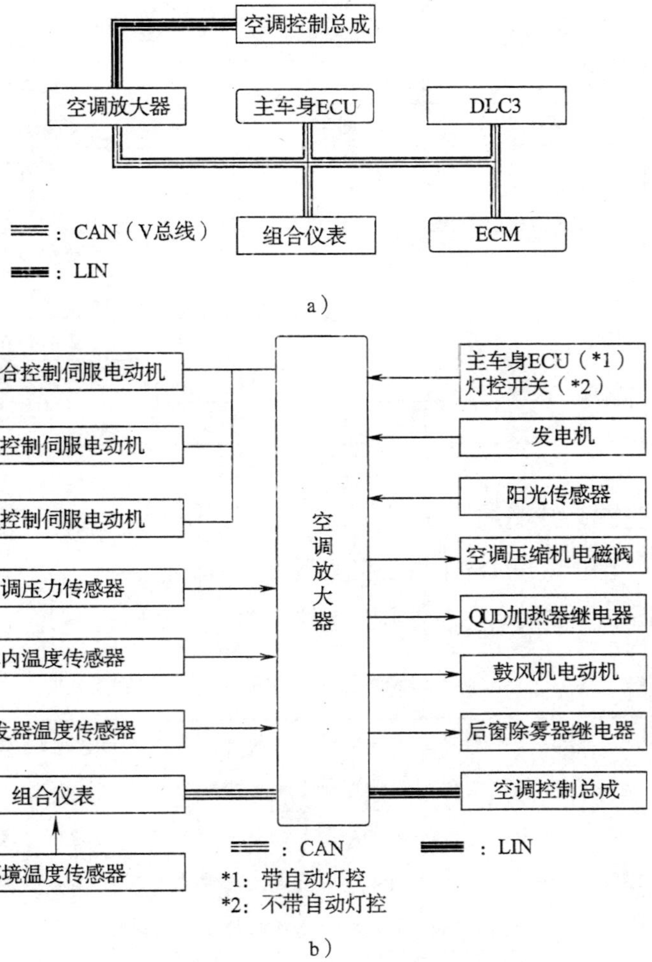

图 5—1—8　一汽-丰田卡罗拉汽车自动空调的系统图

系统图中的信号发射和接收见表 5—1—1。

表 5—1—1　　信号的发射和接收

发射器	接收器	线路	信号
空调放大器	ECM（电子控制模组）	CAN	电磁离合器请求信号
			加热器怠速提升请求信号
			空调怠速提升请求信号
			车外温度数据
			外部可变控制电磁阀电流信号
			先前空调控制请求信号
			制冷剂气体压力传感器信号
			冷却风扇电动机驱动请求信号
			加速度切断禁止信号

续表

发射器	接收器	线路	信号
空调放大器	DLC3	CAN	诊断工具响应
空调放大器	空调控制总成	LIN	空调工作状态信号
主车身 ECU	空调放大器	CAN	目的地标记（方向盘）
组合仪表	空调放大器	CAN	车外温度数据
			车速信号
ECM	空调放大器	CAN	发动机冷却液温度信号
			发动机转速数据
			空调控制切断信号
			空调—发动机协同控制信号
空调控制总成	空调放大器	LIN	空调工作信号

3. 自动空调系统概述

(1) 一汽-丰田卡罗拉汽车自动空调系统控制功能

一汽-丰田卡罗拉汽车自动空调系统控制功能见表 5—1—2。

表 5—1—2　一汽-丰田卡罗拉汽车自动空调系统控制功能

神经网络控制	该控制可通过人工模拟生物神经系统的信息处理方法，进行复杂的控制，以建立类似人脑的复杂输入或输出关系
出风温度控制	对应温度控制开关设置的温度，神经网络控制根据来自不同传感器的输入信号计算出风温度。此外，根据来自蒸发温度传感器和发动机冷却液温度传感器的信号，添加校正以控制出风温度
鼓风机控制	基于来自各个传感器的输入信号，神经网络控制计算出气流量，控制鼓风机电动机
出气控制	基于来自各个传感器的输入信号，神经网络控制计算出风模式比率，自动切换出风口
进气控制	根据神经网络控制计算的风量，自动控制进气控制风门
可变排量压缩机控制	基于来自各个传感器的输入信号，控制压缩机的打开或关闭和排量
环境温度指示控制	基于来自环境温度传感器的输入信号，计算环境温度，然后在空调放大器中修正并在组合仪表的多功能显示屏上显示
后窗除雾器控制	按下后除雾器按钮时，打开后除雾器和车外后视镜加热器 15 min。如果它们运行时将按钮按下，则将其关闭
自诊断	根据空调开关的运行情况检查传感器，随后温度设置显示一个 DTC（诊断故障码），以指示是否存在故障（传感器检查功能）
	根据空调开关的运行情况，通过预定程序驱动执行器（执行器检查功能）

（2）神经网络控制

在以前的自动空调系统中，空调放大器根据传感器信息，按一定的公式计算出要求的出风温度和鼓风机风量。

然而，由于人的感觉相当复杂，所处的环境不同，对同一给定温度的感觉就会不同。例如，一定量的阳光辐射在寒冷气候中会让人感到相当暖和，但在炎热气候中却让人感到非常不舒服。因此，卡罗拉汽车自动空调系统采用了神经网络这种更高层次的控制技术。有了该技术，可以将不同环境条件下收集的数据储存在空调放大器中，然后空调放大器进行控制，以提高空调舒适度。

神经网络控制由输入层、中间层和输出层的神经元组成，如图 5—1—9 所示。输入层的神经元处理车外温度的输入数据、日照量和基于开关及传感器输出的车内温度，并将它们输出到中间层的神经元。基于这些数据，中间层神经元调节神经元中的关联强度。输出层神经元就可以计算总体结果，并将该结果以要求的出风口温度、光照修

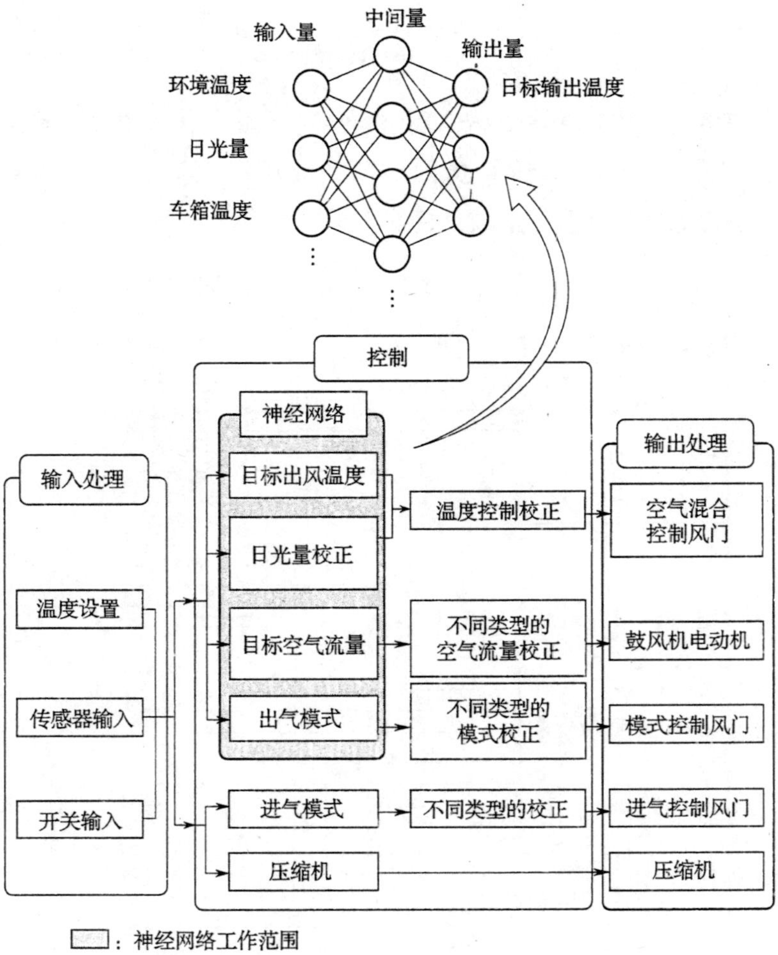

图 5—1—9　神经网络控制框图

正量、目标空气流量和出风模式控制量的形式进行呈现。相应地，空调放大器根据由神经网络控制所计算的控制量，控制伺服电动机和鼓风机电动机工作。

（3）总线连接器

总线连接器用于线束连接，以连接伺服电动机和空调放大器，如图 5—1—10 所示。

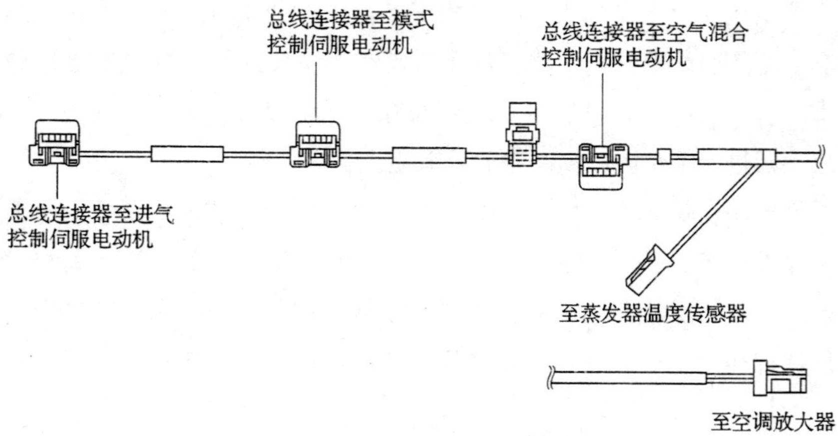

图 5—1—10　总线连接器

总线连接器有一个内置的通信/驱动集成电路，与各个伺服电动机连接器通信，驱动伺服电动机，并有位置检测功能，如图 5—1—11 所示。这使得伺服电动机线束能够进行总线通信，结构更轻而且线束数量更少。

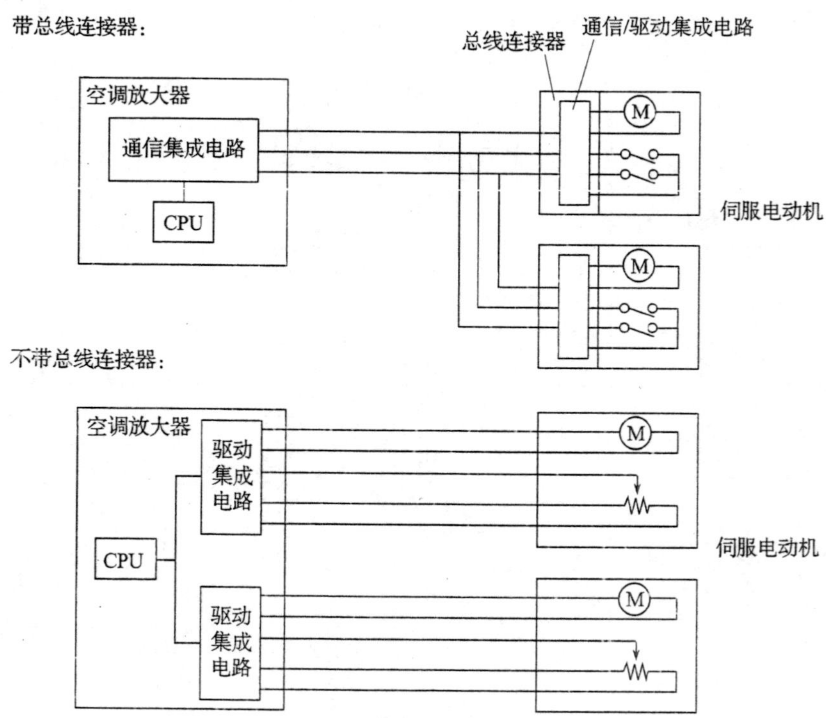

图 5—1—11　总线连接器内置的通信/驱动集成电路

（4）伺服电动机（见图 5—1—12）

和传统的根据电位计电压来检测位置的类型不同，脉冲模式伺服电动机根据两位 ON/OFF 信号来检测相对位置。

该电动机的正转和反转是根据能输出四种模式的两个脉冲 A 和 B 来检测的。空调放大器根据计算脉冲模式的次数来确定伺服电动机的停止位置。

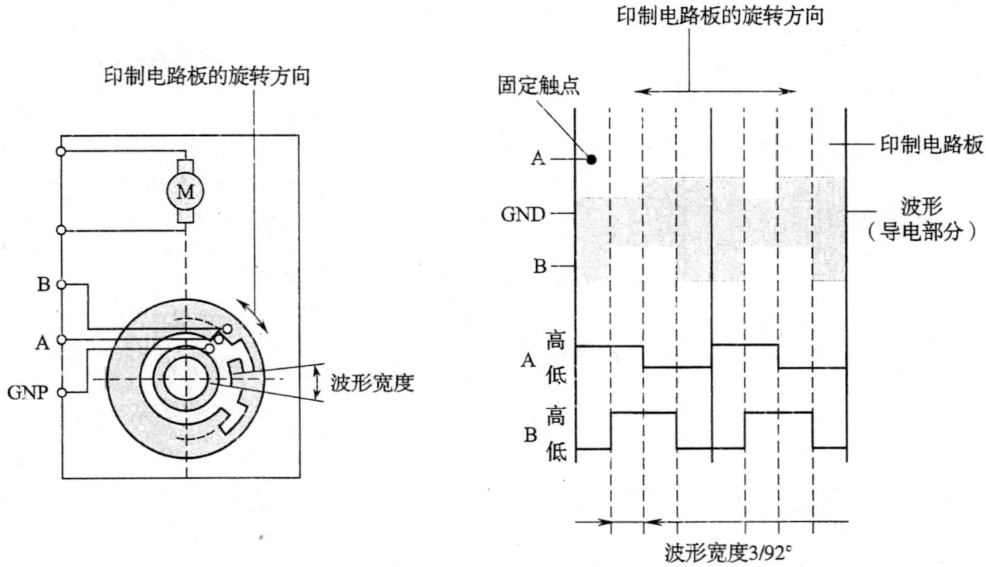

图 5—1—12　脉冲模式伺服电动机

五、空调控制器端子

1. 空调放大器端子

拆下一汽-丰田卡罗拉汽车自动空调放大器，认知空调放大器端子。其端子如图 5—1—13 所示，空调放大器的端子描述和规定状态见表 5—1—3。

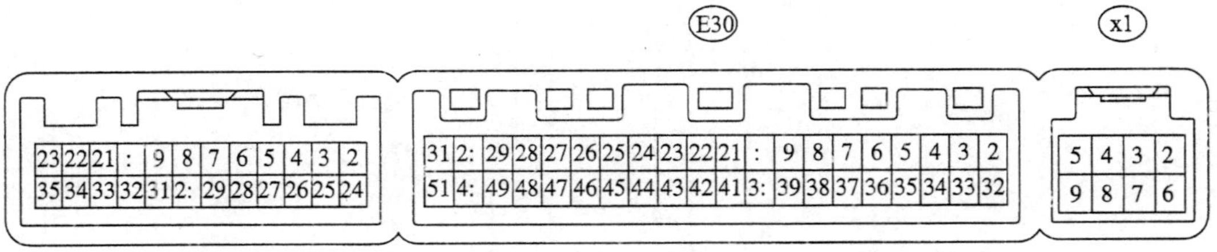

图 5—1—13　一汽-丰田卡罗拉汽车自动空调控制器端子

表 5—1—3　　　　丰田卡罗拉汽车自动空调放大器端子

端子	配线颜色	描述	检测条件	规定状态
E30－1（IG＋）－ E30－14（GND）	Y－BR	电源（IG）	点火开关：置于 ON（IG）位置	11～14 V

续表

端子	配线颜色	描述	检测条件	规定状态
E30－1（IG＋）－E30－14（GND）	Y－BR	电源（IG）	点火开关：置于OFF位置	低于1 V
E30－2（SOL＋）－E30－14（GND）	LG－BR	空调压缩机工作信号	发动机运转 空调开关：ON 鼓风机开关：ON	产生脉冲
E30－3（PTC1）－E30－14（GND）	W－BR	PTC加热器工作信号	发动机转速 （1 250 r/min或更高） 温度设置：MAX. HOT 环境温度：10℃ （50℉）或更低 发动机冷却液温度： 75℃（167℉）或更低 鼓风机开关：ON	11～14 V
E30－4（PTC3）－E30－14（GND）	BR－BR	PTC加热器工作信号	发动机转速 （1 250 r/min或更高） 温度设置：MAX. HOT 环境温度：10℃ （50 ℉）或更低 发动机冷却液温度： 5℃（149 ℉）或更低 鼓风机开关：ON	11～14 V
E30－9（PRE）－E30－13（SG－2）	L－G	空调压力传感器信号	起动发动机，运行空调系统， 制冷剂压力：压力异常 （高于3 140 kPa （32.0 kgf/cm²，455 psi））	4.74 V或更高
E30－9（PRE）－E30－13（SG－2）	L－G	空调压力传感器信号	起动发动机，运行空调系统， 制冷剂压力：压力异常 （低于196 kPa （2.0 kgf/cm²，28 psi））	低于0.76 V

续表

端子	配线颜色	描述	检测条件	规定状态
E30−9 (PRE) − E30−13 (SG−2)	L−G	空调压力 传感器信号	起动发动机，运行空调系统， 制冷剂压力：压力异常 (高于 3 140 kPa (32.0 kgf/cm^2，455 psi) 和低于 196 kPa (2.0 kgf/cm^2，28 psi))	0.76～ 4.47 V
E30−10 (S5−3) − E30−13 (SG−2)	B−G	空调压力 传感器电源	点火开关：置于 ON (IG) 位置空调开关：ON	4.5～ 5.5 V
E30−10 (S5−3) − E30−13 (SG−2)	B−G	空调压力 传感器电源	点火开关：置于 ON (IG) 位置空调开关：OFF	低于 1 V
E30−11 (CANH) − E30−12 (CANL)	V−W	CAN 通信 电路	点火开关：置于 ON (IG) 位置	产生脉冲
E30−13 (SG−2) −车身搭铁	G−车身 搭铁	空调压力 传感器、 空调环境 温度传感器、 空调锁止 传感器的搭铁	始终	低于 1 V
E30−14 (GND) −车身搭铁	BR−车身 搭铁	主电源搭铁	始终	低于 1 V
E30−21 (B) − E30−14 (GND)	W−BR	电源（备用）	始终	11～14 V
E30−22 (PTC2) − E30−14 (GND)	B−BR	PT 加热器 工作信号	发动机转速 (1 250 r/min 或更高) 温度设置：MAX. HOT 环境温度：10℃ (50 ℉) 或更低发动机冷却液温度： 5℃ (149 ℉) 至 70℃ (158 ℉) 鼓风机开关：ON	11～14 V
E30−23 (BLW) − E30−14 (GND)	R−BR	鼓风机电动机 转速控制信号	点火开关： 置于 ON (IG) 位置 鼓风机开关：ON	产生脉冲

续表

端子	配线颜色	描述	检测条件	规定状态
E30－25（ALT）－E30－14（GND）	L－BR	交流发电机信号（PTC加热器线路控制）	起动发动机	产生脉冲
E30－27（HLS）－E30－14（GND）	B－BR	前大灯信号（PTC加热器线路控制）	起动发动机 前大灯开关：OFF	11～14 V
E30－27（HLS）－E30－14（GND）	B－BR	前大灯信号（PTC加热器线路控制）	起动发动机 前大灯开关：ON	低于1 V
E30－29（TR）－E30－34（SG－1）	GR－V	空调车内温度传感器信号	点火开关：置于ON（IG）位置车厢温度为25℃（77 ℉）	1.8～2.2 V
E30－29（TR）－E30－34（SG－1）	GR－V	空调车内温度传感器信号	点火开关：置于ON（IG）位置车厢温度为40℃（104 ℉）	1.2～1.6 V
E30－31（S5－4）－E30－14（GND）	LG－BR	空调阳光传感器电源	点火开关：置于ON（IG）位置 空调开关：ON	4.5～5.5 V
E30－33（TS）－E30－14（GND）	P－BR	空调阳光传感器信号	点火开关：置于ON（IG）位置 阳光传感器暴露于灯光下	0.8～4.3 V
E30－33（TS）－E30－14（GND）	P－BR	空调阳光传感器信号	点火开关：置于ON（IG）位置 用布盖上阳光传感器	低于0.8 V
E30－34（SG－1）－车身搭铁	V－车身搭铁	空调车内温度传感器的搭铁	始终	低于1 V
E30－37（LIN1）－E30－14（GND）	SB－BR	LIN通信信号	点火开关：置于ON（IG）位置	产生脉冲
E30－38（RDFG）－E30－14（GND）	B－BR	DEF继电器信号	点火开关：置于ON（IG）位置 REAR DEF开关：ON	低于1 V
E30－38（RDFG）－E30－14（GND）	B－BR	DEF继电器信号	点火开关：置于ON（IG）位置 REAR DEF开关：OFF	11～14 V
x1－2（BUB G）－车身搭铁	—	BUS IC搭铁	始终	低于1 V
x1－3（BUS）－x1－2（BUB G）	—	BUS IC控制信号	点火开关：OFF→ON（IG）	产生脉冲
x1－4（B BUS）－x1－2（BUB G）	—	BUS IC电源	点火开关：置于OFF位置	低于1 V

续表

端子	配线颜色	描述	检测条件	规定状态
x1—4（B BUS）—x1—2（BUB G）	—	BUS IC 电源	点火开关：置于 ON（IG）位置	11～14 V
x1—5（SGA）—车身搭铁	—	蒸发器温度传感器搭铁	始终	低于 1 V
x1—6（TEA）—x1—5（SGA）	—	空调蒸发器温度传感器信号	点火开关：置于 ON（IG）位置蒸发器温度为 0℃（32 ℉）	1.7～2.1 V
x1—6（TEA）—x1—5（SGA）	—	空调蒸发器温度传感器信号	点火开关：置于 ON（IG）位置蒸发器温度为 15℃～14 V（59 ℉）	0.9～1.3 V

2．空调控制总成端子

拆下一汽-丰田卡罗拉汽车自动空调控制总成，认知空调控制总成端子。其端子如图 5—1—14 所示，空调控制总成端子的描述和规定状态见表 5—1—4。

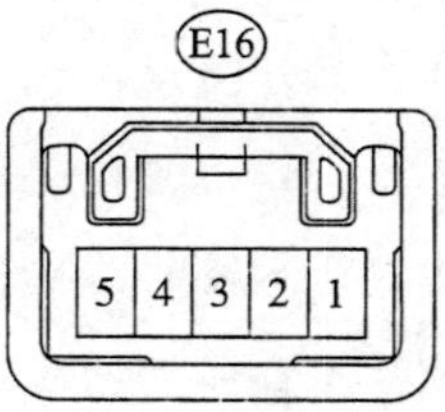

图 5—1—14　一汽—丰田卡罗拉汽车自动空调控制总成端子

表 5—1—4　　一汽-丰田卡罗拉汽车自动空调控制总成端子

端子	配线颜色	描述	检测条件	规定状态
E16—2（GND）—车身搭铁	BR—车身搭铁	空调控制总成的搭铁	始终	低于 1 V
E16—3（LIN1）—E16—2（GND）	SB—BR	LI 通信电路	点火开关：置于 ON（IG）位置	产生脉冲
E16—5（IG+）—E16—2（GND）	B—BR	电源（IG）	点火开关：置于 OFF 位置	低于 1 V
E16—5（IG+）—E16—2（GND）	B—BR	电源（IG）	点火开关：置于 ON（IG）位置	11～14 V

思考与练习

一、简答题

1. 自动空调控制系统由哪几部分组成？

2. 简述自动空调的工作原理。

二、实训题

在实车上认知丰田卡罗拉汽车自动空调的控制器端子。

课题二　自动空调的输入元件

学习目标

- 掌握车内、外温度传感器、蒸发器温度传感器、阳光传感器、空气质量传感器、烟雾传感器的作用、构造与工作原理。
- 掌握水温传感器的作用和结构。
- 能正确检修自动空调输入元件。

想一想

自动空调系统的输入信号主要来自车外温度传感器、车内温度传感器、蒸发器温度传感器、阳光传感器、水温传感器、空气质量传感器、烟雾传感器、发动机电控单元输出信号等。它们对于自动空调有什么作用？其结构和工作原理是什么？出现故障时又该如何检修？

一、车内温度传感器

车内温度传感器也称室内温度传感器或车内气温传感器。

1. 作用

车内温度传感器是自动空调的重要传感器之一，它会影响出风口空气的温度、鼓风机的转速、进气门的位置以及模式门的位置等。它通常安装在仪表台后面的吸气装置内，如图 5—2—1 所示。

（1）确定混合门的位置，从而决定出风口空气温度

车内温度传感器指示的车内温度越高，混合门就越朝“冷”的方向移动，出风口

的温度就越低；反之，车内温度传感器指示的车内温度越低，混合门就越朝“热”的方向移动，出风口的温度就越高。

（2）确定鼓风机的转速，从而决定出风口的风量

在制冷工况下，车内温度传感器指示的车内温度越高，鼓风机的转速就越高；反之，车内温度传感器指示的车内温度越低，鼓风机的转速就越低。在取暖工况下，车内温度传感器指示的车内温度越高，鼓风机的转速就越低；反之，车内温度传感器指示的车内温度越低，鼓风机的转速就越高。

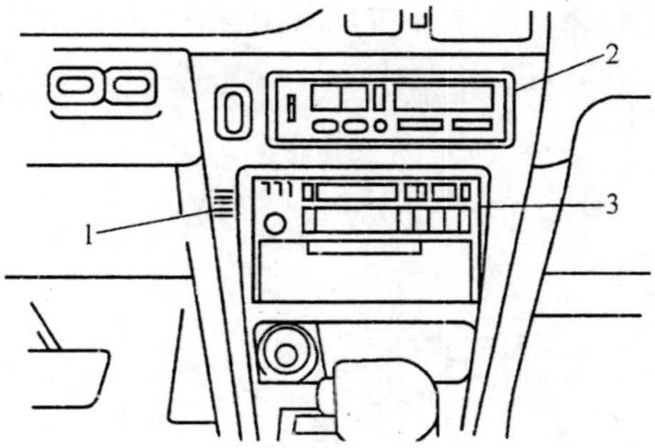

图 5—2—1　车内温度传感器的安装位置

1—温度传感器格栅

2—空调控制面板　3—音响控制面板

（3）确定进气门的位置，从而影响车内空气的温度与新鲜度

在制冷工况下，特别是在刚开始制冷时（车内空气温度高），一般进气门均处于内循环位置。随着时间的推移，车内空气温度下降，根据不同的环境温度，进气门可以处于20％新鲜空气的位置或新鲜空气的位置。

（4）确定模式门的位置

由于车内温度传感器都安装在仪表板的里面，位置较封闭，因此，为了准确且及时地测量当前的车内平均温度，系统会强制将车内空气不断地流向车内温度传感器。

2．结构

按强制导向车内温度传感器的气流方式不同，车内温度传感器可分为吸气器型和电动机型两种，如图 5—2—2 和图 5—2—3 所示。

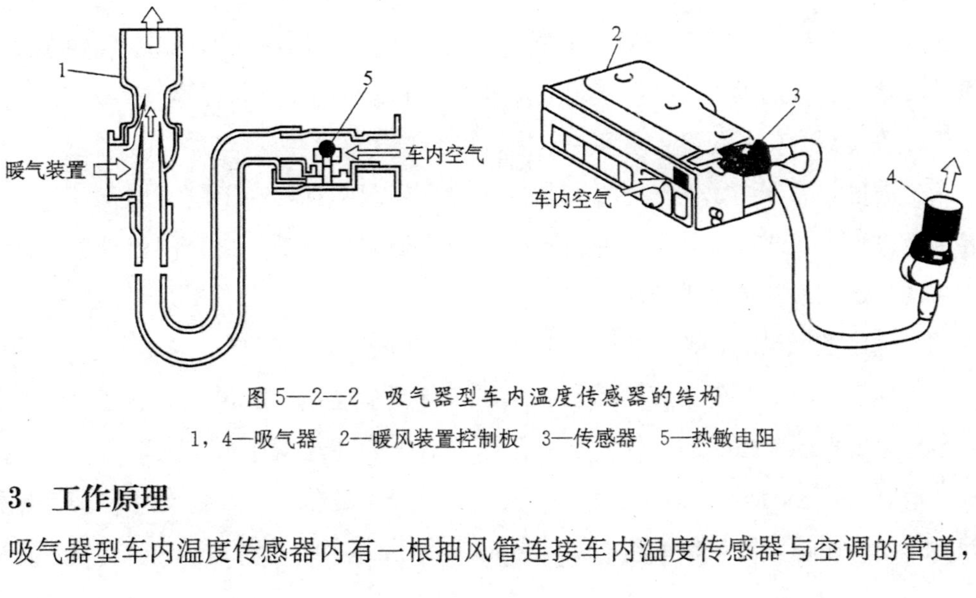

图 5—2—2　吸气器型车内温度传感器的结构

1，4—吸气器　2—暖风装置控制板　3—传感器　5—热敏电阻

3．工作原理

吸气器型车内温度传感器内有一根抽风管连接车内温度传感器与空调的管道，与

空调管道连接处有文杜利效应装置。鼓风机工作，空气快速流过就会产生负压。这样就有少量空气流过车内温度传感器，如图 5—2—4 所示。

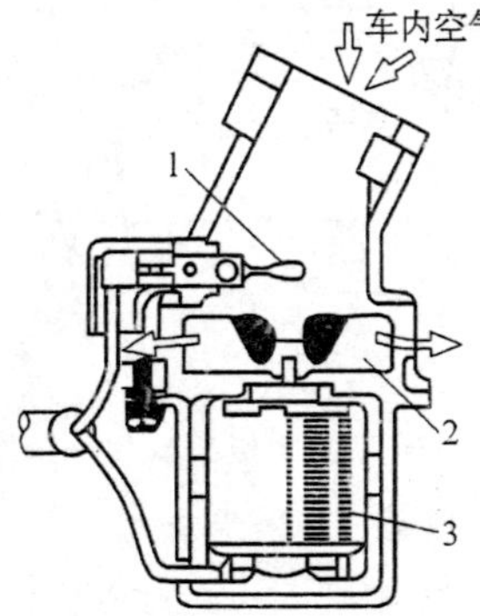

图 5—2—3　电动机型车内温度传感器的结构

1—热敏电阻　2—风扇　3—电动机

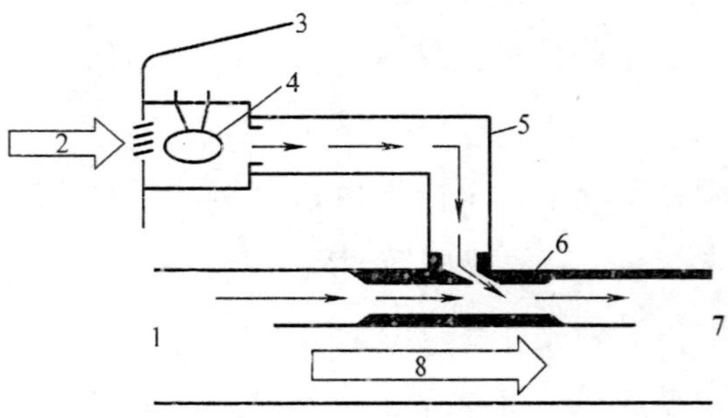

图 5—2—4　吸气器型车内温度传感器的工作原理

1—入口　2—车内空气　3—仪表板　4—车内温度传感器　5—吸气管　6—喉管　7—出口　8—主气流

电动机型车内温度传感器是由电动机带动一个小风扇，通过风扇工作产生吸力，从而使车内空气流过传感器。

自动空调系统所采用的车内温度传感器都采用负温度系数的热敏电阻，也就是随着温度的升高，电阻会减小；随着温度的降低，电阻会增大。

二、车外温度传感器

车外温度传感器也称为环境温度传感器、外界空气温度传感器或大气温度传感器。

1. 作用

车外温度传感器是自动空调的重要传感器之一。它能影响出风口空气的温度、鼓风机的转速、进气门的位置和模式门的位置以及压缩机的工作状态等。

（1）确定混合门的位置，从而决定出风口的空气温度

车外温度传感器指示的车外温度越高，混合门就越朝“冷”的方向移动，出风口的温度就越低；反之，车外温度传感器指示的车外温度越低，混合门就越朝“热”的方向移动，出风口的温度就越高。

（2）确定鼓风机的转速，从而决定出风口的风量

在制冷工况下，车外温度传感器指示的车外温度越高，鼓风机的转速就越高；反之，车外温度传感器指示的车外温度越低，鼓风机的转速就越低。在取暖工况下，车外温度传感器指示的车外温度越高，鼓风机的转速就越低；反之，车外温度传感器指示的车外温度越低，鼓风机的转速就越高。

（3）确定进气门的位置，从而影响车内空气的温度与新鲜度

在制冷工况下，车外温度传感器指示的车外温度较高时，进气门处于内循环位置。随着时间的推移和车内空气温度的下降，进气门可以处于20%新鲜空气的位置。

（4）确定模式门的位置

（5）控制压缩机

一般自动空调在环境温度低于某一数值（如2℃）时，压缩机就不会工作。

2．结构

车外温度传感器一般都安装在前保险杠内或水箱之前，如图5—2—5所示。

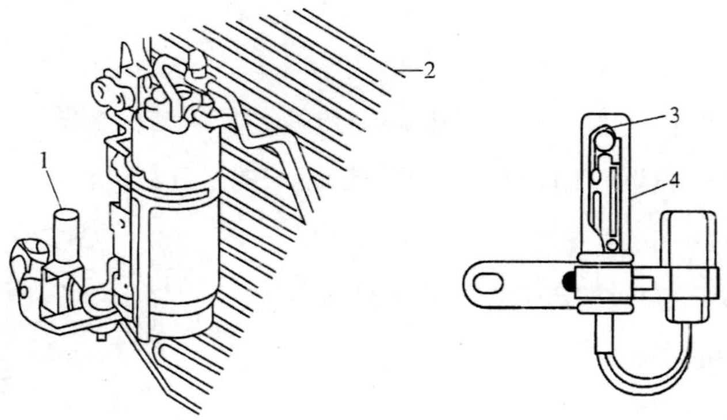

图5—2—5　车外温度传感器的结构

1—车外温度传感器　2—冷凝器　3—热敏电阻　4—树脂壳

3．工作原理

车外温度传感器的工作原理与车内温度传感器相同。

由于车外传感器一般都是安装在前保险杠内或散热器之前，极易受到环境（水箱温度、前面车辆的排气等）影响，因此车外传感器一般包在一个注塑树脂壳内，以免对温度的突然变化作出反应，确保其能准确地检测到车外的温度。除此之外，有些车型在空调电控单元（ECU）内部设有防假输入电路，不同车型的防假输入电路是不同的。其中，上海别克汽车空调防假输入电路的工作原理如下。

外部空气温度传感器位于车辆前减振器下面的护栅部位，HAVC（暖风通风空调）控制器通过该传感器接收环境温度信息。根据该信息，暖风通风空调控制板向驾驶员提供外界空气温度数字显示。

若外界温度增加，所显示的温度只有在如下条件下才能随之增高：

（1）车辆以高于32 km/h的速度行驶约2 min。

（2）车辆以高于72 km/h的速度行驶约1 min。

这些限制有助于防止错误读数。若所显示的温度下降，外界温度显示将立即更新。

如果车辆熄火超过 3 h，车辆再启动时，将显示当前外界温度。如果车辆熄火不足 3 h，车辆再启动时，将显示车辆上次操作时的温度。

三、蒸发器温度传感器

1. 作用

一汽一丰田卡罗拉汽车自动空调装有蒸发器温度传感器。蒸发器温度传感器通过测量蒸发器表面温度，可以修正混合门位置，控制压缩机，并在蒸发器表面温度低于一定值时，使压缩机停止工作，以防止蒸发器表面结霜。

注意：有些车型有两个蒸发器温度传感器，其中一个用来修正混合门位置，另一个用来防止蒸发器结霜。

2. 结构

蒸发器的热敏电阻一般安装在蒸发器传热片上，其结构如图 5—2—6 所示。有的安装在蒸发器出风口位置，用来测量从蒸发器出来的空气温度。

3. 工作原理

蒸发器温度传感器中热敏电阻的工作原理与车内、车外温度传感器相同。

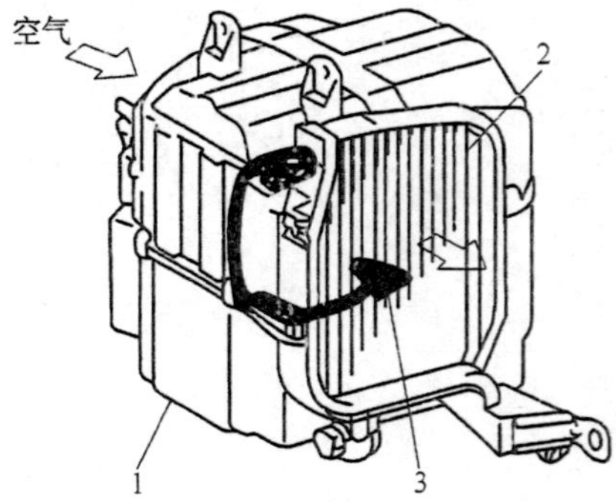

图 5—2—6 蒸发器温度传感器

1—冷气装置 2—蒸发器 3—蒸发器传感器

四、水温传感器

1. 作用

（1）测量热交换器芯温度，修正混合门的位置

有些车型采用发动机水温传感器代替。

（2）保护功能，避免发动机尚在高温状态时压缩机的工作

有些车型采用发动机水温传感器代替，有些车型采用水温开关代替。

（3）控制鼓风机，在水温过低时，启动鼓风机的预热控制

也就是在水温过低，且在取暖工况时，为了防止吹出的风是冷风，鼓风机会低速工作或停止工作。有些车型采用发动机水温传感器代替，也有些车型采用水温开关代替。

2. 结构

汽车空调系统的水温传感器一般安装在暖风装置里面，如图 5—2—7 所示。

3. 工作原理

自动空调系统中的水温传感器采用的也是负温度系数的热敏电阻。

五、阳光传感器

1. 作用

阳光传感器也叫日光传感器、日照传感器等。它将照在传感器上的太阳光信号转变为电压或电流值传送给空调控制器，来修正混合门的位置与鼓风机的转速。

2. 结构

一般安装在仪表板的上面，靠近前挡风玻璃的底部，如图 5—2—8 所示。

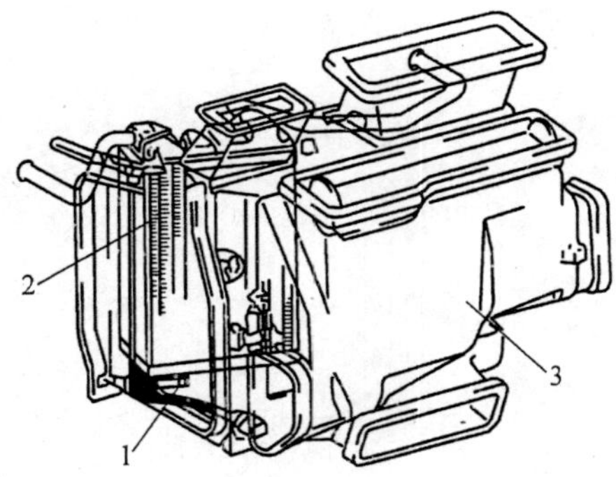

图 5—2—7　水温传感器

1—水温传感器　2—暖风芯　3—暖风装置

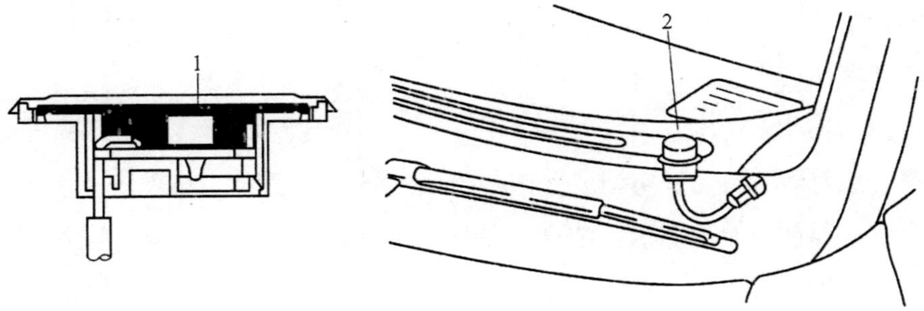

图 5—2—8　阳光传感器

1—光电二极管　2—阳光传感器

3. 工作原理

阳光传感器中的光电二极管可检测出日照强度的变化，并将其变为电流信号传至空调控制器。它的特性如图 5—2—9 所示。

六、空气质量传感器

1. 作用

空气质量传感器也称多功能传感器。它主要是用来测量空气中的水分、环境温度和外界空气的污染程度（通过测量空气中的 CO、CO_2、NO_x 等的含量），空调电控单元（ECU）通过测量结果来控制压缩机的工作与进气门的位置。

2. 结构

空气质量传感器的结构如图 5—2—10 所示，其测量元件是一个混合氧传感器。空气质量传感器的精度因催化添加物铂铑数量的增加而提高。

3. 工作原理

该传感器的工作原理类似于电控发动机中的氧传感器，传感器的工作温度为 350℃，其耗电量约为 0.5 W。

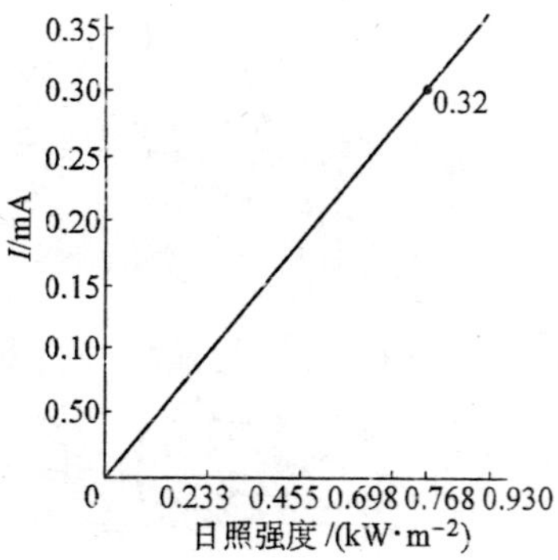

图 5—2—9　阳光传感器的特性

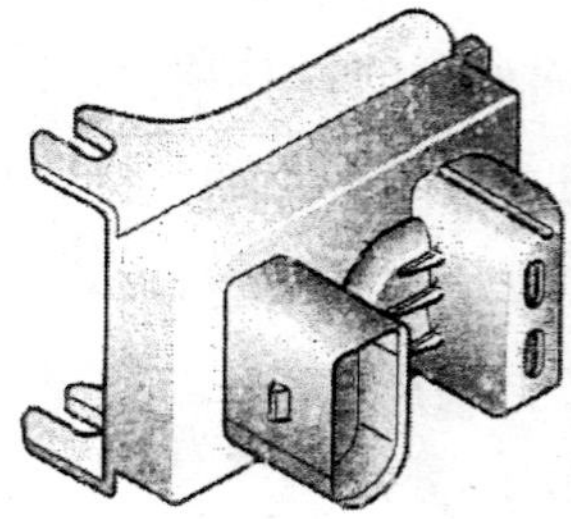

图 5—2—10　空气质量传感器

七、烟雾传感器

1．作用

控制鼓风机转速。

2．工作原理

烟雾传感器设置在后置空调装置内，当接通点火开关且空调处于“AUTO”方式时，烟雾传感器便开始检测烟雾浓度，并将信号传送给空调控制器，以控制后送风鼓风机电动机的转速。

教学互动

请将对传感器的作用叙述（见 a～d）与给出的各类传感器（1～4）对应起来。

1．车内温度传感器　2．环境（车外）温度传感器

3．阳光传感器　　　4．蒸发器温度传感器

a）用于防止产生霜冻、控制温度及气流延时。

b）用来探测日照强度，以控制由于日照强度波动引起的车内温度波动。

c）用来探测外部温度，以控制由于外部温度波动引起的车内温度波动。

d）探测车内温度，是温度控制的基础。

八、自动空调输入元件的检修

【器材设备准备】

一汽一丰田卡罗拉自动空调汽车或其他自动空调汽车、数字式万用表、常用工具。

1．车内温度传感器的检修

一汽-丰田卡罗拉自动空调汽车车内温度传感器与空调放大器（空调控制器）连接电路如图 5—2—11 所示，其他常见的车内温度传感器电路与此类似。

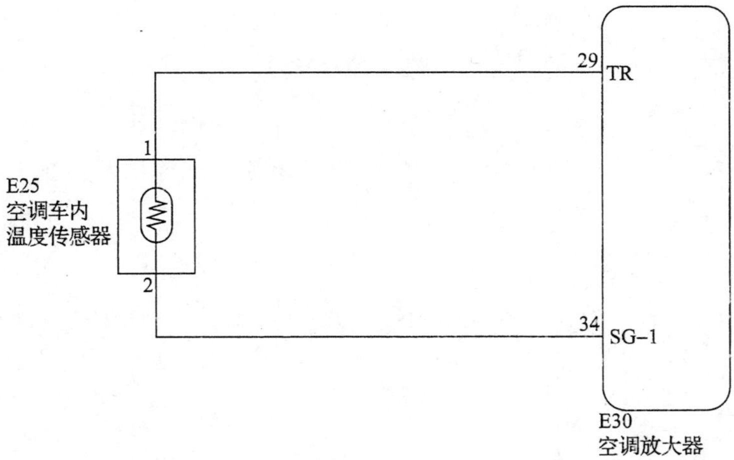

图 5—2—11　车内温度传感器与空调控制器连接电路图

（1）检查空调控制器总成

拆下空调控制器，但连接器不断开，将点火开关旋至“ON”位置，并用万用表测量控制器连接端子 TR 和 SG－1 之间的电压，如图 5—2—12 所示。测量的电压应随温度的升高而下降。在 25℃时，电压应为 1.35～1.75 V，在 40℃时，电压应为 0.9～1.2 V。如果电压正常，则按故障症状进行其他电路的检查；若不正常，则进行下一步检查。

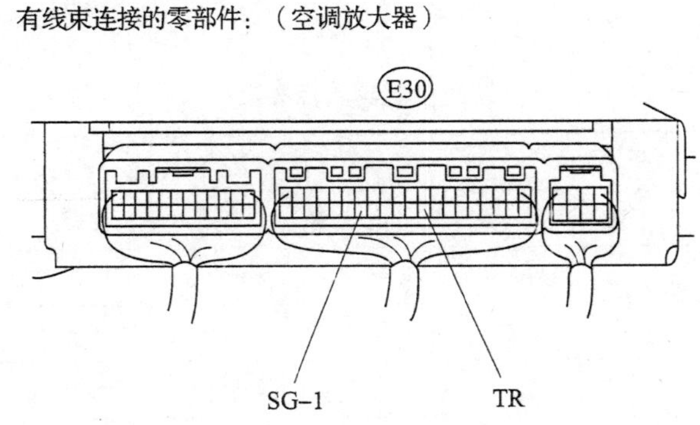

图 5—2—12　检查控制器总成

（2）检查车内温度传感器热敏电阻器

拆下车内温度传感器，测量连接器的端子 1 和端子 2 之间的电阻，如图 5—2—13 所示。电阻应随温度的升高而减小。在 25℃时，电阻值应为 1.60～1.80 kΩ；在 40℃时，电阻值应为 0.80～1.00 kΩ。如果电阻正常，则进行下一步检查；若不正常，则需要更换车内温度传

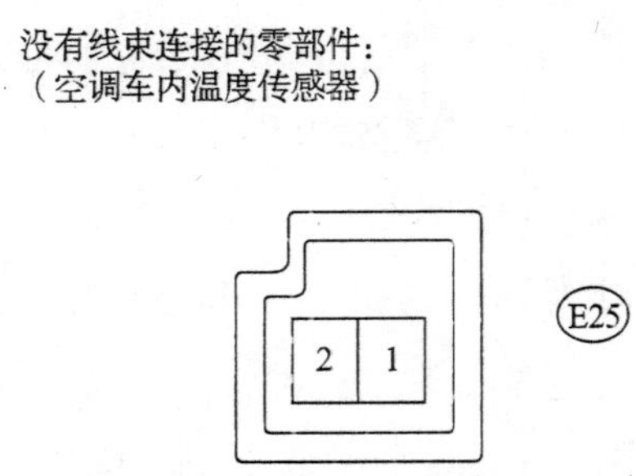

图 5—2—13　车内温度传感器连接器端子

感器。

（3）检查车外温度传感器与控制器之间的配线连接器

拆下车外温度传感器的接头以及与空调控制器的连接插头，检测配线连接器是否断路或短路。如果出现断路或短路，则需修理或更换配线连接器；如果正常则检查空调控制器。

2．阳光传感器的检修

一汽-丰田卡罗拉汽车自动空调阳光传感器与空调控制器的连接电路如图 5—2—14 所示。

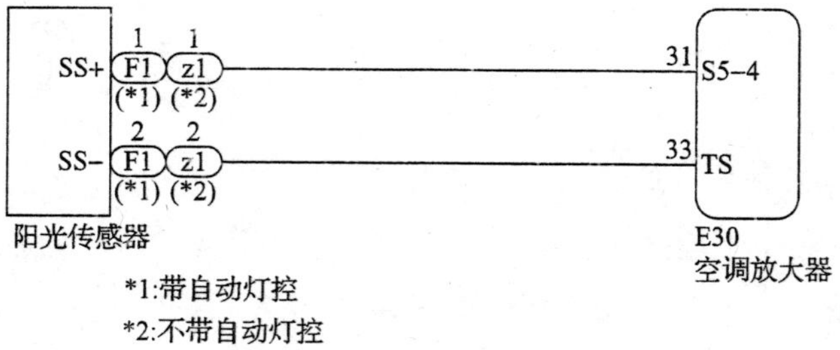

图 5—2—14 阳光传感器与空调控制器的连接电路

（1）检查阳光传感器

断开阳光传感器连接器，根据表 5—2—1 中的值测量过电压，连接器端子如图 5—2—15 所示。

表 5—2—1　阳光传感器的标准电压

检测仪连接端子	检测条件	规定状态
F1－1（SS＋）－F1－2（SS－）（*1）	点火开关：置于 OFF 位置	低于 1 V
F1－1（SS＋）－F1－2（SS－）（*1）	点火开关：置于 ON（IG）位置	11～14 V
z1－1（SS＋）－z1－2（SS－）（*2）	点火开关：置于 OFF 位置	低于 1 V
z1－1（SS＋）－z1－2（SS－）（*2）	点火开关：置于 ON（IG）位置	11～14 V

（2）检查阳光传感器线束和连接器

阳光传感器与空调放大器的连接器端子如图 5—2—16 所示。断开空调放大器连接器和阳光传感器连接器，检测配线连接器是否断路或短路。如果出现断路或短路，则需修理或更换配线连接器。

注意：一汽-丰田卡罗拉汽车自动空调的环境温度传感器、蒸发器温度传感器、压力传感器的检修方法可以参照模块四课题一。

3．空气质量传感器的检修

雷克萨斯 LS400 空气质量传感器与空调控制器的线路连接如图 5—2—17 所示。

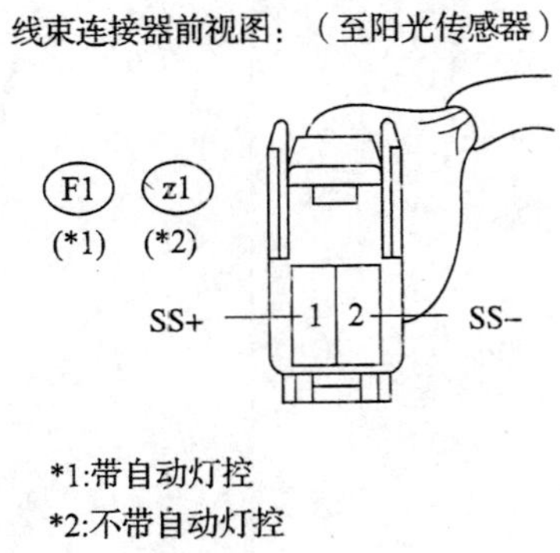

图 5—2—15　阳光传感器的端子

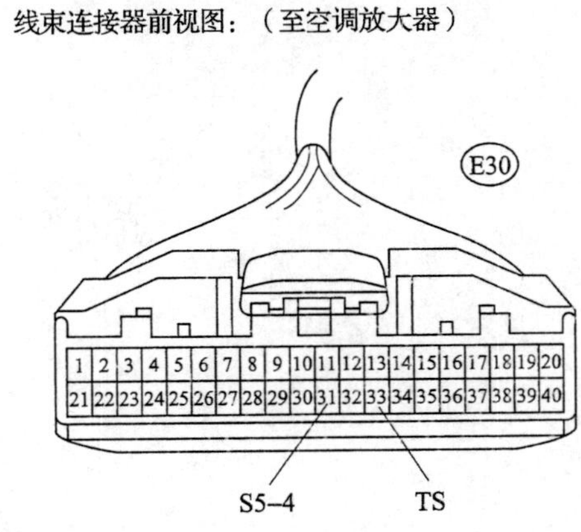

图 5—2—16　阳光传感器与空调放大器的连接器端子

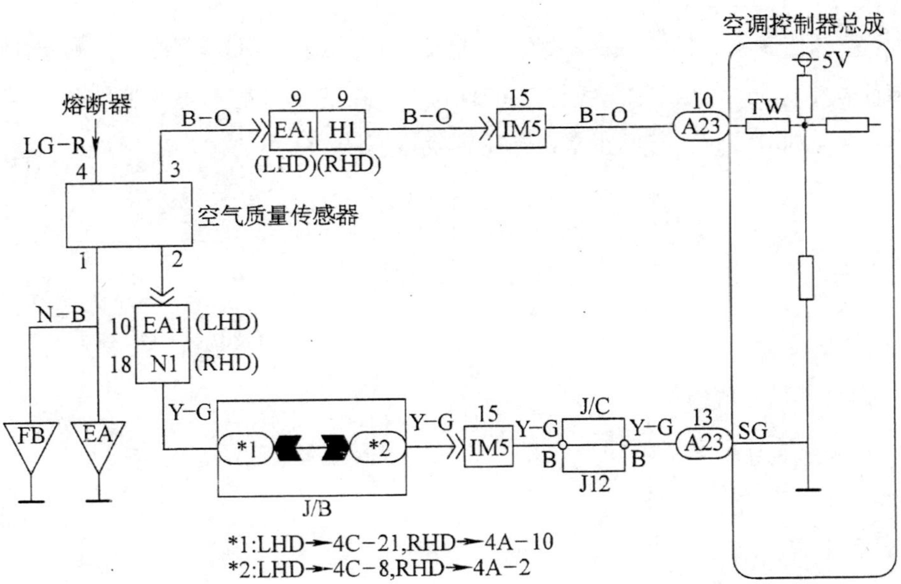

图 5—2—17　雷克萨斯 LS400 空气质量传感器与空调控制器线路连接图

（1）电压测试

将点火开关置于“ON”位置 30 s 后，传感器的信号电压应为 0.1～4.5 V（10～35℃时）。

（2）电阻测试

拆下空气质量传感器接头，把传感器 4 号脚接蓄电池正极，1 号脚搭铁，30 s 后测量传感器 2 号与 3 号脚间的电阻，电阻值应为 5～100 kΩ（10～35℃时）。

4．烟雾传感器的检修

雷克萨斯 LS400 烟雾传感器与空调控制器的线路连接如图 5—2—18 所示。

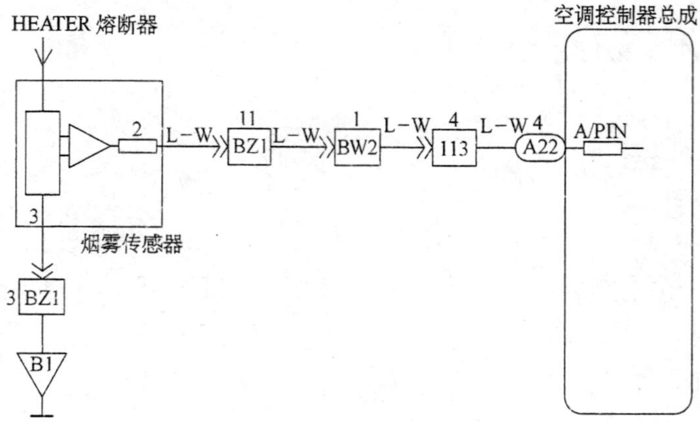

图 5—2—18　雷克萨斯 LS400 烟雾传感器与空调控制器线路连接图

拆下空调控制器，但连接器不断开，将点火开关旋至“ON”位置，测量烟雾吹到烟雾传感器时端子 A/PIN 和车身搭铁间的电压。在有烟雾时，电压应约为 5 V；无烟雾时，电压应约为 0 V。若不正常，则需更换传感器。

思考与练习

一、简答题

1. 阳光传感器的作用是什么？

2. 简述阳光传感器的工作原理。

3. 车内温度传感器的作用是什么？

二、实训题

1. 练习检测阳光传感器。

2. 练习检测车内温度传感器。

课题三　自动空调的执行元件

学习目标

◆ 熟悉空气混合伺服电动机的形式。

◆ 熟悉出风模式伺服电动机的形式。

- 熟悉进气控制伺服电动机的形式。
- 掌握空气混合风门控制伺服电动机电路（乘客侧）的检修方法。
- 掌握进气风门控制伺服电动机电路的检修方法。
- 掌握出气风门控制伺服电动机电路的检修方法。
- 掌握 BUS IC 通信故障的检修方法。

想一想

自动空调的执行元件一般包括鼓风机、电磁离合器、伺服电动机等。伺服电动机主要有空气混合伺服电动机、出风模式伺服电动机以及进气控制伺服电动机等。它们的安装位置如图 5—3—1 和图 5—3—2 所示，在其出现故障时该如何进行检修呢？

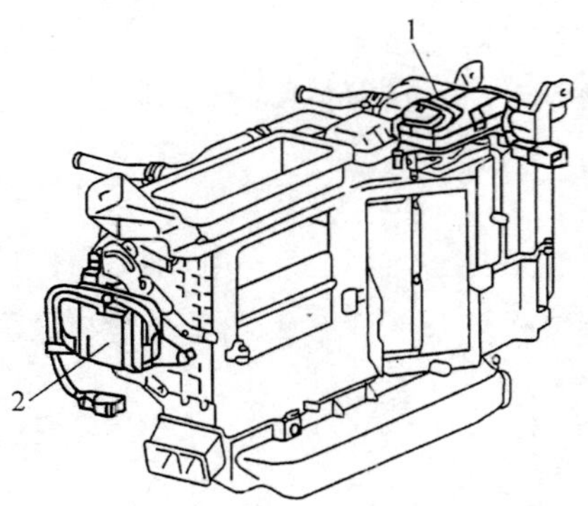

图 5—3—1　空气混合控制伺服电动机和出风模式伺服电动机的安装位置

1—空气混合伺服电动机

2—出风模式伺服电动机

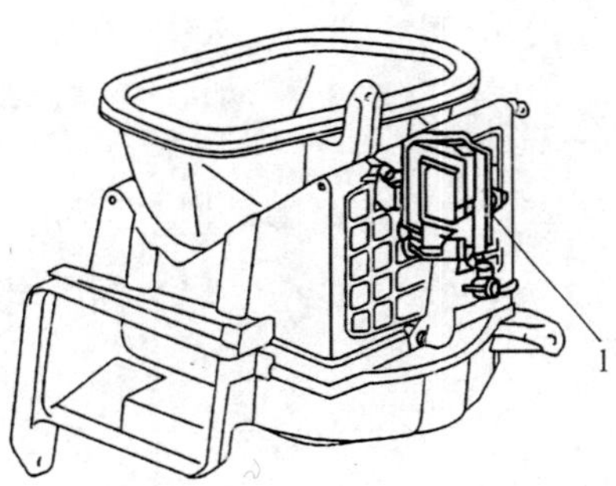

图 5—3—2　进气控制伺服电动机的安装位置

1—进气控制伺服电动机

一、风门

伺服电动机控制着通风管路壳体里的若干个风门。根据风门的位置和功能可以将其分成三类：混合模式风门、循环模式风门和气流方向模式风门。风门的开启、关闭和位置（角度）调节，能起到控制空气流通路径和方向的作用。各个风门不同的相对位置与空调系统工作状态的组合关系，称为“风门模式”。例如，吹脚模式（热风或冷风吹向乘员的脚和腿）、除霜模式、水平模式、内循环模式等。

二、空气混合伺服电动机

根据控制方式的不同，可以将空气混合伺服电动机分为以下五种。

1. 直流电动机＋位置传感器

这种控制形式主要用在福特、丰田、本田、三菱以及早期的日产等车型上。丰田的空气混合伺服电动机安装在暖气装置的底部，经连杆操纵空气混合控制风挡和鼓风机转速控制开关（有些型号采用拉线操纵热水阀）。位置传感器位于伺服电动机内部。空调控制器通过控制电动机动作，带动混合门移动，同时也带动位置传感器的触点移动，并通过该信号的变化来给混合门定位。如图 5—3—3 所示为风神蓝鸟的空气混合门电动机与空调控制器的电路连接形式。

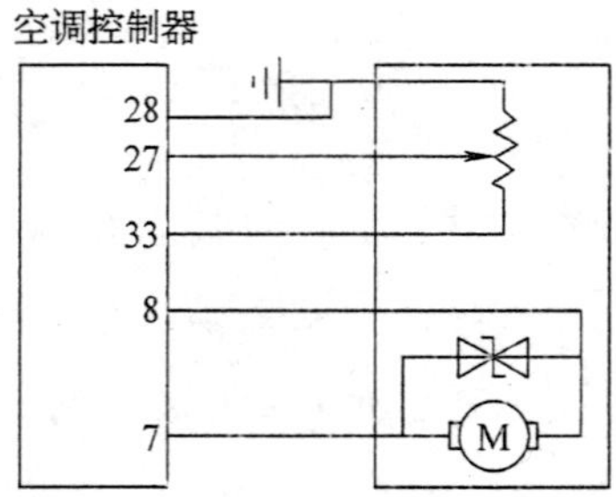

图 5—3—3　风神蓝鸟的空气混合门电动机与空调控制器的电路连接图

2．步进电动机

宝马、雷克萨斯等车型多采用步进电动机来控制混合门，步进电动机具有自定位的功能，这种形式的空气混合伺服电动机没有位置传感器。它的电路接线如图 5—3—4 所示。

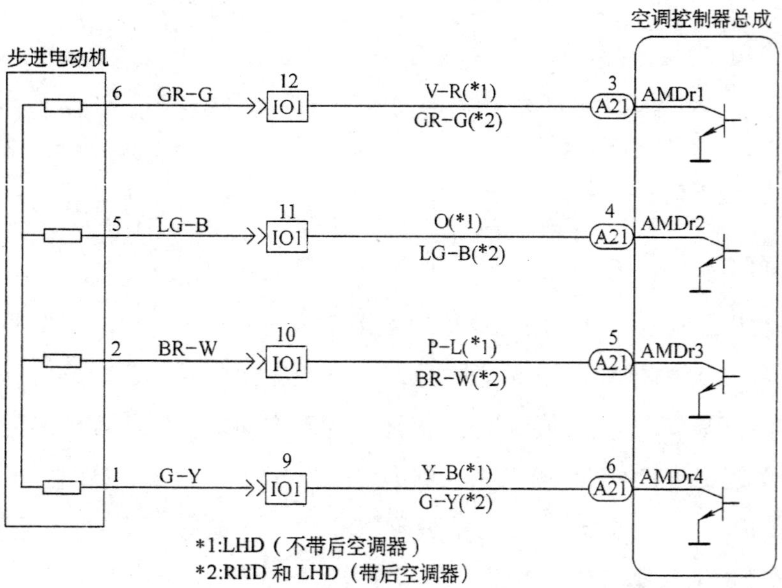

图 5—3—4　步进电动机与空调控制器的连接图

3．混合门伺服电动机内含微芯片，通过数据总线与空调控制器通信

现在新款车型上普遍采用这种形式的伺服电动机，如奔驰、日产风度等，其与空

调控制器的连接如图 5—3—5 所示。这种形式的伺服电动机不能通过普通的方法检测，应首先检测数据总线的供电电源电压。其次采用系统最小化的原理进行检测。以日产风度 A32 车型为例，就是把接在同一总线上的模式门电动机拆下，若此时混合门正常，则说明模式门电动机有故障。最后，把接在同一总线上的混合门拆下，若模式门正常，则说明混合门电动机有故障，否则空调电控单元（ECU）有故障。

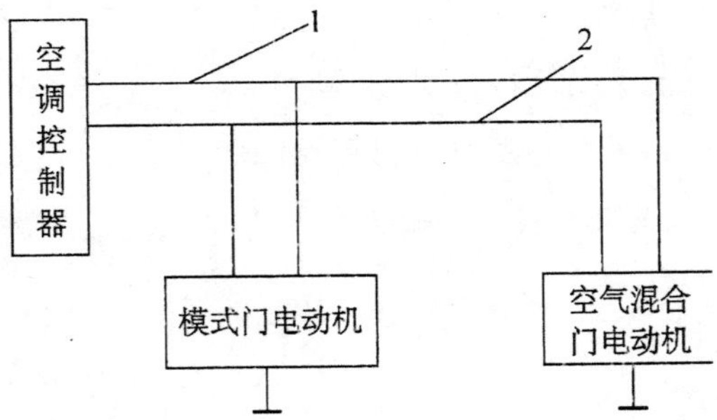

图 5—3—5　混合门伺服电动机与空调控制器的连接示意图（一）

1—电源电路　2—通信电路

4. 混合门伺服电动机内含微芯片，但不通过数据总线与空调控制器通信

这种形式的伺服电动机主要用在通用车系上，其与空调控制器的连接如图 5—3—6 所示。

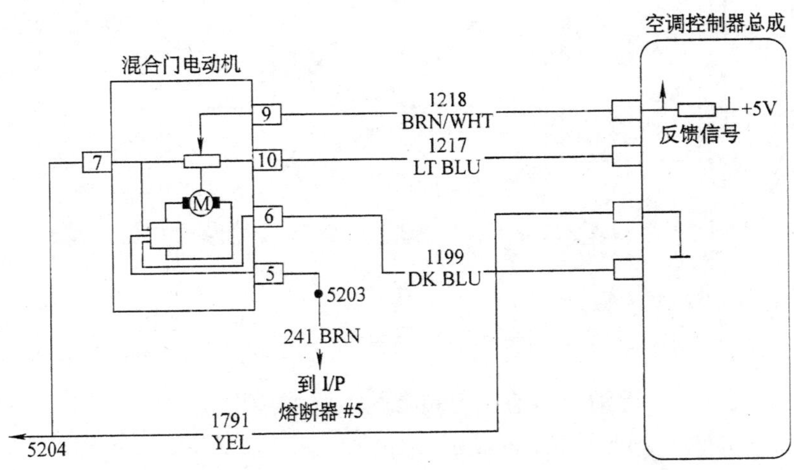

图 5—3—6　混合门伺服电动机与空调控制器的连接示意图（二）

当驱动信号线上的电压为 2.5 V 时，混合门应不动；当电压为 5 V 时，混合门应向冷的方向移动；当电压为 0 V 时，混合门应向热的方向移动。当混合门伺服电动机从冷气侧移到暖气侧时，1218 线的电压应从 4 V（最冷）不间断地逐渐变小到 1 V（最热）。

5．真空伺服电动机

真空伺服电动机主要应用在奔驰汽车上。

三、出风模式伺服电动机

自动空调的出风模式有吹脸（face）、双层（B/L）、吹脚（foot）、除雾（defrost）等不同模式。模式门的位置由伺服电动机控制，根据控制方式的不同，也可以将出风模式伺服电动机分为以下五种。

1．直流电动机＋位置传感器

这种形式主要用于JEEP、三菱、丰田等品牌的车型，如图5—3—7所示为一汽一丰田卡罗拉汽车自动空调出风模式伺服电动机与空调控制器的电路连接形式。

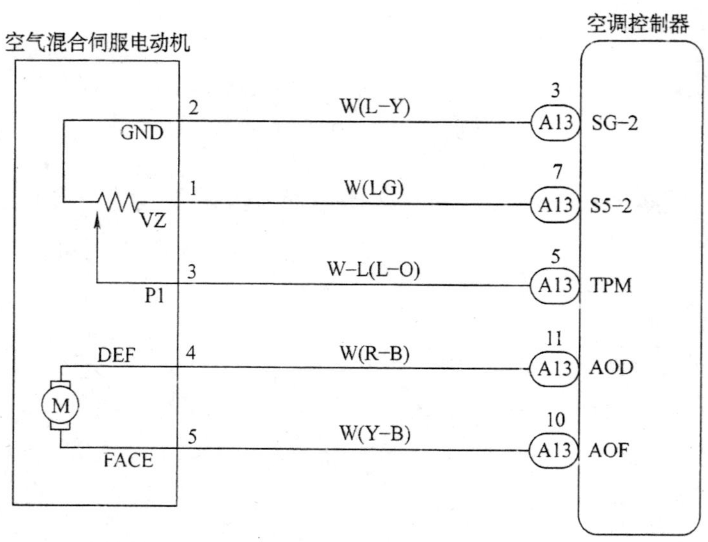

图5—3—7　出风模式伺服电动机与空调控制器的电路连接图（一汽-丰田卡罗拉）

2．直流电动机＋位置开关

这种形式主要应用于本田、马自达、日产等品牌的车型，如图5—3—8所示为风神蓝鸟的出风模式伺服电动机与空调控制器的电路连接形式。

3．电动机内含微芯片，通过数据总线与空调控制器通信

现在新款车型上普遍采用这种形式，如奔驰、日产风度等，其与空调控制器的连接如图5—3—5所示。

4．真空伺服电动机

如图5—3—9所示为别克自动空调真空伺服电动机的结构图。

5．丰田汽车专用的模式门伺服电动机

丰田汽车专用的模式门伺服电动机控制结构示意图如图5—3—10所示。

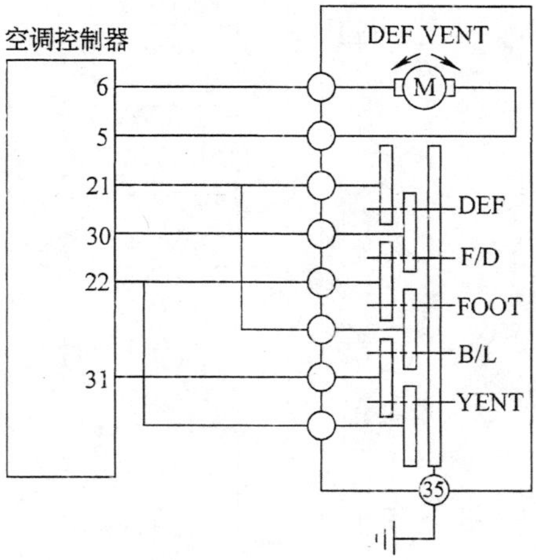

图 5—3—8　出风模式伺服电动机与空调控制器的电路连接图（风神蓝鸟）

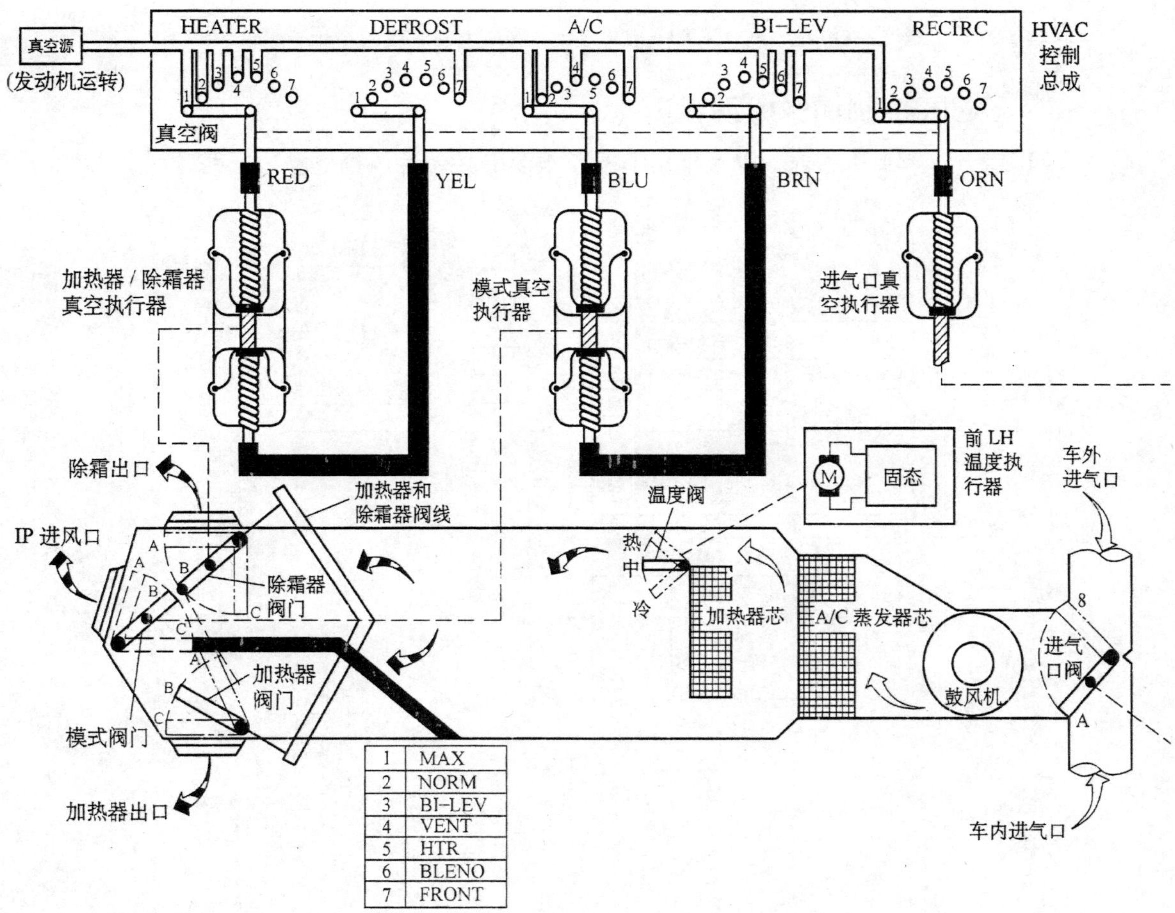

图 5—3—9　别克自动空调真空伺服电动机的控制结构

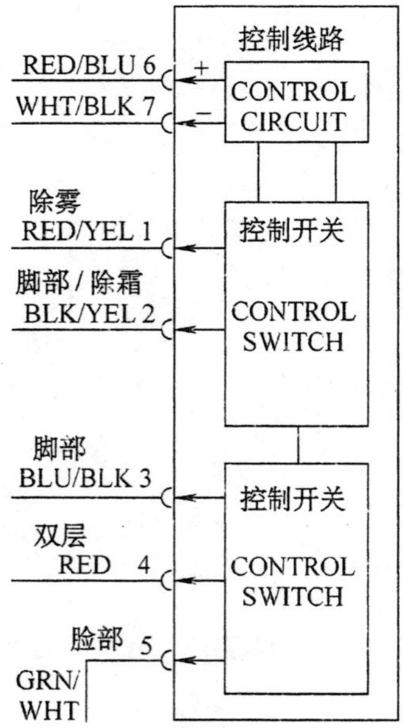

图 5—3—10　丰田汽车专用的模式门伺服电动机控制结构示意图

四、进气控制伺服电动机

如图 5—3—11 所示为一汽一丰田卡罗拉汽车的再循环风挡电动机电路。

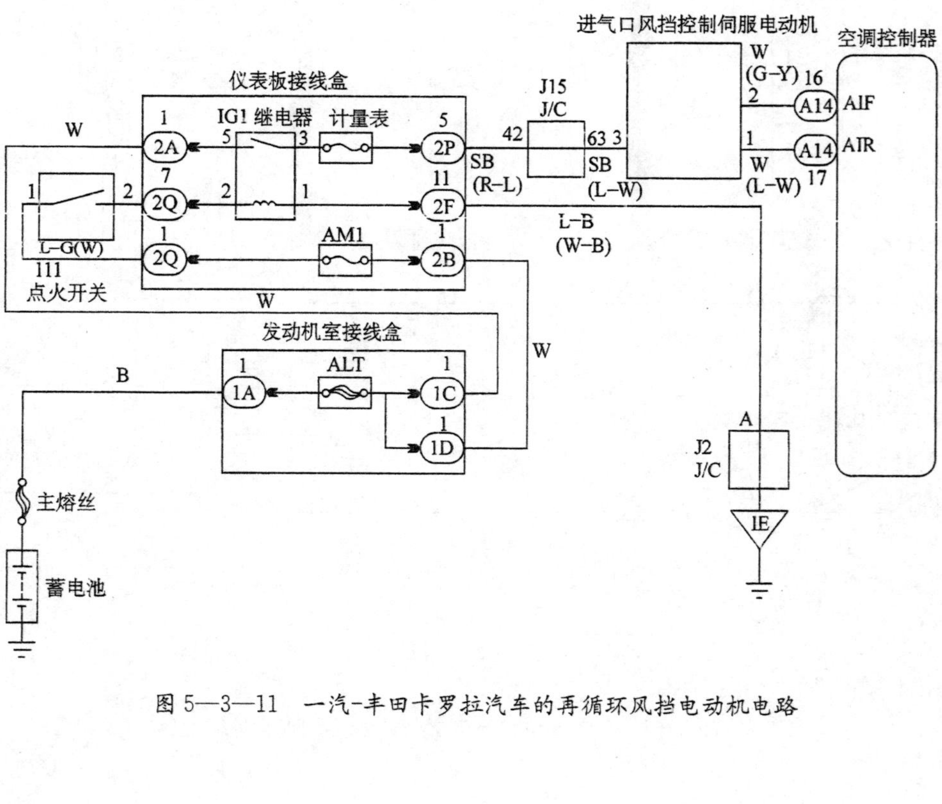

图 5—3—11　一汽-丰田卡罗拉汽车的再循环风挡电动机电路

教学互动

在丰田卡罗拉轿车上，观察和查找下列自动空调电路中伺服电动机的位置。

1. 空气混合风门控制伺服电动机的位置：________________________。
2. 进气控制伺服电动机的位置：________________________。
3. 出风模式伺服电动机的位置：________________________。

五、空气混合风门控制伺服电动机电路（乘客侧）的检修

【器材设备准备】

一汽-丰田卡罗拉汽车（自动空调）、数字式万用表、智能检测仪、常用工具。

一汽-丰田卡罗拉空气混合风门伺服机构发送脉冲信号，将风门位置告知空调放大器。空调放大器根据信号激活电动机（正常、反向），将空气混合风门（乘客座椅）移动到任何位置，调节通过蒸发器并流过加热器芯的空气流量，以控制鼓风温度。

一汽-丰田卡罗拉汽车空气混合风门控制伺服电动机电路如图 5—3—12 所示。由于风门连杆或风门机械锁止时会输出诊断码，所以应先确认是否存在机械故障。将智能检测仪连接到 DLC3，将点火开关置于 ON（IG）位置，并打开智能检测仪主开关。操作温度调节开关，选择表 5—3—1 中的测量项目，并读取智能检测仪上显示的数值。

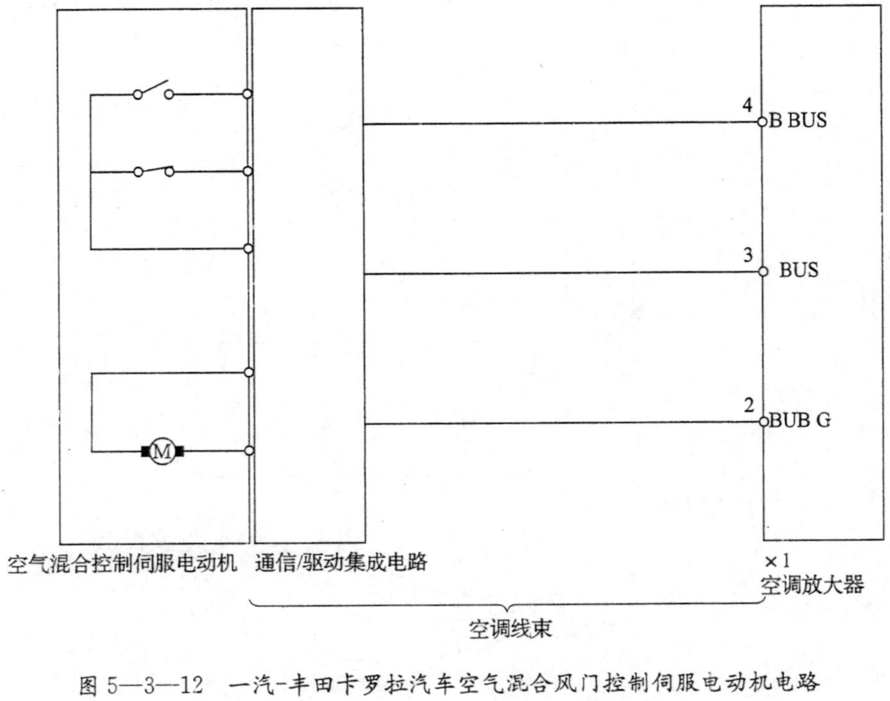

图 5—3—12　一汽-丰田卡罗拉汽车空气混合风门控制伺服电动机电路

表 5—3—1　　数据表（空气混合风门伺服机构）/空调

检测仪显示	测量项目/范围	正常状态	诊断备注
Air Mix Servo Targ Pulse（D）(Air Mix Pulse—D)	驾驶员侧空气混合伺服电动机目标脉冲/最小：0；最大：255	MAX. COLD：92（脉冲）MAX. HOT：5（脉冲）	

如果数值异常，则更换空气混合控制伺服电动机。提示：由于从车辆拆下时不能对伺服电动机进行检查，应使用正常件将其更换，然后检查并将其恢复正常。

六、进气控制伺服电动机电路的检修

【器材设备准备】

一汽-丰田卡罗拉汽车（自动空调）、数字式万用表、智能检测仪、常用工具。

一汽-丰田卡罗拉汽车进气风门伺服机构（进气控制）发送脉冲信号，将风门位置告知空调放大器。空调放大器根据信号激活电动机（正常、反向），将进气风门移动到任何位置，以控制进气设置（新鲜空气、新鲜空气/再循环和再循环）。

一汽-丰田卡罗拉进气风门控制伺服电动机电路如图 5—3—13 所示。由于风门连杆或风门机械锁止时会输出诊断码，所以先确认是否存在机械故障。将智能检测仪连接到 DLC3，将点火开关置于 ON（IG）位置，并打开智能检测仪主开关。操作 R/F（再循环/新鲜空气）开关，选择表 5—3—2 中的测量项目，并读取智能检测仪上显示的数值。

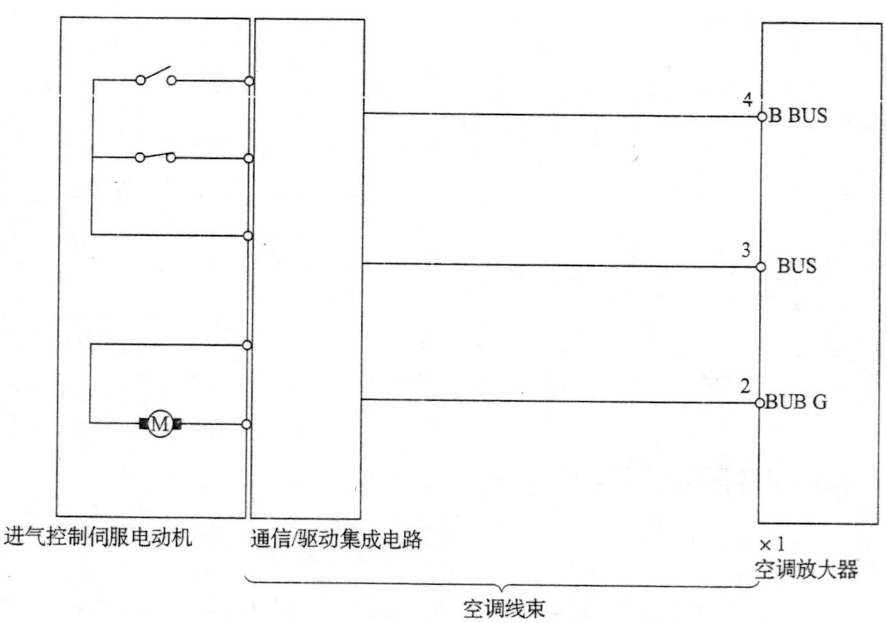

图 5—3—13　一汽-丰田卡罗拉汽车进气风门控制伺服电动机电路

表 5—3—2　　　　数据表（进气风门控制伺服机构）/空调

检测仪显示	测量项目/范围	正常状态	诊断备注
Air Inlet Damper Targ Pulse（A/I Damp Targ Pls）	进气风门目标脉冲/最小：0；最大：255	左驾驶车型： RECIRCULATION：19（脉冲） FRESH：7（脉冲） 右驾驶车型： RECIRCULATION：7（脉冲） FRESH：25（脉冲）	

如果数值异常，则更换进气控制伺服电动机。提示：由于从车辆拆下时不能对伺服电动机进行检查，应使用正常件将其更换，然后检查并将其恢复正常。

七、出风模式伺服电动机电路的检修

【器材设备准备】

一汽-丰田卡罗拉汽车（自动空调）、数字式万用表、智能检测仪、常用工具。

一汽-丰田卡罗拉汽车出气模式风门伺服机构发送脉冲信号，将风门位置告知空调放大器。空调放大器根据信号激活电动机（正常、反向），将风门移至控制出风转换的任何位置。

一汽-丰田卡罗拉出气风门控制伺服电动机电路如图 5—3—14 所示。由于风门连杆或风门机械锁止时会输出诊断码，所以先确认是否存在机械故障。将智能检测仪连接到 DLC3，将点火开关置于 ON（IG）位置，并打开智能检测仪主开关。操作 MODE 开关，选择表 5—3—3 中的测量项目，并读取智能检测仪上显示的数值。

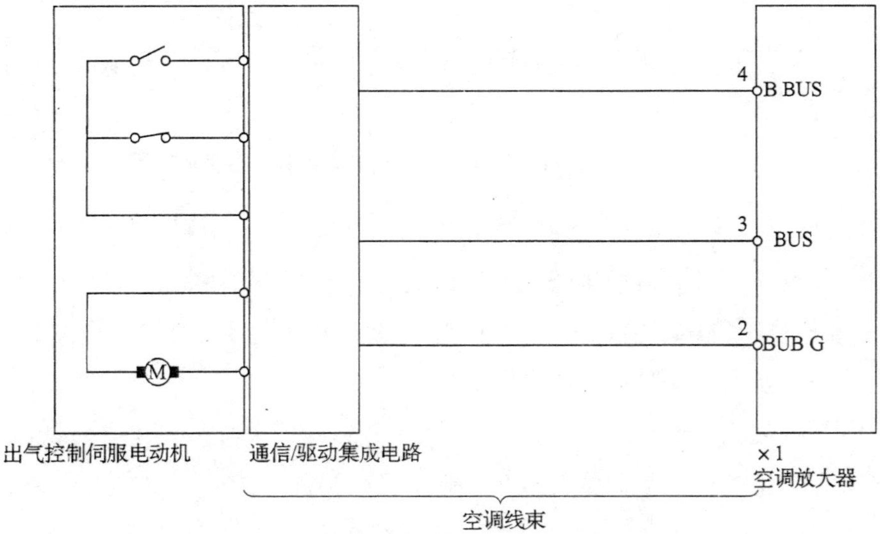

图 5—3—14　一汽-丰田卡罗拉汽车出气风门控制伺服电动机电路

表 5—3—3　　数据表（出气风门控制伺服机构）/空调

检测仪显示	测量项目/范围	正常状态	诊断备注
Air Outlet Servo Pulse（D）（Air Out Pulse—D）	驾驶员侧出气风门伺服电动机目标脉冲/最小：0；最大：255	FACE：47（脉冲） B/L：37（脉冲） FOOT：17（脉冲） FOOT/DEF：9（脉冲） DEF：5（脉冲）	

如果数值异常，则更换出气控制伺服电动机。提示：由于从车辆拆下时不能对伺服电动机进行检查，应使用正常件将其更换，然后检查并将其恢复正常。

八、BUS IC 通信故障的检修

【器材设备准备】

一汽-丰田卡罗拉汽车（自动空调）、数字式万用表、智能检测仪、常用工具。

空调线束连接空调放大器和各伺服电动机，如图 5—3—15 所示。空调放大器通过空调线束向各伺服电动机供电和发送工作指令，各伺服电动机将风门位置信息发送到空调放大器。

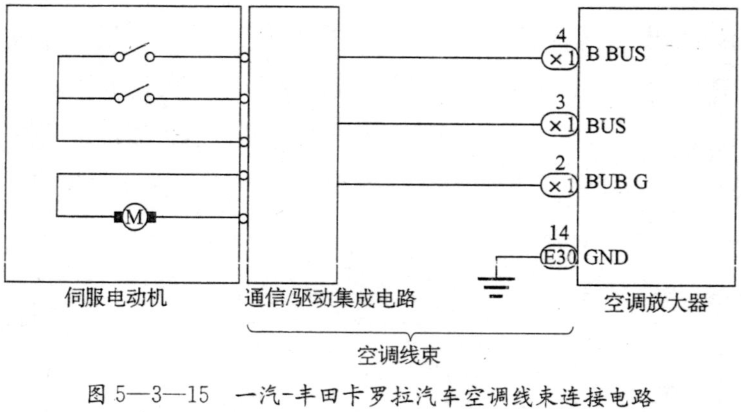

图 5—3—15　一汽-丰田卡罗拉汽车空调线束连接电路

1．检查线束和连接器

拆下空调放大器，并将连接器从空调放大器上断开。检查 E30－14（GND）－车身搭铁间的电阻，端子如图 5—3—16 所示。电阻值应始终小于 1 Ω，如果正常，则进行下一步；如果异常，则需更换或维修线束。

2．检查空调放大器（1）

将连接器重新连接到空调放大器上，检查 x1－2（BUB G）－E30－14（GND）间的电阻，端子如图 5—3—17 所示。电阻值应始终小于 1 Ω，如果正常，则进行下一步；如果异常，则需更换空调放大器。

线束连接器前视图：（至空调放大器）

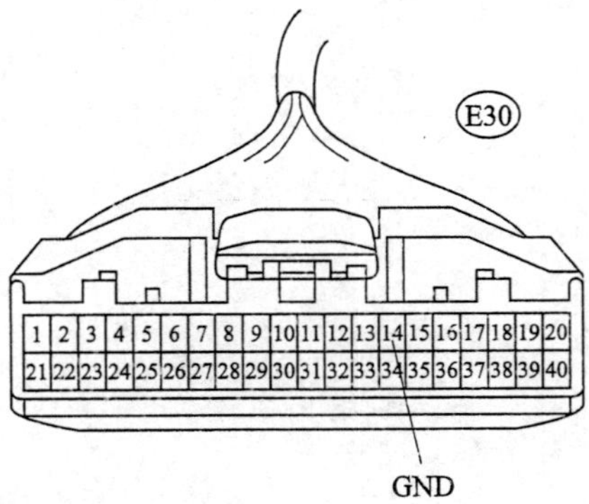

图 5—3—16　空调放大器端子（E30－14）

有线束连接的零部件：（空调压缩机）

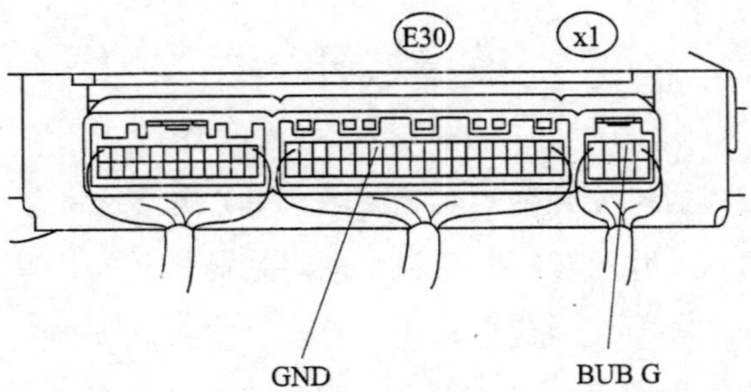

图 5—3—17　空调放大器端子（x1－BUB G、E30－GND）

3．检查空调放大器（2）

将连接器（x1）从空调放大器上断开，将点火开关置于 OFF 位置，检测 x1－4（B BUS）一车身搭铁间的电压，其值应低于 1 V；将点火开关置于 ON 位置，检测 x1－4（B BUS）一车身搭铁间的电压，其电压值应为 11～14 V。端子如图 5—3—18 所示，如果电压正常，则更换线束；如果异常，则更换空调放大器。

有线束连接的零部件：（空调压缩机）

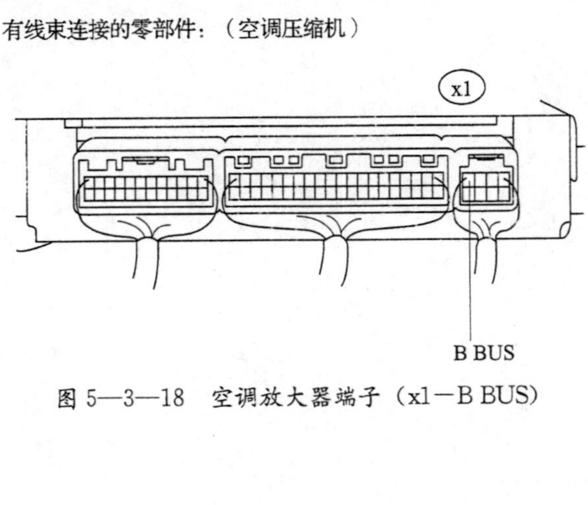

图 5—3—18　空调放大器端子（x1－B BUS）

提示：由于将空调线束从车上拆下时不能对其进行检查，应使用正常件将其更换，然后再检查并将其恢复正常。

思考与练习

一、简答题

1. 根据风门的位置和功能可以将风门分成哪几类？

2. 空气混合伺服电动机主要分为哪几种？

二、实训题

1. 练习检测空气混合风门控制伺服电动机电路。

2. 练习 BUS IC 通信故障的检修。

模块小结

本模块重点介绍了自动空调的结构组成、工作原理、控制功能等，还介绍了自动空调输入元件的结构和工作原理，以及伺服电动机的形式和连接方法。一般全自动空调具有自诊断功能，当自动空调传感器线路系统、空气混合伺服电动机、出风模式伺服电动机以及风挡位置传感器出现故障时，故障代码会存储在空调电控单元（ECU）中，维修人员可以依据故障代码进行检测维修。通过本模块的学习，要求学生能够认知自动空调元器件和空调控制器的端子，并熟练掌握自动空调输入元件和执行元件的检修方法。

模块六

供暖与通风

课题一　汽车供暖系统

学习目标

◆ 熟悉汽车供暖系统的分类。
◆ 掌握水暖式供暖系统的结构及工作原理。
◆ 能够正确检修汽车供暖系统。

想一想

供暖系统（也叫暖风装置）是汽车空调的重要组成部分，其功能是将冷空气送入热交换器，在吸收某种热源的热量并提高空气温度后，再将热空气送入车内用于取暖及风窗除霜。如图 6—1—1 所示是桑塔纳 3000 暖风装置的结构图。观察并思考供暖系统由哪些部分组成？是如何工作的？

一、汽车供暖系统的分类

1．根据热源不同的分类

（1）水暖式暖风系统

利用发动机冷却液的热量提高空气温度的暖风系统，称为水暖式暖风系统。

（2）独立燃烧式暖风系统

安装有专门的燃烧机构的暖风系统，称为独立燃烧式暖风系统，这种形式多用于商用车。

（3）综合预热式暖风系统

既利用发动机冷却液的热量，又利用燃烧预热器的暖风系统，称为综合预热式暖风系统，这种形式多用于商用车。

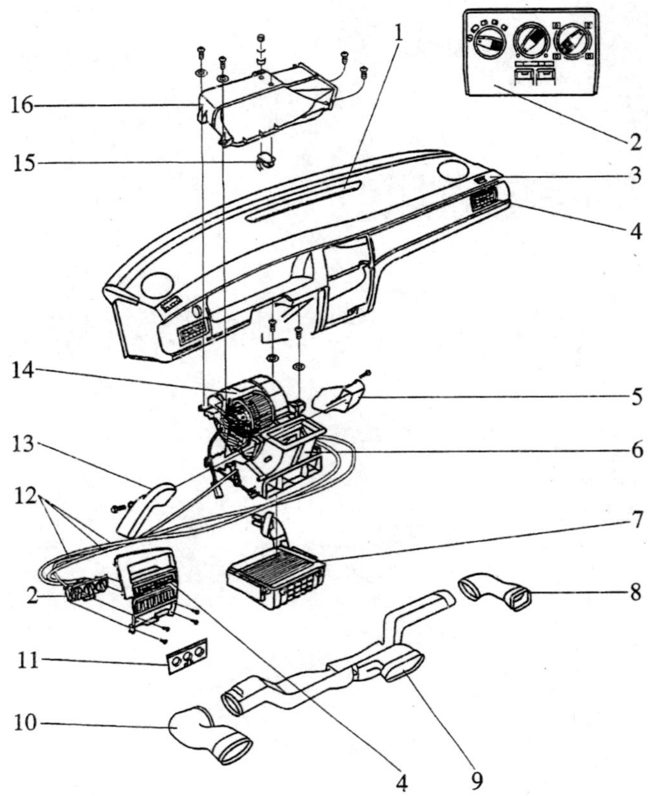

图 6—1—1　桑塔纳 3000 暖风装置的结构

1—除霜风口　2—暖风和新鲜空气调节装置　3—侧除霜风口　4—出风口　5—右侧脚向出风口
6—新鲜空气风箱　7—热交换器　8—右侧风道　9—中央风道　10—左侧风道　11—控制面板饰罩
12—通风拉索　13—左侧脚向出风口　14—鼓风机　15—鼓风机调速电阻　16—进风罩

（4）气暖式暖风系统

利用发动机排气系统的热量提高空气温度的暖风系统，称为气暖式暖风系统。这种形式多用于风冷式发动机。不论是利用何种热源，热量都是通过热交换装置传递给空气，再通过鼓风机把热空气送入车内。

2. 根据空气循环方式分类

（1）内循环式

内循环式是指利用车内空气循环，将车厢内部空气作为热载体，通过热交换的方式使其升温，升温后的空气再送入车内的取暖方式。这种方式消耗热源较少，但从卫生标准来看，是最不理想的。

（2）外循环式

外循环式是指利用车外空气循环，将车外新鲜空气作为热载体，通过热交换的方式使其升温，升温后的空气再送入车内的取暖方式。从卫生标准来看，这种方式是最理想的，但消耗热源也最大，因此是不经济的。只有高级豪华汽车或有特殊要求的空调才采用这种方法。

（3）内外混合式

内外混合式是指既利用车外新鲜空气，又利用部分车内的原有空气，以车内外空气的混合体作为热载体，通过热交换的方式使其升温，升温后的空气再送入车内的取暖方式。从卫生标准与热源消耗来看，这种方式正好介于内循环式和外循环式之间，是目前应用最普遍的方式。

二、水暖式供暖系统的结构

汽车水暖式供暖系统的结构如图 6—1—2 所示，主要由热水阀、热交换器总成和鼓风机总成等组成。

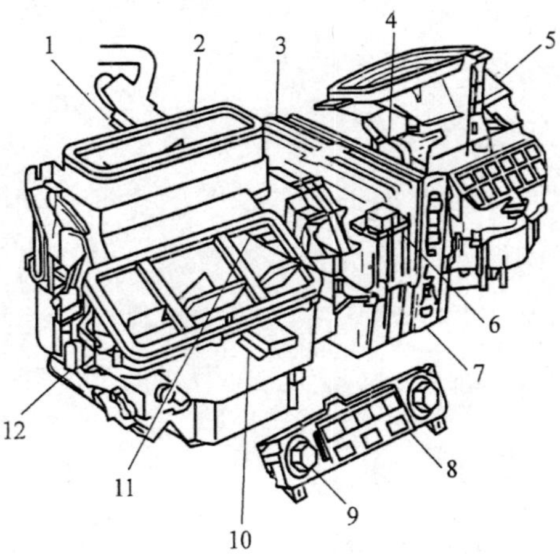

图 6—1—2　水暖式供暖系统的主要组成部件

1—热水阀　2—热交换器总成　3—暖风风道　4—再循环控制电动机　5—鼓风机总成
6—鼓风机电阻器　7—空调过滤器　8—暖风控制面板　9—鼓风机开关
10—空气混合模式伺服电动机　11—蒸发器温度传感器
12—出风模式伺服电动机

1．热水阀

热水阀安装在发动机冷却液通道中，用于控制进入热交换器的发动机冷却液流量，如图 6—1—3 所示。通过移动控制板上的温度调节杆便可以操纵热水阀。目前，一些车型没有装备热水阀。在这种情况下，发动机冷却液始终流过热交换器芯，暖风装置出口温度由驾驶员打开和关闭位于热交换器壳体内的风挡来调节。热水阀可由拉线控制操作，也可由真空阀实现控制。

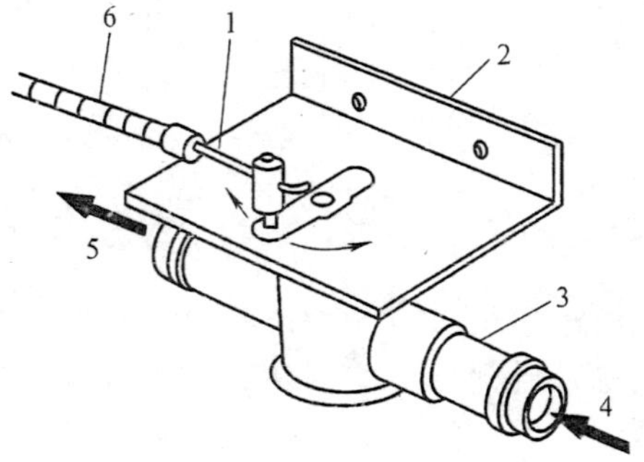

图 6—1—3　热水阀

1—拉索　2—装配支架　3—阀门　4—来自发动机　5—至热交换器　6—保护层

2．热交换器

热交换器由管子和散热器片等构成，形状与散热器相似。新式的热交换器管道上有凹坑，可改善热量输出性能。当热水阀打开时，加热后的发动机冷却液部分流经热交换器芯，以便为车厢内乘客提供所需的热量。

三、水暖式供暖系统的工作原理

水暖式供暖系统可以看作是发动机冷却系统的组成部分，它又可分为热水循环回路和通风装置。热水循环回路与发动机的冷却系统连通，借助于发动机的水泵实现热水循环。来自发动机冷却系统的热水从进水管流经热交换器控制阀进入散热器，然后经由出水管回到发动机的冷却系统，实现回路的循环，如图 6—1—4 所示。

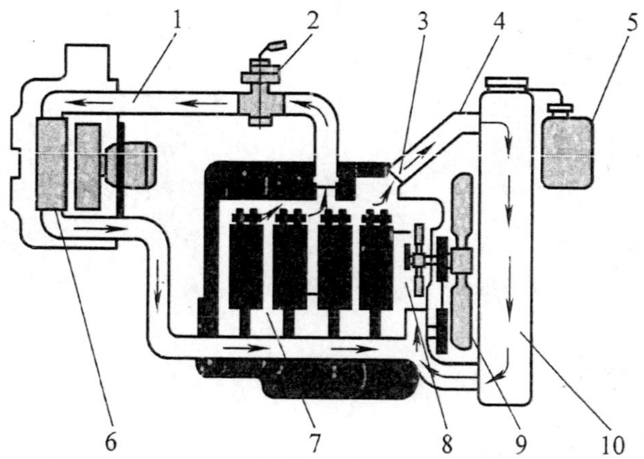

图 6—1—4　水暖式供暖系统工作原理图

1—热交换器软管　2—热水阀　3—节温器　4—散热器软管　5—膨胀水箱　6—热交换器芯
7—发动机　8—水泵　9—风扇　10—散热器

在通风装置中，鼓风机强制使空气循环运动。空气经由进风口被吸入，流经热交换器时被加热，并由出风口导出，进入车厢内实现取暖或为风挡除霜的目的，如图 6—1—5 所示。

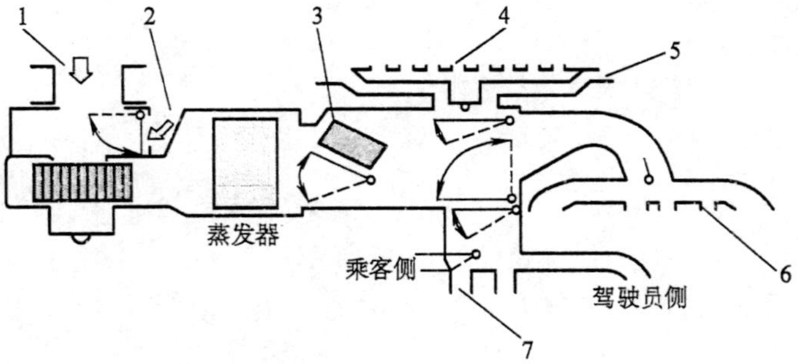

图 6—1—5　暖风形成示意图

1—新鲜空气进口　2—再循环空气进口　3—热交换器芯　4—除霜空气出口
5—侧除霜空气出口　6—通风口　7—地板暖风出口

教学互动

1. 起动带有暖风空调的汽车，让发动机怠速运转达到正常工作温度，汽车空调设置为暖风最热状态、鼓风机转速最大，模式选择下风口、内循环。

2. 操作暖风开关，从最热到最冷，观察并确定暖水阀能够动作，最后将开关固定在最热处。用温度计测量热交换器进出水管温度，将测量结果填入下表：

暖水阀状态	热交换器进水管温度（℃）	热交换器出水管温度（℃）	热交换器的温度（℃）	热交换器工作性能（正常/不正常）
关闭				
打开				

提示：一般情况下，出水管的温度比进水管的温度低 11℃左右，车型不同温度有所不同。

四、热交换器的拆装（见图 6—1—6）

在对供暖系统进行修理工作之前，先调取收音机的防盗密码，然后将蓄电池的接地线断开。在重新接上蓄电池的时候要对汽车的设备（收音机、时钟、电动摇窗机）进行检验。供暖系统常见的故障有热交换器漏水、热水阀损坏、管路破裂等，出现上述故障后需对暖风装置进行拆卸、更换。

【器材设备准备】

桑塔纳 3000 整车、常用拆装工具。

【注意事项】

只有发动机温度在操作允许的范围内，方可拆卸热交换器。

1. 拆卸

（1）拆卸驾驶员侧储物箱。

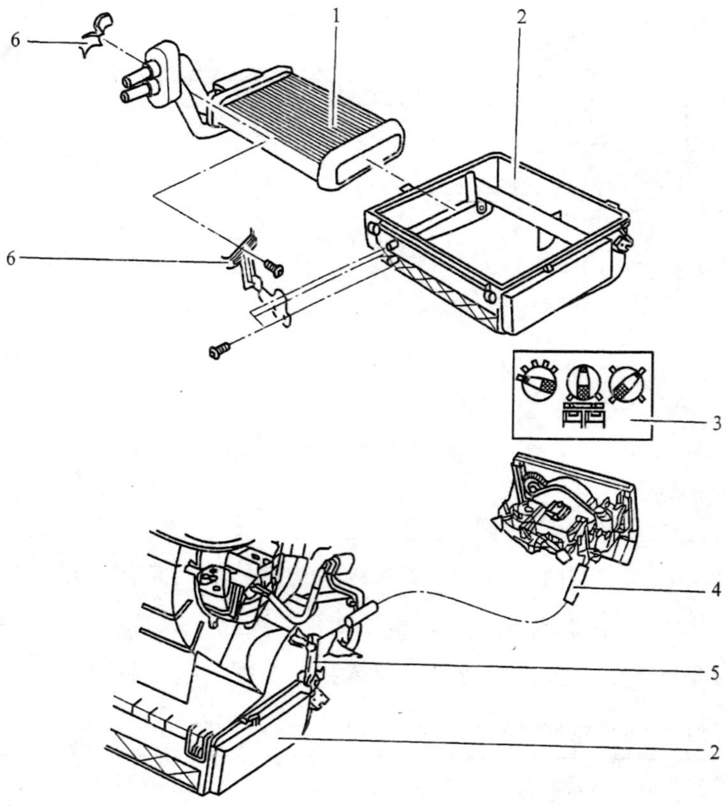

图 6—1—6　桑塔纳 3000 热交换器的拆卸和安装

1—热交换器　2—暖风箱　3—温度选择旋钮　4—暖风调节拉索

5—暖风风门操纵臂　6—冷却液管固定支架

(2) 拆卸仪表板。

(3) 拆卸左侧风道及中央风道。

(4) 松开如图 6—1—7 箭头所指的两处胶管喉箍，并拔下胶管。

(5) 沿图 6—1—8 箭头所示方向转动钩环 2，并从控制单元上拉出连接插头 3，拧下螺母 4，拆下安全气囊控制单元 1。

(6) 松开图 6—1—9 中固定夹扣（箭头 A），沿箭头 B 所示方向水平地拆下暖风箱。

(7) 旋出图 6—1—10 中的螺栓（箭头所示），松开冷却液管固定支架。

(8) 小心地用旋具撬开图 6—1—11 中的冷却液管罩盖（箭头所示）。

(9) 按图 6—1—12 中箭头所示方向从暖风箱中拆卸热交换器。

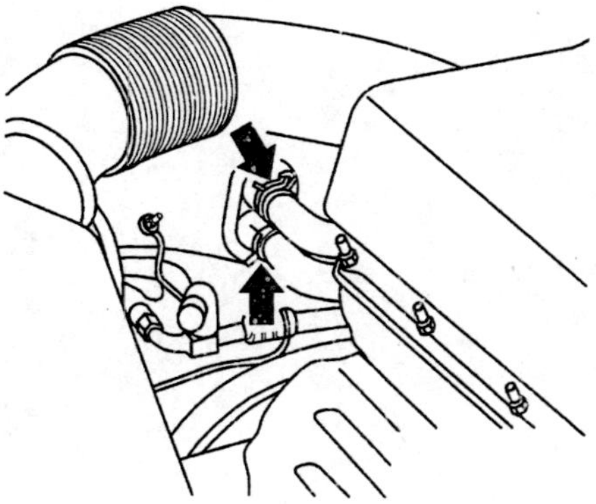

图 6—1—7　拆卸胶管喉箍

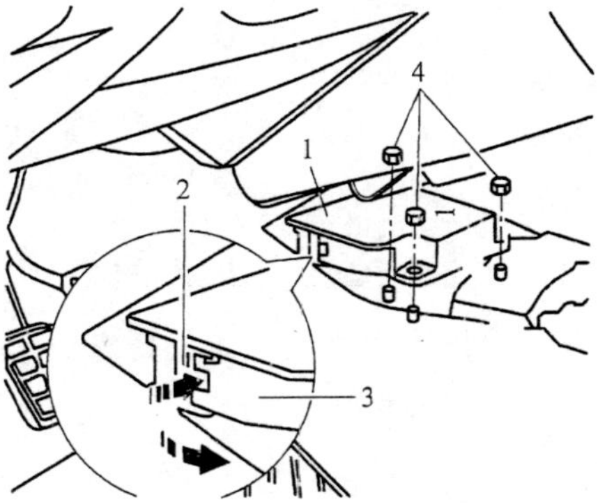

图 6—1—8　拆卸控制单元

1—安全气囊控制单元　2—钩环

3—连接插头　4—螺母

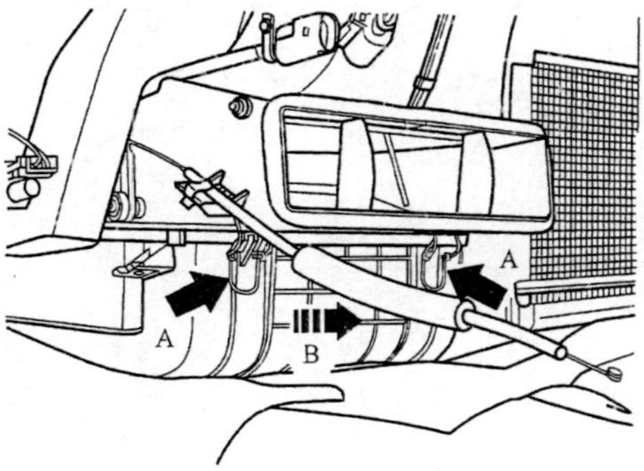

图 6—1—9　拆卸固定夹扣

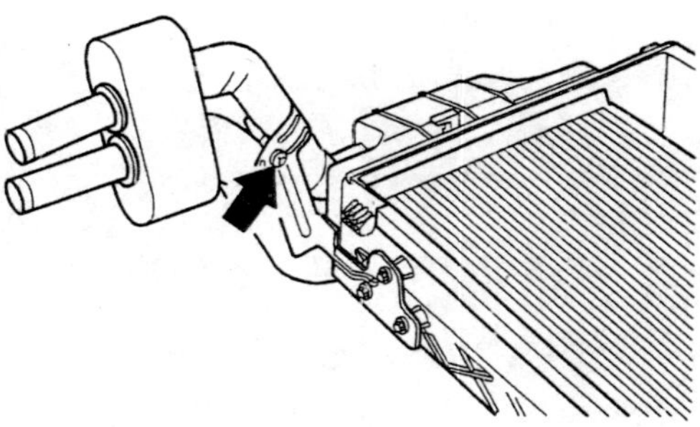

图 6—1—10　拆卸螺栓

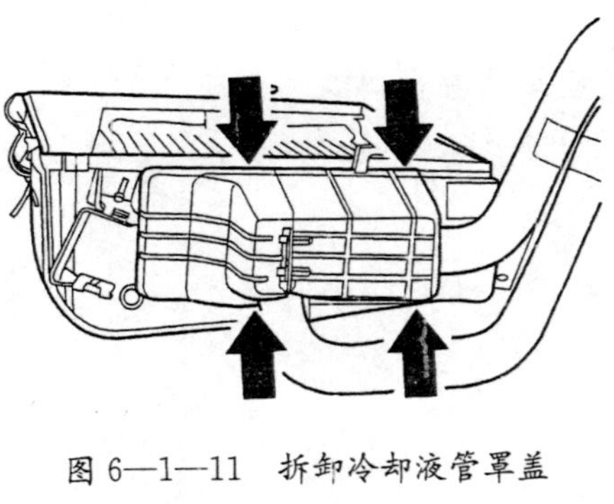

图 6—1—11　拆卸冷却液管罩盖

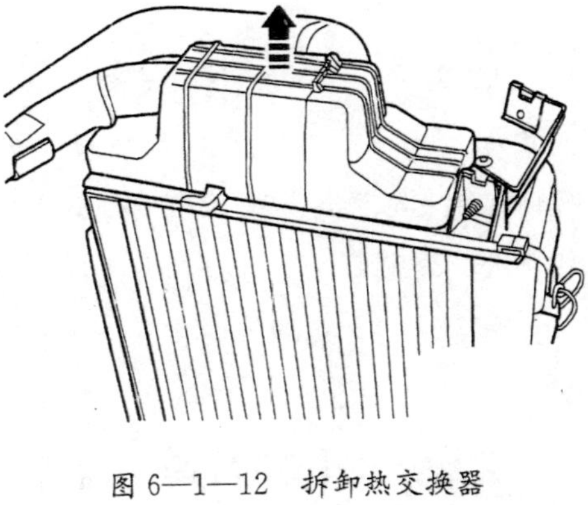

图 6—1—12　拆卸热交换器

2. 安装

安装顺序与拆卸相反。安装时应注意补充发动机冷却液，更换热交换器时应注意将其嵌条密封好。

思考与练习

一、简答题

1. 什么是水暖式暖风系统？

2. 简述水暖式供暖系统的工作原理。

二、实训题

练习拆装热交换器。

课题二　汽车通风与空气净化装置

学习目标

- 掌握汽车通风的作用及通风措施。
- 掌握配气系统的结构组成。
- 熟悉空气净化的方法及原理。
- 掌握汽车空调异味的消除方法。
- 能够正确检修汽车空调通风装置。

想一想

甲说："在行驶过程中，汽车内的空气是通过鼓风机强制引入车内的。"乙说："汽车内的空气是从汽车车身缝隙自然进入的。"他们说的是否正确？进入车内的空气又是如何净化及分配的呢？

清洁空气是空气调节的重要内容之一，汽车的空气清洁主要通过汽车通风装置来实现。

一、通风的作用及通风措施

1．通风的作用

通风的作用是在汽车运行过程中从车外引入一定量的新鲜空气，并及时地将车内的污浊空气排出车外，使得车内空气的清洁度、温度达到一定的要求，为车内乘员提供舒适的环境。同时，还可以防止风窗玻璃结霜，提高驾驶的安全性。常见的通风方式有三种：第一种是打开风窗或者在车身外壁上开设进出风口进行自然通风；第二种是利用换气扇或鼓风机进行强制性通风；第三种是自然通风和强制通风相结合。

根据我国对轿车、客车空调提供的新鲜空气的要求，换气量按人体卫生标准最低应不少于每人 20 m³，且车内二氧化碳的体积分数一般应控制在 0.03%以下，风速在 0.2 m/s。

2．通风系统的结构原理

（1）自然通风

自然通风装置的作用是利用车辆运动过程中所产生的空气压力使车厢外部的空气进入车内。车辆行驶时，某些部位产生正压力，而另一些部位产生负压力，这样就会形成压力差，使外部空气进入车内。因此，进气口一般安装于产生正压力的部位，而排气口则安装在产生负压力的部位，如图 6—2—1 所示。自然通风方式不消耗动力，结构简单，通风效果比较好。

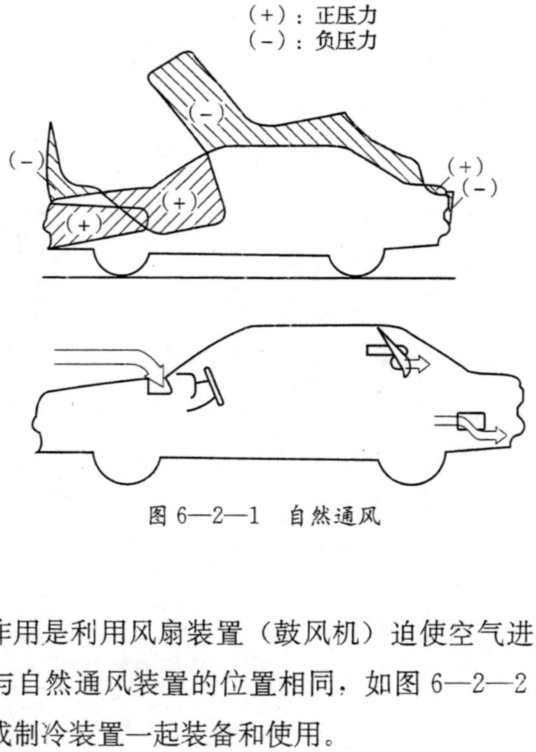

图 6—2—1　自然通风

（2）强制通风

强制通风装置的作用是利用风扇装置（鼓风机）迫使空气进入车厢内部。进气口和排气口的安装位置与自然通风装置的位置相同，如图 6—2—2 所示。强制通风装置一般与汽车供暖系统或制冷装置一起装备和使用。

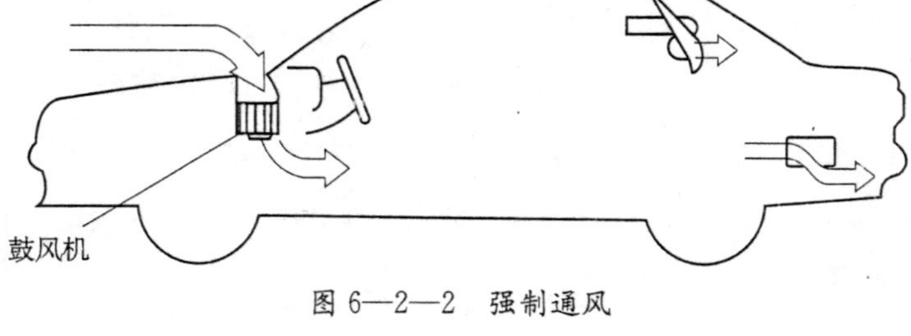

图 6—2—2　强制通风

鼓风机电动机通常是通过鼓风机继电器控制，图 6—2—3 所示为一种典型的鼓风机控制电路。

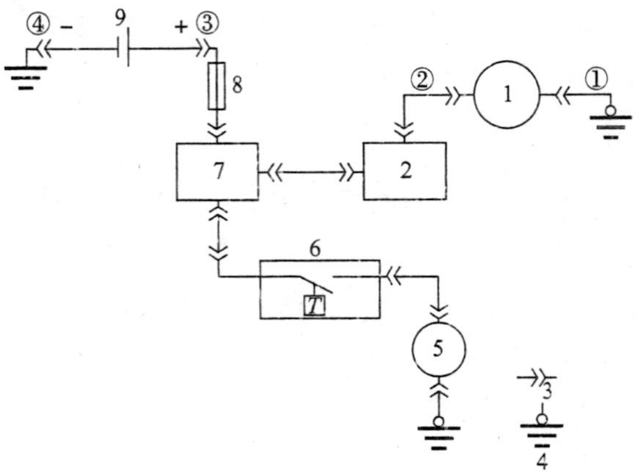

图 6—2—3　典型的鼓风机控制电路

1—鼓风机电动机　2—鼓风机控制器　3—插接器　4—搭铁　5—电磁离合器

6—温度控制器　7—主控制器　8—熔断器　9—蓄电池

（3）综合通风

综合通风是指一辆汽车上同时采用自然通风和强制通风两种方式进行通风。采用综合通风系统的汽车比单独采用强制通风或自然通风的汽车结构复杂得多。最简单的综合通风系统是在自然通风的车身基础上安装强制通风扇，根据需要两者可分别使用和同时使用。这样，基本上就能满足各种气候条件的通风换气要求。

综合通风系统虽然结构复杂，但耗电少、经济性好，且运行成本低。特别是在春秋季节，用自然通风导入凉爽的车外空气，以取代制冷系统工作，同样可以保证舒适性要求。这种通风方式近年来在汽车上的应用逐渐增多。

二、配气系统

目前，汽车空调已由单一的制冷和采暖方式发展到冷暖一体化形式，它不仅能够通过通风装置将新鲜空气引入车内，而且能将冷气、暖风、新鲜空气有机地进行配合调节，形成冷暖适宜的气流并吹出（见图 6—2—4）。

配气系统一般由三部分构成。第一部分为空气进入段，主要由气源门和伺服电动机组成，如图 6—2—5 所示，它用来控制新鲜空气和车内再循环空气的进入。第二部分为空气混合段，主要由蒸发器、热交换器和调温门组成，如图 6—2—6 所示，用来调节所需空气的温度。第三部分为空气分配段，主要由各种风门和风道组成，用来控制空气的吹向，如图 6—2—7 所示。

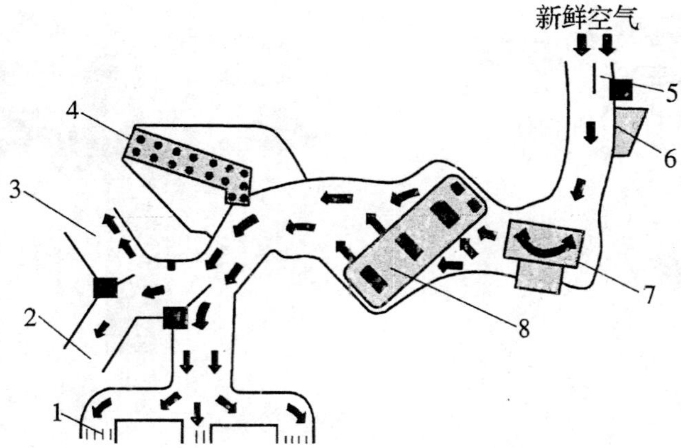

图 6—2—4　配气系统气流示意图

1—仪表板出风口　2—脚部出风口　3—除霜出风口　4—热交换器

5—气流风门　6—新鲜空气/再循环空气风门　7—鼓风机　8—蒸发器

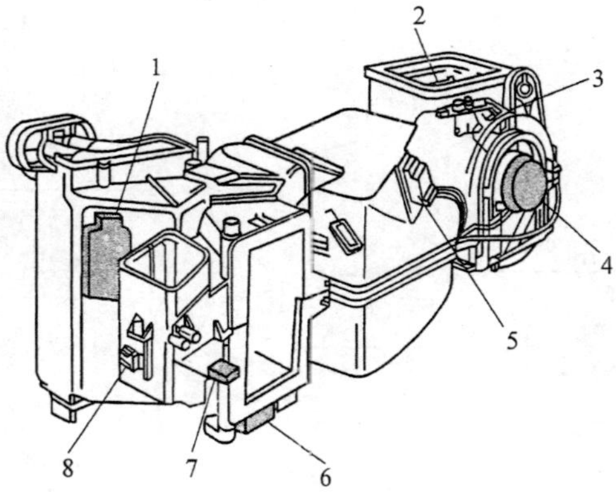

图 6—2—5　配气系统的空气进入段及各种电动机

1—脚部/除霜风门位置电动机　2—新鲜空气进气温度传感器　3—气源门位置电动机/再循环空气风门

4—新鲜空气鼓风机　5—新鲜空气风机控制单元　6—中间风门位置电动机

7—调温门位置电动机　8—脚部通风温度传感器

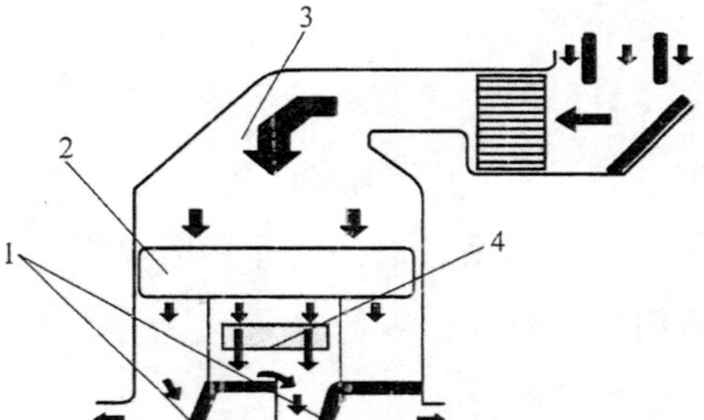

图 6—2—6　空气混合段

1—调温门　2—蒸发器　3—空气混合段　4—热交换器

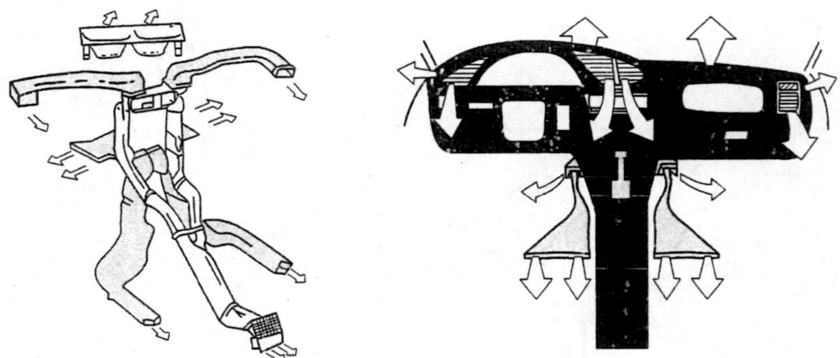

a)　　　　　　b)

图 6—2—7　空气分配段

a）各风道　b）各风口

三、挡风玻璃除霜

在冬天时，可通过将暖风吹向挡风玻璃来除霜。利用暖风流通除霜的管路如图6—2—8所示。

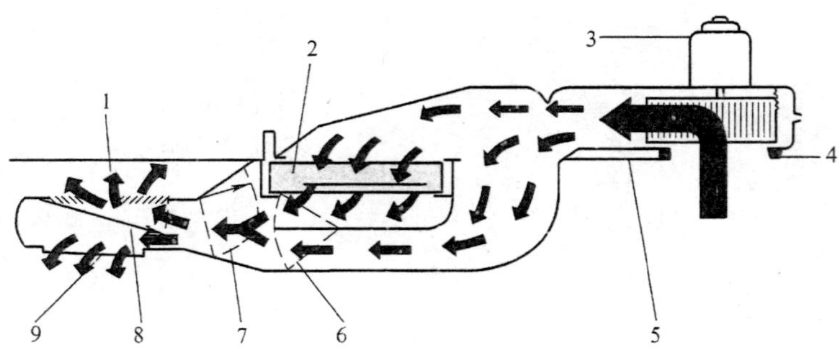

图 6—2—8　暖气流通除霜管路

1—除霜出口　2—热交换器　3—鼓风机　4—仪表板　5—外部空气
6—温度控制门　7—空气门　8—除霜门　9—暖风出口

四、汽车内的空气净化

汽车内的空气净化主要有两种方式：一种是采用空气净化器，让车内空气通过静电空气过滤器、负离子发生器、活性炭吸附器、空气滤清器、有害气体催化器等装置达到空气净化的目的；另一种是利用光电传感器测出空气的污染程度，并通过与设定值的比较来自动控制新风门的开启，让烟气及受污染的空气排出车外，达到净化车内空气的目的。这两种方式常常被同时采用。

1．采用空气净化器实现车内空气净化

常见的空气净化器是静电式空气清洁器，其工作原理如图 6—2—9 所示。它由电离部、集尘部、活性炭吸附器三部分组成。电离部和集尘部可做成一体，也可分

开，总称为电过滤器，是静电式空气清洁器的主要组成部分，它是利用高压静电场的原理来过滤空气中所含的气溶胶。另有一个高压发生器能产生高压电源，给电过滤器和负离子发生器供电。静电式空气清洁器中设有鼓风机，用来吸引车内空气流过清洁器。

空气中的气溶胶在电过滤器中的过滤过程可以划分为三个阶段：第一阶段，使悬浮微粒带电；第二阶段，让带电微粒在电场力的作用下向电极移动；第三阶段，使运动着的带电微粒沉积。在电离部，将 5 kV 电压加在几十个针形细线（介电纤维材料）和板形电极之间。由于电场的不均匀性，在介电细线附近产生碰撞电离及放电，即电晕放电现象，使通过的微小粉尘带负电，并进入由板状电极构成的集尘部。由于板状电极上加有高压正电，空气中的粉尘被吸上板状电极，空气得到了净化。

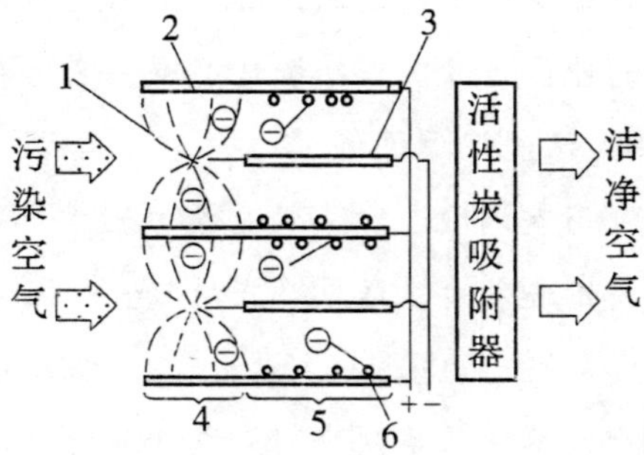

图 6—2—9　静电式空气净化器的工作原理模式图

1—放电极　2—正电极（接地电极）

3—负电极　4—电离部

5—集尘部　6—微粉尘

2. 用改变空气内外循环的方式实现车内空气净化

这种方式是通过断绝有过量污染物（主要指烟气和粉尘）的空气进入车内的方法来实现净化车内空气的目的。在发动机散热器上设有空气污染程度传感器，用以测定车外大气的污染程度，这种传感器一般是光电传感器。另外，还有碳氢化合物传感器与空气净化系统转换器相连。通过这些传感器把信号传给空调电控元件（ECU），空调电控元件（ECU）向伺服机构的控制电路发出指令，并改变外进风阀门的位置，调节来自车外空气及车内空气的进入流量。

知识拓展

消除汽车空调异味的方法

有时候汽车空调会产生异味，其原因有：空调滤清器太脏，蒸发箱太脏，蒸发箱发霉，风道、管道里边有东西腐烂发臭等。

消除异味方法如下：

1. 利用风机高挡位运行

对于轻微的异味，可以将车辆停放在太阳下面，调整旋钮至暖风挡，然后将风机开到最高挡位，打开所有车门使脏空气排到车外。这样做既可以利用紫外线对车内进行消毒，还可以有效地清理风道内的尘土，运行 5 min 左右就能有效去除汽车空调异味。

2. 更换空调滤清器

正常情况下，空调滤清器使用寿命为一年或 3 万千米。如果车辆经常在空气质量较差的地区行驶，就要适时缩短空调滤清器的更换周期。

3. 清洗空调风道

可用空调风道清洗剂进行清洗。将车停在空气环境良好的地方，打开外循环开关，然后将清洗剂对准送风口并均匀喷入风道，几分钟后，开窗、开空调彻底通风即可。

4. 清洗蒸发器

空调蒸发器是制冷剂蒸发并对空气进行制冷的重要部件，空气中水蒸气会在蒸发器上凝结，使蒸发器长期处于潮湿状态。这样容易滋生霉菌，产生异味。因此，应当定期对蒸发器进行清洗。如果蒸发器轻微污染，可以拆下空调送风道，用压缩空气吹扫干净；如果蒸发器严重污染，应当拆卸蒸发器，用水清洁，同时要注意制冷剂的回收和加注。另外，在冬季每个月至少开启一次冷风，每次开启时间 3～5 min。这样有利于保持蒸发器干燥，减少霉菌生长。

教学互动

1. 根据如图 6—2—10 所示模式位置和风门操作图，填写主风门的功能，见表 6—2—1。

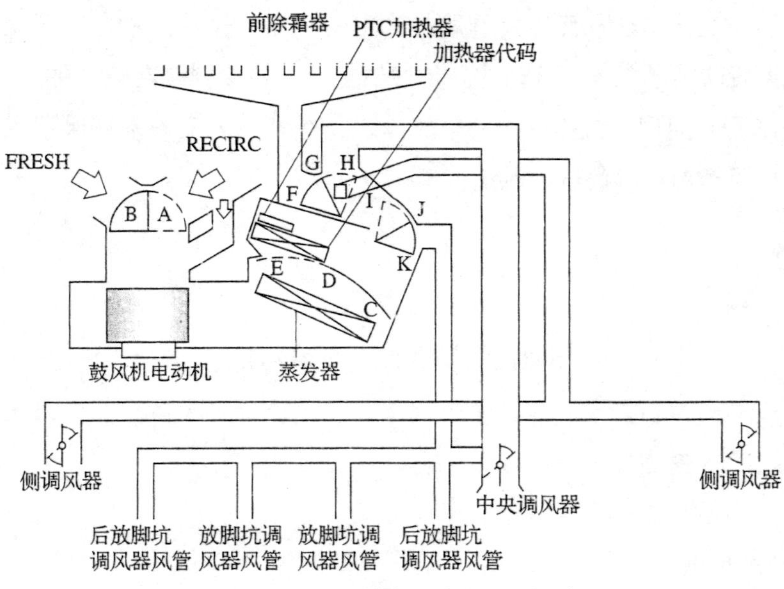

图 6—2—10 模式位置和风门操作

表 6—2—1　　主风门的功能

控制风门	工作位置	风门位置	操作功能
进气控制风门	FRESH	A	
	RECIRC	B	
空气混合控制风门	MAX COLD 至 MAX ROT 温度设置 16～30℃	C—D—E	
模式控制风门	除霜器	H，K	
	脚部/除霜器	H，J	
	脚部	H，I	
	双极	F，I	
	面部	F，K	

2. 根据如图 6—2—11 所示空调出气口及风量图，进行实车操作验证，填写表 6—2—2。如无出风，用“×”表示；如有出风，出风量则用“大”或“小”表示。

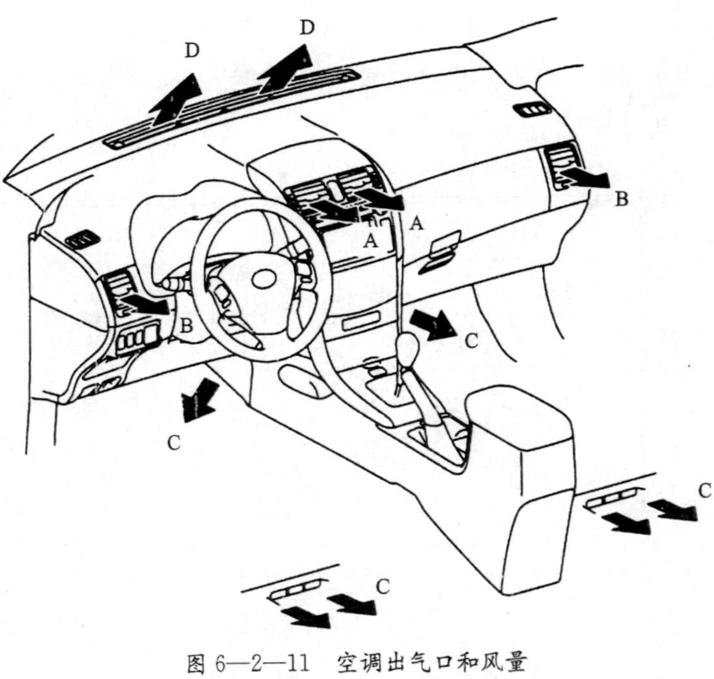

图 6—2—11　空调出气口和风量

表 6—2—2　　出气口和风量

模式	中央	侧部	放脚坑	除霜器
	A	B	C	D

五、汽车空调通风装置的检修

1．通风拉索的拆卸、安装、调节

【器材设备准备】

桑塔纳 3000 整车、拆装常用工具。

（1）拆卸

1）拆卸通风拉索时，应先将温度选择旋钮旋至如图 6—2—12 中箭头所示的位置，然后拆卸暖风和空气调节装置。

图 6—2—12　温度选择旋钮

2）拆卸固定拉索的弹簧夹片，如图 6—2—13 中箭头所示。

3）将拉索沿图 6—2—14 中箭头所示方向旋转并向上拉出。

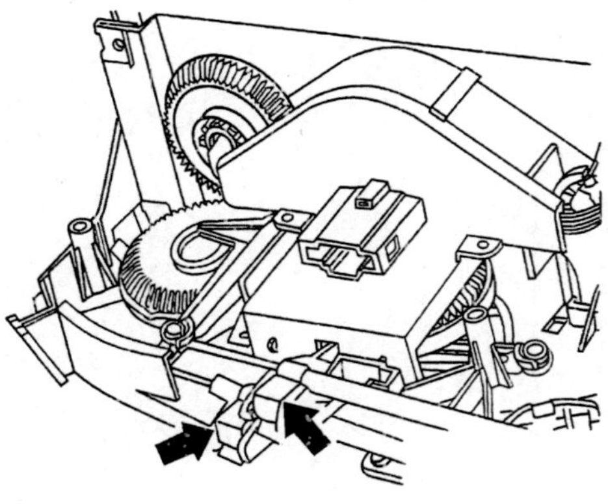

图 6—2—13　拆卸弹簧夹片

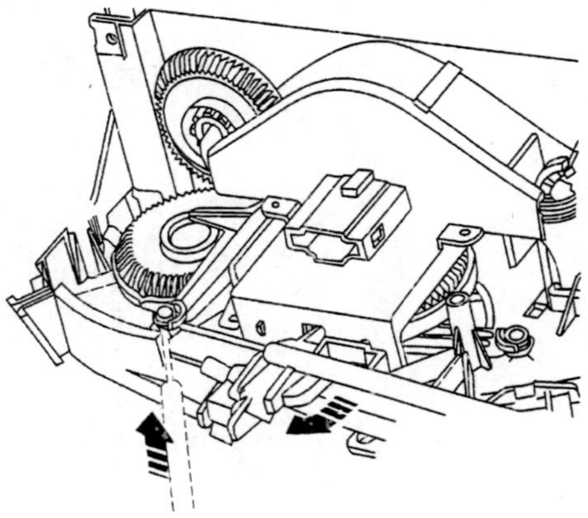

图 6—2—14　拆卸拉索

（2）安装

安装时应先将装配到卸下来的调节装置上，然后再将其固定到新鲜空气风箱上。

1）将三根拉索的一端分别钩在暖风和新鲜空气调节装置上，并用弹簧夹片固定。

2）安装暖风和新鲜空气调节装置。

3）将两根拉索的另一端分别连接到新鲜空气风箱的风门上。

4）将拉索初步固定。

（3）调节

拆卸驾驶员储物箱。起动发动机，将鼓风机调速旋钮旋至四挡。检查系统旋钮和风门的位置与各出风口出风情况是否一致。

1）先将空气分配器旋钮旋至如图 6—2—15 所示的除霜位置。然后检查中央出风口风门和除霜风门是否处于如图 6—2—15 中所示的位置，再根据情况调整拉索。最后检查图 6—2—15 中 2、3、12 风口处的出风情况。

2）先将空气分配器旋钮旋至如图 6—2—16 所示的脚部通风位置。然后检查中央出风口风门和除霜风门是否处于如图 6—2—16 所示的位置，再根据情况调整拉索。最后检查图 6—2—16 中 2、3、12 风口处的出风情况。

3）先将空气分配器旋钮旋至如图 6—2—17 所示的迎面通风位置。然后检查中央出风口风门和除霜风门是否处于如图 6—17 中所示的位置，再根据情况调整拉索。最后检查图 6—2—17 中 2、3、12 出风口处的出风情况。

4）经上述调整合格后，将通风拉索紧固。

5）将中间的温度调节旋钮旋至最右端，此时暖风风门操纵臂应处于如图 6—2—18 中所示的全开位置。调整完毕后，将暖风拉索固定。

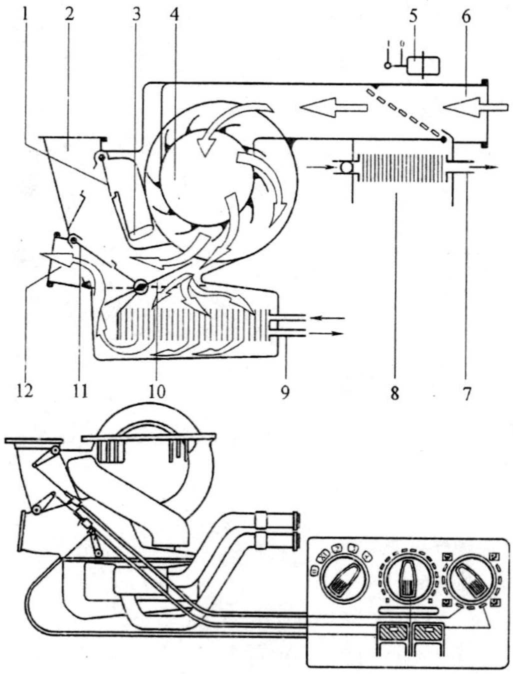

图 6—2—15　通风拉索的调节 1

1—除霜风门　2—除霜风口　3—脚向出风口　4—鼓风机　5—真空管　6—新鲜空气进气口　7—蒸发器高低压管　8—蒸发器芯　9—热交换器水管　10—暖风风门　11—中央出风口风门　12—中央出风口

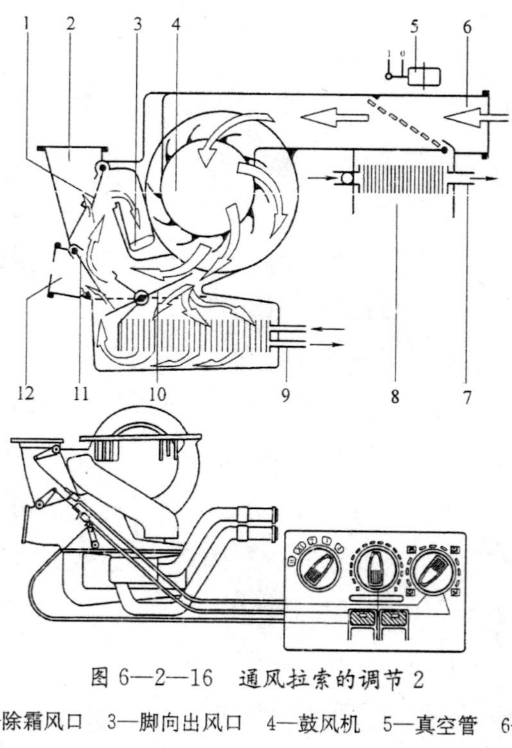

图 6—2—16　通风拉索的调节 2

1—除霜风门　2—除霜风口　3—脚向出风口　4—鼓风机　5—真空管　6—新鲜空气进气口　7—蒸发器高低压管　8—蒸发器芯　9—热交换器水管　10—暖风风门　11—中央出风口风门　12—中央出风口

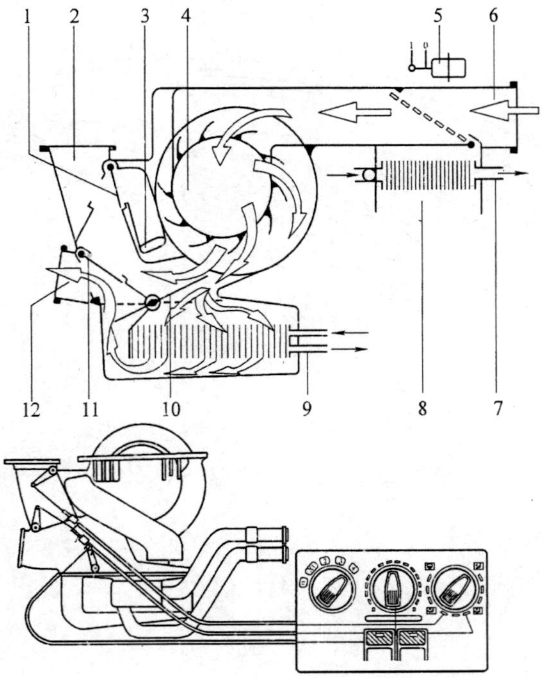

图 6—2—17　通风拉索的调节 3

1—除霜风门　2—除霜风口　3—脚向出风口　4—鼓风机　5—真空管　6—新鲜空气进气口
7—蒸发器高低压管　8—蒸发器芯　9—热交换器水管　10—暖风风门
11—中央出风口风门　12—中央出风口

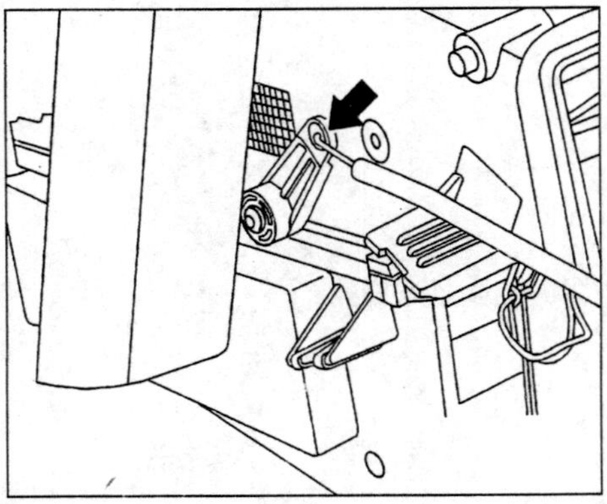

图 6—2—18　暖风风门操纵臂

2．通风管道的拆卸与安装（见图 6—2—19）

【器材设备准备】

桑塔纳 3000 整车、拆装常用工具。

（1）左侧风道的拆卸与安装

首先拆卸驾驶员侧储物箱，然后拆卸左侧风道；安装顺序与拆卸相反。

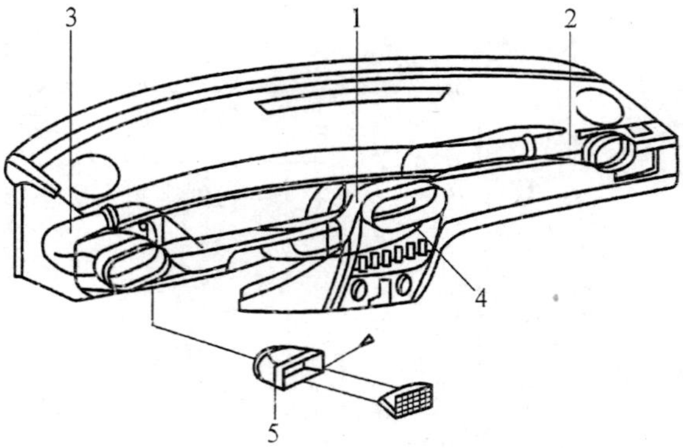

图 6—2—19　通风管道的拆卸与安装

1—中央风道　2—右侧风道　3—左侧风道　4—中央出风口　5—驾驶侧出风口

（2）中央风道拆卸与安装

首先拆卸驾驶员侧和副驾驶员侧储物箱，然后再拆卸仪表板，最后拆卸中央风道；安装顺序与拆卸相反。

（3）右侧风道拆卸与安装

首先拆卸副驾驶员侧储物箱，然后拆卸右侧风道；安装顺序与拆卸相反。

思考与练习

一、简答题

1. 汽车的通风方式有哪些？

2. 简述配气系统的结构组成。

二、实训题

练习拆装调整桑塔纳 3000 通风拉索。

模 块 小 结

本模块主要介绍了汽车的供暖与通风系统。在供暖系统中介绍了汽车供暖系统的分类，并重点介绍了水暖式供暖系统的工作原理。水暖式供暖系统常见的故障有：热交换器漏水、热水阀损坏、管路破裂等，出现上述故障后，需对水暖式供暖装置进行拆装与更换。本模块以热交换器为例，讲述了它的拆装方法。在汽车通风系统中介绍了汽车通风措施、配气系统的结构组成、挡风玻璃除霜原理以及汽车的空气净化方法和原理，也重点介绍了通风拉索的拆卸、安装、调节和通风管道的拆卸与安装。

模块七

汽车空调系统的检修

课题一　制冷剂的量及压力的检查

学习目标

◆ 掌握歧管压力表组件的作用、结构和使用方法。

◆ 了解常用制冷剂的类型及使用注意事项。

◆ 能够鉴别制冷剂，并正确检查制冷剂量。

◆ 能够正确检查制冷剂的压力。

想一想

汽车修理厂技工甲说："汽车空调用的制冷剂是氟利昂"；技工乙说："汽车空调用的工作介质是R134a。"谁的说法是正确的呢？该如何进行制冷剂的检测和鉴别呢？

一、歧管压力表组件

1．歧管压力表组件的作用

歧管压力表组件是维修汽车空调系统必不可少的重要设备，空调系统维修的基本作业，例如充注制冷剂、添加冷冻机油、系统抽真空等都离不开歧管压力表组件装置，汽车空调系统的故障诊断与排除也需要此设备。

2．歧管压力表组件的结构

如图7—1—1所示，歧管压力表组件由两个压力表（低压表和高压表）、两个手动阀（高压手动阀和低压手动阀）、三个软管接头（一个接低压工作阀，一个接高压工作阀，一个接制冷剂罐或真空泵吸入口）组成，这些部件都装在表座上，形成一个压力计装置。低压表也称组合压力表，可以用来测量压力和真空度。低压表的真空度刻度范围为102～0 kPa，压力刻度范围为0～827 kPa。低压表的结构设计可以让它在压力达到1 724～2 413 kPa时不损坏。在空调系统工作时，低压侧系统工作压力一般为

103～241 kPa，而低压表的压力一般不高于551.5 kPa。在正常情况下，高压侧系统工作压力一般为1 103～1 517 kPa，高压侧压力很少超过2 068 kPa，但高压表的最大刻度一般要远高于此值。这两个压力表都装在一个表座上，表座的两端各有一个手动阀，下部有三个通路接口。通过两个手动阀和三根软管的组合作用，来实现歧管压力表组件的各种功能。

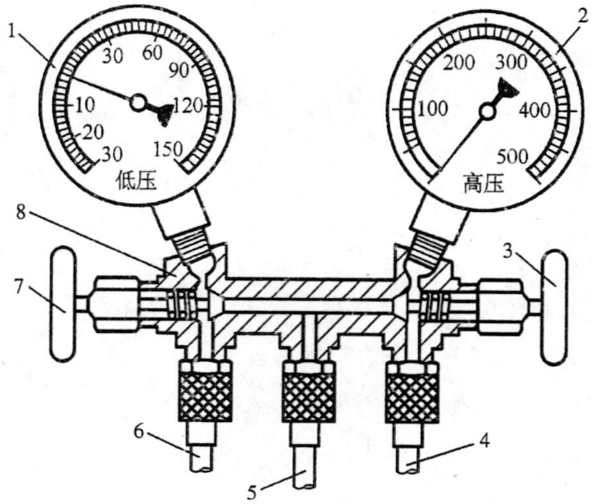

图7—1—1　歧管压力表组件

1—低压表（蓝）　2—高压表（红）　3—高压手动阀（Hi）　4—高压侧软管（红）　5—维修用软管（黄）　6—低压侧软管（蓝）　7—低压侧手动阀（Lo）　8—表座

3．歧管压力表组件的使用方法

歧管压力表组件装置的使用方法如下。

（1）当高压手动阀B和低压手动阀A同时关闭时，可以对高压侧和低压侧的压力进行检查，如图7—1—2a所示。

（2）当高压手动阀B和低压手动阀A同时打开时，所有软管连通。如果接上真空泵，便可以对系统抽真空，如图7—1—2b所示。

（3）当高压手动阀B关闭，而低压手动阀A打开时，可以从低压侧充注气态制冷剂，如图7—1—2c所示。

（4）当低压手动阀A关闭，而高压手动阀B打开时，可使系统放空，排出制冷剂，也可由高压侧充注液态制冷剂，如图7—1—2d所示。

4．歧管压力表组件使用时的注意事项

（1）歧管压力表组件是一件精密仪器，必须细心维护，防止损坏，而且要保持清洁。

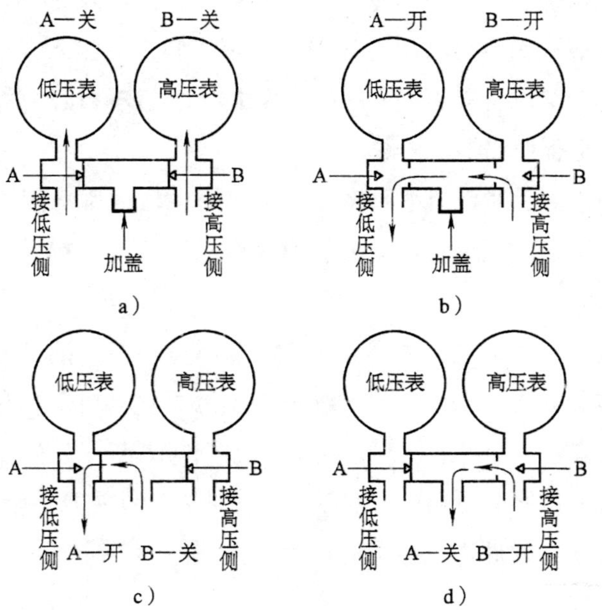

图 7—1—2　歧管压力表组件装置的使用

a）检测压力　b）抽真空　c）加注制冷剂　d）放空或排出制冷剂

（2）不使用时，要防止软管中进入水分和脏物。

（3）使用时要把管内空气排尽。

（4）压力表接头与软管连接时，只能用手拧紧，不能用工具拧紧。

二、制冷剂

1．制冷剂概况

制冷剂是空调系统中的“热载体”，俗称冷媒，它可根据空调系统的要求变化状态，实现制冷循环。车用空调的制冷剂主要是 R12 和 R134a。由于 R12 对地球臭氧层有害，现已基本停止使用。R134a 是环保制冷剂，它作为替代 R12 的制冷剂得到了广泛应用。这主要是由于 R134a 中不含氯原子，对臭氧层无破坏作用，其热力性质稳定并与 R12 相近。R134a 虽然不破坏大气层，但有使全球变暖的可能，所以它被认为是一种过渡性替代物。目前欧美国家正在积极进行 CO_2 制冷剂的空调系统研究工作，其产品如果成熟，CO_2 制冷剂有可能是下一代汽车空调制冷剂的主要选择。

2．使用制冷剂的安全措施

虽然空调系统的维护方便、安全，但是在使用制冷剂时还必须遵守以下安全注意事项。

（1）制冷剂的密度比氧气大，所以在检修汽车空调系统时，检修场所要有良好的通风设备。

（2）在维护空调系统和加注制冷剂时，要戴防护镜，因为空调系统的高压侧压力很高。如果高压管破裂，会对眼睛造成严重伤害。制冷剂流入大气时，蒸发极快，任何东西接触之后都会结冰。R134a是一种天然油溶剂，皮肤接触后会引起刺激和烧伤。因此，工作时应穿劳保服以保护皮肤。

（3）在处理制冷剂罐时，应小心注意，不得用力碰撞制冷剂罐。不准将制冷剂罐置于高温处，应将其存放在凉爽的地方。避免将制冷剂罐存放在有腐蚀物的地方，如蓄电池酸液附近。

（4）在正常大气压和大气温度下，R134a是不可燃的。试验证明，当压力超过大气压和空气浓度体积大于60％时，R134a就会变为可燃。所以，在有制冷剂的情况下R134a储液干燥器内禁止加压缩空气。空调系统零件或维修装置也严禁充灌压缩空气，因为充灌压缩空气有可能会引起火灾或爆炸。另外要特别注意，当制冷剂暴露于明火，吸入发动机或用卤素检漏灯进行检漏时，都会生成有毒的光气，所以一定要保证工作区域的通风状况良好。

3．R12与R134a系统的区分方法

对汽车空调系统进行安装、维修和保养时，首先要确认系统采用了何种制冷剂，以便采取相应的措施和材料。这一点是非常重要的，绝对不可弄错。一般以R134a为制冷剂的空调系统，都会在汽车的显著部位注明该汽车空调采用了哪一种制冷剂。例如在汽车前风挡玻璃角上、发动机罩内表面前部等处标注，如图7—1—3所示。汽车上的R134a标识一般用绿色指示，美国产的汽车也有用金黄色表示的。

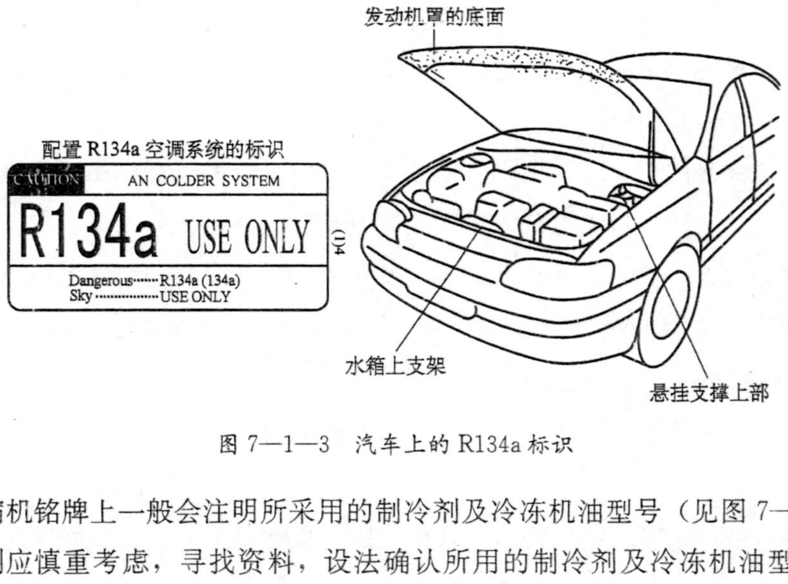

图7—1—3 汽车上的R134a标识

在压缩机铭牌上一般会注明所采用的制冷剂及冷冻机油型号（见图7—1—4）。若未注明，则应慎重考虑，寻找资料，设法确认所用的制冷剂及冷冻机油型号。另外，在连接软管上通常会有色圈或白色线条出现，软管表面会印有 R134a 的字样（见图 7—1—5）。在储液干燥器上也应有标记，并注明制冷剂与干燥剂的类型。

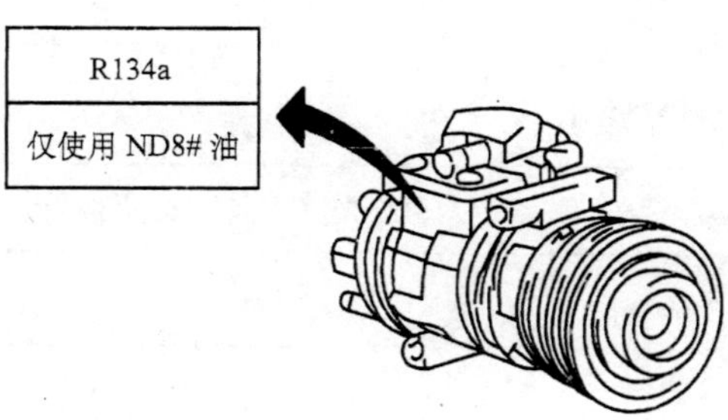

图 7—1—4　压缩机上的标识

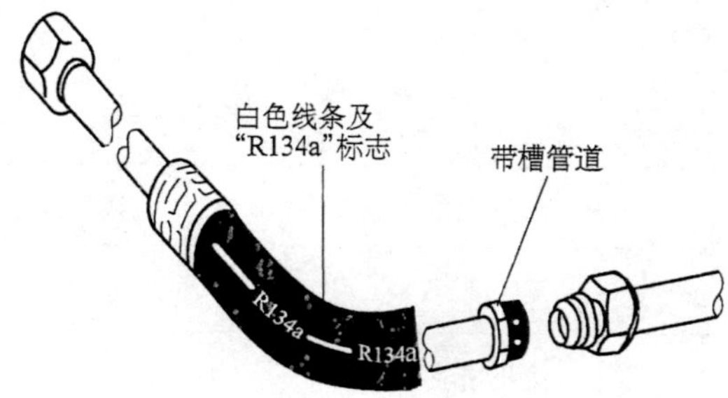

图 7—1—5　管路上的标识

为了防止与 R12 混淆，汽车空调器制造厂在设计 R134a 空调器产品时，通过采用不同的连接方法进行区别。例如使用 R134a 的空调器为了缩短制冷剂的充注时间，减少泄漏，同时也为了防止错加 R12，从而加大了气门芯尺寸及气门阀外形尺寸，结构也做了相应的改变，大多采用快速接头连接，如图 7—1—6a 所示。同时管子连接口形状及尺寸也做了改变，螺纹规格也从英制改成了公制，如图 7—1—7 所示。

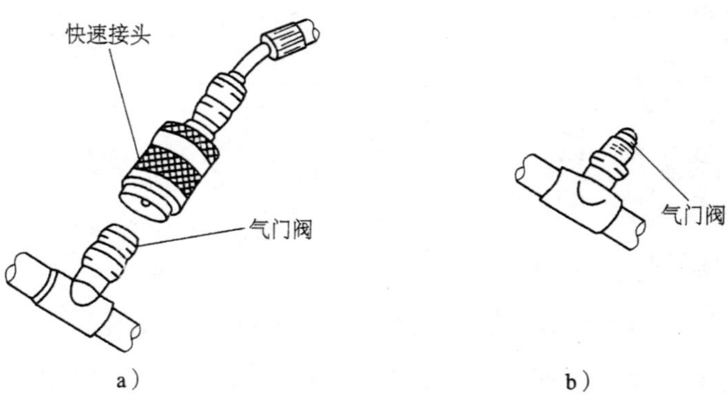

图 7—1—6　气门阀结构

a）用于 R134a　b）用于 R12

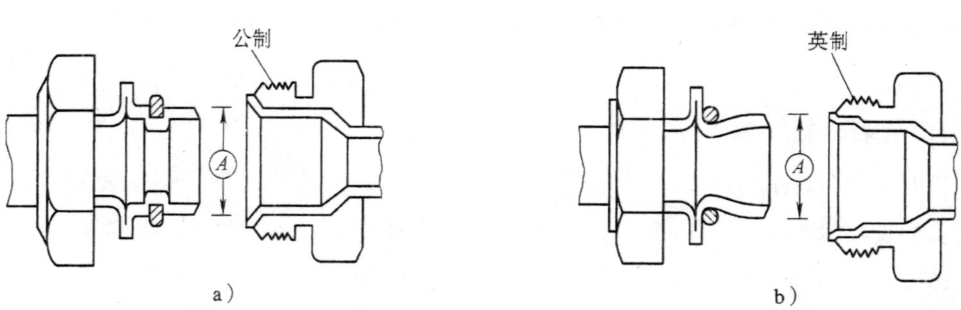

图 7—1—7　螺纹连接形式的管接头

a）用于 R134a　b）用于 R12

教学互动

通过查阅教材和其他资料，了解各种制冷剂的类型和特点，总结归纳并填写表7—1—1。

表 7—1—1　　R12 制冷剂与 R134a 制冷剂的比较

比较项目	R12（“是”或“否”）	R134a（“是”或“否”）
是否易燃		
是否有色		
是否有味		
是否有毒		
是否对金属或橡胶有腐蚀作用		
是否具有较强的吸湿性		
是否会破坏臭氧层		
价格是否便宜		

三、制冷剂量的检查

【器材设备准备】

汽车空调系统、抹布。

制冷系统中制冷剂的量可以通过观察视窗（视窗大多安装在储液干燥器上，个别也安装在从储液干燥器到膨胀阀之间或从冷凝器到储液干燥器之间的管路上）了解。具体方法是：起动发动机，将发动机转速稳定在 1 500～2 000 r/min，把空调功能键置于最大制冷状态，鼓风机置于最高转速，开动空调系统 5 min 后通过视窗（见图7—1—8b）进行观察，从视窗中看到的制冷剂情况主要有以下五种，如图 7—1—8a 所示。

1．清晰、无气泡

清晰、无气泡，说明制冷剂适量。若开、关空调机的瞬间制冷剂起泡沫，随后就变清，也同样说明制冷剂适量。如果开、关空调机时从视窗内看不到动静，而且出风口不冷，压缩机进出口之间没有温差，则说明制冷剂已漏光。若出风口不够冷，而且关闭压缩机后无气泡、无流动，则说明制冷剂过多。

2．偶尔出现气泡

若偶尔出现气泡，并且伴有膨胀阀结霜，则说明系统中有水分。若无膨胀阀结霜现象，则可能是制冷剂量少或有空气进入。

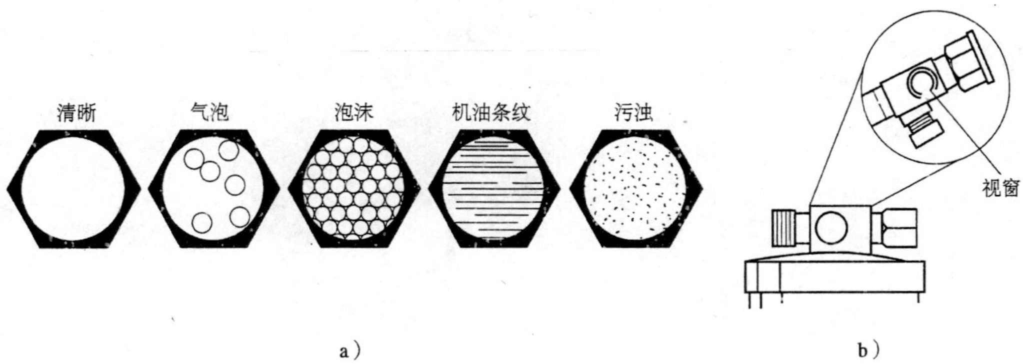

图 7—1—8　视窗迹象

a）制冷剂情况图　b）视窗位置图

3．有泡沫出现

若有泡沫不断出现，则说明制冷剂不足。如果泡沫很多，也可能是因为有空气存在。若判断为制冷剂不足，则要先查明原因，不要贸然补充制冷剂。由于胶管内制冷剂存在自然泄漏的现象，因此若使用两年后方发现制冷剂不足，则可以判断为胶管自然泄漏。

4．出现机油条纹

若视窗的玻璃上有条纹状的油渍，则说明冷冻机油量过多。此时应想办法从系统内释放一些冷冻机油，再加入适量的制冷剂。若视窗上留下的油渍是黑色的或有其他杂物，则说明系统内的冷冻机油已变质，必须清洗制冷系统。

5．出现污浊

若出现污浊，则说明冷冻机油变质、脏污、有其他杂质，或者制冷系统无制冷剂，看到的污浊是镜子上的冷冻机油。此时必须清洗制冷系统或者补充加注制冷剂。

四、制冷剂的鉴别

【器材设备准备】

制冷剂鉴别仪（以美国 SPX 公司制冷剂鉴别仪 16910 为例，见图 7—1—9）、护目镜、橡胶手套、车内外三件套、抹布。

1．检查制冷剂鉴别仪的性能

（1）检查鉴别仪的白色过滤芯是否有红点，如果有红点出现，则说明过滤器需更换。

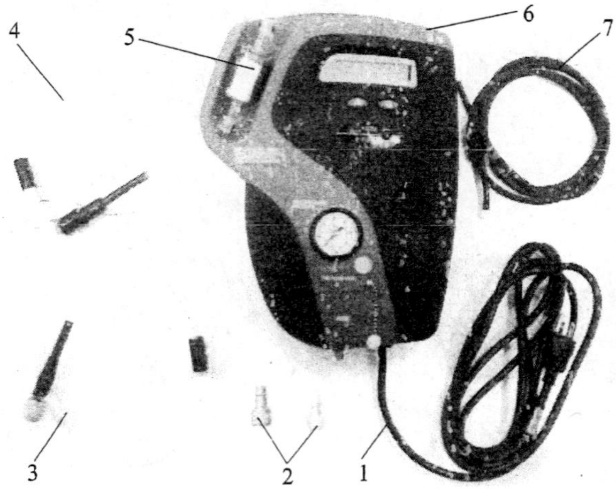

图 7—1—9　制冷剂鉴别仪（SPX 16910）

1—电源线　2—适配接头　3—R12 样品软管　4—R134a 样品软管

5—过滤芯　6—主机　7—净化排放软管

（2）根据需要选择一根 R12 或者 R134a 采样管，检查采样管是否有裂纹、堵塞、污物等。

（3）检查鉴别仪头部的进气口是否堵塞，鉴别仪中部边缘的样品出口是否堵塞。

（4）检查取样口是否有液态制冷剂，是否有冷冻机油。

2．鉴别制冷剂

制冷剂的鉴别步骤见表 7—1—2。

表 7—1—2　　　　制冷剂的鉴别

图　　片	步　　骤
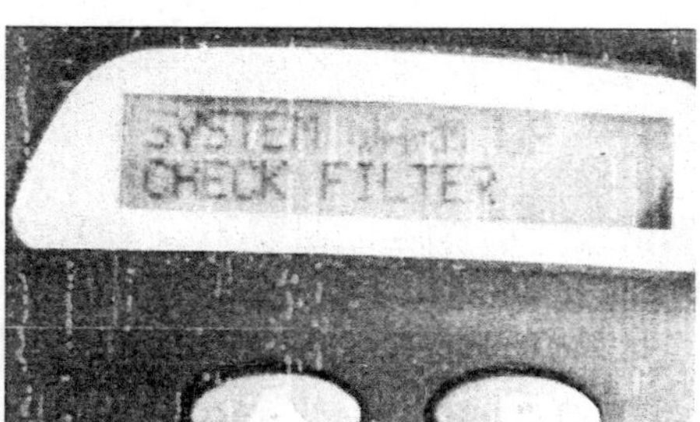	（1）预热 连接鉴别仪电源进行预热

续表

图　片	步　骤
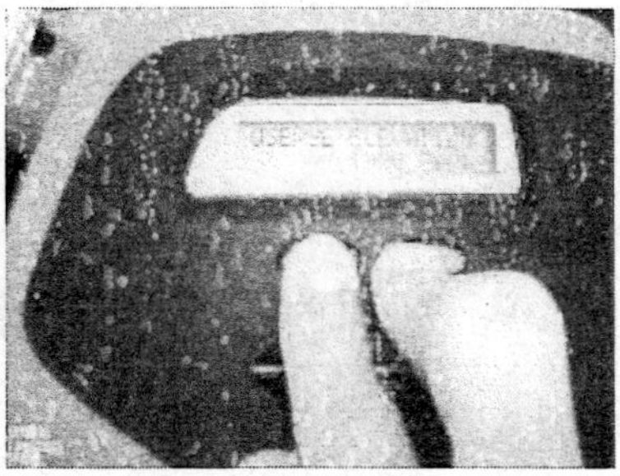	(2) 海拔高度设定 在预热过程中，同时按下“A”键与“B”键，进入调节海拔高度模式
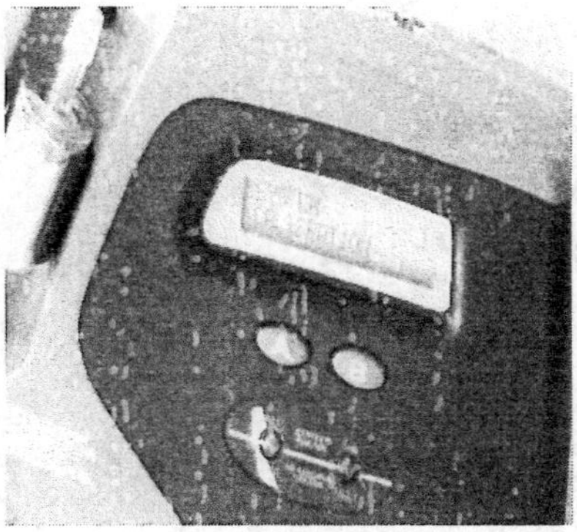	(3) 系统标定 显示器显示 SYSTEM CALIBRATION，鉴别仪发出振动和蜂鸣声
	(4) 连接管路 将取样管的快速接头连接到空调系统的低压维修阀
	(5) 调节取样压力 通过快速接头调整到 5～25 lbf/in^2

续表

图　　片	步　　骤
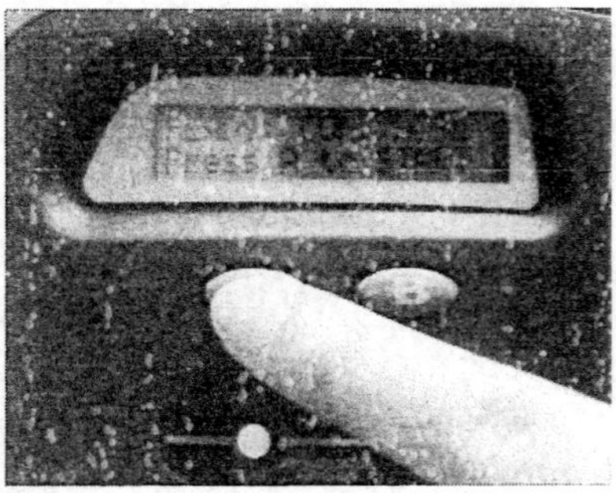	(6) 样品检验 按“A”键，制冷剂样品立即流向鉴别仪
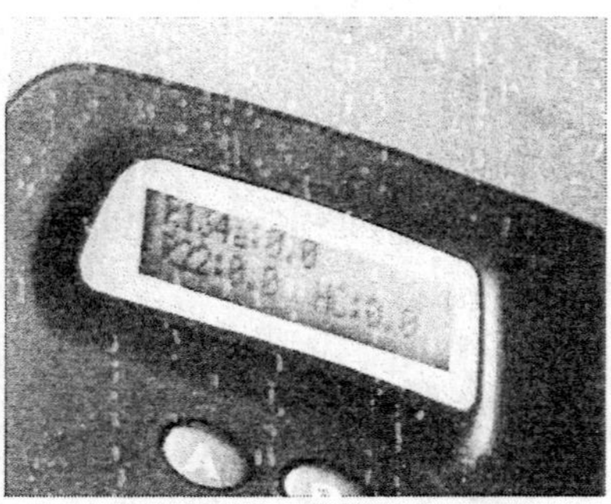 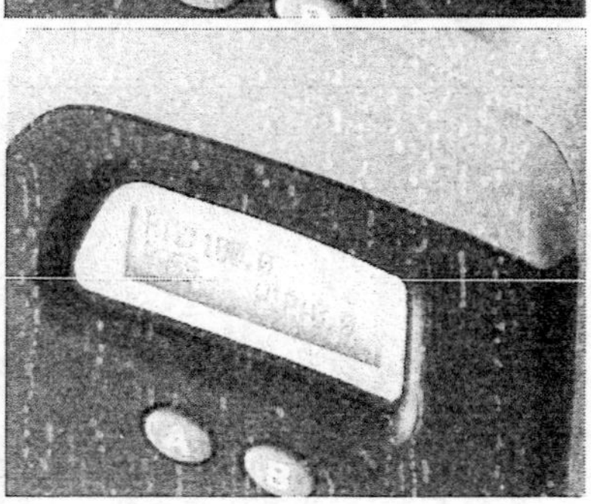	(7) 得出结果 检验完成后，记录鉴别仪自动显示结果 R134a ________；R12 ________ ； R22 __________；HC ________； AIR ________ ①PASS：制冷剂纯度达到 98%或更高。通过检验，可以回收； ②FAIL：R12 或 R134a 的混合物，任何一种纯度都达不到 98%，混合物太多； ③FAIL CONTAMINATED：未知制冷剂，如 R22 或 HC 含量 4%或更多，不能显示含量； ④NO REFRIGERANT－CHK HOSE CONN：空气含量达到 90%或更高，没有制冷剂

五、制冷系统工作压力的检测

【器材设备准备】

歧管压力表组件、汽车空调系统、护目镜、橡胶手套、车内外三件套、抹布。

【操作步骤】

1. 卸掉系统高、低压管路上的检修阀护帽。
2. 将歧管压力表组件高、低压侧手动阀都关闭，蓝色的低压侧软管接低压检修阀，红色的高压侧软管接高压检修阀。

3. 起动发动机，调整发动机转速至 1 500～2 000 r/min，然后起动空调系统，将鼓风机开关置于高速状态，温度控制开关置于最冷位置，按需要使发动机温度正常（约运行 5 min）后，进行检测。

4. 通过歧管压力表组件高、低压侧压力表的读数，来判断制冷系统是否存在故障。制冷系统高压端的压力一般为 1 103～1 517 kPa，低压端压力一般为 103～241 kPa，其压力会因车型和环境温度的不同而有所不同。

5. 检测完后，关闭发动机，卸掉歧管压力表组件，把检修阀的护帽旋回。

6. 根据表 7—1—3 给出的在各种故障下的压力情况和现象，分析其原因和处理方法。

表 7—1—3　　　　各种故障下的压力情况分析

序号	压力表显示	现象	可能的原因
1	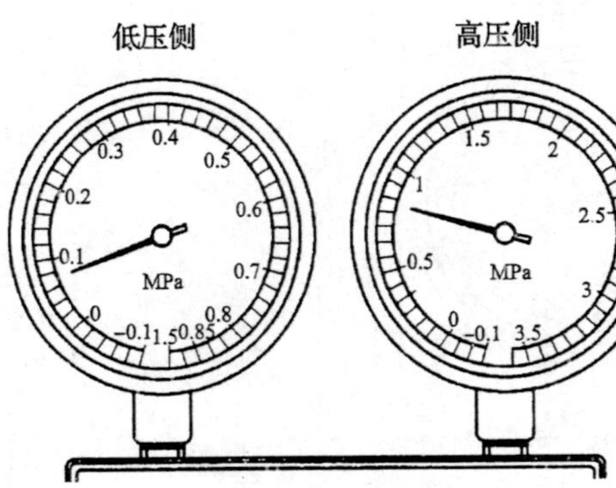	①低压侧和高压侧压力都低。 ②观察窗可以看到气泡流动。 ③制冷不足	
2	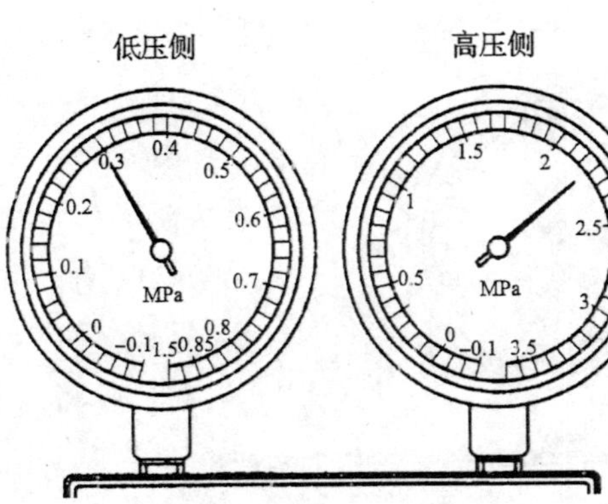	①低压侧和高压侧压力都高。 ②即使在低速时也看不到气泡。 ③制冷不足	

续表

序号	压力表显示	现象	可能的原因
3	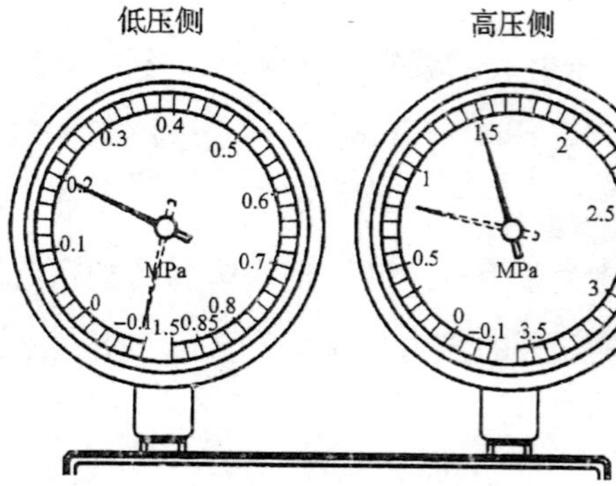	使用一段时间之后，低压侧逐渐显示真空，一段时间后又恢复正常	水汽混入
4	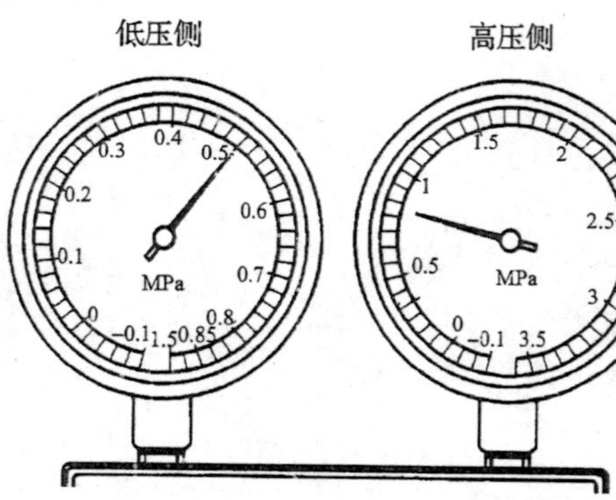	①低压侧压力特别高或者高压侧压力特别低。 ②关闭空调时，低压侧和高压侧压力立即变成相同	
5	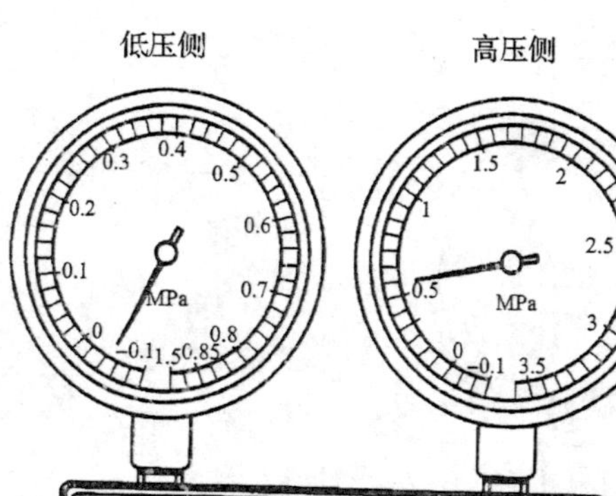	①如果循环管路完全阻塞，低压侧压力会立即显示真空。如果循环管路部分阻塞，低压侧压力会逐渐显示真空。 ②阻塞部位前后会有温差	

续表

序号	压力表显示	现象	可能的原因
6	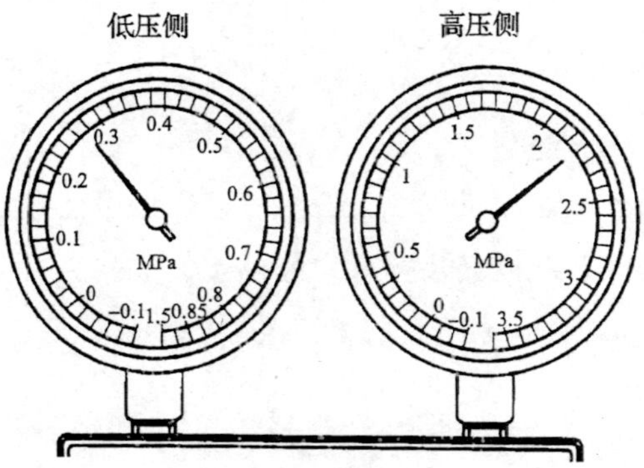	①低压侧和高压侧压力都高。 ②低压管触摸时感觉不冷。 ③观察窗可以看到气泡	
7	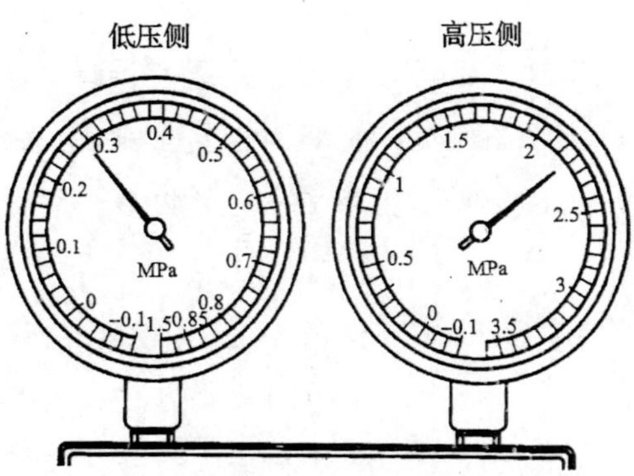	①低压侧和高压侧压力都高。 ②低压侧管路结霜	

思考与练习

一、简答题

1. 简述歧管压力表组件使用时的注意事项。

2. 如何鉴别 R12 与 R134a 系统?

二、实训题

1. 练习制冷剂的鉴别。

2. 练习使用歧管压力表检测空调系统压力。

课题二　汽车空调系统的检漏

学习目标

- 熟悉肥皂泡沫法、卤素灯检漏法、加压检漏法和真空检漏法。
- 能够正确进行肥皂泡沫法检漏。
- 能够正确进行电子检漏法检漏。
- 能够正确进行染料示踪法检漏。

想一想

汽车空调制冷系统的工作环境（温度、振动、压力等）是怎样的？在什么样的工作环境下，空调部件、管道会损坏，接头会松动，制冷剂会发生泄漏？由于制冷剂无色、无味，所以当制冷剂发生泄漏时对其进行检查存在一定的困难，那么该如何进行准确的查找呢？

由于制冷剂无色无味，所以检查制冷剂的泄漏存在一定的困难，可以采用多种方法，有时也需要借助一些仪器设备。目前，制冷剂常用的检漏方法有观察法检漏、肥皂泡沫检漏、卤素检漏灯检漏、电子检漏仪检漏、染料示踪法检漏、加压法检漏和真空法检漏等。

一、观察法检漏

观察法检漏是指用眼睛查看制冷系统各部位（特别是制冷系统的管接头）是否有冷冻机油渗漏痕迹的一种检漏方法。因为制冷剂通常可以与冷冻机油互溶，所以在泄漏处必然也带有冷冻机油，由此可判断系统管道有油迹的部位就是泄漏处。

二、肥皂泡沫法检漏

肥皂泡沫法检漏就是在疑似泄漏区域，涂上肥皂液，如有泄漏点，该处必然会起肥皂泡。此法简单易行，是目前汽车空调修理行业经常使用的一种方法。但现在汽车的各种构件布置得越来越紧凑，有些部位及检修死角，用此法不易检查出来。

三、卤素检漏灯检漏

卤素检漏灯是早期的一种检漏设备，主要是针对制冷剂 R12 设计的，不能用于 R134a，现在已被电子检漏设备所替代。因而它的结构原理以及使用说明在这里不再详细阐述。

四、电子检漏仪检漏

电子检漏仪有 R12 电子检漏仪、R134a 电子检漏仪和多功能电子检漏仪等。一般用于检测 R12 泄漏的电子检漏仪对于检测 R134a 是无效的，检测 R134a 的泄漏情况需要使用一种专门适用于它的检漏仪，或使用可检测 R12 及 R134a 的多功能电子检漏仪。目前最常用的是多功能电子检漏仪，如图 7—2—1 所示，它既能检测 R12 又能检测 R134a。

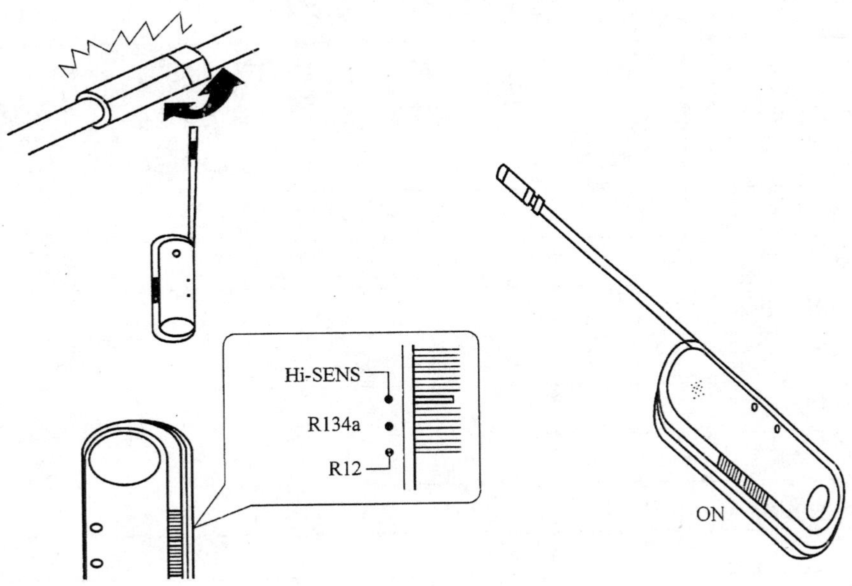

图 7—2—1　多功能电子检漏仪

五、染料示踪法检漏

这种方法是将加有染料的制冷剂注入系统，如系统有泄漏的情况，泄漏点会被鲜明地显示出来。

六、加压法检漏

加压法检漏是指将少量制冷剂及一定压力的氮气加入制冷系统中，再用观察法、肥皂泡沫、卤素检漏灯或电子检漏仪进行检漏的一种方法。这种方法常用于空调制冷系统中的制冷剂全部漏光时的检漏。要注意的是，在高压条件下操作时尽量不要用空气压缩机打压或利用制冷系统本身的压缩机打压，因为这样会给制冷系统带入一部分水分。

七、真空法检漏

真空法检漏是指在对制冷系统抽真空以后，使系统的真空状态保持一段时间（至少 60min)，然后观察系统中的真空压力表指针是否移动（即指针是否发生变化）的一种检漏方法。如果真空压力表指示没有变化，则说明系统无泄漏；如果真空压力表指示回升，则说明系统有泄漏。要指出的是，采用这种方法检漏，只能说明制冷系统是否泄漏，而不能确定泄漏的具体部位。

教学互动

对比上述 7 种检漏方法，总结归纳并填写表 7—2—1。

表 7—2—1　　空调系统检漏方法的比较

检漏方法	适用系统（R12 或 R134a）	能否查出泄漏的具体部位	使用此法时，空调系统内是否有制冷剂	难易程度
观察法检漏				
肥皂泡沫法检漏				
卤素检漏灯检漏				
电子检漏仪检漏				
染料示踪法检漏				
加压法检漏				
真空法检漏				

八、汽车空调系统制冷剂泄漏的检查

1．肥皂泡沫法检漏操作

制冷剂的检漏可根据检修时的具体情况选择合适的方法，也可以采用多种方法以便快速找出泄漏处。

【器材设备准备】

肥皂溶液、毛刷、汽车空调系统、抹布。

【操作步骤】

（1）把肥皂溶液涂在所有接头处和（或）怀疑有泄漏的地方，如图 7—2—2 所示。

（2）出现气泡的位置便是泄漏处。

需要重点检查渗漏的部位是：

1）各个管道接头及阀门连接处。

2）全部软管，尤其应在软管接头附近查看是否有气泡、裂纹、油渍。

3）压缩机轴封、前后盖板、密封垫、检修阀等处。

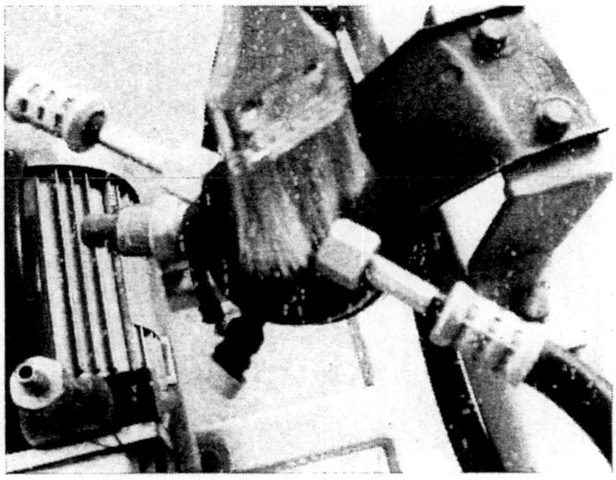

图 7—2—2　肥皂泡沫法检漏

4）冷凝器表面被刮坏、压扁、碰伤处。

5）蒸发器表面被刮坏、压扁、碰伤处。

6）膨胀阀的进出口连接处，膜盒周边焊接处以及感温包与膜盒焊接处。

7）储液干燥器的易熔塞、视镜、高低压阀连接处。

8）歧管压力表组件（如果安装的话）的连接头、手动阀及软管处。

2．电子检漏仪检漏操作

【器材设备准备】

电子检漏仪（以罗宾耐尔公司电子空调检漏仪 ROBINAIR16500 为例）、汽车空调系统。

【注意事项】

电子检漏仪应在通风良好的地方使用，避免在存放爆炸性气体的地方使用。实施检查时，发动机要停止转动。不能将探头置于制冷剂有严重泄漏的地方，这样会使检漏仪的灵敏元件受到损坏。

【操作步骤】

要按照检漏仪厂商的说明书进行检查，尽管不同的检漏仪操作程序可能不同，但下列步骤可用作指导。

（1）旋转 ON/OFF 开关到“ON”。

（2）将灵敏度开关拨至“LEVEL1”（R12）或“LEVEL2”（R134a）。

（3）调节平衡调节直到听到最大警报声，再往回调节直至听到缓慢连续的嘀嗒声，并且最下面的指示灯有一个闪亮为止。

（4）开始查找泄漏处。把测针慢慢靠近被检测处的下方，如果检测仪发出警报声，说明此处存在泄漏，如图 7—2—3 所示。

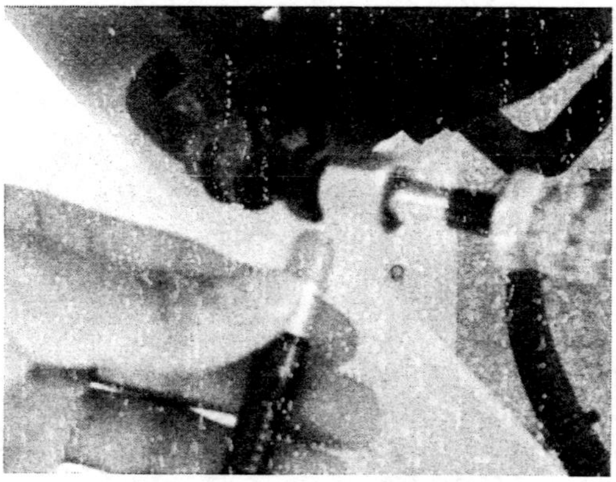

图 7—2—3 电子检漏仪检漏

3．加压检漏操作

【器材设备准备】

歧管压力表组件、氮气罐（压缩氮气要充足）、汽车空调系统。

【操作步骤】

（1）正确连接歧管压力表组件，如图 7—2—4 所示。高压软管接在高压管道上，低压软管接在低压管道上。操作时要注意：将歧管压力表组件与压缩机高、低压检修阀连接时，只能用手（不能用工具）拧紧其螺母，以防止损坏设备。判断压缩机高、低压侧的方法如下。

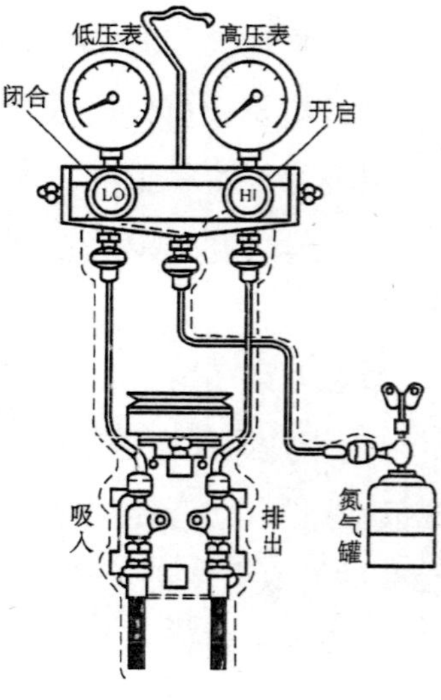

图 7—2—4 加压检漏示意图

1）按制冷剂流向判断

从压缩机流向冷凝器方向的是高压侧，从蒸发器流向压缩机方向的是低压侧。

2）按管道的冷热判断

让压缩机工作几分钟以后，停止运转，用手触摸压缩机向外连接的管道，热的为高压侧，冷的为低压侧。

3）按制冷剂管的粗细判断

与粗管道连接的是高压侧，与细管道连接的是低压侧。

（2）打开高低压检修阀，向系统中充入干燥的压缩氮气。当压力达到 1.5MPa 左右时，停止充气。经过长时间观察，若压力无明显下降，则说明系统无泄漏。

4．染料示踪法检漏操作

【器材设备准备】

荧光式检漏仪（以 SPX 公司的荧光检漏仪为例，其主要包括：注射枪、注射管、滤光镜、射灯、清洁剂、荧光剂瓶、低压阀接头，见图 7—2—5)、汽车空调系统。

【操作步骤】

将荧光剂注入空调系统，如系统有泄漏的情况，泄漏点会被鲜明地显示出来。

(1) 安装注射枪推杆，如图 7—2—6 所示。

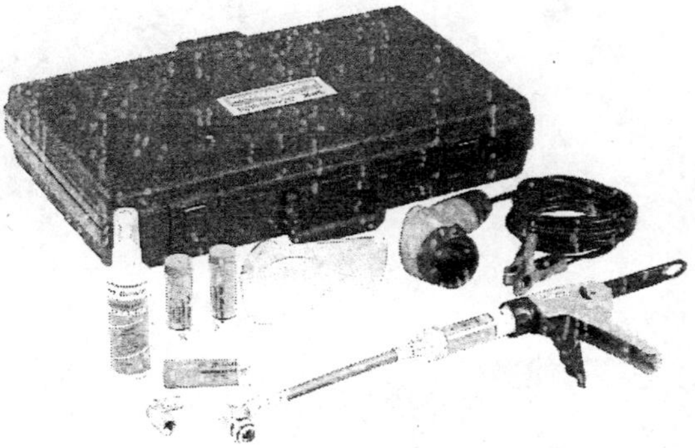

图 7—2—5　荧光式检漏仪

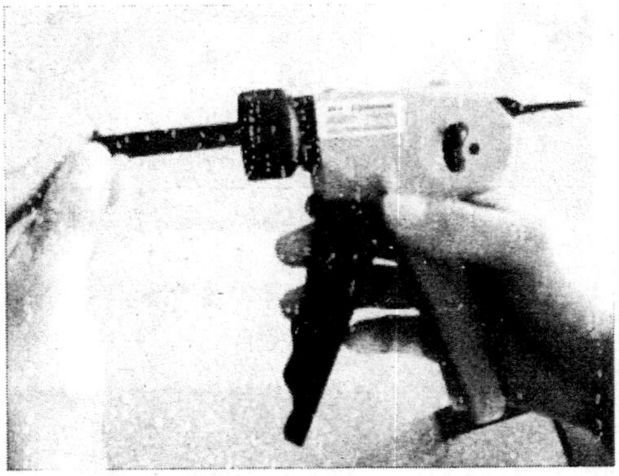

图 7—2—6　安装注射枪推杆

(2) 将荧光剂瓶与注射枪相连接，如图 7—2—7 所示。

(3) 将注射管与荧光剂瓶相连接，如图 7—2—8 所示。

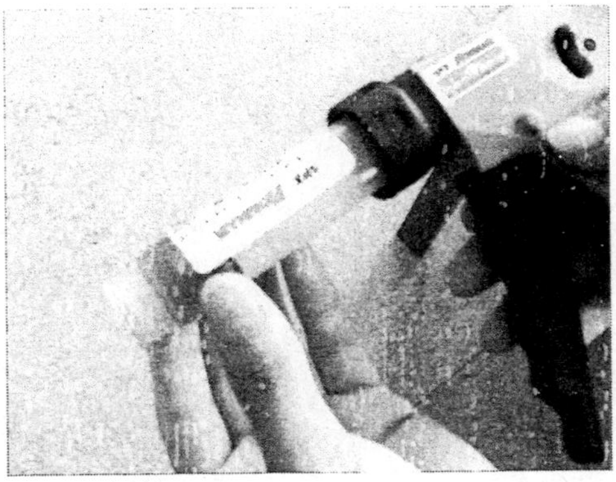

图 7—2—7　连接荧光剂瓶与注射枪

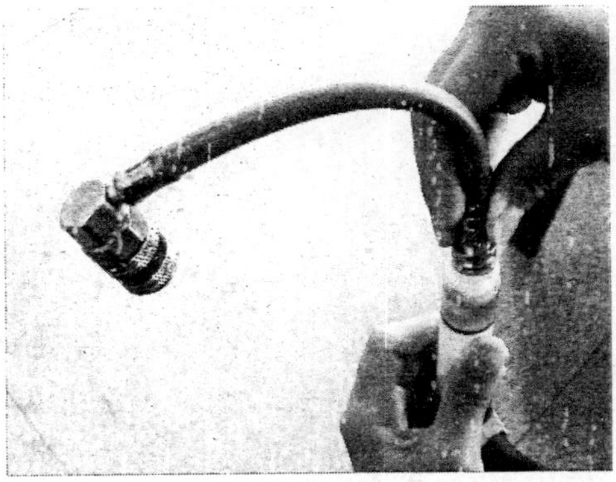

图 7—2—8　连接注射管与荧光剂瓶

(4) 将注射管接头与低压阀门相连接，如图 7—2—9 所示。

(5) 按下注射枪手柄，将荧光剂注入空调系统中，如图 7—2—10 所示。

提示：加注前，应确保空调系统无压力。加注荧光剂后，应补充适量的制冷剂，并使空调系统运转起来。

(6) 起动空调系统，运行 15min 以上，使荧光剂与制冷剂充分混合。

(7) 戴上滤光镜，用射灯照射空调管路及部件。如果照射处有黄绿色的光，说明该处有泄漏，如图 7—2—11 所示。

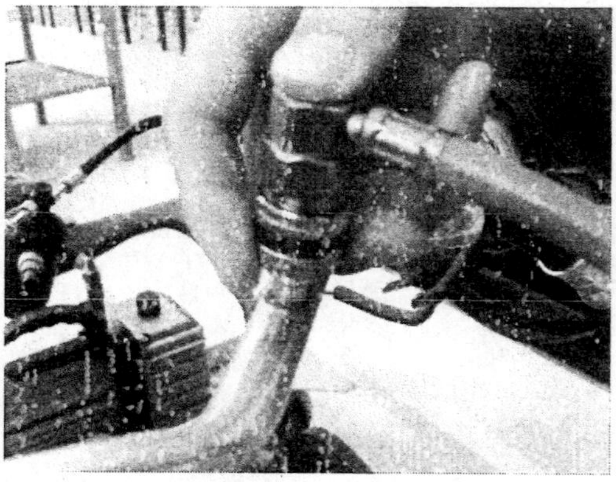

图 7—2—9　连接注射管接头与低压阀门

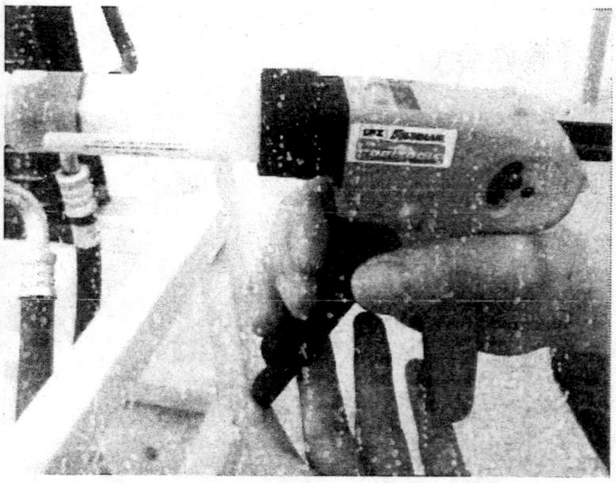

图 7—2—10　将荧光剂注入空调系统

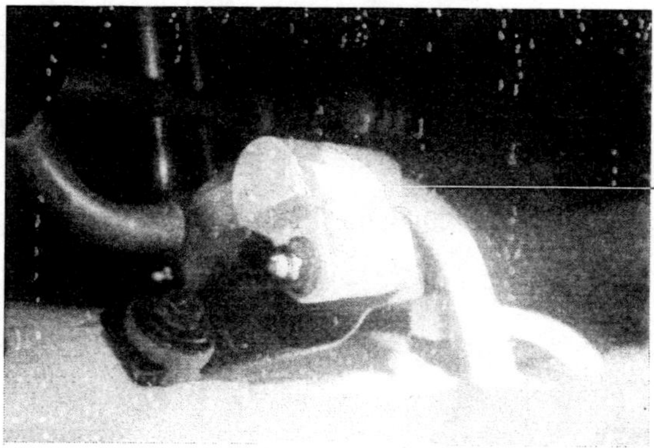

图 7—2—11　黄绿色光的泄漏点

思考与练习

一、简答题

1. 汽车空调系统有哪些检漏方法？

2. 试说明肥皂泡沫检漏的方法及主要检测部位。

二、实训题

1. 在实训车上，练习使用电子检漏仪检漏。

2. 在实训车上，练习加压法检漏。

课题三　制冷剂的回收及充注

学习目标

◆ 熟悉制冷剂注入阀、真空泵及回收与充注装置。

◆ 能正确使用制冷剂回收与充注装置回收和充注制冷剂。

◆ 能正确对制冷系统抽真空。

想一想

修理汽车空调系统时，经常需要拆开空调系统，对系统中制冷剂进行鉴别，并加以回收；对于拆开修理的空调系统或者其制冷剂太少的空调系统，在添加新的制冷剂之前必须要用真空泵将空调系统完全抽空，目的是清除空调系统内的空气和水分。完成抽真空操作后，在确认空调系统无泄漏的情况下，就可对其进行定量充注了。在汽车空调制冷系统具体的检修过程中，离不开制冷剂的鉴别、回收、抽真空与加注等基本操作。在这些操作过程中，需要哪些设备呢？操作步骤如何呢？

一、制冷剂注入阀

制冷剂注入阀是打开小容量制冷剂罐的专用工具，它利用蝶形手柄前部的针阀刺破制冷剂罐，并通过注入阀接头把制冷剂引入歧管压力表组件，如图 7—3—1 所示。其使用方法如下：

1. 在制冷剂罐上安装制冷剂注入阀之前，应按逆时针方向转动蝶形手柄，使其前端的针阀完全缩回，再逆时针转动盘形锁紧螺母，使其升高到最高位置。

2. 把注入阀装到制冷剂罐顶部的螺纹槽内，顺时针旋下盘形锁紧螺母，并充分拧紧，使注入阀固定牢靠，同时把注入阀接头与歧管压力表组件上的中间软管接头连接起来（歧管压力表组件要事先与空调系统连接好）。

3. 确认歧管压力表组件上的两个手动阀均处于关闭状态。

4. 顺时针转动蝶形手柄，用针阀在制冷剂罐上刺一小孔。

5. 如果此时需要加注制冷剂，应逆时针转动蝶形手柄，使针阀收回，且同时要打开歧管压力表组件的相应手动阀，让制冷剂注入汽车空调制冷系统。

6. 如果要停止充注制冷剂，应顺时针转动蝶形手柄，使针阀下落到制冷剂罐上刚开的小孔上，封闭小孔，同时关闭歧管压力表组件的相应手动阀。

二、真空泵

真空泵是汽车空调制冷系统安装、维修后进行抽真空不可缺少的设备，利用它可去除系统内的空气和水分等物质。常用的真空泵有用油密封和用水密封的两种。用油密封的真空泵又分滑阀式和刮片式两种，用水密封的有水环式等。如图 7—3—2 所示为常见真空泵的外形。

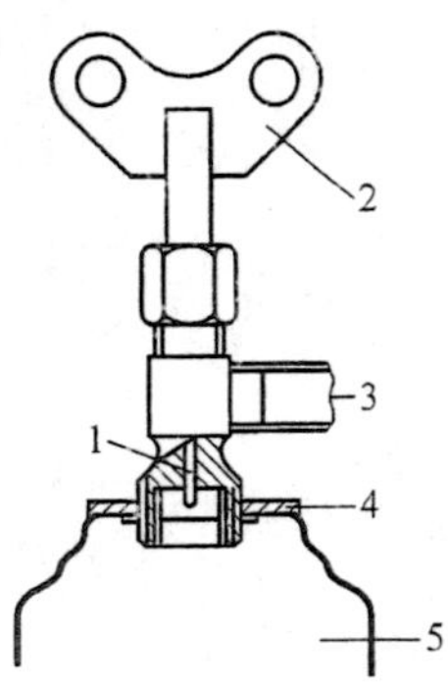

图 7—3—1　制冷剂注入阀

1—针阀　2—蝶形手柄　3—连接口

4—阀板　5—制冷剂罐

图 7—3—2　真空泵

三、制冷剂回收与充注装置

汽车空调制冷剂有相当部分消耗在维修上，若维修时直接将原系统内的制冷剂排入到大气中，再另行充加新制冷剂，不仅会对大气臭氧层造成破坏，也会浪费制冷剂。因而维修时要求采用制冷剂回收与充注机对制冷剂进行回收再利用。目前既有供 R12 和 R134a 分别回收的专用回收与充注装置，也有同一装置中有两套管路分别供 R12 及 R134a 回收使用的多功能制冷剂回收与充注装置。

1. 制冷剂回收与充注机

各种回收与充注装置的操作方法不完全相同，但基本方法一致。SPX 公司的 AC350C 能够完成车辆空调制冷剂的回收、再生、充注和检漏操作（见图 7—3—3 和图 7—3—4）。

图 7—3—3　制冷剂回收与充注机正视图（AC350C SPX）

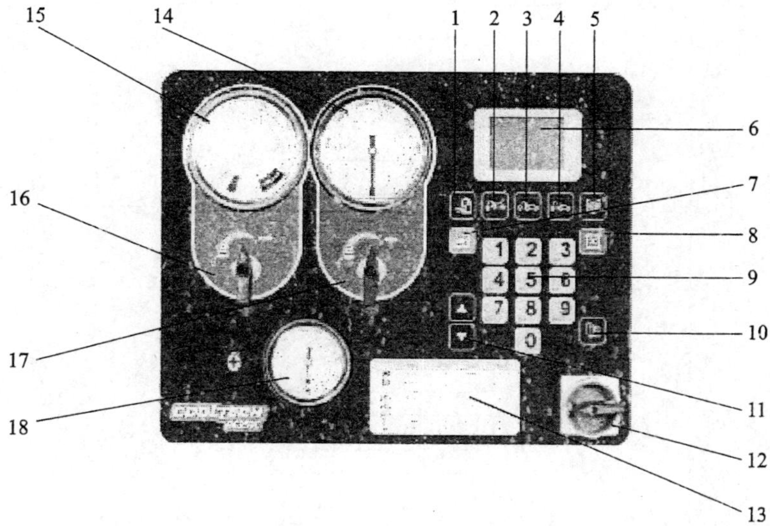

图 7—3—4　制冷剂回收与充注机控制面板图（AC350C SPX）

1—排气：运行排气功能的快捷键　2—回收：回收空调系统的制冷剂　3—抽真空：将空调系统进行抽真空
4—充注：向空调系统充注制冷剂　5—菜单：进入菜单程序的快捷键　6—显示屏：显示操作信息
7—开始/确认：开始/确认程序的进行　8—停止/取消：停止/取消程序的进行　9—键盘：输入数据键
10—数据库：进入数据库的快捷键　11—上下键：上下选择键　12—电源开关：开机或关机
13—多语言对照表：多种语言表达对照表　14—高压表：显示空调系统高压端压力表
15—低压表：显示空调系统低压端压力表　16—低压阀：控制空调系统低压端与设备的通断
17—高压阀：控制空调系统高压端与设备的通断　18—工作罐压力：显示工作罐压力的压力表

教学互动

制冷剂本身对于人类无毒无害，但对于环境却是一个重要的污染源。因此，汽车空调制冷剂的使用与管理已经引起政府主管部门的高度重视。2010 年 7 月 1 日，交通行业标准《汽车空调制冷剂回收、净化、加注工艺规范》（JT/T 774—2010）发布实施。通过查阅该标准，填写制冷剂回收、净化、加注作业工艺流程图，如图 7—3—5 所示。

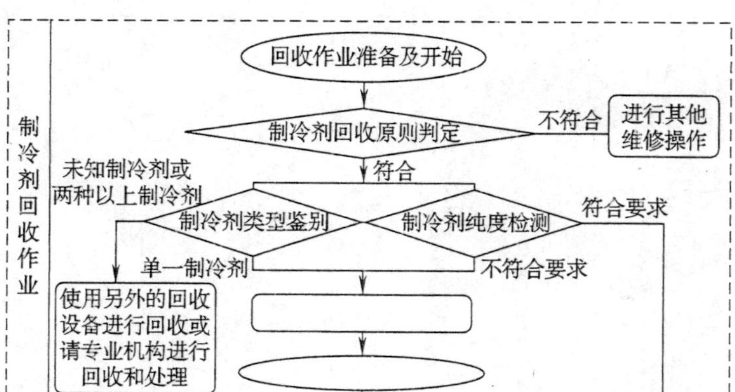

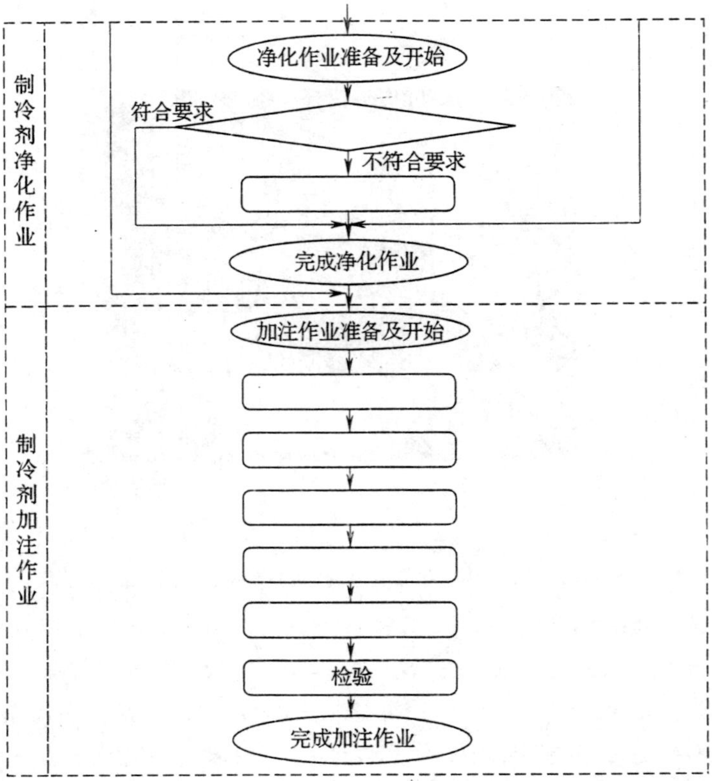

图 7—3—5　制冷剂回收、净化、加注作业工艺流程

2. 制冷剂回收与充注机的使用

【器材设备准备】

AC350C 型制冷剂回收与充注机、汽车空调系统、护目镜、橡胶手套、抹布。

（1）制冷剂的回收（见表 7—3—1）

表 7—3—1　　使用 AC350C 进行制冷剂的回收

图　片	步　骤
	1）打开电源开关

续表

图　片	步　骤
	2）连接管路 将高、低压快速接头连接至制冷系统的维修阀口，然后打开维修阀
	3）进入回收程序 按“回收”键，进入回收程序
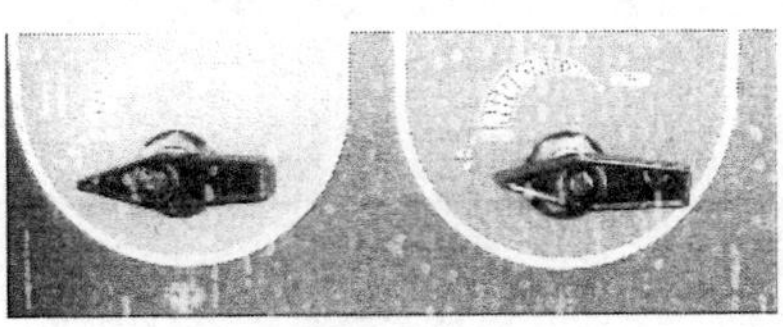	4）打开设备上的高、低压阀，准备进行双管回收
	5）按“确认”键，开始回收 按“确认”键后，设备会先自动清洗管路 1 min 后才进行制冷剂回收，按键取消或返回

续表

图　　片	步　　骤
	6）当压力到达负压时，压缩机仍在抽真空。应及时按“取消”键，停止回收，防止损坏回收机中的压缩机
	7）回收结束后，显示回收的制冷剂量，仪器准备进行排废。 按“确认”键进行排油
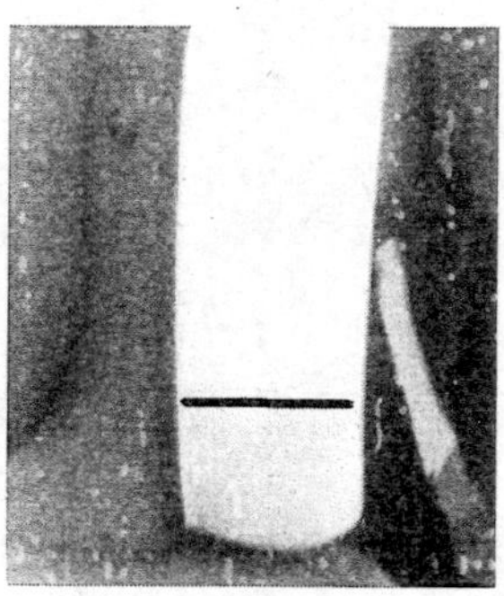	8）排油瓶表面有刻度，查看排油瓶内的废油液面并记录；等一段时间，废油无气泡后，查看排油瓶液面并记录，计算排油量

（2）第一次抽真空（见表7—3—2）

表7—3—2　　　　使用AC350C进行第一次抽真空

图　　片	步　　骤
	1）选择“抽真空”键 “抽真空”键

续表

图　片	步　骤
	2）设定抽真空时间 按“数字”键，设定抽真空时间 15 min（持续时间应不少于 15 min，以充分排除制冷装置中的水分），按“确认”键开始从高、低压一起抽真空
	3）抽真空时间到后，设备自动停止真空泵工作 技术要求： 抽真空至系统真空度低于−90 kPa
	4）按“确认”键进行保压
	5）保压 3 min 后注意观察高、低压表的表针有无回升

(3) 加注冷冻机油（见表7—3—3）

表7—3—3　　使用AC350C进行加注冷冻机油

图　片	步　骤
	1）保压检漏结束，准备加注冷冻机油
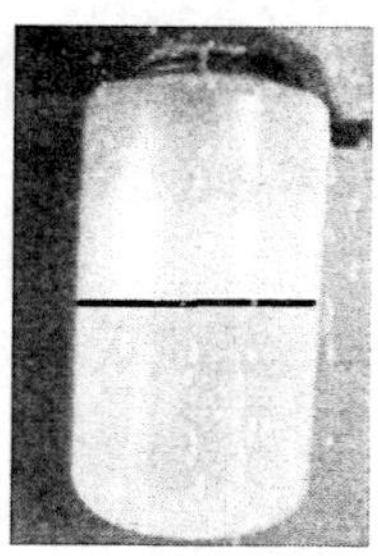	2）计算注油量：________ mL 注油量＝排出量＋20mL
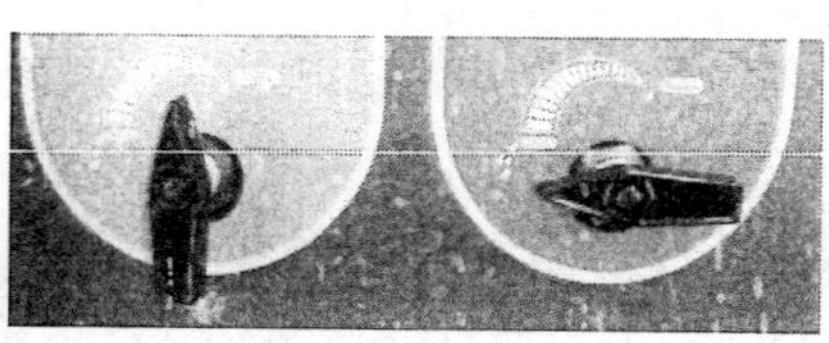	3）关闭低压阀 4）打开高压阀，采用单管加注
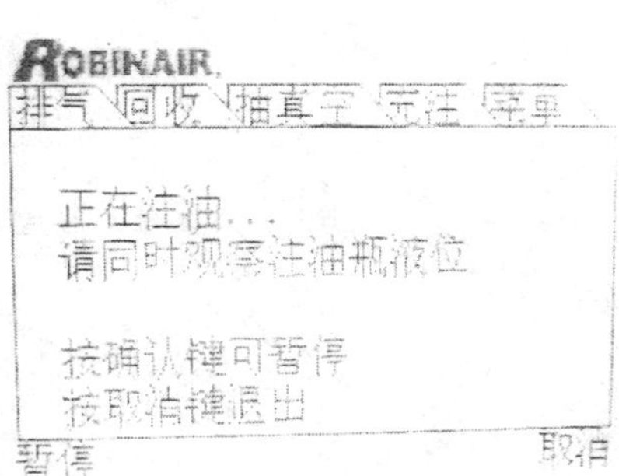	5）加注时必须一直关注注油瓶，防止过量 6）按“确认”键，暂停 7）按“取消”键，结束注油

（4）第二次抽真空（见表 7—3—4）

表 7—3—4　　　　使用 AC350C 进行第二次抽真空

	1）选择“抽真空”键 “抽真空”键
	2）设定抽真空时间 按“数字”键，设定抽真空时间 15 min
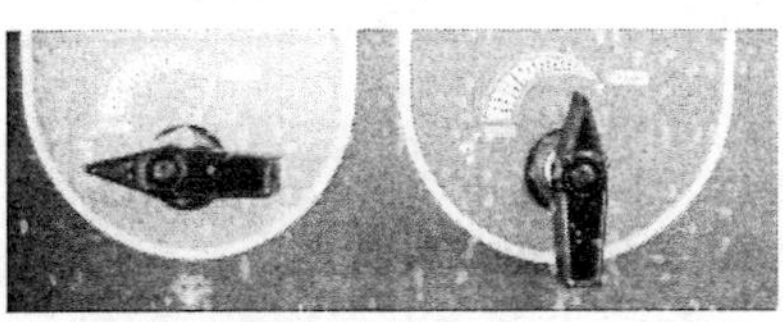	3）关闭高压阀 4）打开低压阀，采用单管抽真空，按“确认”键开始从低压阀抽真空
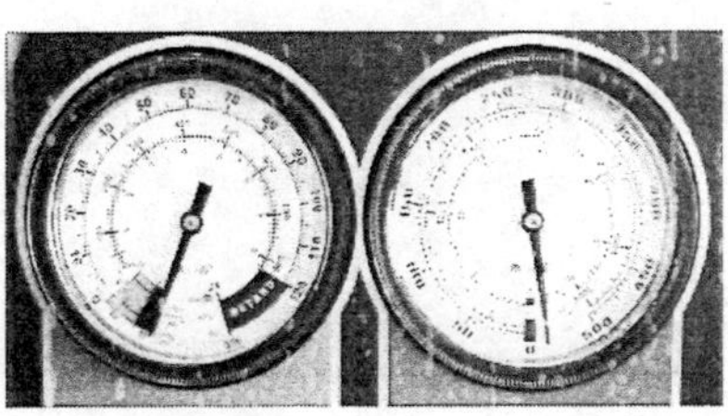	5）抽真空时间到后，设备自动停止真空泵工作 技术要求： 抽真空至系统真空度低于−90 kPa 6）按“取消”键，跳出“下一步，保压?”返回主界面，完成第二次抽真空

（5）加注制冷剂（见表 7—3—5）

表 7—3—5　　　　使用 AC350C 进行加注制冷剂

	1）按“加注制冷剂”键，进入制冷剂充注界面  “加注制冷剂”键
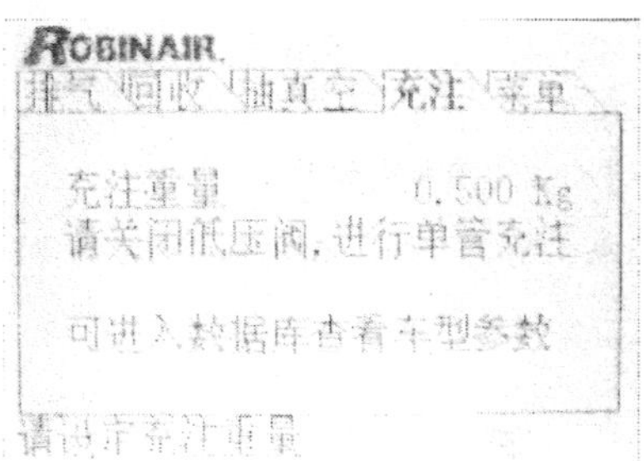	2）按“数字”键输入充注制冷剂量
	3）关闭低压快速阀 4）打开高压快速阀，进行单管加注 5）关闭低压阀 6）打开高压阀 7）按“确认”键，开始加制冷剂
	8）加注完成后，根据界面提示，关闭快速接头，并取下红、蓝管 9）按“确认”键，进行管路清洗

续表

	10）管路清洗完成，按“确认”键，退出。至此，制冷剂加注完毕

四、利用歧管压力表组件、真空泵抽真空

由于汽车制冷系统在修理时接触了空气，所以在修理后必须用真空泵抽真空，排除制冷系统内的水分和空气，以确保空调制冷系统的正常工作。抽真空并不能直接把水分抽出制冷系统，而是系统在抽成真空之后，降低了水的沸点，在较低温度下就会沸腾，以蒸汽的形式被抽出。

抽真空之前，应进行泄漏检查。抽真空也是对系统气密性的进一步检查。

【器材设备准备】

真空泵、歧管压力表组件、汽车空调系统。

【操作步骤】

1. 如图 7—3—6 所示，把制冷系统、歧管压力表组件以及真空泵连接好。

2. 打开歧管压力表组件的高、低压手动阀，起动真空泵，观察低压表指针，应该有真空显示。

3. 操作 10 min 后低压表应达到 79.8 kPa 的真空度（丰田公司标准），高压表指针应略低于零刻度。如果高压指针不低于零刻度，则表明系统内有堵塞，应停止操作，处理好故障后再抽真空。

4. 如果操作 10 min 后低压表达不到 79.8 kPa 的真空度，则应关闭低压手动阀，观察低压表指针。如果指针上升，说明真空有损失，要查泄漏点，进行检修后才能继续抽真空。

5. 抽真空的总时间不应少于 30 min，充分排除系统中的水分之后，才可以向系统中充注制冷剂。

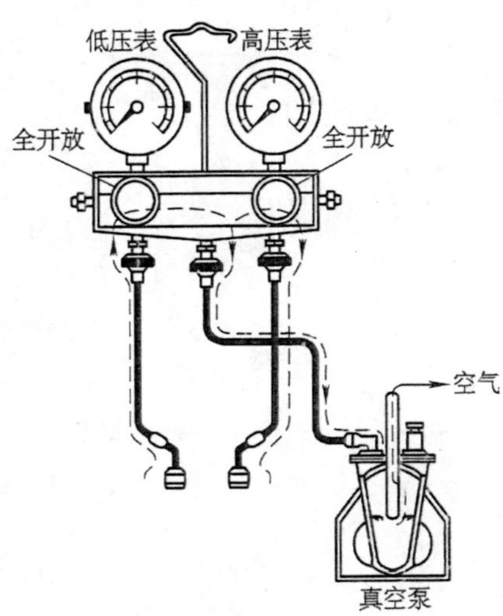

图 7—3—6　抽真空时的设备连接

五、利用歧管压力表组件加注制冷剂

【器材设备准备】

歧管压力表组件、制冷剂注入阀、汽车空调系统。

【操作步骤】

充注制冷剂一般有以下两种情况。

1．充注液态制冷剂（适合给新系统加注制冷剂）

（1）当系统抽完真空之后，关闭歧管压力表组件的高、低压手动阀。

（2）将中间软管的一端与制冷剂注入阀的接头连接起来，如图7—3—7所示。打开制冷剂罐开启阀，并拧开歧管压力表组件软管一端的螺母，让制冷剂溢出少许，把空气赶走，然后再拧紧螺母。

（3）拧动高压手动阀到全开的位置，把制冷剂罐倒立，以便从高压侧注入液态制冷剂。

（4）从高压侧注入液态制冷剂两罐以上，或按规定的量注入。特别要注意的是：从高压侧向系统注入制冷剂时，千万不能起动发动机，而且充注时不能拧开低压手动阀。

2．充注气态制冷剂（适合给空的或部分空的系统补充加注气态制冷剂）

（1）把歧管压力表组件与压缩机和制冷剂罐连接好，如图7—3—8所示。

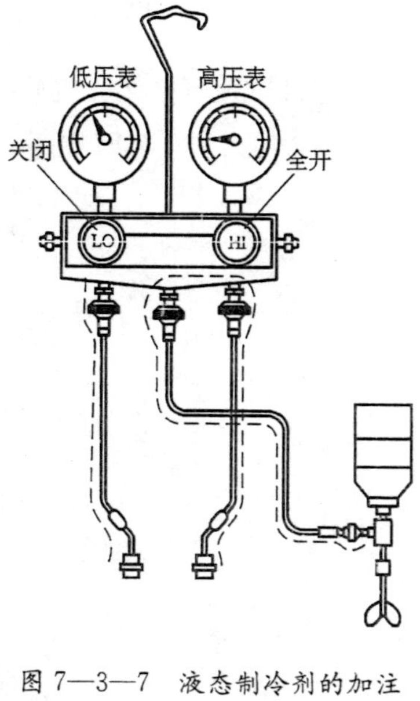

图7—3—7　液态制冷剂的加注

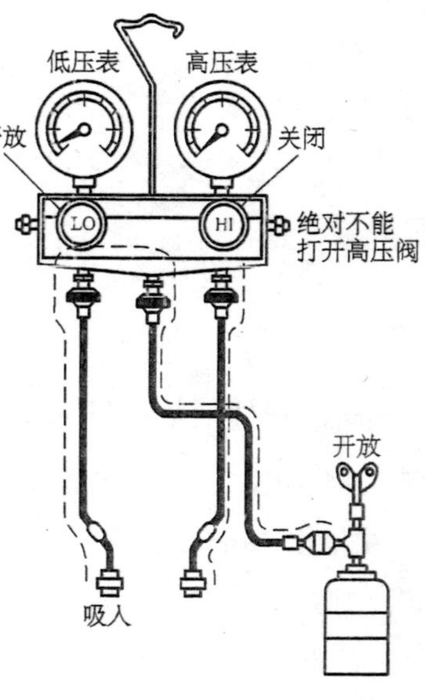

图7—3—8　气态制冷剂的加注

（2）打开制冷剂罐，拧松中间注入软管在歧管压力表组件侧的螺母，直到听见制冷剂蒸气有流动的声音后，开始拧紧螺母。这样做的目的是将注入软管中的空气排走。

（3）打开低压手动阀，让制冷剂进入系统。当系统的压力值达到420 kPa时，关闭低压手动阀。

(4) 起动发动机，把空调开关接通，把鼓风机开关和温度开关都开到最大。

(5) 再打开低压手动阀，让制冷剂继续进入制冷系统，直到充注量达到规定值为止。

(6) 充注完毕之后，关闭歧管压力表组件的低压手动阀和装在制冷剂罐上的注入阀，使发动机停止运转，并从压缩机上迅速拆除制冷剂软管接头。此时要特别注意，高压侧管路里的制冷剂处于高压状态，必须十分小心，以防止制冷剂喷出损伤眼睛和皮肤。

思考与练习

一、简答题

1. 充注液态制冷剂和充注气态制冷剂分别适用于那些场合？说明其充注方法。

2. 简述制冷剂回收、净化、加注作业工艺流程。

二、实训题

1. 练习利用歧管压力表组件、真空泵抽真空。

2. 练习利用歧管压力表组件加注制冷剂。

3. 练习制冷剂回收与充注机的使用。

课题四　压缩机冷冻机油的检查及加注

学习目标

◆ 掌握冷冻机油的作用、种类及选用方法。

◆ 能够正确进行冷冻机油的检查。

◆ 能够正确进行冷冻机油的加注。

想一想

发动机是汽车的心脏，空调压缩机是汽车空调制冷系统的心脏。发动机工作时需要润滑油润滑，而空调压缩机工作时也需要润滑，空调压缩机中的润滑油通常称为冷冻机油，在压缩机运行中起着重要作用。发动机机油的选择、加注有一定的要求，那么应如何进行压缩机冷冻机油的选择与加注呢？

一、冷冻机油的作用和对冷冻机油的要求

1．冷冻机油的作用

空调压缩机冷冻机油是一种在高、低温工况下均能正常工作的特殊润滑油，其作用包括：

（1）润滑作用

它可以润滑压缩机轴承、活塞、活塞环、连杆曲轴等零部件的表面，减少阻力和磨损，降低功耗，延长使用寿命。

（2）冷却作用

它能及时带走运动表面摩擦产生的热量，防止压缩机升温过高或压缩机被烧坏。

（3）密封作用

冷冻机油会渗入各摩擦件密封面而形成油封，起到阻止制冷剂泄漏的作用。

（4）降低压缩机噪声

冷冻机油不断冲洗摩擦表面并带走磨屑，可减少摩擦件的磨损。冷冻机油在润滑压缩机的同时，也大大降低了压缩机的噪声。

2．对冷冻机油的要求

冷冻机油在空调制冷系统中能完全溶解于制冷剂，并随制冷剂一起在制冷系统中循环。冷冻机油的油温有时会超过 120℃，而制冷剂的蒸发温度范围为－30～＋10℃，所以它的工作是在高温与低温交替的条件下进行的。为保证其正常工作，对冷冻机油提出了一些性能要求。

（1）冷冻机油的凝固点要低，在低温下要具有良好的流动性。若低温流动性差，则冷冻机油会沉积在蒸发器内影响制冷能力，或凝结在压缩机底部，失去润滑作用而损坏运动部件。

（2）冷冻机油应具有一定的黏度，且受温度的影响要小。

（3）冷冻机油与制冷剂的溶解性能要好。

（4）冷冻机油要具有较高的热稳定性，即在高温下不氧化、不分解、不结胶、不积炭。

（5）冷冻机油的挥发性要差。

（6）冷冻机油的化学性质要稳定，与制冷剂和其他材料不会发生化学反应。

（7）冷冻机油中应无水分。若冷冻机油中的水分过多，则会在膨胀阀节流口处结冰，造成冰堵，影响系统制冷剂的流动。同时，油中的水分会造成镀铜现象以及使某

些材料受到腐蚀。

二、冷冻机油的种类和汽车空调用冷冻机油的选择

1．冷冻机油的种类

我国冷冻机油的牌号有四个，即 13 号、18 号、25 号和 30 号，牌号越大，其黏度越大。进口的冷冻机油一般有 SUNISO3GS～SUNISO5GS 牌号，其牌号越大，黏度也越大。

2．汽车空调用冷冻机油的选择

选择冷冻机油时，要充分考虑空调压缩机内部冷冻机油的工作环境，如吸气、排气温度等。根据冷冻机油的特性，在实际选用时，应以低温性能为主进行选择，但也要适当考虑热稳定性能。汽车空调制冷系统一般选择国产的 18 号、25 号冷冻机油，或进口的 SUNISO5GS 冷冻机油。

三、冷冻机油变质的主要原因

1．混入水分

由于制冷系统中渗入空气，并且干燥剂已经饱和，此时空气中的水分进入冷冻机油，不仅会产生膨胀阀冰堵、金属材料受腐蚀等问题，也会使冷冻机油黏度降低。

2．氧化

当压缩机排气温度太高时，有可能引起冷冻机油氧化变质，产生残渣乃至结炭，使轴承等处的润滑变坏。有机物、机械杂质等混入冷冻机油中，也会使冷冻机油老化或氧化。

3．几种不同牌号的冷冻机油混合使用

这样做不仅会降低油的黏度，还会破坏油膜的形成，使压缩机运动部件（特别是轴承）磨损加快。若将不同类型的冷冻机油混用（例如矿物油与合成油混用），情况将会更加严重。

四、压缩机冷冻机油量的检查

在一般情况下，汽车空调系统冷冻机油的消耗量很少，可以每两年更换一次，每次加入规定的数量。添加时一定要保证添加的是同一牌号的冷冻机油，因为不同牌号的冷冻机油混用会生成沉淀物。如果压缩机里冷冻机油存量过少，则压缩机润滑不充分，会发生过热甚至卡缸现象。如果系统内冷冻机油过多，过量的机油会附在管壁上，阻碍热交换，降低散热能力。因此，压缩机里必须保持正常的存油量。

压缩机冷冻机油量的检查一般有以下两种方法。

1．观察视窗

通过压缩机上安装的视窗，可观察压缩机油量，如图 7—4—1 所示。如压缩机冷冻机油油面达到视窗高度 80％的位置，一般认为是合适的。如果油面在此界限之上，

则应引出多余的冷冻机油；如果油面在这界限之下，则应添加冷冻机油。

2．观察量油尺

未装视窗的压缩机，可用量油尺检查其油量，如图 7—4—2 所示。这种压缩机有一个油塞，油塞下面有的装有油尺，有的没有油尺。若没有油尺则需另外使用专用油尺插入检查，观察油面的位置是否在规定的上、下限之间。

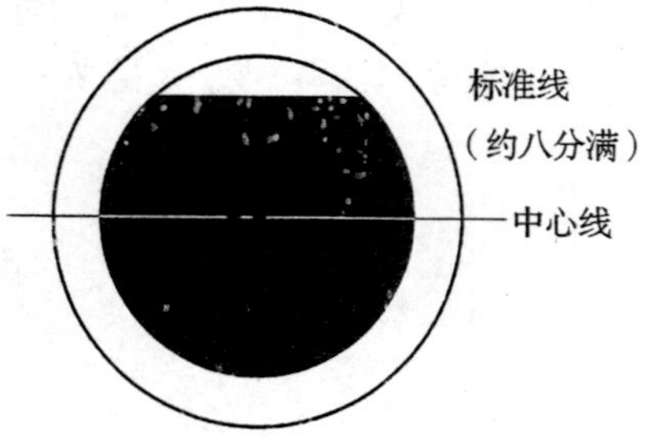

图 7—4—1　由观察视窗观察冷冻机油量

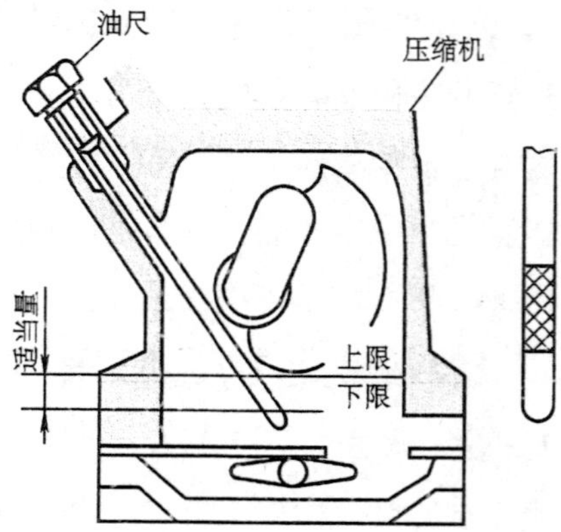

图 7—4—2　使用油尺量冷冻机油液面

五、冷冻机油品质的检查

冷冻机油是否变质需通过一定的化验手段确认。但平时使用时，可从油的颜色、气味等粗略判断油的品质。如有异味，很可能就是冷冻机油变质了。但颜色变深，却不一定表示冷冻机油已变质，因为冷冻机油使用一段时间以后，颜色一般都要变深。机油变色简易判断方法如下：

将油滴在吸水性好的白纸上，若油滴中心部分没有黑色，则说明油没有变质，可以继续使用。若油滴中心部分出现黑色斑点，则说明油质已开始变坏，应该换油了。若油中含有水分，油的透明度会降低，出现这种情况也需换油。

教学互动

通过查阅教材和其他资料，熟悉冷冻机油的作用、特点，对比冷冻机油和发动机机油，总结归纳并填写表 7—4—1。

表 7—4—1　　冷冻机油与发动机机油的比较

比较项目	冷冻机油	发动机机油
作用		
颜色		
是否有味道		

续表

比较项目	冷冻机油	发动机机油
能否长时间暴露于空气中		
油品质的检查方法		
油量的检查方法		

六、冷冻机油加注量的确定

一般出厂的新压缩机内均已经加入了冷冻机油，油量为该型号压缩机所配套的制冷系统规定的整个系统需要加注量。更换压缩机时，首先排出和测量旧压缩机内冷冻机油的加注量；其次排出新压缩机内的冷冻机油；最后重新加注冷冻机油，加注量为旧压缩机内的油量加 10 mL 的油量。

七、添加冷冻机油

添加冷冻机油可用以下两种方法。

1．直接加入法

将冷冻机油按标准量称好或用洁净的量杯量好，直接倒入压缩机内，这种方法只有在更换蒸发器、冷凝器和储液干燥器时方可使用。

2．真空吸入法（见图 7—4—3）

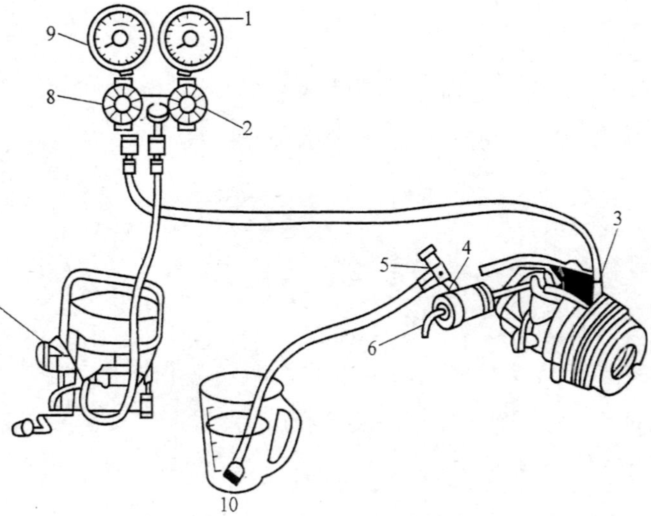

图 7—4—3　采用真空吸入法添加冷冻机油

1—高压表　2—高压手动阀　3—回气门　4—排气口

5—辅助阀　6—高压管路　7—真空泵　8—低压手动阀　9—低压表　10—油杯

【器材设备准备】

歧管压力表组件、真空泵、量杯、汽车空调系统。

【操作步骤】

（1）关闭高压手动阀。

（2）关闭压缩机上的检修阀。

（3）把高压侧软管从歧管压力表组件上卸下，插到冷冻机油杯里。

（4）打开检修阀，把冷冻机油从油杯吸入系统。

（5）吸油完毕时，要注意立即关闭检修阀，以免吸入空气。

（6）把高压侧软管接头拧在歧管压力表组件上，并打开高压侧手动阀。开动真空泵，先为高压侧软管抽真空，然后再打开检修阀为系统抽真空，先抽到 98 kPa，再加抽 2 kPa，以便排除随油进入系统里的空气。此时，冷冻机油在高压侧，但在系统运转后，冷冻机油就会返回压缩机。

思考与练习

一、简答题

1. 简述压缩机冷冻机油的作用。

2. 如何选择冷冻机油？

3. 更换储液干燥器、蒸发器、冷凝器等部件时，需要补充加注冷冻机油吗？为什么？

二、实训题

1. 在实训车上，练习压缩机冷冻机油的检查。

2. 在实训车上，练习压缩机冷冻机油的加注。

模块小结

本模块主要介绍了汽车空调系统专用的检修工具和设备，以及对制冷系统进行一些基本检修操作的方法。空调制冷系统检修的专用工具与设备主要有歧管压力表组件、制冷剂注入阀、真空泵、制冷剂回收与充注机、制冷剂泄漏检测仪等。汽车空调制冷系统检修的基本操作一般包括制冷系统工作压力的检测、制冷系统制冷剂的量及压力的检查、制冷剂的鉴别、制冷系统的检漏、制冷系统抽真空、加注和补充制冷剂、加注和补充冷冻机油等。通过本模块的学习，要求学生能够利用汽车空调系统专用检修工具和设备，对汽车空调制冷系统进行熟练的检修操作。

模块八 汽车空调系统的故障诊断与排除

课题一 空调系统的维护与常规检查

学习目标

◆ 熟悉空调制冷系统的日常维护内容。

◆ 熟悉空调制冷系统的定期维护内容及维护间隔。

◆ 能够对空调系统进行维护与常规检查。

想一想

我国的汽车维修制度理念是定期检测、强制维护、视情修理。汽车空调系统是汽车总成的组成部分之一，也需要对其进行维护。所谓汽车空调的维护，就是通过对汽车空调系统的定期检查和调整，以维持其良好的技术状况和工作可靠性。那么汽车空调系统的维护主要内容有哪些呢？如何对其进行具体的维护和常规检查呢？

一、空调制冷系统的日常维护

1．保持冷凝器的清洁

冷凝器的换热状况与其清洁程度有很大关系，因此应经常检查冷凝器表面有无污物、泥垢，散热片是否弯曲或有被阻塞现象。如发现冷凝器表面脏污，应及时用压缩空气或清水清洗干净，以保持冷凝器良好的散热条件，防止冷凝器因散热不良而造成冷凝压力过大、温度过高、制冷能力下降。在清洗冷凝器的过程中，应注意不要碰到散热片，更不能损伤制冷管道。

2．保持送风通道空气进口滤清器的清洁

送入车厢内的空气都要经过空气进口滤清器的过滤，因此应经常检查滤清器是否被灰尘、杂物等堵塞，并及时进行清洁以保证进风量充足。

3．定期检查空调压缩机传动带的使用情况和松紧程度

如传动带松弛应及时张紧，发现传动带有裂口或损坏应采用汽车空调专用传动带进行更换。另外，新装传动带在使用36～48 h后会有所伸长，故应重新张紧，张紧力一般为441～490 N。

4．经常检查各管路的使用情况和各固定件的固定情况

要经常检查制冷系统各管路接头和连接部位、螺栓、螺钉是否有松动现象，是否有与周围机件相磨碰的现象，胶管是否老化，在进出翼子板孔处的隔振胶垫是否脱落或损坏。

5．保持冷冻机油的循环

在春、秋或冬季不使用冷气的季节里，应每半个月起动空调压缩机一次，每次5～10 min。这样制冷剂在循环中可把冷冻机油带至系统内的各个部分，从而防止系统管路中各密封胶圈、压缩机轴封等因缺油干燥而导致密封不良和制冷剂泄漏，并使压缩机、膨胀阀及系统内各活动部件动作，不致结胶、黏滞或生锈。另外，要注意的是在进行这项操作时，应在环境温度高于4℃时进行，否则冷冻机油会因温度过低导致流动性变差，在压缩机起动后不能立即流到需要润滑的部位而造成压缩机磨损加剧甚至损坏。

二、空调系统的定期维护

作为汽车上很重要的一个系统，汽车空调在使用过程中，除了前述由驾驶员进行的一些日常保养和检查工作外，还应由汽车空调专业维修人员对汽车空调系统各总成和部件做一些必要的定期保养和调整检查工作。汽车空调系统的定期维护类型一般有两种：一种是与车辆的维护同步进行的，其详情见表8—1—1；另一种是按汽车空调专门制定的维护周期独立进行的，其详情见表8—1—2。

表8—1—1　　汽车空调系统二级维护作业

类别	序号	作业项目	技术要求
制冷循环系统	1	检视高、低压管道	高、低压管道的管类码齐全，螺栓紧固不松动。软管表面无起泡、老化或破损现象，硬管焊接处无裂纹或渗漏现象，管道没有与其他机件发生碰擦，干涉现象
	2	检视膨胀阀	膨胀阀应无堵塞，感温包作用正常，膨胀阀能根据温度的变化而自动调节制冷剂的供给量
	3	检视储液干燥器	在制冷系统正常工作时，其表面应无露珠或挂霜现象。乘用车空调在正常使用情况下，一般每三年左右更换一只储液干燥器，如因使用不当使系统进入水分后应及时更换。另外，如系统管路被打开时，一般也应更换储液干燥器

续表

类别	序号	作业项目	技术要求
制冷循环系统	4	检查、清洁蒸发器和冷凝器，检紧全部固定件、螺栓螺母	蒸发器、冷凝器无渗漏，散热片无折弯、无尘土杂物堵塞现象。蒸发器、冷凝器座应无裂纹，各固定螺栓和螺母齐全、紧固、可靠
	5	检视制冷剂量	制冷系统工作时，观察视镜，应无气泡流动现象
	6	检测系统压力	在制冷装置进气门的空气温度为30～35℃；发动机转速为2 000 r/min；在送风机以最高速旋转和制冷选用最强挡的条件下，系统的工作压力应为： 低压侧为0.147～0.2 MPa 高压侧为1.4～1.5 MPa
压缩机	1	每年四月至五月份维护期中更换一次压缩机冷冻机油，并清洁或更换冷冻机油滤网	压缩机润滑油液面高度应达到视镜的上部边缘或原厂规定标准，油滤网应清洁、无杂物堵塞或缺损现象，磁铁完好有效
	2	检视进、排气阀	进、排气阀开闭灵活，作用正常
	3	检视轴封	轴封处不应有渗漏现象
电气系统	1	检视蒸发器和冷凝器的风机	各风机工作正常无异响，叶片无裂损，固定螺栓和螺母齐全、牢固、有效。冷凝器风机与冷凝器散热片无干涉现象
	2	检视冷却液温度开关	水温开关在100±2℃时，应能自动接通声光报警电路
	3	检视高、低压压力开关	高压开关在压力大于2.2 MPa时，应能自动接通声光报警电路及切断通向电磁离合器的电流，当压力小于2 MPa时应能自动复位 低压开关在压力小于0.2 MPa时，应能自动接通声光报警电路及切断通往电磁离合器的电流。使压缩机停转。当压力大于0.2 MPa时应能自动复位
	4	检视除霜温度控制器和车内温度控制器	除霜温度控制器应在2℃左右时能自动接通旁通电磁阀，在7℃时自动断开 车内温度控制器在5～30℃的控制范围内作用良好
	5	检查电磁离合器	电磁离合器离合良好，无打滑现象出现，离合器轴承在旋转时无偏摆拖滞现象出现

表 8—1—2 汽车空调系统独立维护项目

类别	维护项目	维护内容	维护间隔					
			每天	每周	每隔一季		每隔两季季末	每隔三季季末
					季初	季末		
制冷循环系统	管道各接头	有无松动情况，用检漏仪检漏						
	制冷剂注入量	通过视镜检查	●					
	冷凝器	检查是否有尘埃和夹杂物，必要时加以清洗		●				
	蒸发器	检查是否有尘埃和夹杂物			●			
	储液干燥器	更换干燥剂或总成						●
	膨胀阀	检查动作是否正常及滤清器是否堵塞					⊕	○
电气系统	冷却液温度报警灯	超温时是否能亮		●				
	高压报警灯	超压时是否能亮		●				
	压力开关	检查动作是否正常			●			
	冷却液温度开关	检查动作是否正常			●			
	车内温度控制器	在温度控制范围内作用是否良好			●			
	热敏开关	检查动作是否正常			●			
	风机	检查其工作是否正常可靠			●			
	电磁离合器	检查是否具有所规定的性能			●			
	电磁阀	检查动作是否正常					●	
其他	紧固件	检查有无裂纹或损伤，如发现松弛则要加以紧固		⊕		○		
	传动带	检查其张力和磨损程度		●				
	V 带张紧轮	检查是否能圆滑旋转			●			
	空气滤清器	检查有无堵塞现象，必要时加以清扫		●				

注：● 代表所有车种汽车； ○ 代表乘用车；⊕ 代表商用车。

1. 压缩机的检查和保养

主要检查进、排气压力是否符合要求，各紧固件是否松动，是否漏气等。拆开后主要检查进、排气阀片是否有破损和变形现象，如有应修整或更换进、排气阀总成。压缩机拆修后必须更换各密封圈和轴封，否则会造成压缩机密封处泄漏。

2. 冷凝器及其冷凝风扇的检查和保养

保养内容主要是彻底清扫或清洗冷凝器表面的杂质、灰尘，用扁嘴钳扶正和修复冷凝器的散热片，仔细检查冷凝器表面是否有异常情况，并用检漏仪检查制冷剂是否有泄漏。如防锈涂料脱落，应重新涂刷，以防止制冷剂因生锈穿孔而泄漏。检查冷凝器冷却风扇运转是否正常，检查风扇电动机的电刷磨损是否过量。

3. 蒸发器的检查和保养

一般应每年用检漏仪进行一次检漏作业，每 2～3 年应卸开蒸发箱盖，对蒸发器内部进行清扫，并清除送风通道内的杂物。

4. 电磁离合器的检查和保养

重点检查其动作是否正常，是否有打滑现象，接合面是否磨损，离合器轴承是否存在严重磨损等。同时，还必须用塞尺检查其电磁离合器间隙是否符合要求。

5. 储液干燥器的更换

乘用车空调在正常使用情况下，一般每三年左右更换一次储液干燥器，如因使用不当使系统进入水分应及时更换。另外，如果系统管路被打开，一般也要更换储液干燥器。

6. 膨胀阀的保养

检查其动作是否正常，开度大小是否合适，进口滤网是否被堵塞，如不正常应更换或做适当调整。

7. 制冷系统管路的保养

管路接头应每年检查一次，并用检漏仪检查其密封情况。配管主要检查其是否与其他部件碰擦，软管是否有老化、裂纹现象，一般每 3～5 年更换一次软管。

8. 驱动机构的检查和保养

V 带每使用 100 h 应检查一次张紧度和磨损情况，使用三年左右应更换新品。张紧轮及轴承每年检查一次，并加注润滑油。

9. 冷冻机油的更换

一般每两年左右更换一次冷冻机油，如果管路存在较大泄漏时，应及时检查或补充冷冻机油。

10. 安全装置的检查与更换

高压开关、低压开关、水温开关等关系到空调系统是否能安全、可靠地工作的安全装置，一般应每季度检查一次，每五年更换一次。

11．怠速提升装置的检查和调整

怠速提升装置应每年检查和调整一次。

12．其他事项

装配的螺栓、螺母等紧固件应每三个月紧固一次。防振、隔振胶垫应每年检查一次，检查其是否存在老化、变形现象，如有故障应及时更换。管道保温材料也应每年检查一次，检查其是否老化失效。制冷状况的检查应每两年进行一次，一般进、出风口的温差应为7～10℃。上述定期检查和保养周期应根据空调运行的具体情况来执行，不可生搬硬套。例如对于空调使用十分频繁的南方地区，可适当缩短保养周期；而对于北方地区，每年空调运行时间相对较短，因此，可适当延长保养周期。

教学互动

查阅教材和其他材料，熟悉空调系统的维护内容和项目，总结归纳后填写表8—1—3。

表8—1—3　　汽车空调维护作业表

序号	需清洁的部件	需紧固的部件	需润滑的部件	需调整的部件

三、汽车空调系统的常规检查

【器材设备准备】

歧管压力表组件、数字式温度计、配有空调系统的轿车、车内外三件套等。

为了保证空调系统运行正常，可进行下列检查工作。检查前首先应了解空调系统哪些部分工作不正常，然后再决定如何进行故障诊断工作。检查时应将汽车停放在通风良好的场地上，如需起动压缩机，则应保持发动机转速为 1 500～2 000 r/min，鼓风机开关置于高速状态，温度控制开关置于最冷位置，车内空气为内循环模式。

1．直观检查

汽车空调系统出现不工作或工作不正常等故障时，会有一些外在的表现。可以通过直观的检查（耳听、眼看、手摸）迅速地诊断出故障所在，排除故障。汽车空调制冷系统的维修必须由经过培训的空调专业人员进行，但空调系统平时的常规检查和一般性的保养，则可由一般汽车维修人员进行。

（1）用耳听检查故障

听压缩机有无异响、压缩机是否工作，以判断空调系统不制冷或制冷不良是否出自压缩机或是压缩机控制电路的问题；听制冷管路有无异响；听鼓风机工作时有无异响。

（2）通过眼睛观察检查故障

1）检查渗漏部位。所有连接部位或冷凝器表面一旦发现油渍，一般都说明此处有制冷剂渗漏。但压缩机前轴处漏油时，则有可能是轴承漏油，应区别对待。一旦发现渗漏，应尽快采取措施修理，也可用较浓的肥皂液涂抹在可疑之处，观察是否有气泡出现。

2）观察视窗判断工况。判断方法详见“模块七课题一”。

（3）通过手感检查故障

1）检查空调制冷系统高压端。

接通空调开关，使压缩机工作 5～10 min 后，用手触摸空调系统高压端管路及部件。从压缩机出口→冷凝器→储液干燥器→热力膨胀阀进口处，温度应是从暖到热。如果中间的某处特别热，则说明其散热不良。如果这些部件发凉，则说明空调制冷系统可能有阻塞、无制冷剂、压缩机不工作或工作不良等故障。

2）检查空调制冷系统低压端。

接通空调开关，使压缩机工作 5～10 min 后，用手触摸空调系统低压端管路及部件。从储液干燥器出口→蒸发器→压缩机进口处，感觉应是从凉到冷。如果不凉或是某处出现了霜冻，均说明制冷系统有异常。

3）检查压缩机出口端温度差。

接通空调开关，使压缩机工作 5～10 min 后，用手触摸压缩机进出口两端，压缩机的高、低压端应有明显的温度差。如果温差不明显或无温差，则可能是无制冷剂或制冷剂严重不足。

4）检查线路。

用手检查导线插接器连接是否良好，空调系统线路各插接器应无松动和发热。

如果插接器有松动或插接器表面的温度较高（发热），则说明插接器内部接触不良。

2．空调制冷系统的工作状态检查

（1）打开发动机引擎盖。

（2）打开所有车门。

（3）对被测车辆空调系统进行如下设置：运行空调系统；温度设置为最低；鼓风机转速为最大；内外循环模式设置为内循环；出风模式设置为吹面模式；打开所有出风口。

（4）将歧管压力计接到被测车辆的高、低压管路中。

（5）将数字式温度计的温度探头安装在左侧仪表中央出风口位置。

（6）起动发动机。

（7）让空调系统运行 5 min 以上。

（8）记录空调出风口的温度。

（9）记录高、低压表组的压力。

（10）根据测量的数据分析判断空调系统性能是否正常。

思考与练习

一、简答题

1. 汽车空调制冷系统的日常维护内容有哪些？

2. 简述空调制冷循环系统的二级维护作业内容。

二、实训题

练习空调系统的常规检查。

课题二　自动空调的自诊断

学习目标

◆ 掌握大众帕萨特自动空调的自诊断方法及操作。

◆ 掌握丰田卡罗拉自动空调的自诊断方法及操作。

想一想

甲说："无论是帕萨特自动空调还是丰田卡罗拉自动空调，都可以利用其自动空调的自诊断功能，查询自动空调的故障代码，读数据流以及进行执行器检查等。"乙说："自动空调的自诊断功能比较特殊，不具有读取数据流及执行器的检查功能。"请问谁的说法正确呢？

近几年，在高档乘用车上装备的全自动空调系统几乎都具备自诊断功能。通常在其操纵和指示装置上带有故障储存器，用于监控系统工作时各元件是否出故障，出故障时故障储存器存储故障信息，并通过操纵和指示装置显示出来。在维修此类空调时，要善于利用其自诊断功能，以最短的时间检测出故障并进行相应的修理。下面主要以帕萨特自动空调和丰田卡罗拉自动空调为例，讲解自动空调的自诊断功能。

一、帕萨特自动空调系统自诊断

帕萨特自动空调控制器如图 8—2—1 所示。

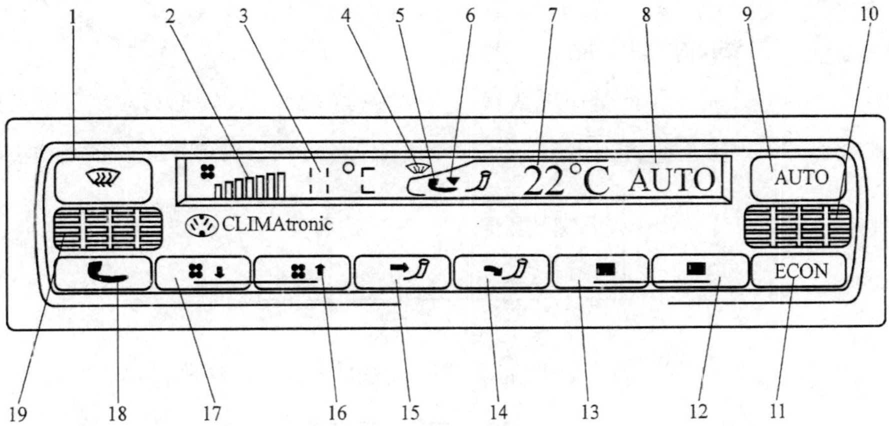

图 8—2—1　帕萨特自动空调控制器

1—风窗除霜器按键　2—鼓风机挡位显示器（在自动运行时，不论实际转速如何，总是显示中间一挡）
3—外界温度显示　4—风窗除霜的显示　5—空气循环方式的显示　6—气流方向的显示
7—所选择车厢温度的显示　8—运行状态的显示（AUTO、ECON 或 OFF）　9—自动运行键
10，19—仪表板温度传感器 G56 和温度传感器的鼓风机　11—"ECON"的按钮
12—升温按键　13—降温按键　14—气流吹向脚部控制键　15—气流吹向上身控制键
16—鼓风机转速提高键　17—鼓风机转速降低和关闭空调装置按钮　18—空气循环键

对于全自动空调装置，除了使用常规方法诊断故障外，通常还需要使用专门的仪器和设备进行自诊断。大众车系使用的 V. A. G1551（V. A. G1552）故障诊断仪如图 8—2—2 所示。

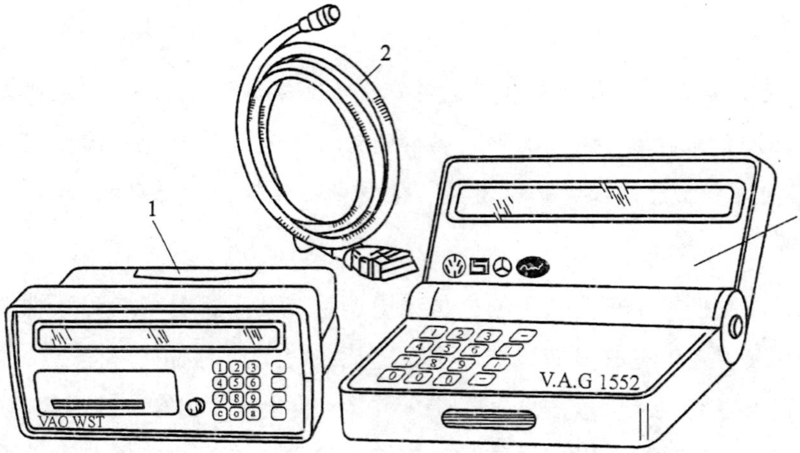

图 8—2—2　大众车系故障诊断仪

1—V. A. G1551　2—V. A. G1551/3　3—V. A. G1552

自诊断测试时要保证所有的熔丝全部正常，蓄电池的电压至少达到 9 V，蓄电池的正负极连接可靠。

1．查询、清除故障代码

（1）取下副仪表板上诊断插座的盖板，连接故障诊断仪 V. A. G1551，打开点火开关，并输入地址码“08 空调暖风电子”。进行进一步操作，直到屏幕显示“功能选择××”。

快速数据传输	帮助
功能选择××	

（2）按“0”键和“2”键，选择功能“查询故障代码”，屏幕显示：

快速数据传输	Q
02一查询故障代码	

（3）按“Q”键确认输入，屏幕将显示：

识别出×个故障

或

未发现任何故障

(4) 按“→”键，一个接一个显示所存储的故障，并进行打印。在显示并打印出最后的故障之后，需按故障表将故障排除。若未发现任何故障，那么在按“→”键后，程序回到初始位置屏幕显示（功能选择）：

快速数据传输	帮助
功能选择××	

(5) 如果发现一个故障，则按排除故障→清除故障代码（功能 05）→查询故障代码（功能 02）步骤处理。

(6) 清除故障代码 05 的步骤如下：

首先，让屏幕显示“功能选择××”然后按“0”键和“5”键，选择“清除故障代码”的功能，屏幕显示：

快速数据传输	Q
05 清除故障代码	

按“Q”键确认输入，屏幕显示：

快速数据传输	→
故障代码已被清除	

按“→”键，屏幕显示：

快速数据传输	帮助
功能选择××	

2. 自动空调故障代码表

由控制单元 J_{255} 识别的所有可能故障，都可以在 V. A. G1551 上打印出来，故障代码以五位的识别数字列表并附加故障类型显示，详细说明见上海帕萨特 B5 维修手册。如果故障是偶然出现的，在显示时这种故障将被标为“偶然出现的故障”（“SP”）。排除故障后，要先清除故障代码，再重新进行故障查询。如果查不出故障，那么就运用“最终控制诊断 03”或“读取测量数据块 08”两种功能。如果仍未发现故障，但显示器却在闪光，就需使用“控制单元编码 07”和“初始设置 04”两种功能。

3. 最终控制诊断 03

最终控制诊断必须在发动机静止，点火开关打开，空调关闭的情形下进行，并通过鼓风机的按键慢慢地操作空调。为了能获得明确的结果，在进行最终控制的诊断时，操作和显示单元的显示屏上所显示的外界温度要求至少为 12℃。在进行最终控制诊断时，自动空调不可进行任何调节。如果有必要，最终控制的诊断可重复进行多次。

（1）接上故障诊断仪 V. A. G1551，并输入地址码“08 空调暖风电子”。然后继续进行操作，直到屏幕显示“功能选择××”为止。屏幕显示：

快速数据传输	帮助
功能选择××	

（2）按键“0”和“3”，选择功能“最终控制诊断”，屏幕显示：

快速数据传输	Q
03—最终控制诊断	

（3）用“Q”键确认输入，屏幕显示：

最终控制诊断
自我检测

系统将进行下列测试：①四个伺服电动机的功能测试；②测试通往新鲜空气鼓风机 V2 的电路；③测试控制单元电磁离合器 N25 的开关过程；④检验所有的传感器。

（4）约 30 s 后检测过程结束，屏幕显示：

功能不详	→
或目前不能进行	

（5）如果屏幕显示“功能不详或目前不能进行”，表明最终控制诊断结束。在最终控制诊断结束后查询故障代码。

（6）检查操作和显示单元 E87 显示屏的显示：

在最终控制诊断的过程中，屏幕上各部分应都显示 03。如果不是这样，就须更换控制单元 J_{255}。

4．初始设置 04

如果在“02—查询故障代码”之后没有显示故障，而显示器在“点火开关打开”

之后发出闪光，就须进行“控制单元编码 07”功能，并接着进行“初始设置 04”操作。

（1）接上故障阅读仪 V. A. G1551，输入地址码“08 空调暖风电子”，继续进行操作，直到屏幕显示：

快速数据传输	帮助
功能选择××	

（2）查询故障代码，排除故障并清除故障代码。检查编码，必要时纠正。按“0”键和“4”键，进行“初始设置”，屏幕显示：

快速数据传输	Q
04—初始设置	

（3）按“Q”键确认输入，屏幕显示：

快速数据传输	帮助
功能选择××	

（4）输入显示器组号 000，屏幕显示：

初始设置	Q
输入显示组号 000	

（5）按“Q”键确认输入。当全部伺服电动机释放时，控制单元 J_{255} 存储电位计的数值，直到终端位置，并确认所有伺服电动机的初始设置。屏幕显示：

初始设置	0		
×××	×××	×××	×××

（6）四个伺服电动机的动作可在显示屏上跟踪。若反馈值发生变化并不说明伺服电动机有故障。屏幕显示：

初始设置			0→
0	0	0	0

（7）显示 0 时初始设置结束。从系统中发现的故障已存储在故障存储器中，按“→”键，屏幕显示：

快速数据传输	帮助
功能选择××	

（8）按键“0”和“2”，选择“查询故障代码”的功能，屏幕显示：

快速数据传输	Q
02—查询故障代码	

（9）按“Q”键确认输入，屏幕显示存储的故障数，或者显示“未发现故障”：

×个故障被发现

（10）按“→”键，所存储的故障会逐个显示出来，并可通过“Print”键打印出来。在最后一个故障显示屏打印出来之后，需按故障表将故障排除。

5．控制单元编码 07

每一个控制单元 J_{255} 的备件在安装后都必须编码。在每次编码之后都须进行“初始设置”（功能 04）。如果所显示的编码与汽车或设备不相称，那么控制单元就要以下述步骤进行编码。如果控制单元没有编码，操作和显示单元 E87 的显示器闪光 15 s。

（1）连接故障诊断仪 V. A. G1551，输入地址码“08 空调暖风电子”并进行进一步操作，直到屏幕显示：

快速数据传输	帮助
功能选择××	

（2）按键“0”和“7”，选择“控制单元编码”功能，屏幕显示：

快速数据传输	Q
07—控制单元编码	

（3）按“Q”键确认输入，屏幕显示：

控制单元编码	Q
输入编码×××××（0—32000）	

（4）输入编码02000并按“Q”键确认输入，在故障诊断仪V. A. G1551的显示屏上，将显示出控制单元编码和备件号：

3 B1　907　044 A　　SXX　→
编码02000　　WSC　×××××

（5）按“→”键，屏幕显示：

快速数据传输　　帮助
功能选择××

只有在点火开关断开一次之后，空调的控制单元才能被用于输入代码，并在显示屏幕上显示出来。

6．读取测量数据块08

在“读取测量数据块”功能的过程中，自动空调也在进行调节。测量数据块可以选择八组显示号码，在显示器上它们最多可显示四个测量值。

（1）接上故障诊断仪V. A. G1551，输入地址码“08空调暖风电子”并进行进一步操作，直到屏幕显示：

快速数据传输　　帮助
功能选择××

（2）按“0”键和“8”键，选择“读取测量值数据块”功能，屏幕显示：

快速数据传输　　Q
08一读取测量值数据块

（3）按“Q”键确认输入，屏幕显示：

读取测量值数据块
输入显示组号×××

（4）输入显示组号，以显示组001为例，屏幕显示：

测量值数据块阅读　　Q
输入显示组号001

（5）按“Q”键确认输入，屏幕显示：

读取测量数据块 1			→
1	2	3	4

其中 1、2、3、4 各显示区的值的含义见表 8—2—1。在“读取测量数据块”功能结束后，查询故障代码。

（6）按“→”键，屏幕显示（功能选择）：

快速数据传输	帮助
功能选择××	

表 8—2—1　　可选择的显示组号一览表

显示组号	显示区域	名称及说明
001	1	压缩机，电磁离合器 N25（代码 1 到 12 签出关闭条件基础） 代码：0 N25 未关闭 代码：1 冷却剂循环高压时，N25 由空调装置的压力开关 F129 关闭 代码：2 N25 关闭，因为带有控制单元 J_{126} 的新鲜空气鼓风机 V2 已损坏 代码 3 由于冷却剂循环中压力过低，N25 被空调装置的压力开关 F129 关闭 代码：4 不显示出来 代码：5 N25 关闭 4 s（没有损坏）代码 5 出现仅 5 s。如果持续存在，则检查转速信号 代码：6 N25 半闭 ECON 运行（没有损坏） 代码：7 N25 关闭，因为通过通风器，新鲜空气鼓风机的送风运转已被关断（没有损坏） 代码：8 N25 已被关闭，因为环境温度低于 3℃（为防止冻结，没有损坏）。必要时检查温度传感器 G17 和 G89

续表

显示组号	显示区域	名称及说明
001	1	代码：9 不显示出来 代码：10 N25 已关闭，因为车上电源的电压低于 9.5 V 代码：11 N25 已由热灯开关（组合仪表）通过空调的控制单元 J_{255} 关断 代码：12 N25 已由自动变速器的控制单元或发动机的控制单元通过空调的控制单元 J_{255} 关断
	2	发动机转速认可： （代码 0 不） （代码 1 是）
	3	行驶速度 （显示 0～25 km/h）
	4	持续时间 （代码 0～240 “熄火” 时间分钟） （代码 250—蓄电池断开） （代码 255—传输有误）
002	1	伺服电动机用于温度活门 V68 （测量值代码：0～255） （同理论值之间允许的偏差±2）
	2	伺服电动机用于温度活门 V68 （理论值：0～255）
	3	伺服电动机用于温度活门 V68 活门止挡：冷 （代码 0～149　　V68 损坏） （代码 150～250　V68 处于正常状态，前提是已做过 04—初始设置） （代码 251～255　V68 损坏）
	4	伺服电动机用于温度活门 V68 活门止挡：热 （代码 0～4　　　V68 损坏） （代码 5～100　　V68 正常，前提是已做过 04—初始设置） （代码 101～255　V68 损坏）

续表

显示组号	显示区域	名称及说明
003	1	中央活门伺服电动机 V70 （测量值代码：02～55） （同理论值允许的偏差±2）
	2	中央活门伺服电动机 V70 （理论值：0～255）
	3	中央活门伺服电动机 V70 活门止挡：空气往仪表板出风口 （代码 0～149　V70 损坏） （代码 150～250　V70 正常，前提是已做过 04—初始设置） （代码 251～255　V70 损坏）
	4	中央活门伺服电动机 V70 活门止挡：空气往脚部空间出风口/除霜器 （代码 0～4　V70 损坏） （代码 5～100　V70 正常，前提是已做过 04—初始设置） （代码 101～255　V70 损坏）
004	1	脚部空间和除霜器活门伺服电动机 V85 （测量值代码：0～255） （与理论值允许偏差±2）
	2	脚部空间和除霜器活门伺服电动机 V85 （理论值：0～255）
	3	脚部空间和除霜器活门伺服电动机 V85 活门止挡：空气往脚部空间 （代码 0～149　V85 损坏） （代码 150～250　V85 正常，前提是已做过 04—初始设置） （代码 101～255　V85 损坏）
	4	脚部空间和除霜器活门伺服电动机 V85 活门止挡：空气往挡风玻璃 （代码 0～4　V85 损坏） （代码 5～100　V85 正常，前提是已做过 04—初始设置） （代码 101～255　V85 损坏）

续表

显示组号	显示区域	名称及说明
005	1	风滞压力伺服电动机 V71 （测量值代码：0～255） （与理论值的允许偏差±2）
	2	风滞压力伺服电动机 V71 （理论值：0～255）
	3	风滞压力伺服电动机 V71 活门止挡：新鲜空气通往乘客厢 （代码 0～149　　V71 损坏） （代码 150～250　V71 正常，前提是已进行过初始设置） （代码 251～255　V71 损坏）
	4	风滞压力伺服电动机 V71 活门止挡：新鲜空气通往乘客厢 （代码 0～4　V71 损坏） （代码 5～100　V71 正常，前提是已进行过初始设置） （代码 101～255　V71 损坏）
006	1	由空调控制单元 J_{255} 计算出的温度值（℃），显示在操作和显示单元 E87 的显示屏上。温度值是根据新鲜空气吸气道温度传感器 G89 测量的温度值和外界温度传感器 G17 的温度测量值计算出来的。汽车停下来后，这一数值低于 G17 和 G89 的测量值。 如果温度传感器 G17 和 G89 的测量值反映了实际温度值，说明其没有故障。经较长时间运行后，这两个温度趋于一致。如果温度值极不正常，说明 G17 或 G89 有故障。
	2	新鲜空气吸气道温度传感器 G89 （实际测量值，单位℃）
	3	外界温度传感器 G17 （实际测量值，单位℃）
	4	太阳光入射光电传感器 G107 （测量值%，0～120）

续表

显示组号	显示区域	名称及说明
007	1	中央出风口温度传感器 G191 （实际测量值，单位℃）
	2	脚部空间出风口温度传感器 G192 （实际测量值，单位℃）
	3	仪表板温度传感器 G56 （实际测量值，单位℃）
	4	无显示
008	1	新鲜空气鼓风机 V2，带有新鲜空气鼓风机的控制单元 J_{126}（理论值：单位伏特） 关：　　　　　0 V 一个鼓风机柱　　3.6 V 七个鼓风机柱　　12 V
	2	新鲜空气鼓风机 V2，带有新鲜空气鼓风机的控制单元 J_{126} （实测值：单位伏特） 与理论值之间的允许偏差±0.8 V
	3	终端 15 （测量值：电压，单位 V）
	4	电磁离合器 N25 上的电压 （测量值：电压，单位 V）不予测量

7．结束输出 06

（1）当屏幕显示如下时，按“0”键和“6”键，选择结束输出功能，屏幕显示：

快速数据传输	帮助
功能选择××	

快速数据传输	Q
输入地址码××	

(2) 断开点火开关，断开通往故障诊断仪 V. A. G1551 的插接件。

8. 帕萨特自动空调系统自诊断操作

【器材设备准备】

V. A. G1551 或 V. A. G1552 故障诊断仪、帕萨特汽车。

【操作步骤】

(1) 故障代码的读取与清除

1) 故障代码的读取。

①接上诊断仪，打开点火开关，输入地址码“08”；

②输入功能号“02”，读取故障代码。

2) 故障代码的清除。

①接上诊断仪，打开点火开关，输入地址码“08”；

②输入功能号“05”，清除故障代码。

(2) 最终控制诊断

1) 帕萨特空调最终控制诊断。

①显示屏所有字段全部显示。

②4 个伺服电动机的功能测试。

③鼓风机的工作。

④测试压缩机电磁离合器开关过程。

⑤检验所有传感器。

2) 最终控制诊断方法。

①接上诊断仪，打开点火开关，输入地址码“08”。

②输入功能号“03”，开始最终控制诊断。约 30 s 后，测试过程结束。

(3) 读取测量数据块

1) 接上诊断仪，打开点火开关，输入地址码“08”。

2) 输入功能号“08”。

3) 查阅表 8—2—1，输入三位组号，读取测量数据块。

(4) 结束测试

测试结束后，输入功能号“06”退出，返回地址码，关闭点火开关，拔下诊断仪。

二、丰田卡罗拉自动空调系统自诊断

丰田卡罗拉自动空调的自诊断流程如图 8—2—3 所示。

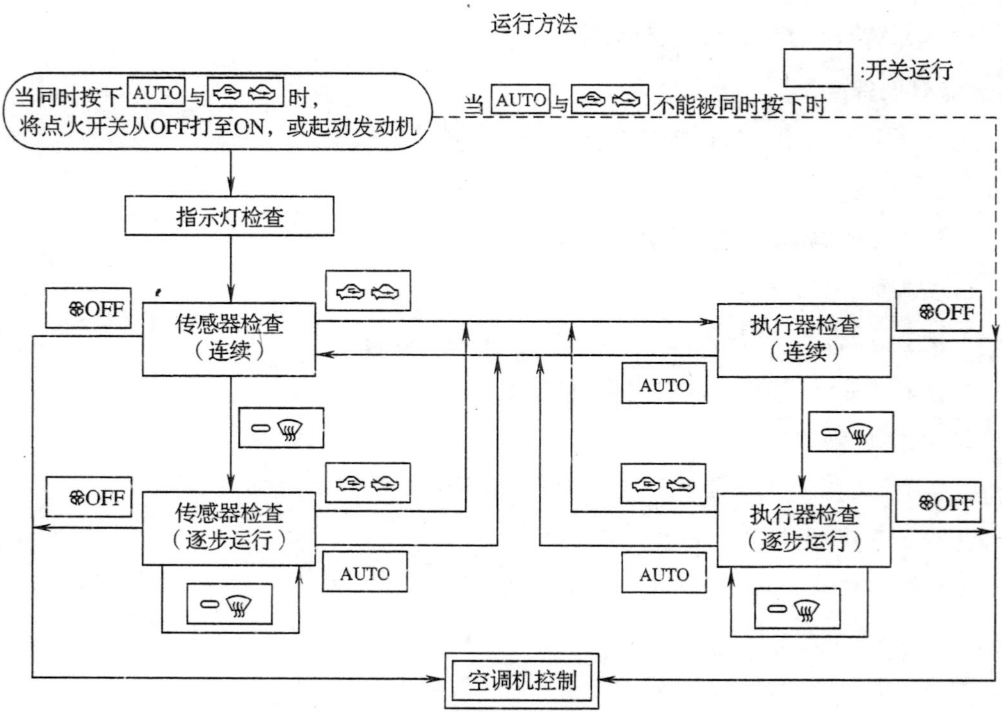

图 8—2—3 丰田卡罗拉自动空调的自诊断流程

1. 指示灯检查

（1）将点火开关置于 OFF 位置。

（2）如图 8—2—4 所示，按住空调控制开关“AUTO”和“R/F”的同时，将点火开关置于 ON（IG）位置。按住 2 个开关，直到屏幕出现指示灯检查。

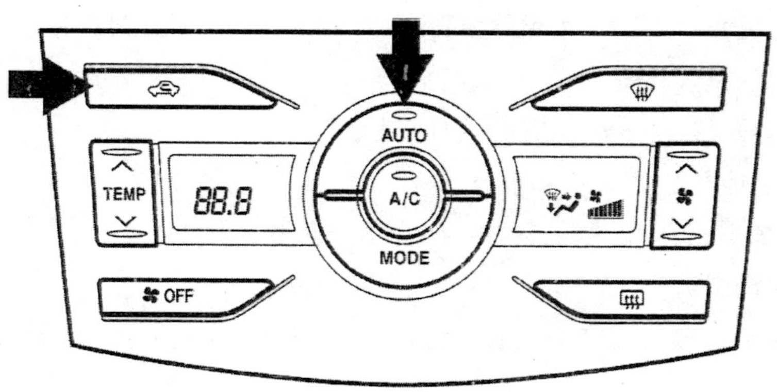

图 8—2—4 进入空调自诊断程序

（3）如图 8—2—5 所示，当激活面板诊断时，将自动执行指示灯检查。检查并确认指示灯每隔 1 s 依次亮起和熄灭，并且持续 4 次。

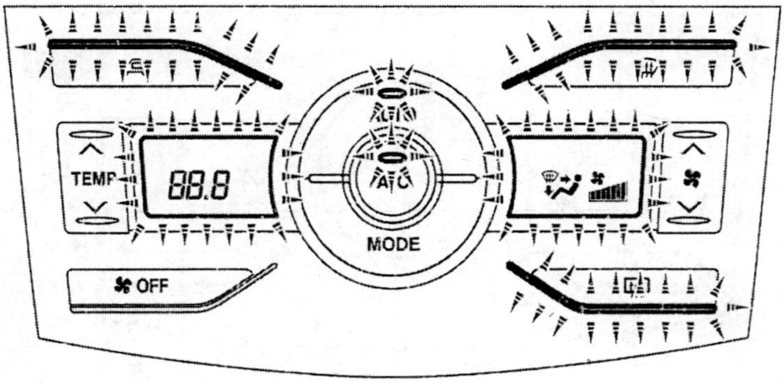

图 8—2—5　自诊断激活面板

【提示】

当指示灯检查完成时，传感器检查自动开始；按下“OFF”开关取消检查模式；如果安装了导航系统，指示灯将闪烁且蜂鸣器鸣响。

2．DTC 检查（传感器检查）

（1）起动发动机并暖机。

（2）进行指示灯检查。指示灯检查完成后，系统自动进入 DTC 检测模式。

（3）读取在面板上显示的代码，如图 8—2—6 所示。

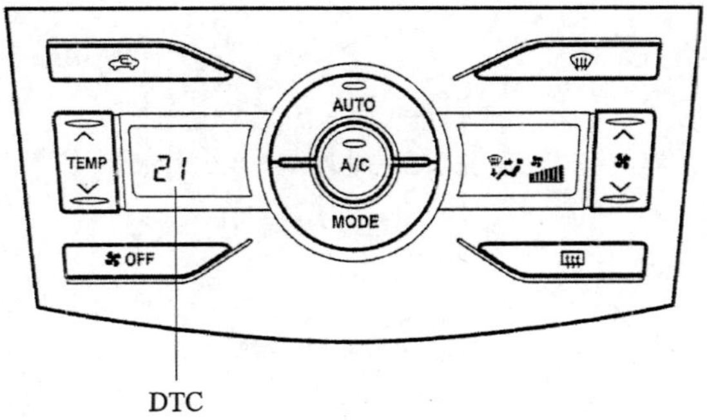

图 8—2—6　进入 DTC 检查模式

1）在传感器检测模式（可从指示灯检测模式自动转换为传感器检测模式）中，可进行部分故障排除。先确保进行执行器检查，然后再次检查传感器。

2）如果在暗处进行检查，即使系统正常也可能显示 DTC21 或 24。

卡罗拉轿车故障代码及含义见表 8—2—2。无故障时，输出 DTC00。

（4）如果步骤因自动改变而难以读取，则按“DEF”开关可逐步显示步骤便于读取，如图 8—2—7 所示。每按下“DEF”开关时，将逐步显示项目。

1）按“OFF”开关结束面板诊断。

2）按“R/F”开关进入执行器检查模式。

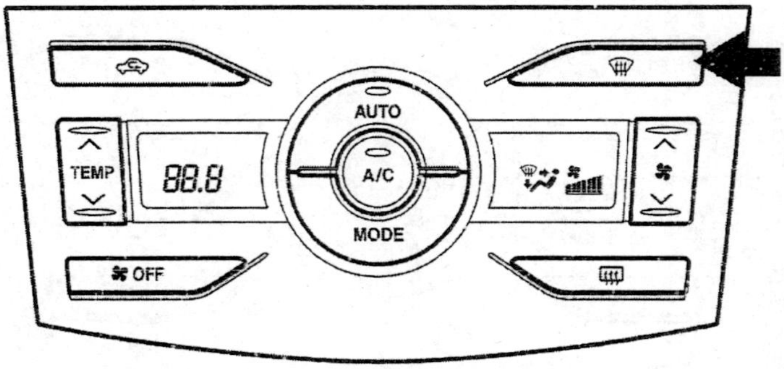

图 8—2—7　逐步显示的操作

表 8—2—2　　丰田卡罗拉自动空调故障代码及含义

DTC 代码	检测项目	故障部位	存储器*4
B1411/11*1	车内温度传感器电路	1. 空调车内温度传感器 2. 空调车内温度传感器和空调放大器之间的线束或连接器 3. 空调放大器	存储 (8.5 min 或更长时间)
B1412/12*2	环境温度传感器电路	1. 环境温度传感器 2. 环境温度传感器和组合仪表之间的线束或连接器 3. 组合仪表 4. CAN 通信系统 5. 空调放大器	存储 (8.5 min 或更长时间)
B1413/13	蒸发器温度传感器电路	1. 空调线束 2. 蒸发器温度传感器 3. 空调放大器	存储 (8.5 min 或更长时间)
B1421/21*3	阳光传感器电路(乘客侧)	1. 阳光传感器 2. 阳光传感器和空调放大器之间的线束或连接器 3. 空调放大器	存储 (8.5 min 或更长时间) (只在电路短路时)

续表

DTC 代码	检测项目	故障部位	存储器*4
B1423/23	压力传感器电路	1. 压力传感器 2. 压力传感器和空调放大器之间的线束或连接器 3. 空调放大器 4. 膨胀阀（堵塞、卡滞） 5. 冷凝器（由于堵塞、污垢而引起的制冷功能失效） 6. 冷却器干燥器（制冷剂循环的水分无法吸收） 7. 冷却风扇系统（冷凝器无法冷却） 8. 空调系统（泄漏、堵塞）	—
B1441/41	空气混合风门控制伺服电动机电路（乘客侧）	1. 空调放大器 2. 空调线束 3. 空气混合控制伺服电动机	存储 (30 s)
B1442/42	进气风门控制伺服电动机电路	1. 空调放大器 2. 空调线束 3. 进气控制伺服电动机	存储 (30 s)
B1443/43	出气风门控制伺服电动机电路	1. 空调放大器 2. 空调线束 3. 出气控制伺服电动机	存储 (30 s)
B1451/51	压缩机电磁阀电路	1. 空调压缩机 2. 空调放大器和外部可变排量压缩机电磁阀之间的线束或连接器 3. 空调放大器	—
B1497/97	BUS IC 通信故障	1. 空调线束 2. 空调放大器	存储 (10 s 或更长时间)
B1499/99	多路通信电路	CAN 通信系统	存储

*1：如果车内温度约为 −18.6℃（−1.48℉）或更低，即使系统正常也可能输出 DTC B1411/11。

*2：如果环境温度约为 −52.9℃（−63.22℉）或更低，即使系统正常也可能输出 DTC B1412/12。

*3：如果在暗处检查，即使系统正常也可能输出 DTC B1421/21 或 B1424/24（阳光传感器电路异常）。

*4：如果在括号中指出的时间内出现故障，空调放大器将存储各故障的 DTC。

3. 执行器检查

（1）起动发动机并暖机。

（2）进行指示灯检查。

（3）按下“R/F”开关进行执行器检查，如图 8—2—8 所示。

【提示】发动机起动以后，一定要进行执行器检查。

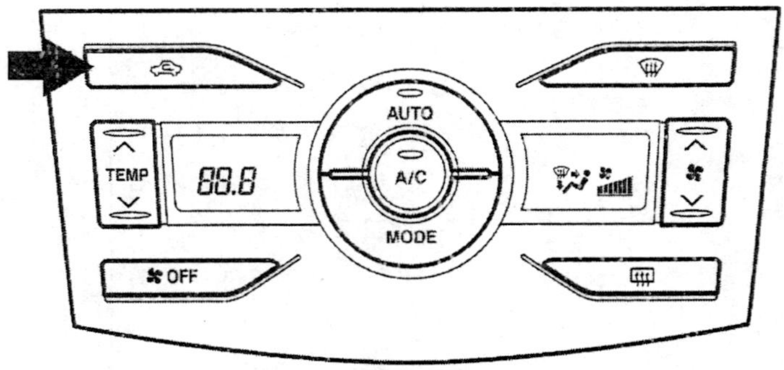

图 8—2—8　执行器检查的操作

（4）如图 8—2—9 所示，当执行器检查以 1 s 的间隔重复执行步骤 1～10 时，通过目视和用手检查温度和气流，见表 8—2—3。

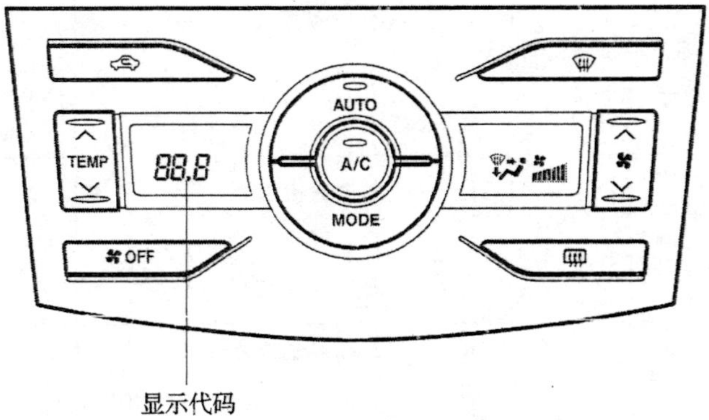

图 8—2—9　执行器检查的分步操作

1）在逐步操作中，显示屏每隔 1 s 闪烁一次。

2）按“OFF”开关结束面板诊断。

3）按下“AUTO”开关进入传感器检测模式。

表 8—2—3　　执行器的检查

步骤号	显示代码	条件				
		鼓风机速度等级	空气混合门	通风门	进气风门	压缩机
1	0	0	0%开度	FACE	FRESH	OFF
2	1	1	0%开度	FACE	FRESH	OFF

续表

步骤号	显示代码	条件				
		鼓风机速度等级	空气混合门	通风门	进气风门	压缩机
3	2	17	0%开度	FACE	RECIRCULATION/FRESH	ON
4	3	17	0%开度	FACE	RECIRCULATION	ON
5	4	17	50%开度	B/L	RECIRCULATION	ON
6	5	17	50%开度	B/L	RECIRCULATION	ON
7	6	17	50%开度	FOOT	FRESH	ON
8	7	17	100%开度	FOOT—0	FRESH	ON
9	8	17	100%开度	F/D	FRESH	ON
10	9	31	100%开度	DEF	FRESH	ON

(5) 如果步骤因自动改变而难以读取，则按“DEF”开关可逐步显示步骤便于读取。每按下“DEF”开关时，将逐步显示项目。

提示：

1）按“OFF”开关结束面板诊断。

2）按下“R/F”开关进入传感器检测模式。

4．清除故障代码

如图 8—2—10 所示，清除 DTC（故障代码）。在检查传感器时，同时按下“FRONT DEF”开关和“REAR DEF”开关。

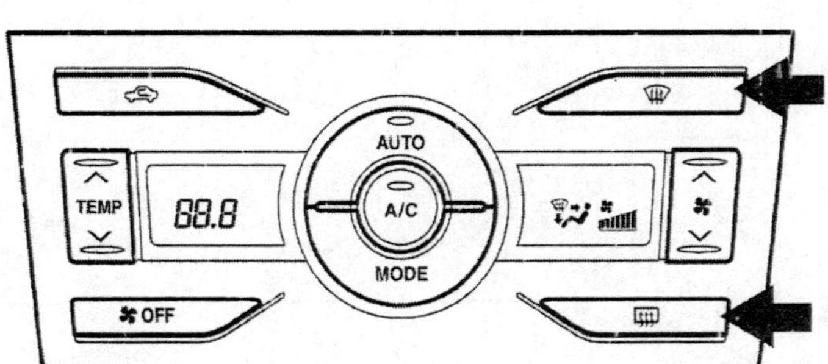

图 8—2—10　清除 DTC 的操作

5. 利用诊断仪进行检测

（1）连接诊断仪

1）用数据线将诊断仪连接到诊断接口。

2）将点火开关转到 ON。

（2）进入诊断仪，读取和记录故障代码。

（3）清除故障代码。

（4）读取数据流，表 8—2—4 为丰田卡罗拉自动空调数据流的含义。

表 8—2—4　　丰田卡罗拉自动空调数据流的含义

诊断仪显示	测量项目/范围	正常状态
Room Temperature Sensor（车内温度传感器）	车内温度传感器/最小：－6.5℃（20.3℉），最大：57.25℃（135.05℉）	显示实际的车厢温度
Ambient Temp Sensor（环境温度传感器）	环境温度传感器/最小：－23.3℃（—9.94℉），最大：65.95℃（150.71℉）	显示实际的环境温度
Adjusted Ambient Temp（环境温度）	调整后的环境温度/最小：30.8℃（—23.44℉），最大：50.8℃（123.44℉）	—
Evaporator Fin Thermistor（散热片温度）	蒸发器散热片热敏电阻/最小：—29.7℃（－21.46℉），最大：59.55℃（139.19℉）	显示实际的蒸发器温度
Solar Sensor（D side）（驾驶员侧温度）	驾驶员侧阳光传感器/最小：0，最大：255	驾驶员侧阳光传感器数值随着亮度的增加而增加
Engine Coolant Temp（冷却液温度）	发动机冷却液温度/最小：1.3℃（34.34℉），最大：90.55℃（194.99℉）	在发动机暖机时，显示发动机冷却液的实际温度
Set Temperature（D side）（驾驶员侧温度）	驾驶员侧设置温度/最小：0℃（32℉），最大：30℃（86℉）	显示驾驶员侧温度设置
Blower Motor Speed Level（鼓风机速度等级）	鼓风机电动机速度等级/最小：0，最大：31	等级随鼓风机电动机转速的增加而增加（在 0 级和 31 级之间）

续表

诊断仪显示	测量项目/范围	正常状态
Regulator Pressure Sensor（调节器压力传感器）	• 调节器压力传感器/最小：0 kgf/cm²G，最大：38.25 kgf/cm²G • 调节器压力传感器/最小：—0.456 68 MPaG，最大：3.294 37 MPaG	显示实际的制冷剂压力
Regulator Control Current（调节器控制电流）	压缩机可变输出电流/最小：0 A，最大：0.997 A	—
Air Mix Servo Targ Pulse（D）（驾驶员侧空气混合脉冲）	驾驶员侧空气混合伺服电动机目标脉冲/最小：0，最大：255	MAX. COLD：92（脉冲） MAX. HOT：5（脉冲）
Air Outlet Servo Pulse（D）（驾驶员侧出气脉冲）	驾驶员侧出气风门伺服电动机目标脉冲/最小：0，最大：255	FACE：47（脉冲） B/L：37（脉冲） FOOT：17（脉冲） FOOT/DEF：9（脉冲） DEF：5（脉冲）
Air Inlet Damper Targ Pulse（进气风口目标脉冲）	进气风门目标脉冲/最小：0，最大：255	左驾驶车型： RECIRCULATION：19（脉冲） FRESH：7（脉冲） 右驾驶车型： RECIRCULATION：7（脉冲） FRESH：25（脉冲）
Number of Trouble Codes（故障代码数量）	故障码数量/最小：0，最大：255	显示 DTC 的数量

（5）利用诊断仪进行主动测试，表 8—2—5 为丰田卡罗拉自动空调主动测试数据分析表。

表 8—2—5　　　　丰田卡罗拉自动空调主动测试数据分析表

诊断仪显示	测量部位	控制范围
Blower Motor（鼓风机电动机）	鼓风机电动机	最小：0，最大：31
Defogger Relay（Rear）（后除雾继电器）	除雾器继电器（后）	OFF，ON
Magnetic Clutch Relay（电磁离合器）	空调系统运行	OFF，ON
Heater Active Level（加热器等级）	加热器工作等级	最小：0，最大：3
Air Mix Servo Targ Pulse（D）（驾驶员侧空气混合脉冲）	驾驶员侧空气混合伺服电动机脉冲	最小：0，最大：255
Air Outlet Servo Pulse（D）（驾驶员侧出气脉冲）	驾驶员侧出气风门伺服电动机	最小：0，最大：255
Air Inlet Damper Targ Pulse（进气风门目标脉冲）	进气风门目标脉冲	最小：0，最大：255

教学互动

1. 查阅教材，熟悉大众车系用的 V. A. G1551 或 V. A. G1552 故障诊断仪的使用方法，填写下列题目。

（1）空调暖风电子地址代码是________；（2）SP 的含义是______________；

（3）功能键代码 05 表示______________；（4）功能键代码 02 表示______；

（5）功能键代码 04 表示______________。

2. 查阅教材，填写丰田卡罗拉故障代码的含义及可能的故障部位。

（1）故障代码：B1421/21

故障代码含义____；

可能的故障部位：____。

（2）故障代码：B1423/23

故障代码含义____；

可能的故障部位：____。

6. 丰田卡罗拉自动空调的自诊断操作

【器材设备准备】

丰田卡罗拉自动空调汽车。

(1) A/C 控制开关的操作

1) 将点火开关转至“ON”位置，同时按下“AUTO”和“R/F”开关，进行指示灯检查。如果“AUTO”和“R/F”开关没有同时按下，则取消检查模式并能开始 A/C 控制。

2) 指示灯检查结束后，则自动进入故障代码检查（传感器检查）连续操作模式。在这种模式下，按下“R/F”开关，则进入执行器检查连续操作模式；按下“OFF”开关，则取消检查模式并能开始 A/C 控制；按下“DEF”开关，则进入故障代码检查（传感器检查）分步操作模式。

3) 在故障代码检查（传感器检查）分步操作模式下，按下“R/F”开关，则进入执行器检查连续操作模式；按下“AUTO”开关，则返回到故障代码检查（传感器检查）连续操作模式；按下“DEF”开关，则进行分步操作；按下“OFF”开关，则取消检查模式并能开始 A/C 控制。

4) 在执行器检查连续操作模式下，按下“AUTO”开关，则进入故障代码检查（传感器检查）连续操作模式；按下“OFF”开关，则取消检查模式并能开始 A/C 控制；如按下“DEF”开关，则进入执行器检查分步操作模式。

5) 在执行器检查分步操作模式下，按下“R/F”开关，则返回到执行器检查连续操作模式；按下“AUTO”开关，则返回到故障代码检查（传感器检查）连续操作模式；按下“DEF”开关，则进行分步操作；按下“OFF”开关，则取消检查模式并能开始 A/C 控制。

(2) 指示灯检查

同时按下“AUTO”和“R/F”开关，将点火开关转至“ON”位置，所有的指示灯在 1 s 内应亮灭 4 次。完成指示灯检查后，系统自动进入故障代码检查模式。

(3) 故障代码检查（传感器检查）

在结束指示灯检查后，系统自动进入到故障代码检查模式，这时可通过控制面板读取故障码。如果要求显示变慢，则按下“DEF”开关，转换至分步操作模式。每按“DEF”开关一次，显示屏变化一次。

(4) 故障代码清除

在进行传感器检查期间，同时按下 DEF 开关和 FRONT DEF 开关，即可清除故障代码。

(5) 执行器检查

参见模块五。

（6）利用故障代码检查传感器故障

参见模块四、五。

思考与练习

一、简答题

1. 简述使用 V. A. G1551 故障诊断仪进行故障诊断时，读取和清除故障代码、故障内容的方法和步骤。

2. 简述丰田卡罗拉自动空调系统指示灯检查的方法。

二、实训题

1. 练习帕萨特自动空调的自诊断操作。

2. 练习丰田卡罗拉自动空调的自诊断操作。

课题三　汽车空调故障诊断与排除

学习目标

- ◆ 掌握空调制冷系统常见故障现象和故障原因。
- ◆ 能够正确进行不制冷故障的诊断与排除。
- ◆ 能够正确进行制冷不足故障的诊断与排除。
- ◆ 能够正确进行间歇性制冷故障的诊断与排除。
- ◆ 能够正确进行空调异响故障的诊断与排除。

想一想

甲说：“导致制冷不足的原因要么是制冷剂过少，要么是制冷剂过多。”乙说：“制冷不足的原因除了制冷剂过多或过少之外，还有可能是别的原因造成的。”谁的说法正确呢？对于空调系统的其他故障该如何进行诊断与排除呢？

空调系统故障大致有以下几类：不制冷故障、制冷不足故障、间歇性制冷故障和空调异响故障等，其主要表现为制冷系统、电气系统、机械元件异常。制冷系统故障可通过对系统内部的压力分析来进行诊断与排除；电气系统故障时常伴有异味、过热等现象，需判断是否为电气元件损坏、熔丝烧断、接线柱接触不良等引起的；机械元件异常一般来说是压缩机、鼓风机、带轮、离合器等出现故障。空调系统出现故障时，可通过故障现象分析故障原因，快速排除故障。

一、汽车空调故障现象及原因分析

1．不制冷故障

（1）故障现象

1）打开鼓风机开关及 A/C 开关，鼓风机工作正常，但压缩机不转动，系统不制冷。

2）打开鼓风机开关及 A/C 开关，压缩机转动，但鼓风机不转动，系统无冷风。

3）打开鼓风机开关及 A/C 开关，鼓风机与压缩机均正常，但不制冷。

（2）故障原因分析

不制冷故障原因分析如图 8—3—1 所示。

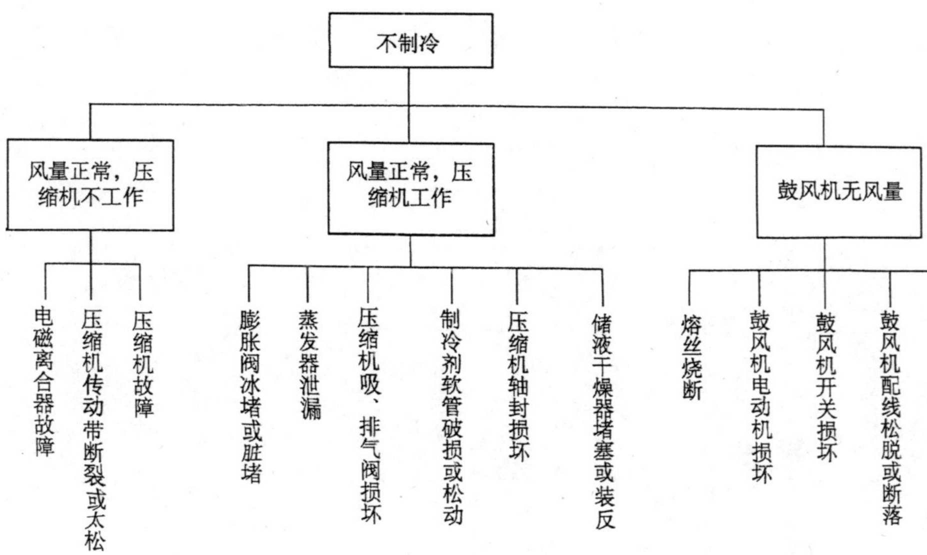

图 8—3—1　不制冷故障原因分析图

2．制冷不足故障

（1）故障现象

打开鼓风机开关及 A/C 开关后，用温度计在蒸发器出风口测量的温度高于正常值 5℃或车内温度高于正常的调节温度。

（2）故障原因分析

制冷不足故障原因分析如图 8—3—2 所示。

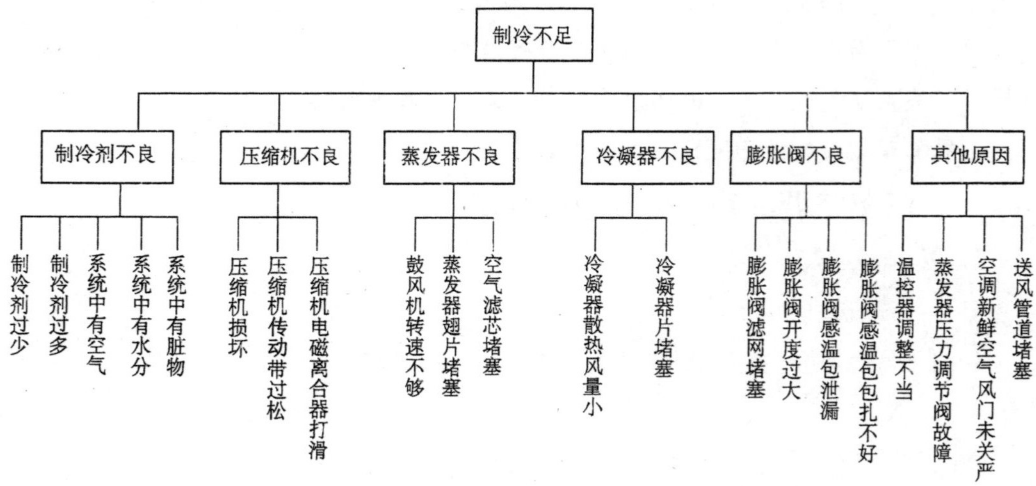

图 8—3—2　制冷不足故障原因分析图

3. 间歇性制冷故障

(1) 故障现象

打开鼓风机开关及 A/C 开关后，供给冷气量间断不连续，各出风口冷风时有时无。

(2) 故障原因分析

间歇性制冷故障原因分析如图 8—3—3 所示。

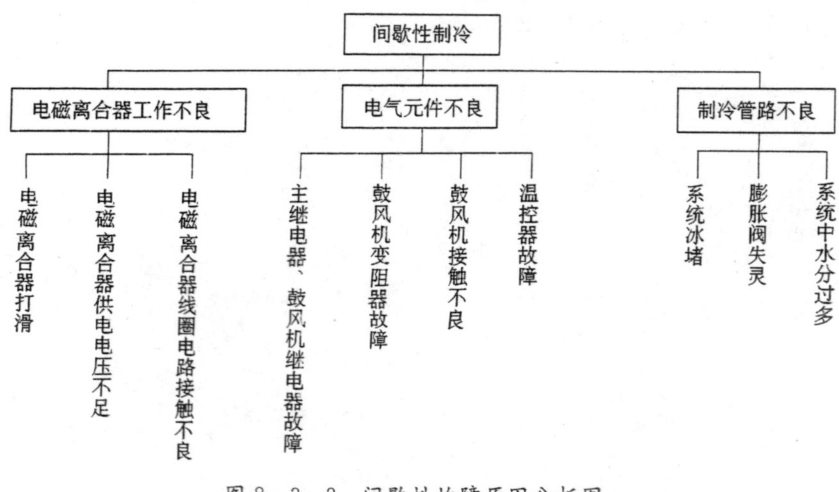

图 8—3—3　间歇性故障原因分析图

4. 空调异响故障

(1) 故障现象

空调系统工作时，产生异常声响。

(2) 故障原因分析

空调异响故障原因分析如图 8—3—4 所示。

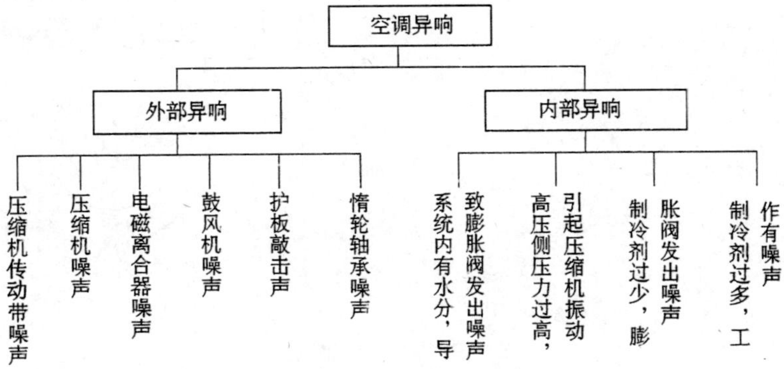

图 8—3—4　空调系统异响故障原因分析图

教学互动

1. 根据空调的故障现象，归纳空调的故障类型：

(1) ____；

(2) ____；

(3) ____；

(4) ____。

2. 以丰田卡罗拉手动空调为例，分析导致电磁离合器不工作的可能原因：

____。

二、汽车空调故障诊断与排除

1. 不制冷故障的诊断与排除

(1) 风量正常，压缩机不工作

诊断一　电磁离合器故障

打开空调开关，用试灯检查电磁离合器电源。如果试灯亮，说明电磁离合器线圈被烧坏，电磁离合器无电流通过，造成压缩机不工作（见图 8—3—5）。

处理方法：修理或更换电磁离合器线圈。

诊断二　压缩机传动带断裂或太松

压缩机传动带断裂或太松，造成压缩机不能正常工作，使空调不能制冷。

处理方法：更换压缩机传动带或张紧压缩机传动带。如图 8—3—6 所示，首先将传动轴支架上的两个锁紧螺母松开，然后转动调整螺栓使 V 带张力调至规定值，最后将支架上的螺母锁紧。

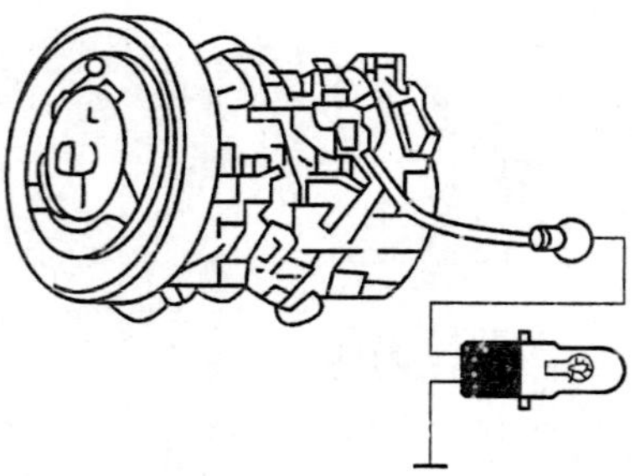

图 8—3—5　电磁离合器故障检查

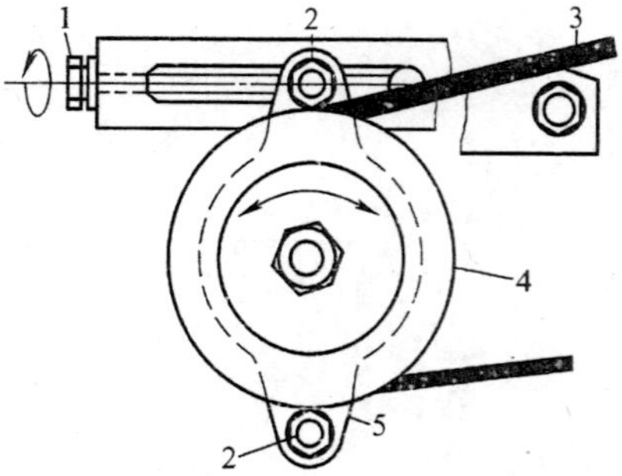

图 8—3—6　空调压缩机传动带调整

1—调整螺栓　2—锁紧螺母　3—V带

4—带轮　5—传动轴支架

诊断三　压缩机故障

压缩机内部损坏，造成压缩机不能正常工作。

处理方法：检修或更换压缩机。

（2）制冷系统无风量

诊断一　熔丝烧断

鼓风机控制电路的熔丝烧断，造成鼓风机不能正常工作。

处理方法：更换相同规格的新熔丝。

诊断二　鼓风机配线松脱或断落

鼓风机控制电路中的配线松脱或断落，将造成无电流通过鼓风机，导致鼓风机不工作。

处理方法：检查各接线柱或搭铁线是否松脱、断落，并重新接好各松脱、断落的配线。

诊断三　鼓风机继电器损坏

鼓风机继电器线圈烧断、触点损坏，使继电器不能工作，从而导致鼓风机不能工作。

处理方法：更换鼓风机继电器。

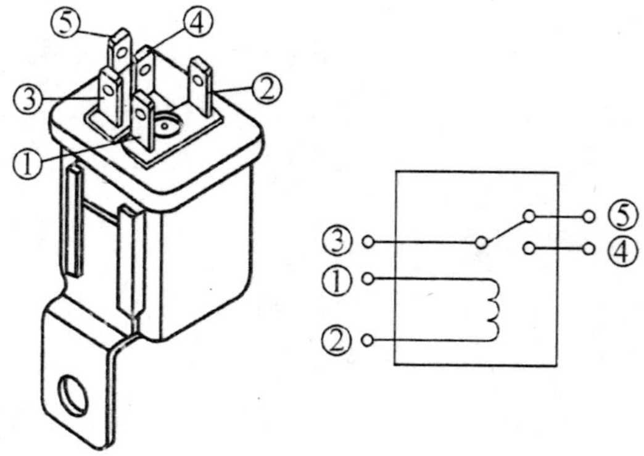

图 8—3—7　鼓风机继电器

鼓风机继电器的检测方法：拆去空调继电器接头，并让蓄电池向线端①和线端②供电，检查线端③和线端④之间是否出现断路。如果欧姆表上的读数为零，说明继电器正常；如果读数不为零，则需要更换继电器。

诊断四　鼓风机开关损坏

鼓风机开关接触不良，导致电流不能通过鼓风机，使鼓风机不能转动。

处理方法：更换鼓风机开关。

(3) 风量正常，压缩机工作，但不制冷

诊断一　膨胀阀脏堵

脏堵是指空调制冷系统工作时，脏物随制冷剂流经小截面通道处形成堵塞的现象。如图 8—3—8 所示，脏堵能导致空调系统制冷能力下降，甚至不制冷。

处理方法：清洗或更换膨胀阀。

排除脏堵的方法如下：

1) 放出制冷系统中的制冷剂。对于带有储液干燥器的较大型制冷系统，可将制冷剂抽到储液干燥器中。

2) 拆下制冷系统中脏堵的部件进行清洗或更换。

3) 脏堵严重时，应将制冷系统全部拆卸，并分段清洗，清洗液可用工业汽油或四氯化碳。清洗完全部部件后，经组装即可重新对制冷系统充注制冷剂，然后试运行。

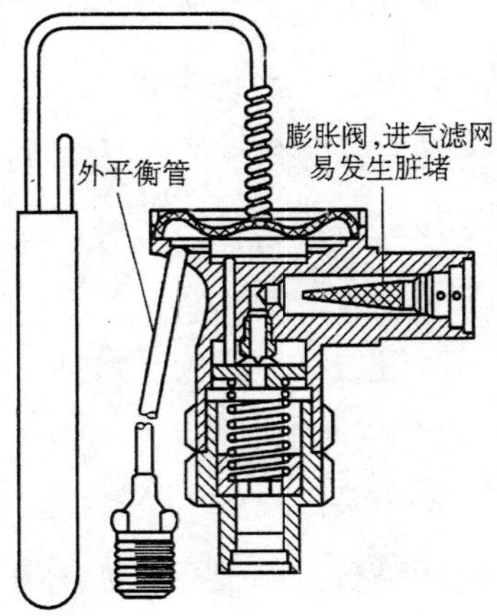

图 8—3—8　膨胀阀脏堵

诊断二　蒸发器或管路泄漏

蒸发器或管路泄漏，造成制冷剂严重不足，使制冷系统不能制冷。

处理方法：检漏、补漏。

诊断三　压缩机吸气阀、排气阀损坏。

压缩机的吸气阀、排气阀损坏，使制冷剂不能被压缩，造成制冷系统不能制冷。

处理方法：检修压缩机的吸、排气阀。

诊断四　储液干燥器堵塞或装反

储液干燥器堵塞或装反，使制冷剂不能流通，造成制冷系统不能工作。

处理方法：清洗或重新安装储液干燥器。

2．制冷不足故障的诊断与排除

(1) 制冷剂不良

诊断一　制冷剂过少

若通过视窗观察到每隔 1～2 s 就会有气泡出现，则表明制冷剂不足。制冷剂不足或制冷剂泄漏，都将降低制冷效果。

处理方法：检漏、修补，重新充注制冷剂。

诊断二 制冷剂过多

如果从视窗中看到有气泡出现，但看不见液体流动，且高压侧过热，高、低压力均过高，则表明制冷剂过多。

处理方法：从低压侧放出多余的制冷剂。

诊断三 系统中有空气

若从视窗中观察到大量的气泡，说明有空气进入系统。制冷系统由于抽真空不够，造成管路内有空气，使制冷效果下降。

处理方法：更换储液干燥器，检漏；反复抽真空，加液。

诊断四 系统中有水分

若制冷系统工作一段时间后，低压侧压力成真空状，膨胀阀出现结霜、冰堵、出风不冷的故障。停机一会再打开，工作又恢复正常，不久又重复上述故障，则表明系统中有水分。

处理方法：更换干燥剂，检漏，反复抽真空，重新加入制冷剂和冷冻机油。

（2）压缩机不良

诊断一 压缩机损坏

压缩机内部损坏，如压缩机阀片击碎、轴承损坏、密封垫破损等，将造成内部泄漏，导致低压侧压力过高，高压侧压力过低，从而使制冷效果下降。

处理方法：修理或更换压缩机。

诊断二 压缩机传动皮带过松

压缩机传动带过松，将导致压缩机转速过低，空调压力也过低，造成制冷效果不良。空调传动带张紧度检查方法：用 100 N 压力按下 V 带，其偏差如在 8～10 mm 范围内则说明松紧度合适。

处理方法：张紧或更换传动带。

诊断三 压缩机电磁离合器打滑

压缩机电磁离合器因磨损过量，造成间隙过大，使电磁离合器打滑，压缩机转速下降，制冷效果降低。

处理方法：卸下压缩机电磁离合器进行修理或更换。

（3）冷凝器工作不良

诊断一 冷凝器鼓风机转速过低

冷凝器鼓风机转速过低，使冷凝器散热风量过小，造成高、低压侧压力均过高，使制冷效果下降。

处理方法：检查冷凝器鼓风机电路。

诊断二　冷凝器散热片堵塞

冷凝器散热片被脏物堵塞，造成高压过高，散热效果不好，制冷能力下降。

处理方法：清理冷凝器上的脏物。

(4) 蒸发器工作不良

诊断一　蒸发器鼓风机转速不够

蒸发器鼓风机的转速不够，造成蒸发器大量结霜和出风不冷，并导致供冷量不足。

处理方法：检查鼓风机开关、继电器或更换鼓风机。

诊断二　蒸发器翅片堵塞

蒸发器翅片被灰尘堵塞，造成送风量减小，供冷量不足。

处理方法：用压缩空气将蒸发器翅片上的灰尘吹净。

诊断三　蒸发器空气过滤网堵塞

蒸发器空气过滤网被灰尘堵塞，造成送风量减小，供冷量不足。

处理方法：可用水和毛刷清洗空气过滤网。

诊断四　蒸发器压力调节阀损坏或调整不良

蒸发器压力调节阀安装在蒸发器和压缩机之间的低压管上，阀的进口压力（蒸发压力）通常设定在151.6～179.2 kPa。蒸发器在正常工作时，由于吸入空气的温度和吹出风量的变化，蒸发器上的凝结水是不会结冰的。

处理方法：更换或调整蒸发器压力调节阀。

(5) 膨胀阀工作不良

诊断一　膨胀阀滤网堵塞

膨胀阀中的滤网堵塞，将使吸气压力过低，排气压力过高，造成制冷效果下降。

处理方法：排空系统，卸下滤网清洗或更换。

诊断二　膨胀阀开度过大

膨胀阀开度过大，会使高、低压侧压力都过高，过多的制冷剂流过蒸发器时来不及蒸发，造成制冷效果下降。

处理方法：检测并调整膨胀阀的开度。

诊断三　膨胀阀感温包包扎不好

膨胀阀感温包包扎不好，绝缘层松开，会导致测温不准，并达不到制冷要求。

处理方法：重新包扎膨胀阀感温包。

(6) 其他原因

诊断一　恒温器调整不当

恒温器是汽车空调中控制温度的一种开关元件。一般所指的恒温器是通过感受蒸发器的表面温度来控制压缩机的开与停，并起到调节车内温度及防止蒸发器结霜的作用。恒温器调整不当，会使其断开温度过高，达不到制冷要求。

处理方法：重新调整恒温器。

诊断二 冷冻机油过多

制冷系统中充入过多的冷冻机油时，从视窗中可观察到有浑浊的条纹。冷冻机油过多，将导致制冷效果下降。

处理方法：放出多余的冷冻机油。

诊断三 车外循环风门关闭不严

车外循环风门关闭不严，使热风进入冷风通道，导致制冷效果下降。

处理方法：修理或更换真空驱动器和连接杆。

诊断四 空调送风管道堵塞

空调送风管道阻塞，造成送风量减小，噪声增大，供冷量不足。

处理方法：清除管道堵塞物。

3．间歇性制冷故障的诊断与排除

（1）电磁离合器工作不良

诊断一 电磁离合器打滑

电磁离合器摩擦面粘有油污或磨损严重，会造成离合器打滑，使压缩机工作不正常，冷气时有时无。

处理方法：清洗离合器摩擦面油渍或重新调整间隙。

诊断二 电磁离合器电路接触不良

电磁离合器的电路如果接触不良，或搭铁松动，会造成离合器过早分离，导致制冷不正常。

处理方法：将接头补焊或将搭铁拧紧。

诊断三 电磁离合器电压过低

电磁离合器线束连接处接触不良，将导致供电电压达不到规定值，造成压缩机不能正常工作，制冷效果降低。

处理方法：检查电磁离合器供电电路（见图8—3—9）。

1）测量定子线圈的电阻值，并从压缩机上拆去定子线圈搭铁线和接头的电源线。

2）把万用表连接在刚才拆下的导线上测量电阻，并注意表上的读数，一般电阻值应为

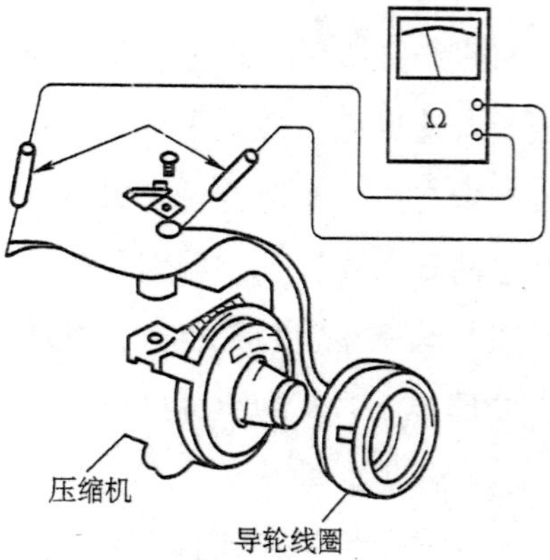

图8—3—9 电磁离合器供电电路检查

3.7～4.3 Ω。

3）如果电阻值低于规定的标准，说明线圈短路；如果高于规定的标准，就要检查线接头（搭铁线和电源线）。如果接头没有问题，说明线圈发生了断路。不论以上哪种情况出现，都要更换离合器。

（2）电气元件不良

诊断一　继电器不良

A/C继电器或继电器触点烧蚀，使供电电路不良，电气元件不能正常工作，并造成制冷量下降。

处理方法：拆去空调继电器（见图8—3—10）接头，并把蓄电池（12 V）接在继电器线端1和线端2上，然后把万用表上的导线连接在线端3和线端4上，检查线端之间是否存在短路。如果没有出现短路，说明继电器良好；如果出现短路，就需要更换继电器。

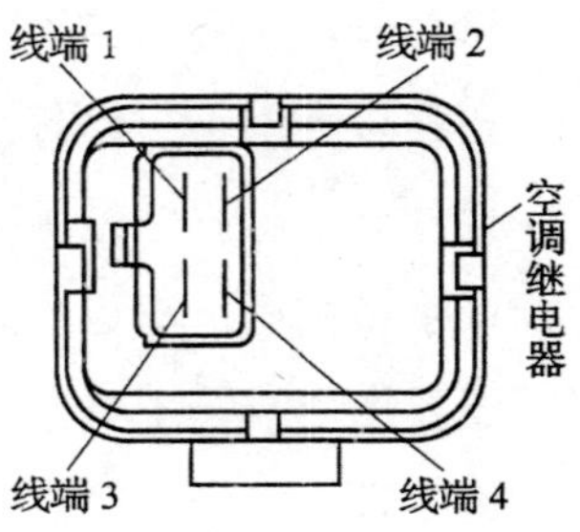

图8—3—10　空调继电器

诊断二　鼓风机变阻器故障

鼓风机的变阻器不良，将使鼓风机工作失控，造成冷风供应断断续续。

处理方法：检测鼓风机调速器。

鼓风机调速器是利用电阻的不同阻值来控制鼓风机直流电动机转速的，它把电动机的转速分为低速、中速、高速。用万用表欧姆挡检查各接线端子间的电阻，应符合规定。

诊断三　鼓风机接触不良

鼓风机的电动机接触不良，使鼓风机间断性工作，造成供冷不正常。

处理方法：更换鼓风机的电动机。

诊断四　恒温器故障

恒温器的断开温度过低，也会造成供冷断断续续。

处理方法：检测或调整恒温器。

（3）制冷管路不良

诊断一　管路冰堵

若系统管路中含水量过大，工作一段时间后，低压压力会成真空状，膨胀阀将结霜、冰堵，并导致出风不冷。停机一会儿再开机后工作又会恢复正常，如此反复，造成间歇性制冷。

处理方法：排除空调制冷系统中的水分。

诊断二　膨胀阀失灵

处理方法：检查更换感温包或更换膨胀阀。

安装膨胀阀前，应注意如下事项：

1）膨胀阀应竖直放置，不能斜装，更不可倒装，安装位置应尽可能靠近蒸发器；

2）感温包安装位置要合适，应牢固地装在清洁吸气管的直段上，与吸气管路应有良好的接触，并用隔热防潮胶包好；

3）外平衡式膨胀阀的平衡管应装在蒸发器出口处，但感温包必须装在平衡管前，且两者应保持适当的距离，不能互换位置。

4．空调系统异响故障的诊断与排除

（1）外部噪声

诊断一　压缩机传动带噪声

压缩机传动带松动打滑或过度磨损，产生噪声。

处理方法：张紧或更换压缩机传动带。

用手指按压传动带中间，挠曲量应为 10～15 mm。

不要用旋具等工具按压传动带，以防划伤传动带，缩短传动带的使用寿命。

诊断二　电磁离合器噪声

电磁离合器打滑发出摩擦声，电磁线圈接头松动发出噪声。

处理方法：视实际情况进行处理。

1）若传动带轮未拧紧，应拧紧固定螺钉。

2）若压缩机轴上的键有故障，应修复或更换。

3）若电磁离合器打滑，应清洗或更换磨损严重的零件。

4）若电磁离合器轴承破损，应更换轴承。

5）若电磁离合器间隙过大，应重新调整间隙。

诊断三　压缩机噪声

压缩机固定件松动发出噪声或压缩机内部零件磨损产生噪声。

处理方法：1）拧紧压缩机紧固螺钉。

　　　　　2）修理或更换压缩机。

诊断四　鼓风机噪声

鼓风机叶片变形、破裂发出噪声，或者鼓风机电动机过度磨损发出噪声。

处理方法：维修或更换鼓风机或鼓风机电动机。

诊断五　护板敲击声

护板松动，发出敲击声。

处理方法：紧固夹紧卡，消除软管与其他部件的摩擦或碰撞。

诊断六　惰轮轴承发出噪声

惰轮轴承磨损严重发出异响。

处理方法：检修惰轮轴承。

（2）内部噪声

诊断一　制冷剂过多

制冷剂过多，造成压缩机负荷加大，并导致高压管路发出振动声，压缩机发出捶击声。

处理方法：排除过多制冷剂，直至高压表显示正常。

诊断二　制冷剂过少

制冷剂过少，蒸发器进口处发出“嗞嗞”声。

处理方法：检查制冷剂泄漏处并重新充注制冷剂。

诊断三　管路中有水分

系统管路中水分过多，导致膨胀阀产生噪声。

处理方法：更换储液干燥器，抽真空，并重新充注制冷剂。

5．空调故障诊断与排除的操作

【器材设备准备】

带有自动空调的整车、三角块、车内外三件套、万用表、手电筒、制冷剂回收与充注装置、制冷剂鉴别仪、歧管压力表组件、电子检漏仪、温度计、湿度计、诊断仪、常用拆装工具等。

设置故障，进行空调故障的诊断与排除操作，并将维修作业内容记录在表8—3—1中。

表8—3—1　　**汽车空调系统维修作业记录表**

汽车型号		工位编号	
发动机型号		VIN编号	

一、作业前准备

序号	项目	作业记录	序号	项目	作业记录
1	汽车停放和三角块放置状况		5	发动机机油液位	
2	座套、方向盘套、换挡手柄套、脚垫、翼子板护围安装状况		6	冷却液液位	
3	仪器、设备、工具数量		7	蓄电池电压	
4	各线束连接状况		8	空调传动带松紧度	

续表

二、汽车空调系统故障诊断		
序号	项目	作业记录
1	确认故障现象	
2	初步检查	
3	确定故障范围	
4	检测过程	
5	检测结果分析及故障点确认	
6	故障排除方法	

三、汽车空调制冷剂的回收、加注		
序号	项目	作业记录
1	制冷剂纯度检测	海拔高度设定：
		纯度检测结果：
		检测结果判断：
2	制冷剂泄漏检查	检漏方法：
		泄漏部位：
3	回收管路连接	管路连接结果：
4	制冷剂回收	制冷剂回收结果：
5	制冷剂净化	制冷剂净化结果：
6	初抽真空	抽真空时间设定：
		抽真空结果：
7	保压	保压后真空度：
		结果判断：
8	注油	排出油量：
		注油瓶的油量：
		设定注油量：
		实际注油量：

续表

序号	项目	作业记录	
9	抽真空	抽真空时间设定：	
		抽真空结果：	
10	定量加注制冷剂	加注量设定：	
		加注结果：	
11	管路回收	管路回收结果：	
12	空调性能检验	空调系统类型设置：	
		汽车空调诊断仪诊断结果：	
		高压侧压力：	
		低压侧压力：	
		环境温度：	环境湿度：
		空调出风口温度：	空调出风口湿度：
		根据吸气压力与周围环境温度图表（见图 8—3—11）进行标注	
		根据送风温度与周围环境温度图表（见图 8—3—12）进行标注	

备注：实际工作应按照 JT/T774 及维修手册规范作业。

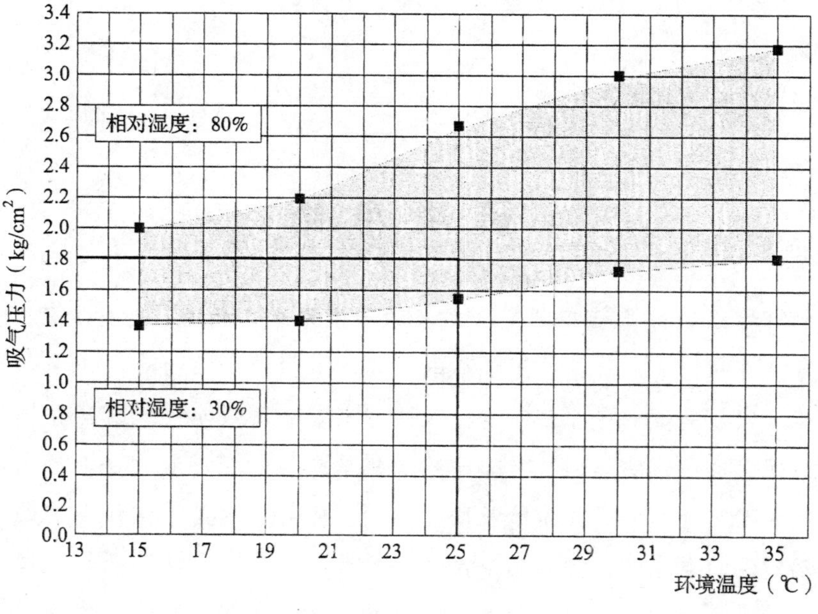

图 8—3—11　吸气压力与环境温度

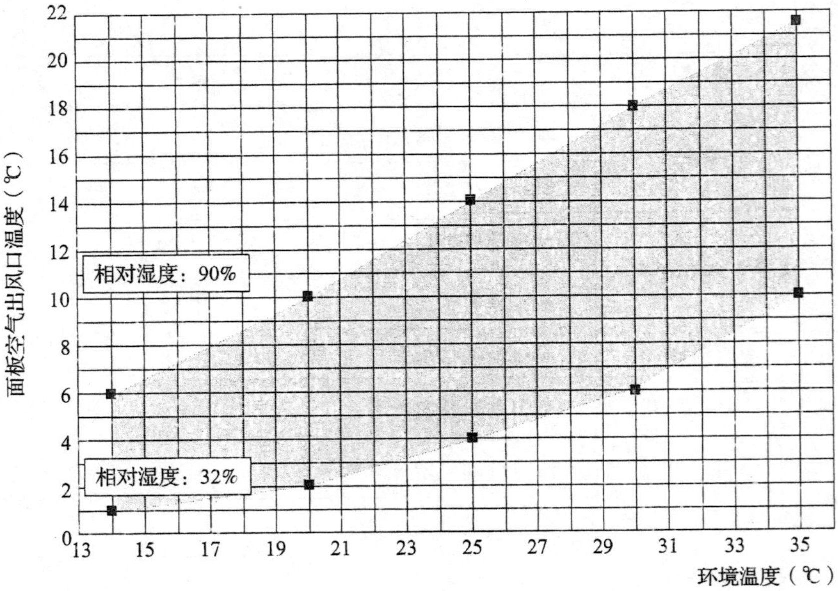

图 8--3—12 空调出风温度与环境温度

思考与练习

一、简答题

1. 简述空调系统不制冷故障的原因及排除方法。

2. 简述空调系统制冷不足故障的原因及排除方法。

二、实训题

练习空调系统的常规检查。

模 块 小 结

前面的模块已经对汽车空调制冷系统的布置形式、构造，检修工具的使用方法，空调系统零部件的检修方法等作了详尽的介绍。本模块介绍的是对上述知识的综合应用，维修工作中最关键的一个环节——故障诊断。对于汽车空调制冷系统的故障，要综合运用前面模块所述的知识技能，按照本模块介绍的程序和方法，运用合适的工具设备，判断和确定故障原因并排除故障。本模块主要内容有：空调系统的维护与常规检查、自动空调的自诊断、空调制冷系统常见故障的诊断与排除等。通过对本模块的学习，要求学生能够对汽车空调制冷系统进行维护与检查，对汽车空调的常见故障能熟练地进行诊断与排除。